WITHDRAWN

HARVARD LIBRARY

WITHDRAWN

WINFRIED GLADE

DIE TAUFE IN DEN VORCANISIANISCHEN KATHOLISCHEN KATECHISMEN DES 16. JAHRHUNDERTS IM DEUTSCHEN SPRACHGEBIET

NIEUWKOOP
B. DE GRAAF
1979

(c) WINFRIED GLADE 1979
ISBN 90 6004 359 6

Vorwort

Die vorliegende Untersuchung über die Tauflehre in den katholischen Katechismen der ersten Hälfte des 16. Jahrhunderts wurde im Sommersemester 1976 von der Theologischen Fakultät Trier als Dissertation angenommen. Für die Veröffentlichung wurde der Text geringfügig überarbeitet und mit einem Namen- und Ortsregister versehen.

Mein Dank gilt an dieser Stelle der Theologischen Fakultät in Trier und besonders Herrn Professor Dr. Balthasar Fischer, der die Arbeit anregte und sie über all die Jahre der Entstehung mit seinem Rat begleitet hat. Den Mitarbeitern der Stadtbibliothek in Trier und der Bibliothek des Priesterseminars in Trier bin ich für ihre unermüdliche Hilfe und Geduld zu Dank verpflichtet.

Danken möchte ich ebenso den Oberen und Mitbrüdern der Gesellschaft des Göttlichen Wortes, die mir den Studienaufenthalt in Trier ermöglichten und mir mit Rat und Tat zur Seite standen. Dankbar erinnere ich mich an die Jahre im Pfarrhaus Lampaden bei Trier und an die Mitarbeit am Liturgischen Institut in Trier. Hans Bauer SVD danke ich für die Hilfe bei der Korrektur der Arbeit.

Neben allen anderen, die am Entstehen dieses Buches beteiligt waren, schulde ich auch Herrn Bob de Graaf Dank für die Aufnahme des Werkes in die Reihe "Bibliotheca Humanistica et Reformatorica".

St. Gabriel, im Mai 1977

Winfried Glade

Inhaltsverzeichnis

Vorwort	V
Inhaltsverzeichnis	VI
Abkürzungsverzeichnis	XII
Quellen- und Literaturverzeichnis	XV
1. Katechismen	XV
2. Sonstige Quellen	XVIII
3. Literatur	XX

0	Einleitung	1
	Anmerkungen	6
1	Geschichtlicher und systematischer Hintergrund	9
11	Zur Lehre von der Taufe vor der Reformation	9
12	Zum Unterricht über die Taufe bis zur Reformation	12
13	Zur Spendung der Taufe	13
14	Zur Tauflehre und Taufpraxis der Reformatoren	19
141	Zur Tauflehre in Luthers Katechismen	19
141.1	Der Große Katechismus	20
141.11	Wesen und Würde der Taufe	21
141.12	Nutzen und Wirkung der Taufe	21
141.13	Rechter Empfang und Gebrauch der Taufe	22
141.14	Berechtigung und Gültigkeit der Kindertaufe	24
141.15	Bedeutung und Sinn der Taufhandlung	25
141.2	Der Kleine Katechismus	26
141.3	Die Taufhandlung bei Luther	26
142	Die Tauflehre Zwinglis	27
143	Zur Taufanschauung der Täufer	29
	Anmerkungen	31
2	Die Katechismen und ihre Autoren	43
21	Erasmus von Rotterdam (1469 - 1536) und seine beiden Katechismen	43
22	Johannes Monheim (+ 1564) als Herausgeber und Verfasser katechetischer Schriften	46
23	Georg Witzel (1501 - 1573) und seine katechetischen Schriften	50
24	Die Katechismuspredigten des Judocus Clichtoveus (1472 - 1543)	55

25	Gerhard Lorichius (um 1490 - nach 1549 und seine "Institutio Catholica"	57
26	Die "Christliche Underrichtung" des Christian von Honnef	59
27	Johannes Dietenberger (um 1475 - 1537) und sein "Catechismus"	60
28	Johannes Gropper (1503 - 1559) und seine drei katechetischen Werke	61
29	Gasparo Contarini (1483 - 1542) und seine "Catechesis"	66
2/10	Johann von Maltitz (1492 - 1549) und die "Christliche Lere" von 1541	68
2/11	Friedrich Nausea (um 1490 - 1552) und sein "Catechismus Catholicus"	69
2/12	Das katechetische Büchlein des Philipp Archinto (1495 - 1558)	72
2/13	Peter de Soto (1495/1500 - 1563) und sein katechetisches Werk	73
2/14	Die katechetischen Werke des Jakob Schöpper (1512/16 - 1554)	75
2/15	Die "Formula reformationis" (1548) und das Trierer Provinzialkonzil von 1549 mit seinem "Institutionis christianae Liber"	79
2/16	Michael Helding (1506 - 1561) und seine katechetischen Werke	80
2/17	Johann Fabri OP (1504 - 1558) und sein Katechismus	85
2/18	Ewald Vincius (+ 1567) und seine "Primordia Christianae religionis"	87
	Anmerkungen	89
3	Die Taufe in den Katechismen	115
31	Das Wesen der Taufe	115
311	Biblische Aussagen	115
311.1	Einsetzung der Taufe	115
311.11	Einsetzung durch Jesus bzw. Gott	115
311.12	Der Zeitpunkt der Einsetzung	116
311.2	Die Taufe Jesu durch Johannes	116
311.3	Die Taufe des Johannes	117
311.4	"Vorbilder" der Taufe im Alten Testament	118
311.41	Taufe und Schöpfung	118
311.42	Die Sintflut als Bild der Taufe	119

311.43	Der Auszug aus Ägypten als Sinnbild der Taufe	120
311.44	Weitere Vorbilder der Taufe	121
311.45	Hinweise der Taufe bei den Propheten	121
311.46	Das Verhältnis von Beschneidung und Taufe	122
311.47	Sakramente im Alten und im Neuen Bund	123
312	Materie und Form der Taufe	124
312.1	Das Wasser als Element oder Materie der Taufe	125
312.11	Das Wasser als geeignetes Element	125
312.12	Geweihtes Taufwasser	126
312.2	Die Form der Taufe	127
312.21	Die heutige trinitarische Taufformel	128
312.22	Falsche Taufformeln	129
312.23	Christologische Taufformel	129
312.24	Die Bedeutung der trinitarischen Formel	130
312.3	Die Verbindung von Materie und Form	131
312.4	"Taufe" ohne Wort und Wasser	133
313	Die Einmaligkeit und Heilsnotwendigkeit der Taufe	135
313.1	Die Einmaligkeit der Taufe	135
313.2	Die Heilsnotwendigkeit der Taufe	137
32	Die Wirkungen der Taufe	139
321	Die Neuschöpfung durch die Taufe	139
321.1	Der Zustand des Menschen vor der Taufe	140
321.11	Die ersten Menschen und ihr Ungehorsam	140
321.12	Die Folgen der Sünde für Adam und seine Nachkommen	140
321.13	In Adam haben alle gesündigt	142
321.2	Die Neuschöpfung des Menschen durch Gott	143
322	Das Wirken der göttlichen Personen in der Taufe	147
322.1	Die Taufe als Bund	147
322.2	Die Annahme des Getauften an Sohnes Statt durch den Vater	149
322.3	Die Erlösung durch Christus	151
322.31	Die Taufe vermittelt uns die Verdienste Christi	151
322.32	Der Heilige Geist als Frucht der Erlösungstat Christi	155
322.33	Die Taufe als Tod, Begräbnis und Auferstehung mit Christus	156

322.4	Der Heilige Geist und die Taufe	157
322.41	Der Heilige Geist als "Autor" der Wiedergeburt	158
322.42	Der Heilige Geist erneuert den Menschen durch die Reinigung und Vergebung	158
322.43	Der Teufel und der Heilige Geist	160
322.44	Der Heilige Geist und seine Gaben	161
323	Die Vergebung der Sünden durch die Taufe	164
323.1	Die Vergebung der Sünden als Wirkung der Taufe	164
323.11	Die Vergebung aller Sünden und Strafen	165
323.12	Die völlige Vergebung der Sünde	166
323.13	Die Sünden werden nur in der Gemeinschaft der Kirche vergeben	170
323.2	Die Konkupiszenz	172
323.3	Die Sünden nach der Taufe	175
324	Mitteilung der Gnade und der Tugenden in der Taufe	177
324.1	Die Gnade als Gabe der Taufe	178
324.2	Durch die Taufe verleiht Gott Tugenden	179
325	Eingliederung in Christus und die Kirche durch die Taufe	180
325.1	Die Eingliederung des Getauften in Christus	180
325.2	Die Taufe als Eingliederung in die Kirche	183
326	Taufcharakter und Taufpriestertum	187
326.11	Der Taufcharakter	187
326.12	Die Taufe als Verpflichtung zur "militia Christi"	188
326.21	Das Taufpriestertum aller Gläubigen	191
326.22	Die Taufe befähigt zum christlichen Gottesdienst	194
327	Die Taufe öffnet den Zugang zum Himmel	195
33	Spender und Empfänger der Taufe	199
331	Der Spender der Taufe	199
331.11	Gott als der eigentliche Spender	199
331.12	Der Priester als "ordentlicher Spender"	200
331.13	In Notfällen kann jeder die Taufe spenden	203
331.14	Die Ketzertaufe	205
331.15	Weitere Fragen zum Spender der Taufe	206
331.2	Intention und Form bei der Taufspendung	206
332	Der Empfänger der Taufe	207
332.1	Die Erwachsenentaufe	207

332.2	Die Kindertaufe	211
332.21	Die Kindertaufe ist schriftgemäß und entspricht der Tradition	212
332.22	Den Kindern kommt der Glaube der Kirche zu Hilfe	214
332.23	Die Taufe ist auch für Kinder zum Heil notwendig	216
332.3	Die Taufe fordert ein christliches Leben	217
332.31	Die Notwendigkeit der Unterrichtung im christlichen Glauben	218
332.32	Nach der Taufe ist ein Leben aus dem Glauben notwendig	219
332.33	Die Taufversprechen müssen im christlichen Leben ratifiziert werden	222
332.34	Christusnachfolge in der Abtötung	223
332.35	Die Taufe verlangt das "neue Leben"	227
332.4	Die Aufgabe der Paten	230
332.5	Die Rolle der Eltern bei der Kindertaufe	235
34	Die Taufhandlung	238
341	Die Zeremonien im allgemeinen	239
342	Die Taufhandlung	244
342.1	Riten der Aufnahme in das Katechumenat	246
342.2	Katechumenatsriten	252
342.3	Unmittelbare Taufvorbereitung	257
342.4	Taufakt	263
	Exkurs: Zur Verwendung der deutschen Sprache bei der Taufspendung	267
342.5	Entfaltende Riten	270
35	Das Taufgedächtnis	276
351	Gemeinschaftliche Tauferinnerung	276
351.1	Die Osterfeier als immanente Tauferinnerung	276
351.11	Die Ölweihe am Gründonnerstag und der Karsamstag mit der Taufwasserweihe	276
351.12	Die Osteroktav mit der Sondervesper und die Osterzeit	281
351.2	Andere Formen gemeinschaftlicher Tauferinnerung	284
352	Privates Taufgedenken	286
352.1	Tauferinnerung durch äußere Zeichen	286
352.2	Tauferinnerung im täglichen Leben	287
	Anmerkungen	289

4	Schluß	351
	Anmerkungen	358
5	Anhang: Bibliographie der Katechismen des 16. Jahrhunderts - Ergänzung	359
	Register	367

Abkürzungsverzeichnis:

ADB — Allgemeine deutsche Biographie, Leipzig 1875-1910

AMrhKG — Archiv für mittelrheinische Kirchengeschichte, Speyer 1950 ff.

ARC — Siehe im Literaturverzeichnis bei Pfeilschifter.

ARG — Archiv für Reformationsgeschichte, (Leipzig) Gütersloh 1903 ff.

BCN — Siehe im Literaturverzeichnis unter Bibliotheca.

BWANT — Beiträge zur Wissenschaft vom Alten und Neuen Testament (Leipzig 1908 ff.) Stuttgart 1926 ff.

CC — Corpus Christianorum, series latina, Turnhout-Paris 1953 ff.

CSEL — Corpus scriptorum ecclesiasticorum latinorum, Wien 1866 ff.

DS — Siehe im Literaturverzeichnis bei Denzinger.

DThC — Dictionaire de théologie catholique, hrsg. von A. Vacant - E. Mangenot, fortgesetzt von E. Amann, Paris 1899 ff.

dtv — Deutscher Taschenbuch Verlag

FZThPh — Freiburger Zeitschrift für Theologie und Philosophie, Freiburg (Schweiz) 1954 ff.

GCS — Die griechischen christlichen Schriftsteller der ersten drei Jahrhunderte, Leipzig 1897 ff.

HJ — Historisches Jahrbuch der Görres-Gesellschaft (Köln 1880 ff) München 1950 ff.

JLH — Jahrbuch für Liturgik und Hymnologie, Kassel 1955 ff.

KLK — Katholisches Leben und Kirchenreform (früher: Kämpfen) im Zeitalter der Glaubensspaltung, Münster 1927 ff.

Leiturgia — Siehe im Literaturverzeichnis bei Müller.

LJ — Liturgisches Jahrbuch, Münster 1951 ff.

LMD — La Maison-Dieu, Paris 1945 ff.

LQF — Liturgiegeschichtliche (ab 1957: Liturgiewissenschaftliche) Quellen und Forschungen, Münster 1918 ff.

LThK — Lexikon für Theologie und Kirche, Freiburg^2 1957-1967.

LuM — Liturgie und Mönchtum. Laacher Hefte (Freiburg) Maria Laach 1948-1968.

LW — Liturgisch Woordenboek, samengesteld onder redactie van Dr. L. Brinkhoff e. a., 2 Bde., Roermond en Maaseik 1958-1968.

NDB	Neue Deutsche Biographie, Berlin 1953 ff.
PG	Patrologia Graeca, hrsg. von J. P. Migne, Paris 1857 - 1866.
PL	Patrologia Latina, hrsg. von J. P. Migne, Paris 1878 - 1890.
QLP	Questions liturgiques et pardissiales, Löwen 1921 ff.
RAC	Reallexikon für Antike und Christentum, hrsg. von Th. Klauser, Stuttgart 1941 ff.
^{3}RE	Realencyklopädie für protestantische Theologie und Kirche, begr. von J. J. Herzog, hrsg. von A. Hauck, Leipzig ^{3}1896-1913.
RGG	Die Religion in Geschichte und Gegenwart, Tübingen ^{3}1956-1965.
RHE	Revue d'histoire ecclésiastique, Löwen 1900 ff.
RNT	Regensburger Neues Testament, Regensburg 1938 ff.
RST	Reformationsgeschichtliche Studien und Texte, begr. von J. Greving, hrsg. von W. Neuß. H. Jedin, A. Franzen, Münster 1906 ff.
SB	Staatsbibliothek.
StB	Stadtbibliothek.
ThGL	Theologie und Glaube, Paderborn 1909 ff.
ThLZ	Theologische Literaturzeitung, Leipzig 1888 ff.
ThPh	Theologie und Philosophie (1926-1965: Scholastik) Freiburg 1966 ff.
ThRev	Theologische Revue, Münster 1902 ff.
ThpQ	Theologisch-praktische Quartalschrift, Linz 1848 ff.
TThZ	Trierer Theologische Zeitschrift (1888-1944: Pastor bonus) Trier 1947 ff.
UB	Universitätsbibliothek.
WA	M. Luther, Werke, Kritische Gesamtausgabe ("Weimarer Ausgabe") Weimar 1883 ff.
ZKTh	Zeitschrift für Katholische Theologie (Innsbruck) Wien 1877 ff.

Quellen- und Literaturverzeichnis
(Die Zitation wird durch S p e r r u n g bzw. in Klammern nach dem Titel angegeben.)

1. Katechismen:

Archinto, Filippo, De fide et sacramentis libri II, Rom 1545. Von Johannes Cochläus herausgegeben unter dem Titel: Christianum de Fide, et Sacramentis edictum, Ingolstadt 1546. (Edictum).

Christian von Honnef, Eyn schone Christliche underrichtung uber die X gebot, die XII artikel des Christenlichen geloiven, mit dem Pater noster und der Englischer grötzen, ouch alle Artikel gemeiner bicht wie man ieckliche sunden underscheiden sal. Alle punten bewyst mit der hilger schrift, Köln 1537. (Underrichtung).

Christianae institutionis Liber, complectens Tractatum septem Sacramentorum, expositionem Symboli Apostolici, Orationis Dominicae, et decem mandatorum Dei, aeditus in Concilio Provinciali Trevirensi. Anno Iesu Christi 1549, Köln 1549. (Liber).

Clichtoveus, Judocus, Sermones Iudoci Clichtovei Neoportuen. Doctoris theologi et Carnonten. Canonici, studiosis omnibus, huic potissimum tempori (in quo de religione, et fide sacrosancta plus aequo controvertitur) summopere necessarii. In orationem dominicam, Salutationem angelicam, Duodecim articulos fidei, Decem praecepta decalogi, Et septem sacramenta ecclesiae. Item, de dominicis diebus totius anni, ac festis annualibus..., Köln 1535. (Sermones).

Contarini, Gasparo, ΚΑΤΗΧΗΣΙΣ sive christiana instructio, in: Gasparis Contarini Cardinalis opera, Paris 1571.

-, Catechesis, oder Kurtze Summa der Lehre der heiligen Christlichen Kirchen, für die Kinder und einfeltigen. Gestellet in Lateinischer Sprach, durch den Hochwürdigsten in Gott, Vatter und Herrn, Herrn Gaspar Contarenum, der heiligen Römischen Kirchen Cardinal etc. Der Catholischen jugent und den einfeltigen zu nutz verdeutscht. Durch M. Stephanum Agricolam Augustanum, Dillingen 1560 (Moufang, KK 539-558). (Catechesis).

Dietenberger, Johannes, Catechismus. Evangelischer bericht und Christliche unterweisung der fürnemlichsten stück des waren heyligen Christlichen glaubens, Mainz 1537 (Moufang, KK 1-105). (Catechismus).

Erasmus von Rotterdam, Christiani hominis Institutum, Köln 1514. (Institutum).

-, Dilucida et pia explanatio Symboli quod Apostolorum dicitur, Decalogi praeceptorum, et Dominicae precationis, Basel 1533. (Explanatio).

Fabri, Johann, Ain Christenlicher, Rainer Catechismus. Das ist
bericht und underweisung der glaubigen, der Jugent sehr gut,
nutz, tröstlich und zu wissen von nöten, gantz kurtz und
trewlich durch ain Fridliebenden beschrieben, Augsburg o. J.
(Moufang, KK 415-464). (Catechismus).

Gropper, Johannes, Canones Concilii Provincialis Coloniensis.
Sub Reverendiss...D. Hermanno S. Colonien. ecclesiae Archiepiscopo...celebrati. Anno 1536. Quibus adiectum est Enchiridion Christianae institutionis, Köln 1538. (Enchiridion).

-, Capita institutionis ad pietatem, ex sacris scripturis et
orthodoxa Catholicae Ecclesiae doctrina et traditione excerpta, in usum pueritiae apud divum Gereonem Coloniae Agrippinae, Köln 1546.

-, Hauptartikell Christlicher underrichtung zur gottseligkeit.
Auch ein Betbüchlein, uß Götlicher Schrifft und den heiligen Vätteren gezogen. Durch Doctor Johann Gropper, Scholaster
zu Sanct Gereon in Cöllen, Verteutscht und gedruckt durch
Jaspar von Gennep, Köln 1547 (Moufang, KK 243-316). (Capita).

-, Institutio Catholica, Elementa Christianae pietatis succinta
brevitate complectens. Cui subiungitur Isagoge, ad pleniorem
cognitionem universae Religionis Catholicae. Omnibus ad sacros Ordines, et Ecclesiastica ministeria provectis, et provehendis apprime necessaria, Köln 1550. (Institutio).

Helding, Michael, Brevis institutio ad christianam pietatem secundum doctrinam Catholicam, continens: explicationem Symboli
Apostolici, Orationis Dominicae, Salutationis Angelicae, decem praeceptorum, septem sacramentorum, Mainz 1549.

-, Catechesis. Das ist, Kurtze Erklerung unseres H. Christlichen
Glaubens, Nemlich: Des Apostolischen Symbels. Des Vatter
Unsers. Des Englischen Gruß. Der zehen Gebott und Der Heiligen Sacramenten. Erstlich Lateinisch, durch...Herrn Michaeln
Bischoffe zu Mersenburg beschrieben. Und volgents durch den
Ehrwirdigen Herren Johannem Chrisostomum Abt zu S. Jacob bey
Meyntz...ins Deutsch trewlich verordnet, Mainz 1555 (^{2}1557 =
Moufang, KK 365-414). (Brevis Institutio).

-, Constitutiones Concilii Provincialis Moguntini, Sub Reverendiss...Dn. Sebastiano Archiepiscopo Moguntino...Anno Domini
1549 celebrati. His accessit Institutio Ad pietatem Christianam, secundum Doctrinam catholicam, complectens Explicationem Symboli Apostolici, Orationis Dominicae, Angelicae Salutationis, Decalogi, et septem Sacramentorum, Mainz 1549.
(Institutio).

-, Catechismus. Christliche Underweißung und gegründter Bericht
nach warer Catholischer lehr uber die fürnemste stücke unsers
heiligen Christen Glaubens. Nemlich: Von den zwölff Articeln
unsers heiligen Christen Glaubens. Von dem Gebeth Vatter unser. Von dem Englischen Gruß. Von den zehen Gebotten. Von den
heiligen Sacramenten. Gepredigt zu Meyntz im Dhum Stifft

durch Herrn Michaeln Bischoff zu Merseburg der zeyt Suffraganeen, Mainz 1551. (Catechismus).

Helding, Michael, Catechismus Catholicus Reverendiss. quondam Dn. Michaelis Episcopi Merspurgensis, in conciones LXXXIIII sane pias et eruditas pulchre distributus continens Explicationem Symboli Apostolici, Orationis Dominicae, Salutationis Angelicae, Decalogi, Septem Sacramentorum. Nunc primum Latinitate donatus per Tilmannum Bredenbachium Embricens, Köln 1562.

Lorichius, Gerhard, Institutio catholica fidei orthodoxae et religionis sanae, atque adeo rerum homini catholico, primitivae Ecclesiae perfectionis studioso, scitu necessariarum Ex sacrae et canonicae Scripturae locis, Catholicorumque Scriptorum sententiis accurate digesta, per Gerhardum Lorichium Hadamarium. - Authoris aere et impensis excudebat Chri: Egen [olf], o. O. 1536 (Institutio).

Maltitz, Johann von, Christliche Lehre zu gründtlichem Unterricht des rechten Glaubens und Gotseligen wandels, Durch den ...Herrn Johansen, Bischofen zu Meyssen, allen frommen Christen, und in sonderheit seinem befohlenen Volck, zur besserung fürgestelt, Mainz 1542. (Moufang, KK 135-242). (Lere).

Hegendorf, Chr. - Monheim, Johannes [?], Catechismus Puerorum, autore doctissimo viro Christofero Hegendorphino, auctus et recognitus. Item modus confitendi, per Arnoldum Wesaliensem descriptus. Formula quoque confessionis apud deum, cuiusdam viri docti. Ad haec de Erasmi Roteroda. de Civilitate morum puerilium Libellus, Köln 1541. (Reu 1,3,2,3, 1386-1417). (Catechismus Puerorum).

Hegendorf, Chr. - Monheim, Johannes, Catechismus Puerorum Autore Christophoro Hegendorphino. A Joanne Monhemio nunc auctus, et in plerisque locis emendatus ad usum novae Scholae Duisseldorpensis, Wesel 1547.

Monheim, Johannes, Dilucida et pia explanatio Symboli, quod Apostolorum dicitur, et decalogi praeceptorum, autore D. Erasmo Roterod. nunc in compendium per Ioannem Monhemium redacta. Accessit modus orandi Deum, exegesis precationis Dominicae, vis ac usus Sacramentorum Ecclesiae, ex eodem Erasmo per eundem collecta, Köln 1551. (Explanatio).

-, Christianae Religionis Rudimenta, Succincte Ac dilucide ad usum puerorum ex Desiderii Erasmi lucubrationibus per Ioan. Monhemium collecta, Köln 1551. (Rudimenta).

-, Catechismus: In Quo Christianae Religionis Elementa syncere simpliciterque explicantur, Auctore Ioan. Monhemio, Düsseldorf 1560. Neuausgabe: C a t e c h i s m u s , in quo christianae religionis elementa syncere simpliciterque explicantur, auctore Joan. Monhemio. Dusseldorpii excudebant J. Oridryus et Alb. Busius affines an. 1560. Novam editionem curavit, de vita et scriptis auctoris praefatus est C. H.

S a c k , Bonn 1847.

Nausea, Friedrich, Catholicus Catechismus, Friderici Nauseae Blancicampani, Episcopi Viennensis...in catholicum Catechismum libri sex. Ad sacrosanctae Catholicae ecclesiae, eiusdemque fidei, pietatis et religionis reparationem, auctionem et conservationem. Universis Ecclesiasticis non modo profuturi, sed et pernecessarii, Köln 1543. (Catechismus).

-, Friderici Nauseae Episcopi Viennensis...in Catholicum Catechismum libri quinque. Universis Ecclesiasticis non modo profuturi, sed et pernecessarii, Antwerpen 1551.

Schöpper, Jakob, Catechismus brevis et catholicus, in gratiam Iuventutis Tremonianae conscriptus, denuo recognitus et auctus. Authore Jacobo Schoeppero Ecclesiasta apud aedem Matri virgini sacram, Dortmund 1549. (Catechismus).

-, Institutionis Christianae, praecipuaeque doctrinae summa concionibus aliquot succintis iuxta ac Catholicis comprehensa, nunc primum et aedita et typis excusa, homini cuivis Christiano lectu cognituque valde necessaria, Köln 1555. (Summa).

-, Summa Christlicher undterweysung und der fürnämsten Leer. In etlichen kurtzen unnd auch Catholischen Predigen begriffen, ainem yetwedern Christen zu lesen und zu wissen fast notwendig. Durch den Ehrwürdigen Herren Jacobum Schopperum Pfarrherrn zu Tremone gepredigett unnd nachmals in Latein in truck geben. Auß dem Latein ins Teutsch verendert, Augsburg 1558.

Soto, Peter de, Institutionis Christianae libri tres priores: Iussu Reverendissimi Domini D. Othonis Cardinalis et Episcopi Augustani a doctis Theologis lecti et probati, ac illius authoritate editi. Authore R. P. D. Petro de Soto dominicano..., Augsburg 1548. (Libri tres).

-, Compendium doctrinae catholicae, in usum plebis christianae recte instituendae, ex libris institutionis christianae R. P. Petri de Soto...collectum, additis cuique loco aptis precatiunculis, et adiuncta brevi explicatione Ecclesiastici cultus, maxime sacrae missae, Ingolstadt 1549.

-, Khurtzer begriff Catholischer lehr, dem gemainen Christlichen volck zu nutzlichem underricht, auß des hochwürdigen Vatters Herrn Peters von Soto...büchern, so er von Christenlicher lehr geschriben, außgezogen. Zusampt ettlichen jedes orts taugenlichen gebetten, und kurtzer erklärung des Christenlichen kirchendiensts, insonders aber der hailigen Meß, Ingolstadt 1549. (Moufang, KK 317-364). (Compendium).

Vincius, Ewald, Primordia Christianae religionis. Per Ewaldum Vincium Novesiensem in profectum Petri Billici, Agrippinensis tyrunculi καθολικῶς repetita. Aeditio altera, Ab Authore aucta et recognita, Köln 1553. (Primordia).

Witzel, Georg, Catechismus Ecclesiae. Lere und Handelunge des heiligen Christenthums, aus der warheyt Göttliches worts, kurtz und lieblich beschrieben. Durch Georgium Wicelium, Leipzig 1535. (Catechismus).

-, Quaestiones Catechisticae, lectu iucundae simul et utiles. Authore Georgio Wicelio, Mainz 1540. (Quaestiones).

-, Catechisticum examen christiani pueri ad pedes catholici praesulis. Authore Georgio Wicelio, Mainz 1541. (Examen).

-, Catechismus. Instructio puerorum ecclesiae, non minus sana quam succinta, Mainz 1542. (Instructio).

-, Catechismus. Belehrung der Kinder der Kirche, ebenso gesund als kurz. (Moufang, KK 107-134).

-, Newer und kurtzer Catechismus, das ist Christliche und gewisse Unterrichtung der jungen Christen in katholischer Kirchen, itzt zum ersten new außgangen. Durch Georgium Wicelium Seniorem, Köln 1560. (Moufang, KK 467-538). (Newer Catechismus).

2. Sonstige Quellen:

Die Bekenntnisschriften der evangelisch-lutherischen Kirche, Göttingen [6]1967. (BSLK).

Cohrs, F., Die Evangelischen Katechismusversuche vor Luthers Enchiridion, 5 Bde. (= Monumenta Germaniae Paedagogica XX, XXI, XXII, XXIII, XXXIX) Berlin 1900-1907.

Denzinger, H. - Schönmetzer, A., Enchiridion Symbolorum definitionum et declarationum de rebus fidei et morum, Barcelona [33]1965. (DS).

Duchesne, L., Le Liber Pontificalis, 2 Bde., Paris 1886. Neudruck: Paris 1955.

Durandus, Guillelmus, Rationale divinorum officiorum, Neapel 1859.

Erasmus von Rotterdam, Opera omnia, ed. J. Clericus, 10 Bde., Leiden 1703-1706. Neudruck: Hildesheim 1962.

Friedberg, A., (Hrsg.), Corpus Iuris Canonici. Pars Prior: Decretum Magistri Gratiani, Leipzig [2]1879. (Decretum Gratiani).

Mansi, J., Sacrorum conciliorum nova et amplissima collectio, Florenz 1759 ff. Neudruck und Fortsetzung: Paris 1901-1927.

Moufang, Chr., Katholische Katechismen des 16. Jahrhunderts in deutscher Sprache, Mainz 1881. Neudruck: Hildesheim 1964. (Moufang, KK).

Reu, Johann Michael, Quellen zur Geschichte des kirchlichen Unterrichts in der evangelischen Kirche Deutschlands zwischen

1530 und 1600. 1. Teil: Quellen zur Geschichte des Katechismusunterrichts. 2. Teil: Quellen zur Geschichte des biblischen Unterrichts: Einleitung und Texte, Gütersloh 1904-1935.

3. Literaturverzeichnis:

Albrecht, O., Luthers K a t e c h i s m e n (= Schriften des Vereins für Reformationsgeschichte, Bd. 33) Leipzig 1915.

Altaner, B. - Stuiber, B., P a t r o l o g i e . Leben, Schriften und Lehre der Kirchenväter, Freiburg ⁷1966.

Arnold, Fr. X., D i e n s t am Glauben. Das vordringlichste Anliegen heutiger Seelsorge (= Untersuchungen zur Theologie der Seelsorge, Bd. 1) Freiburg 1948.

Auf der Maur, Hj. und Kleinheyer, B. (Hrsg.), Zeichen des Glaubens. Studien zu Taufe und Firmung. Balthasar Fischer zum 60. Geburtstag, Einsiedeln - Freiburg 1972. (Festschrift Fischer).

B a h l m a n n , P., Deutschlands katholische Katechismen bis zum Ende des 16. Jahrhunderts. Mit einer Beilage: Tafel des christlichen Lebens (ca. 1480), Münster 1894.

Barth, Karl, Die k i r c h l i c h e L e h r e von der Taufe (= Theologische Studien, Heft 14) Zollikon-Zürich 1943.

Baur, Johannes, Die S p e n d u n g der Taufe in der Brixner Diözese in der Zeit vor dem Tridentinum. Eine liturgisch-kirchengeschichtliche und volkskundliche Studie (= Schlern-Schriften 42) Innsbruck 1938.

Bayer, Oswald, P r o m i s s i o . Geschichte der reformatorischen Wende in Luthers Theologie (= Forschungen zur Kirchen- und Dogmengeschichte, Bd. 24) Göttingen 1971.

Bellinger, G., Der C a t e c h i s m u s R o m a n u s und die Reformation. Die katechetische Antwort des Trienter Konzils auf die Hauptkatechismen der Reformatoren (= Konfessionskundliche und kontroverstheologische Studien, Bd. 27) Paderborn 1970.

Berz, A., Geschichte des Katechismus im Bistum B a s e l (= Studia Friburgensia NF 25) Freiburg (Schweiz) 1959.

Beumer, J., Die P r o v i n z i a l k o n z i l i e n von Mainz und Trier aus dem Jahre 1549 und ihre Bedeutung für die Liturgiereform: TThZ 82, 1973, 293-303.

Bibliotheca Catholica Neerlandica Impressa 1500-1727, Hagae Comitis 1954. (BCN).

Bönig, Heinrich, Die katholische E n c h i r i d i e n l i t e r a t u r im Zeitalter der Glaubensspaltung. Ein Beitrag zur Literaturgeschichte der katholischen Literatur. Masch. Dissertation, Freiburg 1940.

Braunisch, R., Die Theologie der R e c h t f e r t i g u n g im

"Enchiridion" (1538) des Johannes Gropper. Sein kritischer Dialog mit Philipp Melanchthon (= RST 109) Münster 1974.

Breuning, W., Die K i n d e r t a u f e im Lichte der Dogmengeschichte, in: Kasper, Christsein 72-95.

B r i n k e l , Karl, Die Lehre Luthers von der fides infantium bei der Kindertaufe (= Theologische Arbeiten, Bd. 7) Berlin 1958.

Browe, Peter, Der B e i c h t u n t e r r i c h t im Mittelalter: ThGl 26, 1934, 427-442.

Brück, A. Ph., Die Mainzer D o m p r e d i g e r des 16. Jahrhunderts: Hessisches Jahrbuch für Landesgeschichte 10, 1960, 132-148.

Brück, Heinrich, Der religiöse J u g e n d u n t e r r i c h t in Deutschland in der 2. Hälfte des 15. Jahrhunderts: Katholik 56 I, 1876, 225-246, 364-382.

Buxbaum, E. M., Der Augsburger Domprediger Johannes F a b r i OP von Heilbronn. Neue Quellen zu seinem Leben und Wirken: Jahrbuch des Vereins für Augsburger Bistumsgeschichte e. V. 2, 1968, 47-61.

Cardauns, Ludwig, Zur G e s c h i c h t e der kirchlichen Unions- und Reformbestrebungen von 1538 bis 1542 (Bibliothek des kgl. Preußischen historischen Instituts in Rom, Bd. 5) Rom 1910.

Caspar, Benedikt, Das Erzbistum T r i e r im Zeitalter der Glaubensspaltung bis zur Verkündigung des Tridentinums in Trier im Jahre 1569 (= RST 90) Münster 1966.

Daniélou, Jean, L i t u r g i e und Bibel. Die Symbolik der Sakramente bei den Kirchenvätern, München 1963.

Dreher, Bruno, Die O s t e r p r e d i g t von der Reformation bis zur Gegenwart (= Untersuchungen zur Theologie der Seelsorge, Bd. 3) Freiburg 1951.

Duhr, Bernhard, G e s c h i c h t e der Jesuiten in den Ländern deutscher Zunge im 16. Jahrhundert, Bd. 1, Freiburg 1907.

Evelt, Jakob S c h o p p e r , Pfarrer zu Dortmund (+ 1554): Blätter für kirchliche Wissenschaft und Praxis 9, 1895, 75-84.

-, Über einen wenig bekannten katholischen K a t e c h i s m u s aus der ersten Hälfte des 16. Jahrhunderts: Katholik 41 II, 1861, 451-474.

Fast, Heinold, B e m e r k u n g e n zur Taufanschauung der Täufer: ARG 57, 1966, 131-151.

Feifel, E., G r u n d z ü g e einer Theologie des Gottesdienstes. Motive und Konzeption der Glaubensverkündigung Michael

Heldings (1506-1561) als Ausdruck einer katholischen "Reformation" (= Untersuchungen zur Theologie der Seelsorge, Bd. 15) Freiburg 1960.

Ferel, Martin, G e p r e d i g t e T a u f e . Eine homiletische Untersuchung zur Taufpredigt bei Luther (= Hermeneutische Untersuchungen zur Theologie 10) Tübingen 1969.

Fischer, Balthasar, Formen g e m e i n s c h a f t l i c h e r T a u f e r i n n e r u n g im Abendland: LJ 9, 1959, 87-94.

-, Formen p r i v a t e r T a u f e r i n n e r u n g e n im Abendland: LJ 9, 1959, 157-166.

-, Das T a u f j a h r g e d ä c h t n i s . Ein Stück untergegangener Tauffrömmigkeit: TThZ 56, 1947, 345-353.

Fisher, J. D. C., C h r i s t i a n I n i t i a t i o n . The Reformation Period. Some early reformed Rites of Baptism and Confirmation and other contemporary Documents (= Alcuin Club Collections 51) London 1970.

Foerster, Hans, R e f o r m b e s t r e b u n g e n Adolf III. von Schaumburg (1547-1556) in der Kölner Kirchenprovinz (= RST 45/46) Münster 1925.

Fraas, H.-J., K a t e c h i s m u s t r a d i t i o n . Luthers kleiner Katechismus in Kirche und Schule, Göttingen 1971.

Franzen, August, Das S c h i c k s a l des Erasmianismus am Niederrhein im 16. Jahrhundert. Wende und Ausklang der erasmianischen Reformbewegung im Reformationszeitalter: HJ 83, 1964, 84-112.

-, Z ö l i b a t und Priesterehe in der Auseinandersetzung der Reformationszeit und der katholischen Reform des 16. Jahrhunderts (= KLK 29) Münster [3]1971.

Fricke, Friederike, Luthers kleiner Katechismus in seiner Einwirkung auf die katechetische Literatur des Reformationsjahrhunderts, Göttingen 1898. (Luthers KK).

Gail, Anton, Johann von V l a t t e n und der Einfluß des Erasmus von Rotterdam auf die Kirchenpolitik der vereinigten Herzogtümer: Düsseldorfer Jahrbuch. Beiträge zur Geschichte des Niederrheins 45, 1951, 1-109.

Gassmann, B., E c c l e s i a Reformata. Die Kirche in den reformierten Bekenntnisschriften, Freiburg 1968.

Gebhardt, Georg, Die S t e l l u n g des Erasmus von Rotterdam zur römischen Kirche, Marburg 1966.

Geffcken, J., Der B i l d e r k a t e c h i s m u s des 15. Jahrhunderts und die catechetischen Hauptstücke in dieser Zeit bis auf Luther. I. Die zehn Gebote, mit 12 Bildtafeln nach Cod. Heidelb. 438, Leipzig 1855.

Göbl, P., G e s c h i c h t e der Katechese im Abendlande vom Verfalle des Katechumenats bis zum Ende des Mittelalters,

Kempten 1880.

Gollob, H., Friedrich N a u s e a (1496-1552). Probleme der Gegenreformation, Wien 1952. 2. erw. Auflage: Nieuwkoop 1967.

Gottschick, J., Die L e h r e der Reformation von der Taufe. Ein theol. Gutachten zum Bremer Taufstreit (= Hefte zur christl. Welt 56, NF 6) Tübingen 1906.

Götz, Johann Bapt., Die r e l i g i ö s e B e w e g u n g in der Oberpfalz von 1520 bis 1560 (= Erläuterungen und Ergänzungen zu Janssens Geschichte des deutschen Volkes, 10. Band, 1. und 2. Heft) Freiburg 1914.

Gülden, Josef, Johann L e i s e n t r i t s pastoralliturgische Schriften (= Studien zur kath. Bistums- und Klostergeschichte, Bd. 4) Leipzig 1963.

Hahn, G. L., Die L e h r e von den Sakramenten in ihrer geschichtlichen Entwicklung innerhalb der Abendländischen Kirche bis zum Concil von Trient, Breslau 1864.

Hareide, Bjarne, Die K o n f i r m a t i o n in der Reformationszeit. Eine Untersuchung der lutherischen Konfirmation in Deutschland (1520-1585), Göttingen 1971.

H e n t z e , W., Kirche und kirchliche Einheit bei Desiderius Erasmus von Rotterdam (= Konfessionskundliche und kontroverstheologische Studien, Bd. 34) Paderborn 1974.

Herrmann, F., Die evangelische B e w e g u n g zu Mainz im Reformationszeitalter, Mainz 1907.

Hofinger, Johannes, G e s c h i c h t e des Katechismus in Österreich von Canisius bis zur Gegenwart. Mit besonderer Berücksichtigung der gleichzeitigen gesamtdeutschen Katechismusgeschichte, Innsbruck 1937.

Hubert, Hans, Der S t r e i t um die Kindertaufe. Eine Darstellung der von Karl Barth 1943 ausgelösten Diskussion um die Kindertaufe und ihre Bedeutung für die heutige Tauffrage (= Europäische Hochschulschriften, Reihe XXIII, Bd. 10) Bern-Frankfurt 1972.

Jedin, Hubert, Geschichte des Konzils von T r i e n t , 4 Bde., Freiburg 1950-1976.

Jordahn, B., Der T a u f g o t t e s d i e n s t im Mittelalter bis zur Gegenwart, in: Leiturgia 5, 349-640.

Jungmann, J. A., Die G n a d e n l e h r e im Apostolischen Glaubensbekenntnis: ZKTh 50, 1926, 196-219. Auch verkürzt u. neu bearbeitet, in: ders., Gewordene Liturgie, Innsbruck 1941, 173-189.

-, K a t e c h e t i k . Aufgabe und Methode der religiösen Unterweisung, Freiburg ^{3}1965.

Jungmann, J. A., Missarum Sollemnia. Eine genetische Erklärung der römischen Messe. 2 Bde., Freiburg ⁵1962. (Jungmann, MS I und II).

K a l i n e r , Walter, Julius Pflugs Verhältnis zur "Christlichen Lehre" des Johann von Maltitz (= Erfurter Theologische Schriften 9) Leipzig 1972.

Kasper, Walter (Hrsg.), C h r i s t s e i n ohne Entscheidung oder Soll die Kirche Kinder taufen? Mainz 1970.

Kilger, L., Die T a u f v o r b e r e i t u n g in der frühmittelalterlichen Benediktinermission, in: Benedictus. Weihegabe der Erzabtei St. Ottilien, München 1947, 505-521.

Knöpfler, Alois, Die K e l c h b e w e g u n g in Bayern unter Herzog Albrecht V., München 1891.

Koep, Leo, Das himmlische B u c h in Antike und Christentum. Eine religionsgeschichtliche Untersuchung zur altchristlichen Bildersprache (= Theophaneia 8) Bonn 1952.

Kohls, E.-W., Die T h e o l o g i e d e s E r a s m u s , 2 Bde., Basel 1966.

-, Die t h e o l o g i s c h e L e b e n s a u f g a b e des Erasmus und die oberrheinischen Reformatoren. Zur Durchdringung von Humanismus und Reformation (= Arbeiten zur Theologie, 1. Reihe, Heft 39) Stuttgart 1969.

Koldewey, Friedr. E., Johannes M o n h e i m und die Kölner. Der erste Streit zwischen Jesuitismus und Protestantismus. Eine kirchenhistorische Studie: Zeitschrift für wissenschaftliche Theologie 42, 1899, 106-138.

K ö t t e r , Franz Josef, Die Eucharistielehre in den katholischen Katechismen des 16. Jahrhunderts bis zum Erscheinen des Catechismus Romanus (1566) (= RST 98) Münster 1969.

Kretschmar, G., Die G e s c h i c h t e des Taufgottesdienstes in der alten Kirche, in: Leiturgia 5, 1-348.

Lauchert, Fr., Die italienischen literarischen G e g n e r Luthers (= Erläuterungen und Ergänzungen zu Janssens Geschichte des deutschen Volkes, Bd. 8) Freiburg 1912.

Lenhart, L., Die M a i n z e r S y n o d e n von 1548 und 1549 im Lichte der im Schloßarchiv Vollrads/Rhg. aufgefundenen Protokolle: AMrhKG 10, 1058, 67-111.

Lentner, L., Die religiöse U n t e r w e i s u n g in der Reformationszeit, Innsbruck 1959.

Limburg, H. J., Johannes Groppers L i b e l l u s piarum precum (1546). Masch. Diplomarbeit am Liturgischen Institut, Trier 1967.

Lipgens, W., Kardinal Johannes G r o p p e r 1503-1559 und die Anfänge der katholischen ᴿeform in Deutschland (= RST 75) Münster 1951.

L o b e c k , Albrecht, Das Hochstift Meissen im Zeitalter der Reformation bis zum Tode Herzog Heinrichs 1541. Besorgt von Heinrich Bornkamm und Heinz Scheuble (= Mittelalterliche Forschungen LXV) Köln 1971.

L o h r m a n n , W., Glaube und Taufe in den Bekenntnisschriften der evangelisch-lutherischen Kirche. Ein Beitrag zur theologischen Besinnung über die Tauffrage heute (= Arbeiten zur Theologie, Heft 8) Stuttgart 1962.

Lortz, Joseph, Die R e f o r m a t i o n in Deutschland, 2 Bde., Freiburg ⁵1965.

M a c h a t s c h e k , E., Geschichte der Bischöfe des Hochstiftes Meissen in chronologischer Reihenfolge, Dresden 1884.

M a r t i m o r t , A.-G. (Hrsg.), Handbuch der Liturgiewissenschaft, 2 Bde., Freiburg 1963/65.

M a s s a u t , Jean-Pierre, Josse Clichtove, l'humanisme et la réforme du clergé. 2 vol. (= Bibliothèque de la Faculté de Philosophie et Lettres de l'Université de Liège, 183). Paris 1968.

Meier, J., Das " E n c h i r i d i o n christianae institutionis" (1538) von Johannes Gropper. Geschichte seiner Entstehung, Verbreitung und Nachwirkung: Zeitschrift für Kirchengeschichte 86, 1975, 289-328.

M e r k , Erika, Die Taufe in den Katechismen. Eine historischdogmatische Untersuchung über die Tauflehre in den deutschsprachigen Katechismen verglichen mit der Tauftheologie des 2. Vatikanischen Konzils. Masch. Dissertation, Salzburg 1970.

Metzner, J., Friedrich N a u s e a aus Waischenfeld, Bischof von Wien, Regensburg 1884.

Michel, Walter, Gerhard L o r i c h und seine Theologie. Ein Beitrag zur Reformationsgeschichte im Lahngebiet: Nassauische Annalen 81, 1970, 160-172.

M i t t e r h ö f e r , Jakob, Die Anthropozentrik und Christozentrik in den deutschsprachigen Katechismen. Eine materialkerygmatische Untersuchung über die Beziehung von Christologie und Heilsgütern in den Katechismen. (Auszug aus der Dissertation, Rom 1967) Wien 1969.

Moufang, Ch., Die Mainzer Katechismen von der Erfindung der Buchdruckerkunst bis zum Ende des 18. Jahrhunderts, Mainz 1877. (Moufang, MK).

Müller, K. F. - Blankenburg, W. (Hrsg.), L e i t u r g i a . Handbuch des evangelischen Gottesdienstes. 5 Bde., Kassel 1954-1970.

Neunheuser, Burkhard, T a u f e und Firmung (= Handbuch der Dogmengeschichte VI, 2) Freiburg 1956.

Padberg, Rudolf, E r a s m u s als Katechet. Der literarische Beitrag des Erasmus von Rotterdam zur katholischen Katechese des 16. Jahrhunderts. Eine Untersuchung zur Geschichte der Katechese (= Untersuchungen zur Theologie der Seelsorge, Bd. 9) Freiburg 1956.

-, Georg W i t z e l der Ältere, ein Pastoraltheologe des 16. Jahrhunderts: ThpQ 135, 1955, 385-409.

Paulus, Nikolaus, Die deutschen D o m i n i k a n e r im Kampf gegen Luther (1518-1563) (= Erläuterungen und Ergänzungen zu Janssens Geschichte des deutschen Volkes, Bd. 4) Freiburg 1905.

-, Ewald V i n c i u s , ein vergessener Katechet des 16. Jahrhunderts: Katholik 75 I, 1895, 187-189.

-, Gerhard L o r i c h i u s , ein Convertit des 16. Jahrhunderts: Katholik 74 I, 1894, 503-528.

-, Katholische S c h r i f t s t e l l e r aus der Reformationszeit (Nachtrag): Katholik 73 II, 1893, 213-222.

-, Michael H e l d i n g , ein Prediger und Bischof des 16. Jahrhunderts: Katholik 74 II, 1894, 410-430, 481-502.

P a y n e , John B., Erasmus. His theology of the Sacraments (Research in Theology) Richmond (Virginia) 1970.

Pesch, O. H., B e s i n n u n g auf die Sakramente. Historische und systematische Überlegungen und ihre pastoralen Konsequenzen: FZThPh 18, 1971, 266-321.

Pfeilschifter, G. (Hrsg.), Acta Reformationis Catholicae ecclesiam Germaniae concernentia saeculi XVI. Die Reformverhandlungen des deutschen Episkopats von 1520 bis 1570, Regensburg 1960 ff. (ARC).

Portmann, A. - Kunz, X., K a t e c h i s m u s des hl. Thomas von Aquin oder Erklärung des apostolischen Glaubensbekenntnisses, des Vater unser, Ave Maria und der zehn Gebote Gottes. 2. Auflage, vermehrt mit einer Beilage von fünf bisher nicht veröffentlichten kleineren Katechismen aus dem 13. und 14. Jahrhundert, Luzern 1899.

Pralle, L., Die volksliturgischen Bestrebungen des Georg W i t z e l (1501-1573): Jahrbuch für das Bistum Mainz 3, 1948, 224-242.

Probst, F., G e s c h i c h t e der katholischen Katechese, Breslau 1886.

Q u e t i f , E., Scriptores Ordinis Praedicatorum, 2 Bde., Paris 1719-1721.

Rahner, Hugo, S y m b o l e der Kirche. Die Ekklesiologie der Väter, Salzburg 1964.

Rast, Timotheus, Die katechetische U n t e r w e i s u n g
über das Sakrament der Buße von Canisius (1555) bis heute.
Untersuchung. Masch. Dissertation, Trier 1963.

R a t s c h o w , C. H., Die eine christliche Taufe, Gütersloh
1972.

Reifenberg, H., S a k r a m e n t e , Sakramentalien und Ritualien im Bistum Mainz seit dem Spätmittelalter. Unter besonderer Berücksichtigung der Diözesen Würzburg und Bamberg.
Teilband I: Bis 1671 (Mainz-römischer Ritus) (= LQF 53)
Münster 1971.

Reu, M., Zur katechetischen L i t e r a t u r Bayerns im 16.
Jahrhundert: Beiträge zur bayerischen Kirchengeschichte 13,
1907, 122-149; 14, 1908, 127-136.

Richter, G., Die S c h r i f t e n Georg Witzels bibliographisch bearbeitet. Nebst einigen bisher ungedruckten Reformationsgutachten und Briefen Witzels (= 10. Veröffentlichung
des Fuldaer Geschichtsvereins) Fulda 1913. Neudruck: Nieuwkoop 1963.

Richter, Julius, Die p ä d a g o g i s c h e L i t e r a t u r
Frankreichs während des 16. Jahrhunderts. I. Katechismen,
Leipzig 1904.

Roth, Erich, A p o r i e n in Luthers Tauflehre: Zeitschrift
für systematische Theologie 22, 1953, 99-124.

Sauer, P. L., Der D i a l o g bei Georg Witzel in seiner
zeitgeschichtlichen und entwicklungsgeschichtlichen Bedeutung. Masch. Dissertation, Frankfurt 1956.

Schlink, Edmund, Die Lehre von der T a u f e (= Sonderausgabe
von Leiturgia 5) Kassel 1969.

Schmidt-Clausing, F., Z w i n g l i a l s L i t u r g i k e r . Eine liturgiegeschichtliche Untersuchung (= Veröffentlichungen der Evangelischen Gesellschaft für Liturgieforschung, Heft 7) Göttingen 1952.

-, Zwinglis liturgische F o r m u l a r e , Frankfurt 1969.

Schmitz, Josef, G o t t e s d i e n s t im altchristlichen
Mailand. Eine liturgiewissenschaftliche Untersuchung über
Initiation und Meßfeier während des Jahres zur Zeit des
Bischofs Ambrosius (+ 397) (= Theophaneia 25) Köln - Bonn
1975.

Schöberl, F. X., Lehrbuch der K a t e c h e t i k , Kempten
1890.

S c h o t t e n l o h e r , Karl, Bibliographie der deutschen
Geschichte im Zeitalter der Glaubensspaltung 1517-1585,
6 Bde., Leipzig 1935-1940. Neudruck: Stuttgart 1956 ff.
7. Bd., Stuttgart 1962-1966.

Schreiber, G. (Hrsg.), Das Weltkonzil von T r i e n t, 2 Bde., Freiburg 1951.

Schrems, Karl, Der "m o d u s c a t e c h e z a n d i" der katholischen Kirchenkatechese in Deutschland im 16. und 17. Jahrhundert: Verhandlungen des historischen Vereins für Oberpfalz und Regensburg 106, 1966, 219-241.

-, Die religiöse Volks- und Jugendunterweisung in der Diözese R e g e n s b u r g vom Ausgang des 15. Jahrhunderts bis gegen Ende des 18. Jahrhunderts. Ein Beitrag zur Geschichte der Katechese (= Veröffentlichungen des Vereins zur Erforschung der Regensburger Diözesangeschichte, Heft 1) München 1929.

S c h r ö d e r , E., Art. Schöpper, in: ADB 32, 374 f.

Siemer, P. M., G e s c h i c h t e des Dominikanerklosters Sankt Magdalena in Augsburg (1225-1808) (= Quellen und Forschungen zur Geschichte des Dominkanerordens in Deutschland, Heft 33) Vechta 1936.

Spital, H. J., Der Taufritus in den deutschen R i t u a l i e n von den ersten Drucken bis zur Einführung des Rituale Romanum (= LQF 47) Münster 1968.

Stenzel, Alois, Dogmatische E r w ä g u n g e n zu den Initiationssakramenten: LJ 21, 1971, 108-116.

-, Die T a u f e . Eine genetische Erklärung der Taufliturgie, Innsbruck 1958.

Struck, Wolf Heino, Zur R e f o r m a t i o n in Nassau-Hadamar: Hessisches Jahrbuch für Landesgeschichte 11, 1961, 90-122.

Stupperich, R., Der H u m a n i s m u s und die Wiedervereinigung der Konfessionen, Leipzig 1936.

Thalhofer, Fr. X., B e i t r ä g e zur Geschichte der Katechese im Bistum Augsburg nach der Glaubenserneuerung: Katechetische Blätter 26, 1900, 29-36, 73-82, 119-128, 197-204, 251-256, 331-338, 393-400, 451-458, 491-500, 551-558, 607-614.

-, E n t w i c k l u n g des katholischen Katechismus in Deutschland von Canisius bis Deharbe. Historisch-kritisch dargelegt, Freiburg 1899.

Trusen, W., Georg W i t z e l (1501-1573). Studien zu seinem Leben und Werk. Masch. Dissertation, Göttingen 1950.

-, Um die R e f o r m und Einheit der Kirche. Zum Leben und Werk Georg Witzels (= KLK 14) Münster 1957.

Usteri, J. M., Darstellung der Tauflehre Z w i n g l i s : Theologische Studien und Kritiken 55, 1882, 205-284.

Weber, H., Geschichte des Christenlehrunterrichtes und der Katechismen im Bistum B a m b e r g zur Zeit des alten Hochstifts, Regensburg 1882.

Wedewer, H., Johannes D i e t e n b e r g e r , 1475-1537. Sein Leben und Wirken, Freiburg 1888.

Wiegand, Fr., Die S t e l l u n g des apostolischen Symbols im kirchlichen Leben des Mittelalters. I. Symbol und Katechumenat (= Studien zur Geschichte der Theologie und der Kirche, Bd. IV, Heft 2) Leipzig 1899.
Neudruck: Aalen 1972.

W i n t e r f e l d , Luise von, Der Durchbruch der Reformation in Dortmund: Beiträge zur Geschichte Dortmunds und der Grafschaft Mark 34, 1927, 53-146.

Zeeden, Ernst Walter, Das Zeitalter der G l a u b e n s k ä m p f e 1555-1648 (= Gebhardt, Handbuch der deutschen Geschichte, Bd. 9 - dtv 4209) München 1973.

0   Einleitung

Wenn es stimmt, daß die Taufe "heute ein Brennpunkt im Denken der Christenheit" ist[1] - und die Fülle der Publikationen aus den letzten Jahrzehnten scheint diese Aussage zu bestätigen -, dann dürfte die folgende Untersuchung nicht ganz unaktuell sein. Seit Karl Barth 1943 die Säuglingstaufe als eine "Wunde am Leibe der Kirche" bezeichnete,[2] ist die Diskussion um diese Frage nicht mehr zur Ruhe gekommen.[3] Nicht nur bei den evangelischen Christen wächst die Zahl derer, die ihre Kinder nicht mehr taufen lassen; auch katholische Christen fragen ernsthaft: "Soll die Kirche Kinder taufen?"[4] Wird in diesem Zusammenhang auch oft mit Schlagworten argumentiert, wie "Volkskirche", "Entscheidungsfreiheit" u. ä., so hat die Diskussion doch sicher wesentliche Begriffe gehoben, wie etwa den Zusammenhang von Glaube und Taufe, von Gemeinde und Taufe, Verantwortung der Eltern für die zu taufenden und getauften Kinder.[5]

Zu dieser Mentalitätsänderung kommt in der katholischen Kirche die Einführung der im Zug der nachkonziliaren Rituale-Reform neugeschaffenen Ordnungen der Kinder- und Erwachsenentaufe hinzu. Beides, die theologische Besinnung wie die neuen gottesdienstlichen Formen - die wiederum von der Theologie mitgestaltet wurden -, sind eine Herausforderung an die Pastoral. Sie sollten es ermöglichen, in den Gemeinden ein erneuertes Taufbewußtsein zu wecken.

In dieser Situation dürfte es mehr als nur reizvoll sein, einmal zurückzuschauen in die Reformationszeit. Es wird sich zeigen, daß es damals um ähnliche Probleme ging. Zum ersten Mal in der Kirchengeschichte wurde durch die Wiedertäufer ernsthaft die Berechtigung der Kindertaufe bestritten.[6] Traktate, Flugblätter und Schlagworte verwirrten auch damals die Gläubigen. Wie hat man in der katholischen Kirche darauf reagiert? Was wurde den Gläubigen in der Katechese dazu gesagt? Wie war überhaupt die katechetische Situation? Hat man nur polemisiert oder sich um eine tiefere Begründung bemüht? Die Reformatoren, vor allem

Martin Luther, kamen u.a. durch eine Reduktion auf zwei (bzw. drei) Sakramente zu einer großen Wertschätzung der Taufe. G. Witzel schreibt darüber: "Was aber in sonderheit Luthers sect beide an der Taufe und Catechismus gebessert hat, ist nicht grosses schatzes wert. Hatt sie anderst mit übel erger gemacht..."[7]
B. Neunheuser meint: "...aus heutiger, unbefangenerer Sicht wird man auch den leidenschaftlichen Anruf Luthers, die Taufe ernst zu nehmen, nicht überhören".[8] Wie ist man zur Reformationszeit von katholischer Seite auf dieses Thema eingegangen? Hat man das berechtigte Anliegen der Reformatoren aufgegriffen? Hat man etwa "vergessene katholische Wahrheiten" verschwiegen oder unterdrückt, weil sie von den "Häretikern" betont wurden?[9] Können wir heute etwas von den Auseinandersetzungen jener Jahre lernen?

Als Gegenstand der Untersuchung wurden die katholischen Katechismen aus der ersten Hälfte des 16. Jahrhunderts bis 1555 gewählt.[10] Das Jahr 1555 bildet aus verschiedenen Gründen einen gewissen Einschnitt, den man allerdings nicht überbewerten darf. Mit dem in diesem Jahr geschlossenen Augsburger Religionsfrieden hatte die Reformation in Deutschland "ihren vorläufigen Abschluß gefunden",[11] "hatte sich Deutschland eine politische Lebensform gegeben, die der Glaubensspaltung Rechnung trug."[12] Neben dem politischen und konfessionellen Einschnitt bringt das Jahr 1555 aber vor allem mit dem Erscheinen der "Summa" des Canisius einen neuen Abschnitt in der Geschichte der Katechismen. Für Deutschland werden die Katechismen des Canisius und in geringerem Maße der "Catechismus Romanus" bestimmend.[13] Dazu kommt, daß sich in den katechetischen Werken der ersten Hälfte des 16. Jahrhunderts die Dekrete des Tridentinums[14] nicht oder doch nur schwach widerspiegeln. Noch sind viele Fragen offen, nicht verhärtet.[15] War die katholische Theologie "durch die Reformation verwirrt und dieser nicht gewachsen"?[16] Gilt dieses Urteil auch von der Tauftheologie? Gerade jene Jahrzehnte, in denen die Hoffnung auf eine Einigung noch nicht gänzlich begraben war, in denen man noch Wege zueinander suchte, dürften von besonderem Interesse sein.

Die Arbeit umfaßt drei Teile. Zunächst soll der historische und systematische Hintergrund angedeutet werden. Es folgt die Vorstellung der Katechismen und ihrer Autoren. Dann soll die Tauftheologie der Katechismen nachgezeichnet werden. Der zweite Teil setzt in gewisser Weise die Untersuchung von Franz Josef Kötter über die Eucharistielehre der katholischen Katechismen aus dem Jahr 1969 voraus.[17] Das bedeutet u.a., daß die Literatur nicht mehr eigens genannt und zitiert wird, die von Kötter schon ausgewertet wurde, es sei denn, es ergeben sich weitere oder andere Schlußfolgerungen. Über die Darstellung bei Kötter hinaus soll versucht werden, die Verfasser der Katechismen, zumal derer, die weniger bekannt sind, etwas plastischer hervortreten zu lassen. Ihre Lebensumstände und ihr Werdegang haben oft entscheidend zum Werden und zur Eigenart ihrer Werke beigetragen. Einige Autoren, die Kötter unbekannt blieben, können neu vorgestellt werden.[18] Einige Fragen, die Kötter offen lassen mußte,[19] können beantwortet werden. So dürfte auch diese Arbeit weitere "Bausteine für eine noch zu schreibende Katechismusgeschichte" liefern.[20] Dem soll auch die Weiterführung der Katechismus-Bibliographie bis zum Ende des 16. Jahrhunderts dienen.

Im Verlauf der Beschäftigung mit unserem Thema erschien die Untersuchung von E. Merk "Die Taufe in den Katechismen". Dieser Arbeit lag ein anderes Ziel zugrunde, daher wurden aus der ersten Hälfte des 16. Jahrhunderts nur einige und nicht die wichtigsten Katechismen ausgewählt. Bisweilen wird auf die Ergebnisse verwiesen.

Der dritte Teil beschäftigt sich mit der eigentlichen Tauftheologie der Katechismen. Hier wurde eine andere Methode gewählt, als Kötter sie angewandt hat. Dieser zeichnet die Eucharistielehre eines jeden einzelnen Katechismus nach und bietet zum Abschluß der Arbeit eine gedrängte Übersicht über das Lehrgut aller behandelten Werke.[21] Man kann sich so leicht orientieren, was der einzelne Katechismus zur Eucharistie lehrt, jedoch leidet darunter die Übersichtlichkeit. Wiederholungen lassen sich nicht vermeiden und die Lektüre wird erschwert.[22] Demgegenüber liegt bei dieser Untersuchung das Interesse mehr auf dem "Querschnitt" der Lehre von der Taufe, d.h. es wird gefragt, was in dieser Zeit in den Katechismen ausgesagt wurde über die Taufe.

Aus diesem Grunde wurde ein Schema aufgestellt, das sich im wesentlichen an Luthers Großem Katechismus orientiert. In vier Hauptpunkten: Wesen, Wirkungen, Spender und Empfänger des Sakramentes und Taufhandlung[23] sollen die Taufaussagen der Katechismen zusammengefaßt werden. Dabei wird deutlich werden, was die einzelnen Autoren für wichtig hielten und was sie nicht erwähnten. Das eigentliche "Relief" des jeweiligen Tauftraktates wird kurz im ersten Hauptteil der Arbeit skizziert im Zusammenhang mit der Vorstellung des entsprechenden Katechismus.

Auf das Problem der Rechtfertigung näher einzugehen, würde den Rahmen dieser Arbeit sprengen.[24] Wohl werden die Rechtfertigungsmotive der Katechismen genannt, soweit sie in einem direkten Zusammenhang mit der Taufe angeführt werden. Ebenso wird die Wirkursächlichkeit des Sakramentes nicht eigens dargestellt. Dieses Problem liegt nur ganz am Rande des Interesses der Autoren.

Den beiden letzten Teilen voraus gehen einige Kapitel, die den Hintergrund bilden sollen für die folgenden Darstellungen. Es geht dabei um den Stand der Tauftheologie zu Beginn des 16. Jahrhunderts. Gefragt werden soll: Was lernten die Gläubigen bis zur Reformationszeit über dieses Sakrament? Wer leistete diese Unterrichtung? Ein weiteres Kapitel befaßt sich mit der Form der Taufspendung. Und schließlich ist der eigentliche "Ausgangspunkt" unserer Untersuchung darzustellen: die Tauftheologie der Reformatoren. In unserem Kontext handelt es sich dabei um Luther und Zwingli und den gemeinsamen "Gegner" sowohl der Reformatoren wie der Katholiken, die Täufer. Jean Calvin und seine Lehre gewannen in dem von uns zu berücksichtigenden Zeitraum für Deutschland praktisch keine Bedeutung. Erst durch den Heidelberger Katechismus von 1563 war eine lehrmäßige Form gefunden, die dem Calvinismus mit Unterstützung einiger Landesfürsten eine weitere Verbreitung im deutschen Sprachraum sicherte.[25]

Es wäre gewiß sehr reizvoll gewesen, den Blick über die Katechismen hinaus auszuweiten auf andere Literaturgenera, die sich ebenfalls mit der Taufe befassen, und die die Diskussion in unserem Zeitraum mitbestimmen. Weiters interessant wäre die Frage nach dem Zusammenhang von Taufe und Firmung. Im Sinne einer Beschränkung mußte darauf genauso verzichtet werden wie auf eine Ausweitung der verschiedenen Linien bis heute.

Die Wiedergabe von Katechismustexten wird um der Lesbarkeit willen ein wenig vereinfacht. Da die Schreibweise oft innerhalb weniger Zeilen wechselt, schien es gerechtfertigt etwa auf das hochgestellte "e" zu verzichten und statt dessen einen Umlaut zu nehmen.

ANMERKUNGEN ZUR EINLEITUNG

1 Schlink, Taufe 7.

2 Barth, Kirchliche Lehre 28 f. Das berühmte Wort von der Kindertaufe als der "tief unordentlichen Praxis" stammt aus Barths Kirchlicher Dogmatik IV, 4(1967) 213. Vgl. Raas, Bernhard, Gottesdienst. Ein Beitrag zum Gottesdienstverständnis in der Theologie Karl Barths. Diss. hektographiert, Münster 1977, 101 - 122.

3 Vgl. etwa die bei Ratschow 257 - 273 und Hubert, Streit 9 - 16 angegebene Literatur.

4 So der Teiltitel des Buches: Christsein ohne Entscheidung oder Soll die Kirche Kinder taufen? Hrsg. von Kasper, Walter, Mainz 1970. Vgl. dazu die Besprechung von Fischer, Balthasar, in: TThZ 80, 1971 122 - 125; auch die Diskussion im Zusammenhang mit der Gemeinsamen Synode der Bistümer der Bundesrepublik: SYNODE 1971, Heft 8, 15 - 18; 1972, Heft 2, 13 - 18, Heft 3, 37 - 40, Sonderheft 2, 31 - 34; 1974, Heft 3, 17 - 50.

5 Vgl. dazu die Pastoralanweisung der Deutschen Bischofskonferenz über die Einführung eines Taufgesprächs mit den Eltern vor der Spendung der Taufe: Kirchliches Amtsblatt Trier 114 (1970) Nr. 286 und die "Vorbemerkungen" zu: "Die Feier der Kindertaufe in den Katholischen Bistümern des Deutschen Sprachgebietes", vor allem Nr. 32 - 38. Die genannte Pastoralanweisung ist in die Vorbemerkungen eingearbeitet.

6 S.u. den Abschnitt 143.

7 G. Witzel, Catechismus B 1 v.

8 LThK 9, 1317.

9 Vgl. Neunheuser, Taufe 98.

10 Geplant war die Darstellung der Tauflehre der Katechismen des ganzen 16. Jahrhunderts; vgl. die Bibliographie im Anhang. Jedoch stellte sich heraus, daß eine Kürzung des Stoffes notwendig war.

11 Zeeden, Glaubenskämpfe 42; in der Anm. 1 verweist Zeeden auf L. von Ranke, der den "relativ abschließenden Charakter des Religionsfriedens" nachdrücklich herausstellt.

12 Ebda 43.

13 Vgl. Thalhofer, Entwicklung 6; Kötter 111.

14 Am 17. 6. 1546 wird das Dekret über die Erbsünde (DS 1510 -

1516) beschlossen. Das Dekret über die Rechtfertigung (DS 1520 - 1583) stammt vom 13.1. 1547. Über die Taufe wird im Dekret über die Sakramente vom 3.3.1547 gehandelt (DS 1614 - 1627). - Canisius hat etwa die Dekrete des Tridentinums 1566 in seine "Summa" aufgenommen; vgl. Kötter 89.

15 Vgl. Neunheuser, Taufe 98; Arnold, Fr.X. Vorgeschichte und Einfluß des Trienter Meßdekrets auf die Behandlung des eucharistischen Geheimnisses in der Glaubensverkündigung der Neuzeit, in: ders. und Fischer, Balthasar (Hrsg.), Die Messe in der Glaubensverkündigung. Kerygmatische Fragen. (Festschrift Jungmann), Freiburg ²1953, 134 - 146.

16 So die Behauptung von Stupperich, R., Die Reformation in Deutschland (= dtv 3202) München 1972, 141.

17 Ich möchte an dieser Stelle Herrn Dr. Kötter danken, daß er mir freundlicherweise das von ihm gesammelte Material, das er für seine Arbeit nicht verwerten konnte, zur Einsicht überließ. Die oben in Anm. 10 erwähnte Kürzung unter die von Kötter gesetzte zeitliche Grenze brachte es mit sich, daß dieses Material nur für die weiterführende Bibliographie der Katechismen bis zum Ende des 16. Jahrhunderts benutzt werden konnte. Die dort gemachten Angaben wurden alle überprüft. Es wurden nur die Bücher aufgenommen, die eingesehen werden konnten.

18 Ph. Archinto, G. Lorichius, J. Monheim und E. Vincius.

19 Vgl. Kötter 15, Anm. 62 a.

20 Kötter 15 f.

21 Zur Methode siehe Kötter 20 - 23; vgl. die Rezension von Iserloh, E., in: ThRev 67, 1971, 62 f.

22 Vgl. die Rezension von Kötters Arbeit durch Herbert, J., in: ThLZ 95, 1970, 122 f.

23 Soweit sie von den Katechismen mitbehandelt wird.

24 Vgl. die Arbeit von Braunisch über die Rechtfertigung in Groppers Enchiridion.

25 Vgl. Zeeden, Glaubenskämpfe 165 f.

1 GESCHICHTLICHER UND SYSTEMATISCHER HINTERGRUND

11 Zur Lehre von der Taufe vor der Reformation

Es geht hier nicht um eine vollständige Darstellung all dessen, was über die Taufe gelehrt wurde. Vielmehr soll in großen Zügen im Anschluß an die Darstellung der Dogmengeschichte ein Überblick über die theologische Reflexion geboten werden. Da die Tauflehre bei Thomas von Aquin "inhaltlich und formal ... einen vorläufigen Höhepunkt und einen gewissen Abschluß gefunden" hat,[1] empfiehlt es sich, seinen Ausführungen zu folgen.[2] Auf unterschiedliche Auffassungen anderer Theologen wird kurz hingewiesen. Die Theologie der Hoch- und Spätscholastik ist vor allem durch eine starke Systematisierung gekennzeichnet,[3] in die auch die Taufe einbezogen ist. Da in dieser Zeit im wesentlichen die Kindertaufe vorherrschend geworden ist, bildet diese normalerweise das Modell für die Theologie der Taufe.[4]

Thomas wendet zunächst das seit Augustin bekannte Schema: sacramentum tantum, res et sacramentum und res tantum auf die Taufe an. Was das Sakrament an sich (sacramentum tantum) angeht, besteht es nicht im Wasser (materia) allein, auch nicht im Wort (forma) allein, sondern im Zusammenkommen beider, in der Abwaschung.[5] In anderer Ausdrucksweise bezeichnet er die Handlung als "signum", die Worte als "significatio".[6] Als "res et sacramentum" sieht Thomas den "Charakter". Er ist die Sache, die durch die äußere Abwaschung bezeichnet wird und das sakramentale Zeichen für die innere Rechtfertigung.[7] Ihn versteht er als eine "potentia", als "eine geistige, gleichsam passive Fähigkeit, durch die der Mensch aufnahmefähig gemacht wird für geistliche Handlungen".[8] Der Charakter ist Teilnahme am Priestertum Christi. So ist in der thomistischen Tauflehre das gemeinsame Priestertum aller Gläubigen fest verankert.[9] Als "res tantum" bezeichnet Thomas die innere Rechtfertigung. Sie besteht vor allem in der Vergebung jeglicher Schuld und damit in der Wiederherstellung der ursprünglichen Unschuld.[10] Jedoch bleibt der Mensch noch im "leidensfähigen Leibe"[11] und hat mit der Konkupiszenz zu ringen. Christsein ist somit ein ständiger Kampf bis hin zur Vollendung.[12] Als positive Wirkungen der Taufe gibt der Aquinate an, "daß sie Gnade und Tugenden gibt bzw. vermehrt, erleuchtet, Christus eingliedert und den Zutritt zum Reiche Gottes erschließt".[13] All dies geschieht am Menschen durch Leiden und Auferstehung des Herrn, an denen der Getaufte Anteil erhält.[14]

Hauptursache der Taufe ist die Dreifaltigkeit, die über den Täufling angerufen wird. Der (menschliche) Spender ist nur die Werkzeugursache. Da der eigentliche Spender Christus selbst ist, kann im Notfall jeder Mensch taufen.[15] Der Empfang der Taufe ist heilsnotwendig, da sie allein den Menschen Christus eingliedert und ihn so zum Heile führt. Neben der Wassertaufe kennt Thomas noch die Blut- und die Begierdetaufe.

Die Bezeichnung der Taufe als "Sakrament des Glaubens" umschreibt das Verhältnis von objektiver und subjektiver Heiligung (ex opere operato und ex opere operantis). Glaube war, so sagt Thomas, zu allen Zeiten notwendig, er fand seinen jeweiligen Ausdruck in verschiedenen Zeichen. Eines dieser Zeichen war die Beschneidung, sie wird auch "Sakrament" genannt. Sie vermittelte Gnade aus dem Glauben im Hinblick auf das zukünftige Leiden Christi. In der Taufe wird die Gnade mitgeteilt, weil sie Werkzeug des bereits geschehenen Leidens unseres Herrn ist. Da die Taufe den in der Liebe wirksamen Glauben anzeigt und offenbart, kann sie das Heil nur vermitteln, wenn der Wille zum Sündigen nicht fortbesteht. Zum gültigen Empfang ist also der Wille oder die Absicht, nicht mehr zu sündigen, erforderlich und daß "alles andere da ist, was notwendig zum Sakrament gehört".[16] Gültig, wenn auch nicht fruchtbar, kann das Sakrament auch ohne den rechten Glauben empfangen werden, da es das unauslöschliche Merkmal, den Charakter, einprägt.[17]

Bei Kindern fehlt der eigene Glaube und die Absicht. Thomas antwortet auf diesen Einwand: Wenn es möglich ist, daß die Kinder sich die Erbsünde durch Adam zuziehen können, dann können sie die Gnade durch Christus noch viel eher empfangen. Die

Eigenart ihres Heilsweges besteht zudem darin, daß an die Stelle des eigenen Glaubens und der eigenen Absicht der Glaube der Eltern, bzw. der der Kirche tritt. Er bringt sie vermittelnd, nicht ursächlich, in Verbindung mit Christus, der im Sakrament wirkt; so wird auch das Kind einverleibt in Leiden und Tod des Herrn.[18]

All das sagt Thomas nur vom Kernakt der Taufe, der "Abwaschung", aus. Bei der gesamten Taufhandlung unterscheidet er zwischen "Handlungen, die notwendig zum Sakrament gehören, und Handlungen, die (lediglich) zu einer gewissen Feierlichkeit des Sakramentes gehören".[19]

Unter den Schülern des Aquinaten kam es zu Meinungsverschiedenheiten, aber erst Duns Scotus und der Nominalismus brachen in einzelnen Punkten das überkommene Schema auf. Scotus hält dafür, daß Christus die Taufe nicht am Jordan, sondern zu einem späteren Zeitpunkt, der nicht näher zu bestimmen ist, eingesetzt hat. Die Begriffe "materia - forma" bekommen bei ihm einen anderen Sinn. Materie ist "die gesamte Grundlage einer sakramentalen Handlung, ... Zeichen wie Worte, die Form faßt er als die besondere Beziehung des Zeichens, welche es gerade zu diesem Sakrament macht".[20] Die Taufe, wie auch die anderen Sakramente, ist in der Sicht des Scotus ein Symbol. Seine äußere Anwendung bietet aufgrund göttlicher Anordnung nur den Anlaß für das Gnadengeschenk. Die Gnade wird also durch die Sakramente nicht unmittelbar geschenkt.[21] Der Charakter ist für ihn "weder Gnade noch Tugend". "Kraft des Taufcharakters vollzieht sich im Täufling ein 'induere Christum'; er wird Christ...Mitglied der Kirche.[22] Wird die Taufe unwürdig empfangen, so bewirkt der Charakter bei späterer Reue die Sündenvergebung. Die Lehre vom Charakter übernimmt Scotus von der Autorität der Kirche; Beweise dafür lassen sich seiner Meinung nach nicht anführen, höchstens Konvenienzgründe.[23]

Wilhelm von Ockham, der die "Tauflehre nur sehr dürftig behandelt",[24] ist als Nominalist Gegner der Werkzeugursächlichkeit der Sakramente. Er vertritt die Pakttheorie des Scotus. Für

Ockham ist das Sakrament nur eine "causa sine qua non" für die Mitteilung der Gnade.[25] Er spricht der Taufe jede Realität ab. Sie ist ein bloßer Name für die Abwaschung des Menschen, der weder aktuell noch habituell widerstrebt. Die Eingießung der Gnade, die sachlich dasselbe ist wie die Liebe, verdrängt alle Schuld. "Unter der sakramentalen Gnade kann man den gnädigen Willen Gottes verstehen, der auf Grund eines von ihm gegebenen Versprechens (pactio) der sakramentalen Handlung beiwohnt (coexistit) und etwas in der Seele bewirkt".[26]

Gabriel Biel, der "letzte Scholastiker",[27] vertritt ebenfalls diese Tauflehre.[28]

12 Zum Unterricht über die Taufe bis zur Reformation

In seinem Großen Katechismus stellt Luther die Behauptung auf, über die Sakramente habe "man leider bisher nichts darvon gelehret".[29] Wie stand es vor der Reformation mit der Unterrichtung über die Taufe?

Aus den Schriften des NT ergibt sich ziemlich deutlich, daß der Taufe eine Unterweisung vorausgeht. Erst kommt die Jüngerschaft durch die Lehre, sie wird besiegelt durch die Taufe (vgl. Mt.28, 18-20; Röm 10, 14 u. ö.). Ob nun bei dieser Katechese auch die Taufe thematisch behandelt wurde, etwa über die Aussage hinaus, daß die Bekehrung des Einzelnen in der Taufe zur Vergebung der Sünden gipfele (vgl. Apg 2,38), läßt sich schwer ausmachen. Die "Anfangslehre" (Hebr 6, 1-3) enthält zwar einen Hinweis auf die "Taufen",[30] ist aber für unseren Zusammenhang zu vage. Es wird nicht gesagt, wann diese Lehre vermittelt wurde, ob vor oder nach der Spendung des Sakramentes.

Eines dürfen wir wohl mit ziemlicher Sicherheit annehmen, daß dem Täufling klar war, was die an und mit ihm vollzogene Handlung bedeutete und aussagen wollte. Denn wie selbstverständlich bittet etwa der Eunuch um die Spendung des Sakramentes (vgl. Apg 8,36). Man muß also voraussetzen, daß Philippus ihn wenigstens in groben Zügen über die Taufe belehrt hatte.

Daß daneben auch nach der Christwerdung das Taufthema in der Unterweisung eine wichtige Rolle spielte, ergibt sich aus dem Briefwerk des NT. Hier werden die Christen immer wieder an die empfangene Taufe erinnert.[31]

Wenn sich auch keine sicheren Aussagen erheben lassen, so darf man doch wohl sagen, daß ein Christ, der als Erwachsener getauft worden war, wußte, was die Taufe war und was sie für ihn bedeutete. Er besaß dieses Wissen aus der kirchlichen Unterweisung, die in einer für uns fremdartigen Weise auf die Zeit vor und nach der Taufe verteilt war.[32] Über den Inhalt dieses Unterrichts läßt sich allerdings für diese Frühzeit nichts ausmachen.

Eindeutige Klarheit darüber gewinnen wir auch nicht durch das Ende des 2. Jahrhunderts entstehende Katechumenat. Seine ersten deutlichen Spuren finden wir bei Hippolyt.[33] Es finden sich nur allgemeine Hinweise auf den Unterrichtsstoff. Doch dürfen wir bei dieser gottesdienstlichen Gestaltung der Vorbereitung auf die Taufe, die zu Ostern gespendet wurde, vermuten, daß die Katechumenen die Handlungen verstanden, die sie mitvollzogen. Liturgie und Katechese bildeten ja eine untrennbare Einheit. Die Taufe wurde sichtbar als Teilnahme an der Auferstehung Christi.[34] Etwas mehr Licht, wenn auch in negativer Hinsicht, bringt die sogenannte "Arkandisziplin",[35] die mit Beginn des 3. Jahrhunderts aufkommt. Die wichtigsten Lehren und Formeln des Glaubens dürfen Außenstehenden nicht mitgeteilt werden. Bei den "Geheimlehren" handelt es sich vor allem um das Vaterunser und das Symbolum.[36] Zu den "Außenstehenden" zählt man zeitweise und an manchen Orten auch die Taufbewerber. Sie werden nur insoweit belehrt, daß sie den Vollzug der gottesdienstlichen Handlungen verstehen können. Die eigentliche "Mystagogie", die Einführung in die Geheimnisse der Sakramente, wird ihnen nach der Taufe geboten.[37] Das berühmteste Beispiel für diese Praxis haben wir in den Mystagogischen Katechesen des Cyrill von Jerusalem.[38]

Mit dem Ende des Altertums ist die Arkandisziplin vergessen. Als eigentlicher Ort der Taufunterweisung ergibt sich in der Zeit der großen Vätertheologen, sowohl des Ostens wie des Westens, die Predigt, vornehmlich während der Osterwoche.[39] Anknüpfend an die in der Osternacht gespendete Taufe wird den Neugetauften und den "alten" Christen das Mysterium der Wiedergeburt vor Augen gestellt.[40] Doch schon bald, mit Beginn des 4. Jahrhunderts, verfällt mit dem Gestaltwandel der Osterfestfeier[41] auch die Mysterienpredigt,[42] andere Inhalte bestimmen beide.

Eine weitere Entwicklung machte dann eine Unterrichtung vor der Taufe gänzlich unmöglich: die sich durchsetzende Kindertaufe. Wo sie alleinherrschend geworden ist, kann nur noch nach der Rolle des Taufthemas in der späteren Verkündigung gefragt werden. Wurde mit dem Niedergang des Katechumenats[43] der Taufunterricht "eine im wesentlichen liturgisch-sakramentale Handlung",[44] so behält man zwar das "Ritual" bei, als nur - oder fast nur - noch Kinder getauft werden, aber die Taufe ist nur die Basis, nicht mehr das Ziel der Erziehung.[45]

Die Germanenmission bildet hier eine gewisse Ausnahme, jedoch war der Unterricht vor der Taufe, soweit uns Zeugnisse vorliegen, sehr dürftig.[46] Die Einrichtung des Katechumenats wurde nicht mehr eingeführt, man "vertraute auf die nachfolgende Erziehung durch das von der Kirche geleitete Gemeinschaftsleben".[47]

Mit der Kindertaufe tritt auch ein Wechsel in der Trägerschaft der Katechese ein. Waren es zunächst freie, dann beauftragte Lehrer,[48] so mußten nun Eltern und Paten diese Aufgabe übernehmen. Der Pate "vertritt" das Kind bei der Taufe, er "leiht" ihm seinen Mund zur Abschwörung und zum Bekenntnis des Glaubens.[49]

Aus dieser "Stellvertretung" ergibt sich für den Paten - neben den Eltern - die Pflicht, das Kind in diesen Stücken, wie auch in den anderen christlichen Lehren zu unterrichten.[50] Diese Forderung wird auf vielen Synoden erhoben. In Beichtbüchern finden sich ebenfalls deutliche Anklänge daran.[51] Pate durfte daher nur werden, wer das Glaubensbekenntnis und das Vaterunser auswendig konnte. Dies wurde schon in den Kapitularien Karls des Grossen verlangt.[52] Zwar wurde die Kenntnis dieser Stücke von allen Christen erwartet, wer sie aber nicht aufsagen konnte, durfte zum Patenamt nicht zugelassen werden. Zuweilen fand ein regelrechtes Verhör statt.[53]

Konnte man Eltern und Paten die religiöse Unterweisung der Kinder "unbedenklich" überlassen?[54] Tatsache ist allerdings, daß es vor der Reformation praktisch keine Kinderkatechese von seiten der Geistlichen gab,[55] so daß also Eltern und Paten auf jeden Fall diese Aufgabe erfüllen mußten. In einzelnen Fällen wurden sie darin von den Schulen unterstützt.[56] Insgesamt waren die Gläubigen dabei aber auf die Predigten und die Unterweisung der Priester angewiesen. Bei dem relativ niedrigen Bildungsstand des Klerus[57] mußte die Glaubensunterweisung zu kurz kommen. Ob viel und was über die Taufe gepredigt wurde, wissen wir nicht bis auf wenige Ausnahmen.[58] Wegen der Nottaufe mußte allerdings hin und wieder über Notwendigkeit und Spendung des Sakramentes gesprochen werden.[59] Auf jeden Fall dürfte auch für die Zeit vor der Reformation gelten, was wir aus Visitationen im 16. Jahrhundert erfahren, daß Priester u. a. die Taufformel nicht kannten und irrige Auskünfte über die Wirkungen der Taufe gaben.[60]

Ergab sich nicht aus dem Taufakt selber so etwas wie eine Belehrung über die Taufe? In eingeschränkter Form könnte man diese Frage bejahen. Die Taufe wurde zwar weiterhin in lateinischer Sprache gespendet, doch waren schon früh, seit Bonifatius, einzelne Teile in der Volkssprache gehalten, vor allem die Abschwörung und das Glaubensbekenntnis.[61] Galt dies für die Paten, so doch kaum für die Eltern. Sie waren fast nie bei der Taufe ihrer Kinder zugegen. Die Mutter konnte es nicht, da das Kind "quam primum" getauft wurde. Der Vater erschien nicht zur Taufe, hauptsächlich wohl um die Gefahr zu vermeiden, daß er im Falle der Abwesenheit der Paten das Kind selbst über die Taufe hielt und sich dadurch das Ehehindernis der geistlichen Verwandtschaft mit seiner eigenen Frau zuzog.[62] Dazu dürften in vielen Fällen die Klagen, die u. a. G. Witzel über die würdelose Spendung der Taufen in seiner Zeit erhebt,[63] auch für frühere Zeiten zutreffen.

Eine besondere Rolle für die Katechese des Mittelalters spielte die Beichte. Sie wird oft als ein Vorläufer des späteren Katechismus bezeichnet.[64] In ihr fragte der Priester den Pönitenten nach dem Glaubensbekenntnis und Vaterunser, später kam noch der Dekalog hinzu.[65] Wer diese Stücke nicht kannte, sollte nicht zu den Sakramenten zugelassen werden.[66]

Zuweilen kam es beim Empfang des Bußsakramentes zu einer Tauferneuerung, da der Beichtvater die Abschwörungs- und Glaubensfragen der Taufe stellte.[67] Im Confessionale des hl. Antonin (Erzbischof von Florenz) von 1466 werden diese Fragen "Skrutinien" und die Pönitenten "Kompetenten" genannt.[68]

Aus dieser Praxis bei der Beichte erwuchsen wohl die Handbücher, die den Katechismusstoff zusammenhängend darbieten. Das Mittelalter kennt eine ganze Anzahl.[69] Die Sakramente werden bisweilen erwähnt, jedoch spielen sie nur eine untergeordnete Rolle.[70] Erst die Scholastik hat sie theologisch und systematisch aufgearbeitet.[71] Man begnügte sich damit, daß die Gläubigen sie kannten und aufzählen konnten.[72] Aus diesem Grunde sind sie bis zum Vorabend der Reformation oft unter den beliebten Merkreihen zu finden.[73] In ähnlicher Weise wurden solche Aufzählungen, zuweilen mit Holzschnitten, auf Tafeln in Kirchen, Schulen, Armen- und Krankenhäusern und in Privathäusern aufgehängt.[74]

Diese katechistischen Stücke wurden auch in der Muttersprache nach der Predigt von der Kanzel aufgesagt; viele Synoden des Mittelalters, des 15. und 16. Jahrhunderts fordern dies immer wieder.[75]

Katechismuspredigten waren im ausgehenden Mittelalter vereinzelt vorgeschrieben.[76] Eine Erinnerung an die Vorbereitung auf die Taufe hatte sich erhalten in der Predigt über das Glaubensbekenntnis, die an einem der letzten Fastensonntage gehalten wurde. Sie stand nun im Dienst der Osterbeichte.[77]

Aus dieser Praxis kennen wohl auch die Reformatoren die Katechismuspredigten, waren sie doch in den meisten Fällen zuvor katholische Priester. Luther hat 1516 und 1517 über den Dekalog und das Vaterunser gepredigt.[78] 1519 berücksichtigte er bei diesen katechetischen Predigten in steigendem Maße die Jugend.[79]

J. Bugenhagen[80] nimmt in die **Predigt** über den Katechismusstoff seit 1525 die beiden Sakramente Taufe und Abendmahl mit hinein. Seit dieser Zeit gehören die Sakramente fest zum Katechismus.[81]

Wenn wir den gesamten Zeitraum überschauen, müssen wir sagen, daß die Taufe eigentlich nur in der Zeit der klassischen Vätertheologie thematisch eine bedeutende Rolle spielt. Irgendeine, wenn auch geringe Kenntnis über die Taufe dürfen wir wohl auch für die spätere Zeit voraussetzen. Auf jeden Fall betrachtete man die Lehre von den Sakramenten nicht als zum heilsnotwendigen Wissen der Gläubigen gehörig.[82]

13 Zur Spendung der Taufe

In einigen der zu untersuchenden Katechismen finden sich Erklärungen und Taufzeremonien bzw. Hinweise zur Taufspendung. Zur richtigen Einordnung und zum besseren Verständnis, auch der von den Reformatoren bezogenen Position zu den "Zeremonien", soll hier kurz auf die Gestalt der Tauffeier in der ersten Hälfte des 16. Jahrhunderts eingegangen werden.[83]

Zunächst ist festzustellen, daß es im deutschen Sprachraum keinen einheitlichen Taufritus gab. Hatten die Seelsorger zunächst aus eigener Initiative sich Abschriften von Texten für die Sakramentenspendung aus den Klöstern bzw. von Musterexemplaren der Domkirche besorgt,[84] so sorgte die Erfindung der Druckkunst für eine gewisse Vereinheitlichung. Jedoch blieb wegen der verschiedenen Herausgeber der Ritualien[85] eine große Mannigfaltigkeit bestehen. Spital ordnet die von ihm behandelten Werke in drei Gruppen.[86] Für unseren Zeitraum kommen im wesentlichen[87] die Ritualien der ersten Gruppe in Frage. Sie bieten "das am wenigsten einheitliche Bild",[88] das gilt für die Einordnung des Taufritus in das Gesamt des Buches, für die Gliederung des Abschnittes über die Taufe und für den Gebrauch der deutschen Sprache.[89] Die Entwicklung zu einem durchgehenden Taufordo ist in dieser Zeit abgeschlossen. In kleineren Einzelheiten herrschen noch Unterschiede, die später erst langsam

unter dem Einfluß des Rituale Romanum vereinheitlicht werden.
Spital faßt die Ergebnisse seiner Untersuchung in 10 Punkten zusammen,[90] sie sollen hier kurz skizziert werden:

1. Das Einleitungsgespräch hat noch keine feste Form gefunden.
2. "Sufflatio" und "Signatio" bilden den Kern der Einleitung.
3. Als Problem erweist sich die Häufung der Exorzismen. Die Bearbeiter schwanken zwischen der Treue zur Tradition und dem Bestreben, eine durchschaubare gottesdienstliche Handlung zu schaffen.
4. Die Funktion der "Übergabe" von Evangelium, Glaubensbekenntnis und Vaterunser (zuweilen mit dem Ave) wird weithin nicht mehr verstanden. Die alten Bücher lassen die Stücke stehen und haben noch die Mahnung an die Paten, die in diesen Formeln gefaßte Glaubenslehre den Kindern zu vermitteln. Später läßt man das Credo oft aus und versteht Pater und Ave als fürbittendes Gebet für den Täufling.
5. Die Ritualien kennen nur eine Ortsveränderung zwischen dem Effeta und der Absage.
6. Die Entwicklung läßt sich auch am Taufakt ablesen. Ein Teil der Bücher kennt noch die Immersionstaufe, wenngleich der Übergang zur Infusionstaufe schon weit fortgeschritten ist.
7. Die Taufkommunion schreibt nur ein Rituale (Minden 1522) vor. Die Darreichung des Ablutionsweines, als Rest der Taufkommunion, wird noch öfters erwähnt.
8. Der Krankentaufritus, also die Kurzform für erkrankte Taufbewerber, unterliegt noch großen Schwankungen.
9. Die Ergänzung der Zeremonien, etwa nach einer Nottaufe, schlägt sich in den Ritualien nach und nach nieder.
10. Der Gebrauch der deutschen Sprache bei der Taufspendung wurde unterschiedlich gehandhabt.

Zu diesem letzten Punkt wurden die Taufformulare Luthers und der übrigen Reformatoren von entscheidender Bedeutung. Da sie in deutscher Sprache abgefaßt waren, wurden sie oft auch im katholischen Raum gebraucht.[91] Die "Deutsche Taufe" wurde geradezu zu einem Streitpunkt zwischen den Konfessionen und in der katholischen Kirche.

14 Zur Tauflehre und Taufpraxis der Reformatoren

Es kann auch hier nicht um eine vollständige Darstellung der Tauflehre gehen, wie sie von den Reformatoren vertreten wurde. Ihre Ausführungen sind meist sehr stark von der jeweiligen Situation und den entsprechenden "Gesprächspartnern" geprägt.[92] So vertritt mancher Autor im Laufe seines Lebens denselben Gedanken in verschiedener Ausprägung,[93] bzw. wird er von seinen Gegnern - in diesem Falle sind es meist die Täufer - zu eindeutigeren Aussagen gezwungen. Es sollen hier also im wesentlichen einige Punkte aufgeführt werden, die u. a. auch in der Kontroverse eine Rolle gespielt haben.

141 Die Tauflehre in Luthers Katechismen

Der Intention unserer Arbeit entsprechend, soll Luthers Tauflehre[94] anhand der Katechismen, die in die Zeit des "späten" Luther fallen, dargestellt werden. Wenn der Autor wegen der paränetisch-katechetischen Ausrichtung der Katechismen einen in seinen früheren Werken geäußerten Gedanken ändert, abschwächt oder nicht mehr erwähnt, wird jeweils kurz darauf hingewiesen. Seine theologische Position hat sich in den großen reformatorischen Schriften, für die Taufe etwa in dem "Sermon von dem heiligen hochwürdigen Sakrament der Taufe" (1519) und in "De captivitate Babylonica ecclesiae praeludium" (1520),[95] abgeklärt. In dieser Zeit setzte er sich vor allem mit der überlieferten katholischen Lehre auseinander. Mit dem Auftreten der Schwärmer und Täufer kommen z.T. neue Probleme auf ihn zu, Stoßrichtung und Argumentation richten sich jetzt vornehmlich auf die neuen Gegner. Es gilt, die Gemeinde im Glauben zu festigen und sie gegen die Versuchungen der "Ketzer und Rotten" zu wappnen.

Bevor Luther seine beiden katechetischen Werke veröffentlichte, gab es schon eine Reihe evangelischer Katechismen.[96] Er selbst hatte einige seiner Predigten herausgegeben.[97] Auf den

Visitationsreisen 1528/29 durch Sachsen spürte er die dringende Notwendigkeit der religiösen Volksunterweisung. In der Vorrede zu seinem Kleinen Katechismus schreibt er dazu: "Hilf, lieber Gott, wie manchen Jammer habe ich gesehen, daß der gemeine Mann doch so garnichts weiß von der christlichen Lehre, sonderlich auf den Dörfern, und leider viel Pfarrherr fast ungeschickt und untüchtig sind zu lehren..."[98] So entschließt er sich, selbst Katechismen zu verfassen. Er überarbeitet seine Katechismuspredigten und läßt 1529 kurz hintereinander den Großen und den Kleinen Katechismus erscheinen.[99]

141.1 Der Große Katechismus

Nach den drei Hauptstücken, Dekalog, Symbolum und Vaterunser, behandelt Luther die Sakramente Taufe und Abendmahl. Angeschlossen ist eine Beichtermahnung.[100]

In der Einleitung zum Taufkapitel führt Luther aus, warum er auch über die Sakramente spricht: Sie sind von Christus eingesetzt, ohne sie kann es keinen Christen geben. Deswegen muß man über Taufe und Abendmahl Bescheid wissen. Bisher - so behauptet er pauschalisierend - "hat man freilich nichts davon gelehret".[101] Er beginnt die Behandlung der Sakramente mit der Taufe, "dadurch wir erstlich in die Christenheit genommen werden".[102] Nur das soll besprochen werden, was unbedingt notwendig zu wissen ist. Gegen die "Ketzer und Rotten" sollen die Gelehrten kämpfen. Die Täufer und Schwärmer bilden jedoch die Gruppe, mit der er sich am häufigsten im Zusammenhang der Taufe auseinandersetzt.[103] Nur mehr beiläufig werden die Mönche erwähnt, die sich vom Teufel verführt ihrer Werke rühmen.[104]

Was über die Taufe zu sagen ist, worauf sie gegründet ist und worauf sich alles bezieht, fußt in Christi Einsetzungsworten (Mt 28,19 und Mk 16,16).

In fünf Hauptpunkten behandelt Luther das Sakrament: Wesen und Würde, Nutzen und Wirkung, Empfang und Gebrauch, Berechtigung und Gültigkeit der Kindertaufe und Sinn der Taufhandlung.

141.11 Wesen und Würde der Taufe

Durch Gottes Gebot und Einsetzung ist die Taufe etwas Göttliches. Gott selbst tauft, also ist die Taufe Gottes eigenes Werk, auch wenn sie ein äußerliches Werk bleibt. Da zum Wasser Gottes Wort und Gebot kommt, wird es zum "Gotteswasser",[105] "ein göttlich, himmlisch, heilig und selig Wasser".[106] Ohne Gottes Wort, "welcher Schatz größer und edler ist denn Himmel und Erde",[107] ist das Wasser nichts wert. In Verbindung mit Gottes Wort wird das Wasser zum Sakrament. "Accedat verbum ad elementum et fit sacramentum", sagt Luther[108] mit Augustinus.[109] Man darf wie bei einer Nuß nicht nur die Schale sehen, "sondern wie Gottes Wort darein geschlossen ist".[110] In einer ganzen Reihe von Vergleichen versucht er die Bedeutung des Wortes bei der Taufe herauszustellen. Gott hat sie durch Worte und Werke geehrt und durch Wunder bestätigt, vor allem bei der Taufe Jesu im Jordan.[111]

141.12 Nutzen und Wirkung der Taufe

Die Taufe ist dazu eingesetzt, damit wir selig werden (Mk 16, 16). "Der Taufe Kraft, Werk, Nutz, Frucht und Ende ist, daß sie selig mache".[112] "Selig werden aber weiß man wohl, daß nichts anderes heißet, denn von Sunden, Tod, Teufel erlöset in Christus' Reich kommen und mit ihm ewig leben".[113]

Im Tauftraktat redet Luther nicht direkt von seiner Rechtfertigungslehre. Bei der Erklärung des 3. Artikels des Glaubensbekenntnisses (Ich glaube an den Heiligen Geist ... Amen.) hat er geschrieben: "Denn itzt bleiben wir halb und halb reine und heilige, auf daß der heilige Geist immer an uns arbeite durch das Wort und täglich Vergebung austeile bis in jenes Leben, da nicht mehr Vergebung wird sein, sondern ganz und gar rein und heilige Menschen, voller Frommkeit und Gerechtigkeit, entnommen [befreit] und ledig von Sund, Tod und allem Unglück in einem neuen unsterblichen und verklärtem Leib".[114]

In seinem "Sermon von dem heiligen hochwürdigen Sakrament der Taufe" (1519) hat er zu diesem Thema ausgeführt: Die Taufe bedeutet ein lebenslanges Der-Sünde-Sterben.

Gott beseitigt die Sünde nicht irgendwie, sondern er rechnet sie nicht an. Die Rechtfertigung des Menschen besteht im Urteil Gottes und bleibt bestehen, auch wenn der Mensch sündigt. Dieses Rechtfertigungsurteil bedeutet keine "reale" Beseitigung von Sünde und Sündenstrafen, da die Sünde im Getauften bleibt.[115] Mit dieser Auffassung des Christen als "simul justus et peccator" hatte Luther einen entscheidenden Schritt aus der katholischen Lehre heraus getan.

Nun behaupten aber "unsere Klüglinge, die neuen Geister",[116] fährt Luther im Katechismus fort, der Glaube allein macht selig, Werke und äußerliche Dinge trügen nichts zur Seligkeit bei. Das stimmt zwar. "Das wöllen aber die Blindenleiter nicht sehen, daß der Glaube etwas haben muß, das er glaube, das ist, daran er sich halte und darauf er stehe und fuße".[117] Man darf also Glaube und Sache nicht trennen. "Ja, es soll und muß äusserlich sein, daß man's mit Sinnen fassen und begreifen und dadurch ins Herz bringen könne, wie denn das ganze Evangelium ein äußerliche mündliche Predigt ist".[118] Gott will durch die äußerliche Ordnung an uns wirken. "Wer die Taufe verwirft, der verwirft Gottes Wort, den Glauben und Christentum, der uns dahin weiset und an die Taufe bindet".[119]

Die Lehre vom gemeinsamen Priestertum findet sich nicht in den Katechismen. Luther hatte diesen Punkt in seinen bedeutenden reformatorischen Schriften sehr stark hervorgehoben im Gegensatz zur Lehre vom speziellen Priestertum der katholischen Kirche. Als die Schwärmer radikale Konsequenzen aus Luthers Aussagen zogen und diese auch gegen die Reformatoren vorbrachten, betont er wieder mehr die Bedeutung des Amtes.[120]

141.13 Rechter Empfang und Gebrauch der Taufe

Wenn man auch Sache und Glauben nicht trennen darf, so macht doch "der Glaube die Person allein wirdig, das heilsame, göttliche Wasser nützlich zu empfahen".[121] Das Wort: "Wer glaubt und sich taufen läßt..." (Mk 16,16) weist jedes Werk zurück. "Denn es ist beschlossen: was nicht Glaube ist, das tuet nichts dazu, empfähet auch nichts".[122] Nun ist die Taufe zwar ein Werk, aber nicht unser, sondern Gottes Werk. "Gottes Werk aber sind heilsam und not zur Seligkeit und schließen nicht aus, sondern fordern den Glauben, denn ohn Glauben künnde man sie nicht fassen".[123]

Unter dem hier betonten Glauben versteht Luther das "Zutrauen" (fiducia), daß Gott die Sünde nicht anrechnet. Der Christ soll "festiglich" glauben, daß mit der Nichtzurechnung der Sünde für ihn ein neuer Anfang ermöglicht ist, auf dem er sein Leben aufbauen kann. "Die Taufe und die in ihr zugesprochene Rechtfertigung ist der Grund der Möglichkeit des sittlichen Daseins des Christen".[124] Aus diesem Glauben erwächst dem Menschen der Trost der Taufe. Wo dieser Glaube lebendig ist, da ist auch die Taufe "kräftig".[125]

Zu Gottes Gebot und Befehl, die allein schon ausreichend wären,[126] kommt nun noch die Verheißung.[127] In "De captivitate Babylonica" hatte er dazu ausgeführt, daß die Verheißung einmal gegeben sei, der Glaube aber bleibt. Die Verheißung, darunter versteht er vor allem die Nichtanrechnung der Sünde, bleibt vergangen ohne den Glauben. Mit ihm wird sie präsent.[128] Wegen der Verheißung ist die Taufe "noch viel herrlicher, denn was Gott sonst gepoten und geordnet hat, Summa, so voll Trosts und Gnade, daß Himmel und Erden nicht kann begreifen".[129]

Jeder Christ hat sein Leben lang an der Taufe zu lernen und zu üben, daß er fest glaube, "was sie zusagt und bringet: Überwindung des Teufels und Tods, Vergebung der Sunde, Gottes Gnade, den ganzem Christum und heiligen Geist mit seinen Gaben".[130] In einem Bild versucht Luther seinen Gedanken anschaulicher darzustellen: Gäbe es einen Arzt, der Menschen unsterblich machen könnte, würde man alles Geld für ihn aufwenden. Die Taufe gibt ewiges Leben umsonst. "Also muß man die Taufe ansehen und uns nutze machen, daß wir uns des stärken und trosten, wenn uns unser Sund oder Gewissen beschweret, und sagen: 'Ich bin dennoch getauft, so ist mir zugesagt, ich solle selig sein und das ewige Leben haben, beide an Seel und Leib'."[131]

141.14 Berechtigung und Gültigkeit der Kindertaufe

Luther kommt nun zu der Frage, "damit der Teufel durch seine Rotten die Welt verwirret, von der Kindertaufe, ob sie auch gläuben oder recht getauft werden".[132] Er beantwortet die Frage zunächst mit einem eigenartigen Tatsachenbeweis: Wenn die Kindertaufe unrecht wäre, hätte es bisher keine Heiligen geben dürfen. Nun hat Gott aber bisher Menschen den Heiligen Geist gegeben. "Dies ist fast die beste und stärkste Beweisung fur die Einfältigen und Ungelehrten".[133] Sodann, fährt Luther fort, kommt es nicht darauf an, "ob, der da getauft wird, gläube oder nicht gläube; denn darümb wird die Taufe nicht unrecht, sondern an Gottes Wort und Gepot liegt es alles, ...Denn mein Glaube machet nicht die Taufe, sondern empfähet die Taufe".[134] So ist auch eine Taufe "recht",[135] wenn sie "mit Schalkheit und bösem Fursatz" empfangen würde.[136] War beim Empfang kein Glaube da, so soll man jetzt glauben und sprechen: "Die Taufe ist wohl recht gewesen, ich habe sie aber leider nicht recht empfangen".[137] Zudem kann keiner wissen, ob er wirklich glaubt.

Das gilt nun auch von der Kindertaufe. "Das Kind tragen wir erzu der Meinung und Hoffnung, daß es gläube und bitten, daß ihm Gott den Glauben gebe, aber darauf täufen wir's nicht, sondern allein darauf, daß Gott befohlen hat".[138] In vorsichtiger, "hypothetischer Form"[139] trägt hier Luther seine These vom "Kinderglauben" (fides infantium) in die Argumentation ein. Hatte er zunächst mit der Tradition den stellvertretenden Glauben der Paten bzw. der Kirche als Ermöglichung der Kindertaufe angesehen, so war ihm dieser Weg versperrt, als er die Einsicht gewonnen hatte, daß der Glaube in einer nicht vertretbaren personalen Beziehung zwischen Gott und Mensch besteht.[140] So war er in der Auseinandersetzung mit den katholischen Theologen, den Schwärmern und Täufern zu seinem Postulat des Kinderglaubens gekommen.[141] Er nimmt an, Gott gebe den Kindern durch sein Wort in der Taufe einen eigenen Glauben.[142] Allerdings bildet dieses "Postulat"[143] in der Argumentation des Großen Katechismus nur eine Hilfskonstruktion, wesentlich ist für die Kindertaufe der

Befehl Gottes.[144]

Weil also die Kindertaufe "recht" ist, darf man niemanden wiedertaufen, "denn das hiesse das Sakrament aufs höchst gelästert und geschändet".[145]

141.15 Bedeutung und Sinn der Taufhandlung

In diesem Abschnitt kommt es Luther darauf an, das Untertauchen ins Wasser und das Wiederauftauchen als Sinnbild für die Kraft und Wirkung der Taufe zu deuten. Der alte Mensch, "so uns angeboren ist von Adam, zornig, hässig, neidisch, unkeusch, geizig, faul, hoffärtig, ja ungläubig, mit allen Lastern besetzt und von Art kein Guts an ihm hat",[146] wird in der Taufe getötet, ein neuer Mensch ersteht auf. "Beide [Sterben und Auferstehen] unser Leben lang in uns gehen sollen, also daß ein christlich Leben nichts anders ist denn eine tägliche Taufe, einmal angefangen und immer darin gegangen".[147] Das Taufsakrament ist also nicht das Geschehen eines Augenblicks, sondern ein Prozeß, der einmal beginnt und dann weiterwirkt bis zum Tod, "ja bis zur Auferstehung am letzten Tag".[148] Die Taufe wird bei Luther so zum "sacramentum perpetuum".[149]

Das bedeutet, anders ausgedrückt, täglich Buße tun. Die Taufe schließt also mit ihrer Wirkung und Bedeutung das Sakrament der Buße in sich ein. Die Taufe kann ja nicht hinfällig werden durch unsere Sünden, die Verheißung Gottes erweist sich als stärker. Das Schiff der Taufe, sagt Luther, und greift damit das patristische Bild von der Buße als der zweiten Tafel nach dem Schiffbruch[150] auf, zerbricht nicht. Wir können wohl aus diesem Schiff herausfallen. "Fallet aber imand eraus, der sehe, daß er wieder hinzuschwimme und sich dran halte, bis er wieder hineinkomme und darin gehe, wie vorhin angefangen".[151] Die Taufe ist also "ein hochtrefflich Ding, so uns dem Teufel aus dem Hals reißet, Gott zu eigen macht, die Sund dämpft und wegnimmt, darnach täglich den neuen Menschen stärket und immer gehet und bleibt, bis wir aus diesem Elend zur ewigen Herrlichkeit kommen".[152] Über die Zeremonien sagt Luther weiter nichts im Katechismus, deswegen soll sein Taufformular später besprochen werden.

141.2 Der Kleine Katechismus

Der Aufbau des Kleinen entspricht im wesentlichen dem des Großen Katechismus.[153] Der Text ist jetzt in Fragen und Antworten aufgeteilt. Das Taufkapitel umfaßt vier Abschnitte: Was ist die Taufe? Was gibt oder nützet die Taufe? Wie kann Wasser solche große Ding tun? Was bedeut denn solch Wassertaufen? Die Antworten werden jeweils mit einem Schriftwort belegt. Die Gedanken sind die gleichen - wenn auch stark verkürzt - wie im Großen Katechismus. Die Kindertaufe wird auffälligerweise nicht erwähnt.[154]

141.3 Die Taufhandlung bei Luther

Die Reformatoren spendeten die Taufe nach den vorhandenen Agenden, also auch in lateinischer Sprache. Luther kritisiert zwar die Tauflehre der katholischen Kirche, ihre Praxis zu übernehmen bedeutet ihm zunächst kein Problem. Sein Taufbüchlein von 1523[155] ist im wesentlichen nur eine Übersetzung, die der Taufgemeinde helfen soll, die Handlung zu verstehen. Die Unverständlichkeit, so sagt Luther in seinem Begleitwort, ist der Hauptgrund dafür, daß die Taufe "mit Unfleiß und wenigem Ernst, will nicht sagen mit Leichtfertigkeit" gespendet und mitvollzogen wird.[156] Die Taufe soll in deutscher Sprache gespendet werden, "damit die Paten und Beistände deste mehr zum Glauben und ernstlicher Andacht gereizet werden und die Priester, so da täufen, deste mehr Fleiß umb der Zuhörer willen haben müssen".[157] An der Ordnung selbst will er wegen der schwachen Gewissen nichts weiter ändern, obwohl er selbst einige Änderungswünsche habe.[158]

Die Frage nach Luthers Vorlage für das Taufbüchlein ist weitgehend geklärt. Es handelt sich dabei um die weitverbreitete, oft nachgedruckte "Agenda sive benedictionale commune agendorum quilibet pastori ecclesiae necessarium".[159] Nicht aus dieser Vorlage stammt das sogenannte Sintflutgebet, das Luther 1523 nach der Salzspende einschaltet. Als Grundlage dieses Gebetes diente die Oration: Deus patrum nostrorum,[160] in die Motive der Sintflut- und Auszugstypologie verwoben sind. Über die Urheberschaft des Gebetes wurde viel diskutiert.[161] Inzwischen dürfte ein vorreformatorischer 'Vorläufer' gefunden sein. W. Dürig entdeckte einen entsprechenden Text in einer Breslauer Handschrift des ausgehenden 15. Jahrhunderts.[162]

Martin Ferel hat sich in seiner Untersuchung über Luthers Taufpredigt auch mit dessen Taufliturgie befaßt. Nach einem eingehenden Vergleich der "Agenda" und Luthers Taufbüchlein kommt er zu dem Schluß: "Luther hat das ihm vertraute Taufformular an einigen Stellen verkürzt und so das Ganze gestrafft. Von einer Neugestaltung kann angesichts der wortgetreuen Übernahme fast des ganzen Rituals keine Rede sein; auch die Abweichungen dürfen nicht überinterpretiert werden".[163] Karlstadt und Müntzer[164] dürften unabhängig von Luther gleichzeitig mit ihm die "deutsche" Taufe eingeführt haben.[165]

In der Neuausgabe des Taufbüchleins von 1526[166] läßt Luther einige Stücke (Salzdarreichung, Effeta, Salbungen und Überreichung der Kerze) aus. Als "äußerliche Stücke" sind sie das "geringste", "von Menschen, die Taufe zu zieren, hinzugetan", sagt Luther im Vorwort. Man solle darauf achten, daß man im rechten Glauben dabeisteht, Gottes Wort hört und ernstlich mitbetet.[167]

142 Die Tauflehre Zwinglis

Der Züricher Reformator Huldrych Zwingli vertritt in der Sakramentenlehre eine radikalere Position als Martin Luther. Er "steht mit seinem Taufverständnis an der äußersten Grenze, an der sich Taufe überhaupt noch beibehalten läßt".[168] Fußend auf spiritualistischen[169] Anschauungen des Humanismus[170] unterscheidet er im wesentlichen zwischen der innerlichen Geistestaufe und der äußerlichen[171] Wassertaufe.[172] Letztere bewirkt nichts von dem, was man ihr bisher zuschrieb; sie kann es nicht, da sie als äußerliche Handlung nichts Innerliches zu bewirken vermag. Gott selbst macht gerecht und vergibt die Sünden, er gibt Glauben und Verstehen, er zieht und lehrt innerlich durch den Geist. Er bedarf keiner Mittel.[173] Zwingli "beseitigt mit Hilfe der mittelalterlichen Gedanken von der göttlichen Geisteswirksamkeit... den religiösen Sakramentsbegriff".[174] Ist darum die Wassertaufe abzulehnen? Nein, denn Christus hat sie wegen unserer "Blödigkeit" eingesetzt.[175] Sie hat für den Christen versichernden Wert. Nicht das Heil wird durch sie gewährt, sondern die Gewißheit des Heiles wird durch sie bestärkt.[176] Die Taufe ist wesentlich Handlung der Kirche,[177] in der sie bezeugt, daß dem Täufling Gnade widerfahren sei.[178] Für den einzelnen wird die Taufe als "Pflichtzeichen". Sie bezeichnet den Christen als Christen und nimmt ihn für Christus in Pflicht.[179] Sie ist Zeichen der subjektiven Verpflichtung und des Bekenntnisses.[180] So wird die Taufe zum "anheblich Zeichen" für den Willen zur Nachfolge und zum neuen Leben.[181]

Bei einem Christen sollten Geist- und Wassertaufe zusammenfallen. Das geht aber nicht bei der Kindertaufe. Zwingli stand ihr zunächst ablehnend gegenüber, darin waren ihm seine Freunde, die späteren Täufer, gefolgt.[182] Als sich diese wegen des Gemeindebegriffs und anderer Gegensätze von ihm trennen,[183] sucht er nach einer Begründung der Kindertaufe, deren Wert als Aufnahme in die erziehende Volkskirche er erkannte.[184] Er wird sich der alttestamentlichen Parallele zur christlichen Taufe bewußt: der Beschneidung. Auch diese war Pflichtzeichen, sie nahm in den Bund auf.[185] So sieht er in der Taufe das Zeichen der Aufnahme in den Bund, in das Volk Gottes. Mit dem Hinweis auf 1 Kor 7,14 und Mt 19,13-15 versucht er seinen Gedankengang zu untermauern. Die Verheißung und die Erwählung durch Gott ersetzt bei den Kindern den fehlenden Glauben. Gott ist in seinem Handeln frei. Man darf also nicht die Erteilung des Zeichens vom Vorhandensein des Glaubens abhängig machen.[186]

Die christliche Taufe geht nach Zwingli unmittelbar auf die Johannestaufe zurück. Diese ist von Gott eingesetzt. Jesus hat sie anerkannt, als er sich von Johannes taufen ließ. Einen Unterschied zwischen beiden Taufen gibt es praktisch nicht. Grund und Ziel beider Handlungen sind gleich. Die Verschiedenheit der

Form hält Zwingli für uninteressant, da die äußerliche Taufe ohnehin nichts bewirkt.[187]

Zwingli taufte zunächst nach dem Taufformular, das sein Freund Leo Jud 1523 in Abhängigkeit von Luthers Taufbüchlein (1523) erarbeitet hatte. 1525 veröffentlichte Zwingli selbst eine Taufhandlung, die man "unbedenklich als eine Neuschöpfung ansprechen" kann.[188] Die auffallendste Änderung zur bisherigen Taufliturgie ist die Taufformel, in der er nach dem griechischen Urtext sagt: "Ich taufe dich i n d e n Namen...".[189] Hier offenbart sich seine Auffassung von der Taufe, die sich auch auf die begleitenden Handlungen auswirkt. Zwingli eleminiert fast alle traditionellen Elemente, nur das Notwendigste bleibt erhalten. Die Tauffrage läßt er nicht mehr an das Kind, sondern an die Paten richten.[190] In der Zürcher Agende (1528) hat er sein Taufformular geringfügig erweitert.[191] Zu Beginn und am Ende fällt die Anweisung für die Eintragung in das Tauf- und Trauregister auf.[192]

143 Zur Taufanschauung der Täufer

Über die Geschichte und Theologie der Täufer sind bisher nur bruchstückhafte Studien veröffentlicht worden, ebenso fehlt eine Gesamtdarstellung ihrer Tauftheologie.[193] Wichtig für den Zusammenhang unserer Studie ist die Tatsache, daß mit ihrem Auftreten zum ersten Mal im Laufe der Kirchengeschichte deutlich die Berechtigung der Kindertaufe bestritten wird.[194] Von ihrem Glaubens- und Gemeindeverständnis her kommen die Täufer zu der Kritik an der Kindertaufe. Wer Gottes Ruf zur Umkehr vernommen hat und zum Glauben gekommen ist, bezeugt im Bundeszeichen der Taufe das ihm widerfahrene Heil und wird so in die sichtbare Gemeinde der Wiedergeborenen aufgenommen.[195] Da die Kindertaufe in ihren Augen keine "rechte" Taufe ist, lehnen sie auch die ihnen von ihren Gegnern zugelegten Namen "Wiedertäufer" und "Anabaptisten" ab.

Von den Reformatoren[196] wurden sie bekämpft, von den Obrigkeiten verfolgt wegen ihres Sektierertums. Gerade die Verfolgung bewirkte zunächst eine weitere Verbreitung.[197] Allerdings hat das "Reich von Münster" dem Ansehen der Täufer sehr geschadet.[198] So blieb es ihnen versagt, "ein aufbauendes Element der deutschen Reformation zu werden".[199] Jedoch ist ihr Auftreten mehr als eine Episode. In den Mennoniten und Baptisten leben sie fort, ihr Gedankengut gewinnt in den neuesten Diskussionen wieder Auftrieb.[200] Für die katholische Kirche der Reformationszeit bildeten die Täufer keine ernsthafte Bedrohung. Ihr Auftreten diente vor allem der Polemik als Beweis für die kirchenspaltende Tendenz der Reformation,[201] Spuren davon finden sich auch in unseren Katechismen.

ANMERKUNGEN ZU ABSCHNITT 1

1 Neunheuser, Taufe 93; vgl. Ratschow 67.

2 Zugrunde gelegt werden hier die Darstellungen von Neunheuser, Taufe und von Ratschow 67-73.

3 Vgl. Hahn, Lehre 21-23, 110-130; Jungmann, Gnadenlehre 198 f.

4 Vgl. Breuning, Kindertaufe 88; Stenzel, Erwägungen 112.

5 Vgl. Kretschmar, Geschichte 340.

6 Ratschow 67 f. weist auf die Bedeutung dieser Bezeichnungen hin: Darin scheint "der Wortcharakter des Sakraments im Grundsatz fest verankert".

7 Vgl. Neunheuser, Taufe 91.

8 Ebda 89.

9 Vgl. Ratschow 69 f.; Neunheuser, Taufe 89 macht darauf aufmerksam, daß Thomas in der Summa die Lehre vom Charakter in die allgemeine Sakramentslehre verlegt. Er hält dies für verhängnisvoll. Damit habe der Tauftraktat sein christologisches und ekklesiologisches Fundament verloren. Im Mittelpunkt stehe zu sehr die persönliche Heiligung.

10 Vgl. Neunheuser, Taufe 89.

11 Ratschow 71.

12 Ratschow 71 macht in diesem Zusammenhang auf die starke eschatologische Ausrichtung aufmerksam.

13 Neunheuser, Taufe 89.

14 Vgl. ebda 93; Ratschow 69.

15 Vgl. Kretschmar, Geschichte 339 f.

16 S.th.q.68 a. 8 corp; angeführt bei Neunheuser, Taufe 92.

17 Zu diesem etwas schwierig nachzuvollziehenden Gedanken vom "Wiederaufleben" der Sakramente vgl. Rahner, Karl, Kirche und Sakramente (= Quaestiones disputatae 10) Freiburg 31968, 30 f.).

18 Vgl. Neunheuser, Taufe 92 f.; Ratschow 72.

19 Q.66 a. 2 corp.; angeführt bei Neunheuser, Taufe 93; vgl. Kretschmar, Geschichte 339.

20 Neunheuser, Taufe 94.

21 Vgl. ebda 94 f.

22 Ebda 95.

23 Vgl. ebda; Hahn, Lehre 300-303.

24 Neunheuser, Taufe 95.

25 Ebda.

26 Ebda 96.

27 Vgl. Beumer, J. Gabriel Biel als Liturgiker: ZKTh 96, 1974, 263-276.

28 Neunheuser 96.

29 Zitiert nach: BSLK 691; vgl. ebda 554, Anm. 8, dort wird J. Mathesius zitiert, der 1529 eine Predigt Luthers über die Taufe gehört hatte und dann schrieb: "Auf der Kanzel kann ich mich nicht erinnern, daß ich in meiner Jugend, der ich doch bis ins 25. Jahr meines Alters im Bapsttumb leider bin gefangen gelegen, die zehen Gebot, Symbolum, Vaterunser oder Taufe gehöret hätte"; vgl. Ferel, Gepredigte Taufe 92. Vgl. auch Cohrs, Katechismusversuche IV, 275; er führt zu der zitierten Stelle Luthers aus: "Mit Recht sagt Luther...".

30 Vgl. Lohse, E., Art. Katechismus im Urchristentum, in: ^{3}RGG III, 1179; Stenzel, Taufe 35: Hier "scheint deutlich das Rekapitulieren von 'Katechismusüberschriften' durch"; Kuß, O., Der Brief an die Hebräer (= RNT 8, 1) Regensburg ^{2}1966, 77-82: "Elementarkatechismus" (79).

31 Vgl. Stenzel, Taufe 33 f.; Braumann, G., Vorpaulinische christliche Taufverkündigung bei Paulus (= BWANT V, 2) Stuttgart 1962.

32 Zur Unterweisung vor der Taufe vgl. Stenzel, Taufe 39 f. u. ö.; Kretschmar, Geschichte 63 f.

33 Vgl. Stenzel, Taufe 44-55; Kretschmar, Geschichte 66-69; Jungmann, Katechetik 5 f.

34 Vgl. Jungmann, Katechetik 6. - Eine Parallele für das Erwachsenen-Katechumenat findet sich interessanterweise noch im 16. Jahrhundert; vgl. Löwenberg, B., Die pastorale Bedeutung der Erwachsenentaufe nach dem Rituale des Kardinal Sanctorius, in: Kleineidam, E. und Schürmann, H. (Hrsg.), Miscellanea Erfordiana (= Erfurter theologische Studien, Bd. 12) Leipzig 1962, 225-232, hier 229.

35 Vgl. Perler, O., Art. Arkandisziplin, in: LThK 1, 863 f.; ders., RAC 1, 667-676.

36 Vgl. Jungmann, J. A., Pater noster und Credo im Breviergebet. Eine altchristliche Tauferinnerung, in: ders., Gewordene Liturgie. Studien und Durchblicke, Innsbruck/Leipzig 1941, 167-172; ders., Katechetik 301-310.

37 Vgl. Jungmann, Katechetik 9.

38 Prédagnel, A. - Paris, P. (Hrsg.), Cyrille de Jérusalem. Catéchèses mystagogiques (= Sources chretiennes 126) Paris 1966. Vgl. Dreher, Osterpredigt 7.

39 Vgl. Dreher, Osterpredigt 1-10. - Von Augustinus wird eine andere Praxis berichtet, er habe vor der Taufe über das Sakrament unterrichtet, allerdings sei der Text der Katechese verlorengegangen; vgl. Audet, Th. A., Note sur les catéchèses

baptismales de saint Augustin, in: Augustinus Magister. Congrès International Augustien, Paris 21 - 24 Septembre 1954. Bd. 1, Communications. Etudes Augustiennes, Paris 1954, 151-160; siehe auch JLH 3, 1957, 194.

40 Vgl. Fischer, Gemeinschaftliche Tauferinnerung 88.

41 Vgl. Dreher, Osterpredigt 11.

42 Vgl. ebda 11-20; Dreher behandelt dabei das Mittelalter mit.

43 Vgl. Stenzel, Taufe 144.   44 Hareide, Konfirmation 56.

45 Vgl. Göbl, Geschichte 5.

46 Vgl. Stenzel, Taufe 243-245; Heer, J. M., Ein Karolingischer Missions-Katechismus. Ratio de Cathecizandis Rudibus und die Taufkatechesen des Maxentius von Aquileja und eines Anonymus im Kodex Emmeran XXXIII saec. IX, Freiburg 1911; Kilger, Taufvorbereitung 518 f.

47 Jungmann, Katechetik 10; vgl. Fraas, Katechismustradition 18, er spricht von einem "Volkskatechumenat".

48 Vgl. Kretschmar, Geschichte 64 f.

49 Dieser Teil der Taufliturgie wurde gemeinhin "catechismus" genannt; vgl. Göbl, Geschichte 5-7, 39. Dieser Sprachgebrauch findet sich auch noch, als das Buch den Begriff "Katechismus" aufgesogen hatte: etwa bei Witzel, Catechismus (1535) A 2 r; Gropper, Capita (1546) (Moufang, KK 299); Hosius, Confessio (1557) 64 r; Brillmacher, Catechismus (1587) 82 u. ö. Selbst in der evangelischen Kirchenordnung der Oberpfalz findet sich diese Bezeichnung; vgl. Götz, Religiöse Bewegung 136 f. Bei Augustinus wird der gesamte Unterricht vor der Taufe "catechismus" genannt; vgl. Albrecht, Katechismen 25 f.

50 Vgl. etwa Cohrs, Katechismusversuche IV, 230-232, dort finden sich viele Belege; Albrecht, Katechismen 3; Browe, Beichtunterricht 434-436.

51 Vgl. Göbl, Geschichte 21, 25; Browe, Beichtunterricht 429; Jungmann, Katechetik 15; Hareide, Konfirmation 57.

52 Vgl. etwa Schöberl, Katechetik 182 u. ö. - Für die spätere Zeit vgl. Spital, Ritualien 198-201.

53 Vgl. Göbl, Geschichte 42 f. Auch bei den Reformatoren gab es dieses Verhör; vgl. Albrecht, Katechismen 16 f.

54 Schrems, Modus catechizandi 219.

55 Cohrs, Katechismusversuche IV, 229; Arnold, Dienst 18; Fraas, Katechismustradition 18.

56 Vgl. Albrecht, Katechismen 7; Fraas, Katechismustradition 12; Jungmann, Katechetik 13 f.

57 Vgl. Arnold, Dienst 18; Göbl, Geschichte 58; für die karolingische Zeit: Stenzel, Taufe 244.

58 Etwa Berthold von Regensburg: Göbl, Geschichte 217.

59 Vgl. Schrems, Regensburg 27; Göbl, Geschichte 217, er berichtet u. a. von der Trierer Synode des Jahres 1227, auf der eine deutsche Taufformel erwähnt wird. Stenzel, Taufe 264 zitiert das Mainzer Konzil von 1261, das bei der sonntäglichen Unterweisung eine Belehrung über die Taufformel vorschreibt. Die Synode 1318 von Brixen verlangt, daß der Priester bei jedem sonntäglichen Gottesdienst die Taufformel einprägt, damit die Gläubigen diese im Notfall kennen; Baur, Spendung 67.

60 Vgl. Baur, Spendung 23 f.; Thalhofer, Beiträge 32; Stenzel, Taufe 243 f., er berichtet dies aus der karolingischen Zeit.

61 Vgl. Maßmann, H. F., Die deutschen Abschwörungs-, Glaubens-, Beicht- und Betformeln vom 8. bis zum 12. Jahrhundert, Quedlinburg und Leipzig 1838, Nachdruck: Hildesheim 1969, 12-18, 21-33, 67 f.; Wiegand, Stellung 326 f.; Spital, Ritualien 17 f., 42 f. Siehe unten den Exkurs: Zur Verwendung der deutschen Sprache bei der Taufspendung.

62 Vgl. Freisen, J., Geschichte des Canonischen Eherechts bis zum Verfall der Glossenliteratur, Tübingen 1888, 514-517, 549-555; Spital, Ritualien 195 f., 199.

63 G. Witzel, Reformgutachten für den Fuldaer Fürstabt; abgedruckt bei: Richter, Schriften 134-152; zur Sakramentenspendung: 141-146. Vgl. Padberg, Witzel 399; Ferel, Gepredigte Taufe 76 f.

64 Vgl. Geffcken, Bildercatechismus 23, 28; Albrecht, Katechismen 4; Rast, Unterweisung XXVII.

65 Vgl. Ferel, Gepredigte Taufe 103; Fraas, Katechismustradition 9: "Der Dekalog wird erst nach der Synode von Trier 1227 im Zusammenhang mit der Beichtpraxis populär."

66 Vgl. Schöberl, Katechetik 182; Wiegand, Stellung 322; Albrecht, Katechismen 3. Diese "Prüfung" gab es noch bei Luther; vgl. die Vorrede zum Kleinen Katechismus: BSLK 503; Hareide, Konfirmation 87; Schulz, F., Die Vorbereitung zum Abendmahl in der Kirchenordnung der Kurpfalz von 1563: JLH 7, 1963, 1-39. Auch in der katholischen Aufklärung kannte man diese Prüfung noch; vgl. Hollerweger, H., Die Reform des Gottesdienstes zur Zeit des Josephinismus in Österreich (= Studien zur Pastoralliturgie, Bd. 1) Regensburg 1976, 178 f., 449.

67 Vgl. Göbl, Geschichte 106.

68 Vgl. Schöberl, Katechetik 183.

69 Vgl. Portmann und Kunz, Katechismus; Göbl, Geschichte 281-292; Padberg, Erasmus 27.

70 Vgl. Ferel, Gepredigte Taufe 105.

71 Vgl. Jungmann, Gnadenlehre 198 f.; er führt als Ausnahme Otto von Bamberg an, ebda 199. Auch das Buch: "Fundamentum aeter-

ne felicitatis" macht eine Ausnahme, es erklärt die Sakramente kurz; vgl. Paulus, N., Ein verloren geglaubter Katechismus des ausgehenden Mittelalters: Katholik 73 II, 1893, 382 f. Weitere Beispiele finden sich bei Ferel, Gepredigte Taufe 105 f.; vgl. auch Kötter 109 f.

72 Vgl. Cohrs, Katechismusversuche IV, 274.

73 Vgl. die bei Bahlmann 62-75 abgedruckte "Tafel des christlichen Lebens"; dort findet sich die Aufzählung der Sakramente nach den 7 Hauptsünden, leiblichen und geistlichen Werken der Barmherzigkeit, Gaben des Hl. Geistes - es folgen die acht Seligkeiten usw.; vgl. auch Padberg, Erasmus 131.

74 Vgl. Brück, Jugendunterricht 373; Falk, F., Katechismus-Haustafeln als Lehrmittel des ausgehenden Mittelalters: Literarische Beilage der Kölnischen Volkszeitung 49 (1908) 173 f. J. U. Surgant fordert diese Tafeln in seinem "Manuale curatorum" (1502); vgl. Albrecht, Katechismen 3; Berz, Basel 10, dort finden sich auch andere Zeugnisse. Auch Luther veröffentlichte 1517 solch eine Tafel; sie "ist zugleich ein Vorspiel zur Urform des Kleinen Katechismus", Albrecht, Katechismen 11, vgl. 112-117; siehe auch Jungmann, Katechetik 16 f.

75 Vgl. Cohrs, Katechismusversuche IV, 233; Bahlmann 38 f.; Jungmann, MS I, 628-631. Die Synode von Passau 1470 hat bei dieser Aufzählung auch die Taufformel, wohl wegen der Nottaufe; vgl. Göbl, Geschichte 94. Die Synode von Brixen 1511 schreibt vor, daß bei der Aufzählung auch die Sakramente genannt werden; 1438 waren sie noch nicht erwähnt; siehe Baur, Spendung 75 f. Eine Definition aller Sakramente zu verlesen schreibt die Synode von Bamberg 1587 vor; vgl. Weber, Bamberg 77.

76 Vgl. Cohrs, Katechismusversuche IV, 233 f.; dazu gehörten, soweit bekannt, nicht die Sakramente. Vgl. auch Ferel, Gepredigte Taufe 104.

77 Vgl. Wiegand, Stellung 328, 346-351; ders., Das apostolische Symbol im Mittelalter. Eine Skizze (= Vorträge der theologischen Konferenz zu Giessen, 21. Folge) Giessen 1904, 17.

78 Vgl. Cohrs, Katechismusversuche IV, 235; Albrecht, Katechismen 11: "...in Anknüpfung an kirchlichen Brauch..."; Ferel, Gepredigte Taufe 103:"Luther folgte mit seinen Katechismuspredigten kirchlicher Tradition und Ordnung".

79 Vgl. Cohrs, Katechismusversuche IV, 235.

80 Vgl. Bergsma, J. H., Die Reform der Meßliturgie durch Johannes Bugenhagen (1485-1558), Kevelaer-Hildesheim o. J.

81 Vgl. Albrecht, Katechismen 15; jedoch wird auch später noch öfters von den "drei Stücken" gesprochen; Ferel, Gepredigte Taufe 85, 103. - Eine Ausnahme bildet hier Erasmus. Er hatte in seinem Kleinen Katechismus (1512) schon die Sakramente behandelt. Es dauerte längere Zeit, bis sich die Aufnahme der

Sakramente unter die "grundlegenden Wahrheiten" durchgesetzt hatte. Zu diesen rechnet etwa die Synode von Konstanz 1567: Symbolum, Vaterunser und Englischen Gruß, den Dekalog, die Kirchengebote und die Beichtformeln. Im weiteren werden jedoch die Katechismen des Canisius und von M. Helding empfohlen; vgl. Lentner, Unterweisung 46.

82 Vgl. Thomas von Aquin: Göbl, Geschichte 168; Guido de monte Rocherii: Göbl, Geschichte 123; vgl. die oben zitierte Synode von Konstanz 1567. Auch bei Luther war das zunächst so; vgl. Albrecht, Katechismen 2.

83 Die Ausführungen stützen sich auf die Studie von Spital über den Taufritus in den deutschen Ritualien.

84 Spital, Ritualien 7 f.

85 Es gab in dieser Zeit mehr oder weniger "offizielle" Diözesanritualien, private Ausgaben einzelner Drucker bzw. Verleger und von Theologen verfaßte "Pastoralhandbücher"; vgl. Spital, Ritualien 7-13.

86 Ritualien 13-25.

87 Mainz 1551 ist die einzige Ausnahme. Spital ordnet dieses Buch in die zweite Gruppe ein. "Das hervorstechendste Merkmal (dieser) Gruppe ist der bedeutend erweiterte Gebrauch der deutschen Sprache"; Spital, Ritualien 19.

88 Ebda 14.

89 Ebda 16-18.

90 Ebda 286-289.

91 Ebda 150-152.

92 Vgl. Ferel, Gepredigte Taufe 8; Lohrmann 17 f.

93 Vgl. etwa Ratschow 84 f. für Luther.

94 Vgl. dazu auch Merk 29-33.

95 Vgl. Ratschow 75-81.

96 Vgl. Cohrs, Katechismusversuche I-V.

97 S. o. S. 15.

98 BSLK 501 f.

99 Zur Vorgeschichte und Form vgl. Albrecht, Katechismen 10-14 u. ö.; Ferel, Gepredigte Taufe, 102-116; Fraas, Katechismustradition 12 u. ö. Ein knapper Überblick über die Abhängigkeiten von der Tradition und den Vorarbeiten findet sich ebda 11-18.

100 Dieser Abschnitt zählt jedoch nicht zu den eigentlichen katechetischen Stücken, wenngleich die Buße im Zusammenhang mit der Taufe auch als "das dritte Sakrament" bezeichnet wird, BSLK 706. Vgl. dazu Albrecht, Katechismen 17 f.

101 BSLK 691; vgl. oben S. 11.

102 BSLK 691.

103 Vgl. Luther, M., Der große Katechismus. Die Schmalkaldischen Artikel (= Calwer Luther-Ausgabe I) München ²1967, 169; Fraas, Katechismustradition 14; Ratschow 84.

104 BSLK 692.

105 Ebda 693.

106 Ebda 694; vgl. Roth, Aporien 117: er meint, Luthers Ausdrücke seien "gegen das Mißverständnis einer magisch wirkenden Kraft des Wassers nicht genügend gefeit". Ferel, Gepredigte Taufe 135-138 versucht Luther zu verteidigen, er verweist auf andere Äußerungen zu diesem Thema.

107 BSLK 694.

108 Ebda.

109 Tractatus in Ioannem 80,3; CC 36,529.

110 BSLK 694.

111 Die Taufe Jesu spielt in den Taufpredigten Luthers eine bedeutende Rolle; vgl. Ferel, Gepredigte Taufe 153-191.

112 BSLK 695; vgl. zu dieser Formulierung Luthers Lohrmann 24: "Es ist nun ungemein bedeutsam, daß Luthers Exegese zu Mk 16, 16 ... die passive Wendung 'der wird selig' umbiegt in eine subjektverändernde, logisch instrumentale: Jetzt ist es die Taufe, die 'selig macht', wobei Luther nicht vom Glauben redet. Er scheint sich der Tragweite dieser Verschiebung nicht bewußt geworden zu sein...". Ferel, Gepredigte Taufe 196, Anm. 18 verweist darauf, daß die zugehörige Predigt vom Glauben rede. "Man wird die Predigten für die Interpretation des Katechismus immer heranziehen müssen." - Aber diese stehen nun nicht im Katechismus.

113 BSLK 695 f.

114 Ebda 659.

115 Vgl. Ratschow 76; Neunheuser, Taufe 97.

116 BSLK 696.

117 Ebda.

118 Ebda 697

119 Ebda.

120 Vgl. Storck, H., Das allgemeine Priestertum bei Luther (= Theologische Existenz heute, NF 37) München 1953, 4-15.

121 BSLK 697.

122 Ebda.

123 Ebda 698.

124 Ratschow 77.

125 Vgl. Ratschow 76-78.

126 Vgl. Pesch, Besinnung, 289 f. Er meint, daß bei Luther zum ersten Mal in der Theologiegeschichte das Sakrament als Forderung hingestellt wird, "die zur Not in blindem Gehorsam zu übernehmen ist, ob mir das fühlbar im Glauben hilft oder nicht".

127 Der Gedanke der "Verheißung" wurde für Luther seit seiner Programmschrift "De captivitate Babylonica ecclesiae praeludium" (1520) bestimmend, wenn er auch schon früher vorhanden war. Vgl. Bayer, Promissio.

128 Vgl. dazu Ratschow 79.

129 BSLK 699.

130 Ebda.

131 Ebda 699 f. Vgl. Barth, Kirchliche Lehre 46: "Man erzählt von Luther, daß er Stunden hatte, in denen er an allem irre wurde: an der Reformation, an seinem Glauben, am Werk Jesu Christi selbst, und wo er sich nur noch zu helfen wußte, aber auch wirklich half, indem er mit Kreide auf seinen Tisch die zwei Worte schrieb: Baptizatus sum!"

132 BLSK 700.

133 Ebda. 701. Lohrmann 40 f. schreibt zu diesem Beweis: "Sein Pragmatismus an dieser Stelle ist der tiefste Punkt in seiner gesamten Theologie, ja er ist völlig untheologisch und müßte jedem Unvorbelasteten von vorneherein die Fragwürdigkeit der Legitimität der Kindertaufe nahelegen, wenn dies 'die beste und stärkste Beweisung' sein soll". Vgl. dazu Ferel, Gepredigte Taufe 235 f.

134 BSLK 701.

135 Vgl. dazu die Bedenken, die Lohrmann 27-34 anmeldet. Roth, Aporien 114-117 meint, Luther käme mit dieser Unterscheidung in die Nähe des opus operatum und der Sakramentsmagie.

136 BSLK 701 f.

137 Ebda 702.

138 Ebda.

139 Lohrmann 39.

140 Vgl. Lohrmann 43 f.; Roth, Aporien 99-105.

141 Vgl. Brinkel. Er geht in seiner Arbeit ausführlich auf diese These ein.

142 Vgl. Brinkel 69 f.

143 Vgl. die Rezension der Arbeit Brinkels von Althaus, P., in: ThLZ 84, 1959, 866-869.

144 Vgl. zu der ganzen Frage: Ferel, Gepredigte Taufe 233-239. Dort findet sich auch die exegetische Begründung, die Luther im Katechismus nicht bringt.

145 BSLK 702.

146 Ebda 704.

147 Ebda.

148 Ratschow 80.

149 Vgl. Jedin, Trient II, 317. Ratschow 81 macht aufmerksam, daß mit dieser Sicht der Taufe der zentrale Gedanke der Christwerdung abgeschwächt werden kann. Lohrmann 38 spricht von einer "Konstruiertheit der Taufbrauchlehre". Seiner Meinung nach passe das "iterative Moment" besser zum Abendmahl, so habe es Christus befohlen und die Urkirche geübt. Vgl. auch Hubert, Streit 175:... es "zeigt sich, wie übriges kirchliches Leben und sakramentaler Vollzug hier überflüssig werden".

150 Vgl. Rahner, Symbole 450-471, zu Luther speziell: 470 f.; Ferel, Gepredigte Taufe 224-227.

151 BSLK 707.

152 Ebda.

153 In den BSLK sind allerdings Abendmahl und Beichtvermahnung umgestellt.

154 Vgl. dazu Albrecht, Katechismen 189; Ferel, Gepredigte Taufe 235.

155 WA 12, 42-48.

156 Ebda 46.

157 Ebda 46 f.

158 Ebda 48; vgl. Jordahn, Taufgottesdienst 355 f.; Ferel, Gepredigte Taufe 48-50.

159 Vgl. Jordahn, Taufgottesdienst 361-424; Ferel, Gepredigte Taufe 51-64; Spital, Ritualien 214-217; Fisher, Christian Initiation 8-16, er vergleicht die Agende mit dem Taufbüchlein.

160 Spital, Ritualien 69. Er führt sie unter der Überschrift: "Benedictio post datum salem" an; vgl. unten den Abschnitt 342.2.

161 Vgl. Jordahn, Taufgottesdienst 380-383.

162 Dürig, Walter, Das Sintflutgebet in Luthers Taufbüchlein, in: Wahrheit und Verkündigung. Festschrift Michael Schmaus, München 1967, 1035-1047; vgl. dazu Schmidt-Clausing, F., Die liturgietheologische Arbeit Zwinglis am Sintflutgebet: Zwingliana 13, 1969-1973, 516-543, hier 528 f.

163 Ferel, Gepredigte Taufe 63 f.

164 Vgl. Iserloh, E., Sakraments- und Taufverständnis bei Thomas Müntzer, in: Festschrift Fischer 119-122.

165 Vgl. Ferel, Gepredigte Taufe 66 f.

166 WA 19, 537-541; BSLK 535-541.

167 WA 19, 538; BSLK 536 f. Zur Neuausgabe vgl. auch Fisher, Christian Initiation 23-25.

168 Ratschow 89; vgl. Schlink, Taufe 140.

169 Vgl. Schmidt-Clausing, F., Die Entdeckung des echten Zwingli: ThLZ 93, 1968, 169-172. Er betont, Zwingli sei nicht s p i - r i t u a l i s t i s c h , sondern p n e u m a t o l o - g i s c h geprägt.

170 Vgl. Gassmann, Ecclesia 59; Rogge, J., Zwingli und Erasmus. Der Friedensgedanke des jungen Zwingli (= Arbeiten zur Theologie, Reihe 1, Heft 11) Stuttgart 1962; Locher, G. W., Zwingli und Erasmus: Zwingliana 13,1969-1973, 37-61.

171 Zunächst hatte er die Sakramente "gewisse sichtbare Zeichen" genannt, später sprach er von "nur äußeren Zeichen"; vgl. Fast, Bemerkungen 137.

172 Vgl. Ratschow 94: "Der Zerfall in Geisttaufe und Wassertaufe ist der rote Faden, der die ganzen Gedanken Zwinglis bestimmt."

173 Ebda. 89 f. Vgl. Usteri, Zwingli 236-239; Gottschick, Lehre 43 f.; Gassmann, Ecclesia 57.

174 Gottschick, Lehre 43.

175 Vgl. Ratschow 89; Usteri, Zwingli 207.

176 Vgl. Usteri, Zwingli 206; Gassmann, Ecclesia 57.

177 Vgl. Gassmann, Ecclesia 60.

178 Vgl. Usteri, Zwingli 277.

179 Vgl. Ratschow 93.

180 Vgl. Gassmann, Ecclesia 60.

181 Vgl. Ratschow 93 f.; Usteri, Zwingli 222-225.

182 Vgl. Schlink, Taufe 123; Ratschow 89; Usteri, Zwingli 211 f.

183 Vgl. Usteri, Zwingli 212 f; Fast, Bemerkungen 137.

184 Vgl. Gottschick, Lehre 43; Gassmann, Ecclesia 62; Usteri, Zwingli 258.

185 Vgl. Gassmann, Ecclesia 62 f.; Usteri, Zwingli 222-224, 242-245; Hubert, Streit 137.

186 Vgl. Usteri, Zwingli 246-249; Gassmann, Ecclesia 62 f.

187 Vgl. Usteri, Zwingli 229-234; Ratschow 90 f.

188 Schmidt-Clausing, Zwingli als Liturgiker 69; gegen diese

These spricht sich Jordahn, Taufgottesdienst 473 aus.

189 Schmidt-Clausing, Zwingli als Liturgiker 69; ders., Formulare 83; Jordahn, Taufgottesdienst 473 f.

190 Vgl. Schmidt-Clausing, Formulare 41.

191 Vgl. Fisher, Christian Initiation 126-131.

192 Vgl. Schmidt-Clausing, Formulare 43. Usteri, Zwingli 260 gibt als Grund dafür an, die Wiedertäufer hätten behauptet, sie wüßten nichts von ihrer (Säuglings-)Taufe. Er meint, Zwingli habe das Taufregister eingeführt, die katholische Kirche habe es nicht gekannt. Allerdings hatte Ulrich Surgant seit 1490 in der Pfarrei St. Theodor in Basel ein Taufbuch geführt. Zwingli kannte und schätzte Surgant. Er war während seiner Baseler Studienzeit dessen "Pfarrkind"; vgl. Schmidt-Clausing, Zwingli als Liturgiker 27-29. - Die Konstanzer Synode von 1435 hatte die Führung von Taufbüchern angeordnet; vgl. Tüchle, H., Das Bistum Konstanz und das Konzil von Trient, in: Schreiber, Trient 2, 191; Spital, Ritualien 197. - Zur Frage der Register allgemein vgl. Börsting, H., Geschichte der Matrikel von der Frühkirche bis zur Gegenwart, Freiburg 1959.

193 Vgl. Fast, Bemerkungen 131 f.; Goertz, H.-J., Die Taufe im Täufertum: Mennonitische Geschichtsblätter 27, 1970, 37 f.

194 Vgl. Alting von Geusau, L. G. M., Die Lehre von der Kindertaufe bei Calvin gesehen im Rahmen seiner Sakraments- und Tauftheologie. Synthese oder Ordnungsfehler? Mit einem Anhang über die Kindertaufe auf dem Tridentinischen Konzil, Bilthoven - Mainz 1963, 14,18 f.; Breuning, Kindertaufe 91; Hubert, Streit 132; Schlink, Taufe 114 f.

195 Vgl. Iserloh, E., in: Handbuch der Kirchengeschichte IV, Freiburg 1967, 184 f.

196 Luther war nur sehr unvollkommen über die Täufer informiert. Er kannte nicht die verschiedenen Richtungen. Seine Reaktion bestand im Generalangriff, um die Gemeinden zu schützen; vgl. Ferel, Gepredigte Taufe 120 f.

197 Vgl. Fast, H. (Hrsg.), Der linke Flügel der Reformation. Glaubenszeugnisse der Täufer, Spiritualisten, Schwärmer und Antitrinitarier (= Klassiker des Protestantismus IV) Bremen 1962, XIII-XXII.

198 Vgl. Fuchs, W. P., Das Zeitalter der Reformation (= Gebhardt, Handbuch der deutschen Geschichte, Bd. 9 - dtv 4208) München 1973, 173 f.

199 Ebda 150.

200 Vgl. Breuning, Kindertaufe 92; Hubert, Streit 132.

201 Vgl. Breuning, Kindertaufe 92 f.; Eisenblätter, W., Die katholische Auseinandersetzung mit dem Täufertum: Mennonitische Geschichtsblätter 22, 1965, 47-52.

2 DIE KATECHISMEN UND IHRE AUTOREN

21 Erasmus von Rotterdam (1469-1536) und seine beiden Katechismen

In einem Brief an Abt Volz, der dem "Enchiridion militis Christiani" beigedruckt wurde, macht Erasmus 1518 den Vorschlag: Gelehrte und fromme Männer sollten Kompendien der Glaubens- und Sittenlehre abfassen.[1] In ähnlicher Weise äußert er sich 1522 im Epilog zu seinen Paraphrasen über das Mattäus-Evangelium. Es geht ihm dabei vordringlich um die Erneuerung der Taufversprechen durch die Jugendlichen in einem feierlichen Akt. Damit sie ihre Taufe bejahen können, müssen sie unterrichtet sein.[2] Hat er damals schon vergessen, daß er 1512 selbst ein solches Werk verfaßt hat, oder sah er es für den gedachten Zweck, die Unterrichtung der Jugend im Glauben, nicht als genügend an? Es fällt auf, daß er in diesem Zusammenhang seines eigenen Büchleins nicht gedenkt.[3]

Auf Wunsch seines englischen Freundes John Colet (1466-1519)[4] hatte Erasmus dessen "Catechyzon" überarbeitet und in Hexameter gefaßt. Die erste Druckausgabe des "Christiani Hominis Institutum" ist 1514 greifbar.[5] In der Folgezeit ist es mindestens 70 mal nachgedruckt worden.[6] Luther dürfte diesen Katechismus und den Vorschlag von 1522 gekannt haben.[7]

Im "Institutum" behandelt Erasmus nach der Vorlage des "Catechyzon"[8] das Glaubensbekenntnis, die Sakramente, die Gottes-, Selbst- und Nächstenliebe. Zwischen Selbst- und Nächstenliebe sind eingeschoben eine Reihe von Versen zu verschiedenen Sittenlehren, etwa der sieben Hauptsünden. Dieser ganze Teil ist wohl ein Ersatz für den fehlenden Dekalog. Den Schluß bilden Buße, Empfang der Eucharistie, Krankheit und Tod. Die Reihenfolge der Sakramente ist ungewohnt: Weihe, Ehe, Taufe, Firmung, Eucharistie, Buße und Krankensalbung.[9] Das Vaterunser fehlt ganz bei dem Katechismusstoff.

Im Aufbau wird schon der Unterschied deutlich zu den bisherigen "Katechismen", etwa der "Tafel des christlichen Lebens" von 1480[10] oder dem "Christenspiegel" des Dietrich Kölde, der 1480 das erste Mal erschienen war und oft nachgedruckt wurde.[11] Der Umfang des Stoffes ist bei Erasmus wesentlich gekürzt und damit konzentriert.

Das "neue katechetische Klima",[12] das mit Erasmus beginnt, wird schon in dem Motto angedeutet, das er seinem Werkchen gegeben hat: "Valet in Christo fides quae per dilectionem operatur" (Gal 5, 6).[13] Dieses Motto wird im Text durchgehalten.

An dritter Stelle nennt Erasmus bei den Sakramenten die Taufe. Er hebt dabei den Gedanken der Wiedergeburt und der Erneuerung in Christus hervor. Direkt bzw. indirekt klingt die Taufe auch an anderen Stellen des Institutum an.

Eine Bearbeitung des "Institutum" veröffentlichte Petrus Tritonius Athesinus[14] 1521. Er ergänzte es um das Veni Sancte Spiritus, den Dekalog, das Vaterunser und Mariengebete in Versform.[15] Seltsamerweise läßt er das Symbolum aus.[16]

Wiederum angeregt aus England[17] oder durch die Mitarbeit an der Klevischen Kirchenordnung von 1533,[18] verfaßte Erasmus seinen großen Katechismus, die "Explanatio Symboli"[19] und übergab ihn 1533 der Presse.[20] Das Werk war zunächst für England bestimmt und scheint dort in den beginnenden Reformationswirren mäßigend gewirkt zu haben.[21] Aber auch auf dem Festland war es weit verbreitet, wie die mindestens 28 Auflagen beweisen.[22]

Luther hat auf diesen Katechismus sehr scharf reagiert: Erasmus mache mit diesem Buch die Jugend nur irre und zweifelnd, er sei der schlimmste Feind Christi seit tausend Jahren.[23] Diese Kritik dürfte eine noch größere Verbreitung des Werkes ebenso verhindert haben,[24] wie die Indizierung des gesamten erasmischen Werkes durch Paul IV. im Jahre 1559.[25]

In der Form eines Gespräches zwischen Katechumene und Katechet behandelt Erasmus in sechs Katechesen die Hauptpunkte der katholischen Lehre. Das Symbolum nimmt dabei mit fünf Katechesen den größten Raum ein. Die Sakramente werden allerdings nach dem Beispiel des hl. Thomas[26] im Rahmen des Glaubensbekenntnisses im

Zusammenhang der "communio sanctorum" erklärt. Den Abschluß bilden das Doppelgebot der Liebe, der Dekalog und das Vaterunser.

Das Werk wird ganz bewußt als Taufkatechese gestaltet. Schon die Bezeichnungen der beiden Gesprächsführer "Katechumene" und "Katechet" deuten darauf hin.[27] Auch im einleitenden Gespräch kommt dies klar zum Ausdruck. Der Katechumene, er ist in die Jahre der Unterscheidung gelangt,[28] möchte sich einschreiben lassen in die Gemeinschaft der katholischen Kirche und bittet den Katechisten um Hilfe. Dieser sagt ihm, durch die Taufe gehöre er zur Familie der Kirche. Da dies, ihm unbewußt, mit Hilfe der Paten geschehen ist, will der Katechumene nun die Paten von ihrer Bürgschaft befreien[29] und sich selbst um sein Heil kümmern. Der Katechet soll nun ihn "gleichsam als völlig Unwissenden"[30] unterweisen und bilden. Da der Eintritt in das Haus Gottes nur durch den Glauben möglich ist (vgl. Röm 5,2; Hebr 11,6), beginnt der Katechist mit der Erklärung des Symbolums, das die erwachsenen Katechumenen früher öffentlich vor ihrer Taufe aufsagen mußten.[31]

In dieser Einleitung lassen sich unschwer die Gedanken des Vorschlages über die feierliche Erneuerung der Taufversprechen wiedererkennen.[32] Erasmus will also mit seinem Katechismus die frühere Anregung selbst in die Tat umsetzen.

Auf die Taufe kommt Erasmus in den Katechesen häufig zu sprechen. Ausführlicher behandelt er sie, wie schon erwähnt, bei der "communio sanctorum" mit den anderen Sakramenten. Sie führt er in der Reihenfolge an: Ehe, Taufe, Buße, Firmung, Eucharistie, Letzte Ölung[33] und Weihe.[34] Zunächst wird die Taufe im Rahmen aller Sakramente nach der Ehe als Wiedergeburt in Christus bezeichnet. Bei der Besprechung der Sakramentsgnade führt Erasmus aus, über die Taufe sei nichts weiter zu sagen,[35] da jeder wisse, daß der alte Mensch zugrunde gehe und der neue erstehe.[36] Allerdings werden bei der "remissio peccatorum" eingehend Irrlehren gegen die Taufe behandelt.[37]

Die Bedeutung beider Katechismen für die Erneuerung der katholischen Katechese im 16. Jahrhundert hat R. Padberg in seiner Studie "Erasmus als Katechet" klar herausgestellt, Kötter hat sich im wesentlichen diesem Urteil angeschlossen.[38] Die mehr negativen Urteile einiger Theologen über Erasmus müssen allein von daher in einzelnen Punkten revidiert werden.[39] Jedoch ist mit Kötter zu fragen, ob die Darstellung der Sakramente in der Explanatio der gewandelten Zeit noch gerecht wurde.[40] Ein nur flüchtiges Eingehen[41] auf diese z. T. heftig umstrittenen und abgelehnten Heilszeichen der Kirche genügte sicher nicht.[42]

Von der Taufe kann man dies allerdings nicht sagen. Sie nimmt in den Katechismen wie im ganzen Werk des Erasmus den ihr zukommenden Platz ein.[43] Dieses Sakrament ist die Grundlage und Ermöglichung des christlichen Lebens, seine "Verwirklichung" ist die lebenslange Aufgabe des christlichen Streiters.[44]

22 Johannes Monheim (+1546) als Herausgeber und Verfasser katechetischer Schriften

Padberg befaßt sich in seiner Studie über die Katechismen des Erasmus auch mit deren "Auswirkung und Nachwirkung".[45] Dabei geht es ihm nicht so sehr darum, "eine direkte Abhängigkeit" einzelner Autoren zu behaupten, sondern er will auf den "Einfluß"[46] hinweisen, den Erasmus auf die späteren katholischen Katechismen ausgeübt hat.[47] Jedoch müßte ein solcher Einfluß jeweils sehr sorgfältig geprüft werden.[48] Ein direkter "Nachfolger" des Erasmus ist allerdings katholischerseits fast völlig in Vergessenheit geraten, Johannes Monheim.[49]

Monheim wurde 1509[50] in Elberfeld geboren. Die Schule besuchte er in Münster, sein Studium absolvierte er in Köln. Nach einer ersten Unterrichtstätigkeit in Essen[51] wurde er als Lehrer an die Kölner Domschule berufen und 1545 zum Rektor des neu errichteten Gymnasiums in Düsseldorf ernannt,[52] wo er bis zu seinem Tod 1564 wirkte.[53]

Monheim war mit Leib und Seele Pädagoge. Die Schulbücher für seinen Unterricht verfaßte er meist selbst.[54] Das Düsseldorfer Gymnasium blühte unter seiner Leitung sehr schnell auf, die

Schülerzahl soll bis zu 2000 betragen haben.[55] Als die Jesuiten 1557 in Köln das Gymnasium Tricoronatum übernahmen, ließ der Besuch der Düsseldorfer Schule nach.[56]

Den ersten Katechismus gab Monheim vermutlich 1541 für seine Schüler in Köln heraus.[57] Er griff dabei auf ein Werk des Christoph Hegendorf zurück.[58] Das Buch besteht aus mehreren Teilen. Der Katechismus von Hegendorf behandelt in Dialogform mit wechselnden Gesprächspartnern das Vaterunser, das Credo, den Dekalog und die Taufe mit dem Taufversprechen. Es folgt eine Beichtanleitung von Arnold von Wesel, die wohl zum ersten Mal 1536 mit anderen Stücken in Köln veröffentlicht worden war.[59] Das Büchlein des Erasmus über kindliches Verhalten war in Humanistenkreisen sehr verbreitet.[60] Den Abschluß bilden einige Anstandsregeln und Tischgebete. Es fällt auf, daß von den Sakramenten im eigentlichen Katechismus nur die Taufe ausdrücklich genannt und behandelt wird. Im Rahmen der Beichtanleitung werden alle Sakramente aufgeführt.

Hegendorfs Katechismus ist völlig frei von jeder Polemik. Deswegen wird der Herausgeber auf ihn zurückgegriffen haben.

Da Monheim diesen Katechismus für die Düsseldorfer Schule überarbeitet herausgab, darf man wohl schließen, daß er ihn auch schon in Köln verwandt hat.[61] Erreichbar ist eine Ausgabe von 1547.[62] Da aber die Vorrede von 1545 stammt, handelt es sich wahrscheinlich um die zweite Auflage.

Monheim stellt die Teile um und ergänzt die bei Hegendorf fehlenden Sakramente. Die Beichtanleitung und das Büchlein des Erasmus läßt er weg. Der Dekalog steht an erster Stelle, es folgt das Credo, das Vaterunser und die Sakramente. Die Dialogform wird beibehalten, aber gestrafft.

Die Taufe wird beim Glaubensbekenntnis im Zusammenhang der Vergebung der Sünden kurz erwähnt. Ebenso geschieht es bei Buße, Eucharistie und Firmung. Der Taufdialog setzt eine erste Unterrichtung voraus. Der "Lehrer" (Paedagogus) möchte hören, was der "Schüler" (Discipulus) behalten hat. Sie gehen aus von Tit 3, 5 f.: Taufe als Wasserbad der Wiedergeburt und der Erneuerung im Geist. Nachdem sie sich darüber unterhalten haben, behandeln sie die Frage, wer tauft. Es folgen drei Gründe, warum Gott die Taufe eingesetzt hat. Der Lehrer fragt dann nach den Taufversprechen. Dabei wird die bleibende Konkupiszenz, das Leben aus der Taufe und der Kriegsdienst mit Christus erörtert.

1551 veröffentlicht Monheim innerhalb von zwei Monaten zwei Katechismen. Einer war für die jüngeren Schüler, der andere für die oberen Klassen bestimmt.

Für die älteren Schüler bearbeitet er die Explanatio des Erasmus. Er erweitert die Vorlage aus anderen Werken des Erasmus und teilt das Buch in sieben Katechesen ein.[63] Monheim hält sich weitgehend, auch im Wortlaut, an Erasmus, allerdings kürzt er den Text, wo es ihm notwendig scheint. Die Sakramente löst er aus dem Symbolum und stellt sie an das Ende des Buches. Da er aber bei der "communio sanctorum" und der "remissio peccatorum" etwas ausführlicher über die Taufe spricht,[64] bleibt ein gewisses Maß der alten Ordnung bestehen. Die Umstellung dürfte aus didaktischen Gründen erfolgt sein. Die Gesprächspartner nennt er entsprechend dem schulischen Zweck des Buches "Discipulus" und "Praeceptor".

Nachdem er in der siebten Katechese zunächst den Text der Vorlage gebracht hat, bittet der Schüler nach den Ausführungen über die Sakramentsgnade: "Quae de Sacramentis dixisti mihi latius ut exponas, rogo."[65] Es folgt zunächst die Ehe und dann die Taufe.[66] Auch hier setzt er mit Tit 3,5 f. ein und spricht dann über den Urheber der Taufe. Bei der Buße kommt er noch einmal ausführlich auf die Taufe zu sprechen. Es folgen die übrigen Sakramente; die Firmung wird auffällig kurz behandelt.

Dieses Werk erlebte noch zwei Auflagen.[67] Dann scheint es abgelöst worden zu sein von seinem "Catechismus", der 1560 erschien.

Für die unteren Klassen gab Monheim ein eigenes Religionsbüchlein heraus.[68] Auch jetzt wählt er wieder die Dialogform. Zunächst geht es um Gott, dann behandelt er Symbolum, Dekalog und Vaterunser. Es folgen einige Gebete und dann bringt er das

"Christiani Hominis Institutum" des Erasmus. Den Abschluß bilden
wieder einige Gebete. Auffallenderweise bespricht der Autor
nicht eigens die Sakramente. Vielleicht hielt er deren Erklärung
im "Institutum" für ausreichend. Die Taufe wird bei der Behandlung des Stoffes öfters miteinbezogen. Dieser Katechismus erlebte 1566 noch eine Auflage.[69]

In der Literatur wird ein weiterer Katechismus genannt.[70] Jedoch blieb die Suche danach ergebnislos. Es mag sein, daß mit
diesem Werk einer der vorgenannten Katechismen umschrieben werden sollte.

Zeitlich außerhalb unseres Untersuchungsbereiches liegt das
einzige "eigene" katechetische Lehrbuch von Johannes Monheim.[71]
Es ist in elf "Dialoge" eingeteilt. Der Vater möchte von seinem
Sohne wissen, was er aus der häuslichen, kirchlichen und schulischen Unterweisung über den christlichen Glauben gelernt hat.
Beide sprechen über Gott, den Menschen, das Gesetz (Dekalog),
den Glauben (Symbolum), die Rechtfertigung, das Gebet (Vaterunser), die Sakramente allgemein, die Taufe, das Abendmahl, die
Buße und über die restlichen Sakramente. Monheim versucht, mit
seinem "Catechismus" eine Mittelstellung zwischen den Konfessionen einzunehmen und macht Anleihen bei Luther und Calvin.[72] Das
rief sofort die Kölner Jesuiten auf den Plan, die nun eine willkommene Gelegenheit sahen, gegen Monheim vorzugehen. In aller
Eile verfaßten zwei junge Gelehrte der Universität eine Gegenschrift,[73] in der sie dem Düsseldorfer Rektor 32 Abweichungen
von der katholischen Lehre vorhalten.[74]

Der Streit um dieses Buch wird so heftig, daß selbst der
Papst und der Kaiser den Herzog zu bewegen suchen, Monheim fallen zu lassen. Dieser behält jedoch sein Amt, darf sich aber
selbst nicht wehren. Von evangelischer Seite erscheinen eine
ganze Reihe von Schriften zu seiner Verteidigung.[75] Wie sehr
diese Kontroverse die Gemüter bewegte, wird daraus ersichtlich,
daß noch 1582 eine zweite Auflage der "Censura" erschienen ist.[76]

Der "Catechismus" brachte es mit sich, daß Johannes Monheim
in der Folgezeit von den Protestanten "in Beschlag" genommen

wurde und auf katholischer Seite fast ganz in Vergessenheit geriet.

23 Georg Witzel (1501-1573) und seine katechetischen Schriften

Zu den interessantesten, aber auch tragischsten Gestalten der Reformationszeit gehört Georg Witzel. Von den Lutheranern verachtet, von vielen Katholiken verdächtigt, war er sein Leben lang in Geldschwierigkeiten und mußte lange Jahre ein unstetes Wanderleben führen.[77]

1501 wurde er in Vacha (Rhön) geboren. Als Student in Erfurt (1516-1519) lernte er den Humanismus kennen und war seitdem ein glühender Verehrer des Erasmus von Rotterdam.[78] 1520 begab er sich zu Luther nach Wittenberg. Witzels Vater drängte seinen Sohn, sich zum Priester weihen zu lassen, dieser gehorchte. Bald jedoch heiratete Witzel und bekannte sich offen zum Luthertum. Er wurde evangelischer Pfarrer, geriet einige Jahre später in Verdacht der antitrinitarischen Häresie und wurde verhaftet. 1531 kehrte er zur katholischen Kirche zurück. Mißstände bei den "Neugläubigen" und das Studium der Kirchenväter führten ihn zu diesem Schritt. Nach verschiedenen Stationen wirkte er zunächst in Fulda und lebte von 1553 bis zu seinem Tod 1573 in Mainz.[79]

Hauptanliegen seines Lebens, Schaffens und Schreibens war die Rückgewinnung der kirchlichen Einheit. In der Rückkehr zur alten Kirche, zur Praxis und Lehre der Väter sah er den Weg dazu.[80] Bei den Religionsgesprächen, an denen er teilnimmt, in seinen Gutachten[81] und in seinen zahlreichen Schriften - rund 150 sind unter seinem Namen auf uns gekommen -[82] klingt dieses Anliegen immer wieder als Motiv an. Diese Sicht der Reform, die in einem "Zurück" besteht, hat manche Kritik gefunden, sie wird u. a. als "Ideologie"[83] bzw. "Historismus" bezeichnet.[84]

Als Hauptübel seiner Zeit sieht Witzel die Vernachlässigung der religiösen Unterweisung an. Predigt und Katechese liegen darnieder.[85] Um dieser Not zu steuern und anderen zu helfen, verfaßt er Predigtbücher und Katechismen. Insgesamt kennen wir von ihm fünf katechetischen Werke.

1535 veröffentlicht er seinen "Catechismus Ecclesiae".[86] Es handelt sich um den ersten katholischen Katechismus, der diesen Titel führt und in deutscher Sprache verfaßt ist.[87] Elf Ausgaben sind bekannt, darunter lateinische Übersetzungen und eine Übertragung ins Niederdeutsche durch Lambert van Balven.[88]

In dem sehr ausführlichen Vorwort zu diesem Katechismus[89] geht es Witzel zunächst um den eigentlichen "Sitz im Leben" der religiösen Unterweisung. Er weist darauf hin, daß diese in der Frühzeit der Kirche ihren Platz vor der Taufe hatte. Damals wurde nur getauft, wer unterwiesen und geprüft war.[90] Der Autor schildert die Geschichte des Katechumenats und zitiert dabei verschiedene Kirchenväter. Er betont, daß es ihm nicht nur um die Geschichte geht, sondern daß all dies wieder aktuell werde, wenn ungläubige Völker mit der Kirche in Berührung kämen. Dann dürfe man nicht leichtfertig taufen.[91] Das missionarische Motiv, das sich in diesen Gedanken äußert, verdient Anerkennung.

Doch wurden, fährt Witzel fort, auch schon in der alten Kirche Kinder getauft. Das ergebe sich klar aus den Schriften der Väter.[92] Die Unterweisung sei in diesem Falle die Aufgabe der Eltern und Paten gewesen. Die Wiederherstellung dieses Brauches sei eine der wichtigsten Forderungen für die Gegenwart, nur so könne sich die religiöse Situation bessern. "Denn das ytzt so ungeschickte lose Christen" gibt, liegt seiner Überzeugung nach nicht an der Kindertaufe, wie die Wiedertäufer behaupten, sondern an der mangelhaften bzw. unterlassenen Unterweisung.[93] Es folgt dann die schon in der Einleitung angeführte Aussage, Luther habe Taufe und Katechismus gebessert.[94] Er selbst habe für sein Buch die Form des Dialoges ausgewählt, da diese für den Leser hilfreicher sei; außerdem hätten die Kirchenväter und heidnische Philosophen sich dieser Form bedient.

Den eigentlichen Katechismus beginnt Witzel mit einem Auszug aus dem Alten und Neuen Testament,[95] wie er erklärt, wegen der Christen, "die keyn eygen Bibel aus armut erzeugen köden".[96] Es handelt sich hierbei nicht, wie Bahlmann meint,[97] um die erste biblische Geschichte, sondern um eine "Bibelkunde im Abriß".[98] Vor Witzel hatte schon Luther in seinem Passionsbüchlein eine Übersicht über beide Testamente geboten.[99]

Der zweite Teil des Katechismus bringt das Glaubensbekenntnis, das Vaterunser, den Dekalog und den Englischen Gruß. Im dritten Teil werden vor allem die Sakramente behandelt. Die Taufe steht dabei nach der Eucharistie an zweiter Stelle. Eine etwas ungewohnte, aber durchaus bemerkenswerte Sicht in der "Wertung". Nach der Letzten Ölung schließen sich an die Erklärungen verschiedener Fragen und eine "Ständetafel", die sich an einer Vorlage Luthers[100] orientiert.

Zu Beginn des Gesprächs über die Taufe verlangt der "Lehrer" zunächst ein Bekenntnis vom "Jünger", daß er schon getauft ist und demnach nicht noch einmal getauft werden muß. Es folgen Aussagen gegen die Wiedertäufer. Witzel redet dann über Einsetzung und Form der Taufe, über Wiedergeburt und Sündenvergebung, über die Taufe im Heiligen Geist und die Konsequenzen, die sich aus dem Getauftsein ergeben. Den Abschluß bilden kurze Hinweise auf die Vorbilder im Alten Testament.

Im Laufe der sonstigen Ausführungen kommt das Gespräch immer wieder auch auf die Taufe. Die Bedeutung dieses Katechismus wird man nicht leicht zu hoch veranschlagen können. Der heilsgeschichtliche Aufbau wird im gesamten Text durchgehalten,[101] die Sprache ist durchweg biblisch geprägt[102] und mit Vätertheologie durchsetzt.[103] Die Polemik tritt nur an wenigen Stellen in den Vordergrund.[104] Witzel geht es vornehmlich, das wird schon aus dem Vorwort deutlich, um die Erneuerung des Katechumenats, besonders des Hauskatechumenats.[105] Das Buch dürfte demnach eher als Erwachsenenkatechismus anzusprechen sein,[106] wenn es auch, wie Witzel im Vorwort des Katechismus von 1560[107] angibt, in Schulen gebraucht wurde.[108]

Als nächste katechetische Schrift veröffentlicht Witzel die "Quaestiones Catechisticae".[109] Es handelt sich bei diesem Büchlein nicht um einen vollständigen Katechismus. Von den vier Hauptstücken werden praktisch nur die Sakramente berücksichtigt.

Wie der Autor im Vorwort erwähnt, hat er die über 100 Fragen in der freien Zeit am Berliner Hof zusammengestellt.[110] Nach Berlin hatte er sich zurückgezogen, als er 1539 aus Sachsen flüchten mußte.[111]

Witzel beginnt die Fragen mit der Erschaffung der Welt. Ziemlich ausführlich beschäftigt er sich mit der Erbsünde und kommt u. a. auf die Bibel und die Kirche zu sprechen. Dabei verschweigt er die Mißstände seiner Zeit keineswegs. Die Fragen 68-72 sind der Taufe gewidmet. Er zählt auf, was zur Taufe gehört, bietet eine Definition und redet ausführlicher über die Sündenvergebung und die Bedeutung der Taufe für das neue Leben. Die letzte Frage gilt dem "Taufbrauch", sie faßt die Wirkungen des Sakraments zusammen.

Bei den Sakramenten bespricht der Autor auch kontroverse Fragen. Zum Abschluß behandelt er den Tod, bei dem die Letzte Ölung erwähnt wird.

Das Büchlein wurde mindestens fünfmal aufgelegt.[112]

Im Jahre 1541 übergab Witzel sein nächstes katechetisches Werk der Öffentlichkeit, das "Catechisticum examen".[113] Der Knabe Theodulus geht zu seinem Taufpaten ("Theodorus senex").[114] Mit ihm will er sich auf die katechetische Prüfung vorbereiten, die in der Osterzeit durch den Bischof in der Kirche stattfindet. Wenn es sich bei dieser Angabe auch um eine Fiktion handeln dürfte,[115] durch die Witzel altkirchliche Verhältnisse auf die Gegenwart überträgt, so will er mit diesem Buch den Paten eine Hilfe an die Hand geben. An einem Beispiel sollen sie sehen und lernen, wie sie der Verpflichtung aus der Taufe gerecht werden können.[116] Nach dem Glaubensbekenntnis, der Hl. Schrift und der Wahrheit der christlichen Religion kommt das Gespräch auf die Sakramente. Theodulus schildert ganz knapp den Verlauf der Taufhandlung, erwähnt die Erwachsenen- und Kindertaufe, sowie die Sündenvergebung und Kirchengliedschaft durch die Taufe. Es folgen Ausführungen über die Eucharistie[117] und die übrigen Sakramente, verschiedene Kontroversthemen, ein modus confitendi und andere Fragen. Der Dekalog wird nur kurz gestreift.[118]

Von diesem Büchlein sind 2 Ausgaben bekannt geworden, 1541 und 1545.[119]

Als viertes katechetisches Werk Witzels erschien 1542 der Kinderkatechismus.[120] Er wurde nur einmal aufgelegt, die Erklärung der katechetischen Hauptstücke wurde jedoch in andere Lehrbücher übernommen.[121]

Der Katechismus besteht aus zwei Teilen, einer Art biblischer Geschichte, die ganz christologisch ausgerichtet ist, und dem eigentlichen Katechismusstoff. Im ersten Teil ist die heilsgeschichtliche Schau konsequenter durchgeführt als im entsprechenden Teil des Catechismus ecclesiae.[122] Die Auslegung des Symbolums geschieht in Form eines Bekenntnisses, Vaterunser und Englischer Gruß werden betend betrachtet. Die Erklärung des Dekalogs wird gleichsam Gott selbst in den Mund gelegt. Anschliessend spricht Witzel über Kirche, Hl. Schrift und die Sakramente, wobei er jeweils nur einen Schrifttext zitiert. Für die Taufe gibt er Röm 6, 3 f. an. Den Schluß dieses Büchleins bildet die "göttliche Androhung wider die Söhne des Ungehorsams".[123]

Der letzte Katechismus Witzels[124] erschien 1560 und liegt damit außerhalb des Zeitraumes, der in dieser Arbeit untersucht werden soll. Der Vollständigkeit halber sei er hier kurz beschrieben.

In Dialogform[125] werden die Hauptstücke: Symbolum, Vaterunser, Dekalog, Ave Maria und Sakramente behandelt. Allerdings finden sich auch andere Stücke wie die sieben Todsünden und die fünf Sinne. Die Stoffauswahl ist stärker als die anderen katechetischen Werke von der Kontroverse bestimmt,[126] die heilsgeschichtliche Ausrichtung ist aufgegeben. Der Katechismus wurde nur einmal aufgelegt. Inzwischen waren die katechetischen Werke des Canisius erschienen; Witzels Zeit war vorbei.

Die Taufe spielt im Werk Witzels eine bedeutende Rolle.[127] Er sucht und übersetzt alte Taufriten und veröffentlicht sie. Er läßt eine Taufpredigt drucken und ein Büchlein mit Taufnamen,[128] das möglicherweise von der 1537 in Wittenberg erschienenen Schrift: "Aliqua nomina propria Germanorum" beeinflußt ist.[129] Im Vorwort zu seinem Namenbüchlein schreibt Witzel, es ginge ihm darum, "die Christen Eltern gütlich zuvermanen, das sie iren kindern Christlich und feine namen geben ceu incitamenta quaedam pietatis..."[130] Witzel hat den Taufritus der Mainzer Agende von 1551 "zumindestens mitinspiriert".[131] Seine Anliegen bezüglich der Taufspendung hat der Bautzener Domdekan Johann Leisentrit aufgegriffen, der in seinem Deutschen Taufrituale[132] von Witzel abhängig ist.[133]

24 Die Katechismuspredigten des Judocus Clichtoveus (1472-1543)

Judocus Clichtoveus gehört zu den bedeutendsten französischen Theologen der ersten Hälfte des 16. Jahrhunderts. Sein Einfluß erstreckte sich auch auf Deutschland.[134]

Clichtoveus wurde um 1472 in Nieuport, im französischsprechenden Teil Flanderns geboren. Er studierte und wirkte hauptsächlich in Paris. Von 1528 bis zu seinem Tod 1543 war er Kanoniker in Chartres.[135] Viele seiner Werke wurden z. T. in hohen Auflagen gedruckt, darunter Editionen von Vätertexten, Schriften seines Lehrers Faber Stapulensis,[136] Ausführungen zur Priesterbildung und aszetische Abhandlungen.[137] Literarischen Niederschlag fand die Auseinandersetzung mit Erasmus von Rotterdam über Fragen des Zölibats und der Ordensgelübde.[138] In die theologischen Wirren der Reformation in Deutschland griff er mit einer Reihe von Büchern ein, die auch in Deutschland gedruckt wurden.[139] Er war der führende Gegner der Reformation in Frankreich.[140] Er verteidigt vor allem die Liturgie und die Eucharistie.[141]

Nachhaltigen Einfluß gewann Clichtoveus durch seine Predigten, die er auf Drängen eines Freundes 1534 herausgab.[142] Dieses Werk wurde in Paris und Köln viel nachgedruckt und zweimal übersetzt.[143] Massaut führt 17 Ausgaben auf.[144] Von den Predigten interessieren uns hier naturgemäß nur die, die zu den katechetischen Stücken gehalten wurden.[145] Clichtoveus gliedert den Stoff in folgender Weise: Vaterunser (8 Predigten), Ave Maria

(1 Predigt), Symbolum (12 Predigten), Dekalog (11 Predigten) und Sakramente (8 Predigten).[146] Die einzelne Predigt hat zwei Teile. Voraus geht das "exordium", eine Art Einleitung im weitesten Sinne,[147] das er gemäß dem Brauch der Zeit mit dem Ave Maria schließt.

In der ersten Sakramentspredigt spricht er zunächst über die Kirche, ausgehend von dem Schriftwort: "Die Weisheit hat ihr Haus gebaut, hat ihre sieben Säulen aufgerichtet" (Sprüche 9, 1).[148] Die Weisheit deutet er als Christus, sein Haus ist die Kirche, die sieben Säulen sind die Sakramente, die zur Stütze der Kirche eingesetzt sind. Dann führt er die biblischen Bezeichnungen für die Kirche an und schließt daran eine kurze Betrachtung über die Würde der Kirche. Der letzte Abschnitt schließlich behandelt die Sakramente im allgemeinen. Im Anschluß an Gerson bringt er die Sakramente in Beziehung zu den Tugenden und Lastern. So ist etwa die Weihe das Sakrament der Klugheit und hilft gegen die Habgier.

In der Taufpredigt werden die Wasser-, Begierde- und Bluttaufe erklärt.[149] Im nächsten Teil geht der Autor auf verschiedene Fragen ein: Einsetzung, Materie und Form, Notwendigkeit, Spender, einige Taufzeremonien. Den Abschluß bilden sieben Wirkungen der Taufe, die Clichtoveus jeweils mit einer biblischen Begebenheit erläutert.

Die Taufe spielt in den übrigen Ausführungen keine sehr große Rolle, sie wird hin und wieder zur Verdeutlichung herangezogen.

Über die näheren Umstände der Entstehung dieser Predigten teilt Clichtoveus nichts mit. Auch erfährt man nichts darüber, ob er sie für den Druck eigens bearbeitet hat. Massaut schreibt, gerade die katechetischen Ansprachen seien in Französisch für das Volk gehalten worden.[150] Wohltuend wirkt das Fehlen einer übertriebenen Polemik, sie bricht nur ganz selten durch.[151]

Die ruhige, aber bestimmte Darstellung der katholischen Lehre war sicher mit ein Grund dafür, daß das Werk des Clichtoveus eine so große Verbreitung fand.

25 Gerhard Lorichius (um 1490 - nach 1549) und seine "Institutio catholica"

Zu den vergessenen Katechismusautoren des 16. Jahrhunderts gehört auch der Hadamarer Pfarrer Gerhard Lorichius.[152] Seine Person, sein Leben und Werk wurden vor allem von der lokalgeschichtlichen Forschung gewürdigt.[153]

Lorichius wurde um 1490 in Hadamar bei Limburg geboren und studierte in Heidelberg und Köln. Dort "erwarb er sich eine hervorragende theologische und humanistische Bildung".[154] 1511 wird er als Altarist in Hadamar erwähnt, 1523 ist er Pfarrer in seinem Heimatort. Er sucht die Verbindung zu Luther und geht nach Wittenberg. Von der Kanzel aus verbreitet er reformatorisches Gedankengut, so kommt es zu Beschwerden. Der Erzbischof von Trier versucht aus diesem Grund seiner habhaft zu werden.[155] 1525 heiratet Lorichius; zwei Söhne sind aus dieser Ehe bekannt. Über seine nächsten Jahre sind wir nicht unterrichtet. 1536 ist er zusätzlich Pfarrer in Wetzlar und veröffentlicht die Institutio und ein Werk über die Messe.[156] Wie seine Bücher ausweisen, ist er inzwischen wieder zur katholischen Kirche zurückgekehrt. Wegen der Ungunst der Zeit muß er bald von seinem Pfarramt in Wetzlar weichen.[157] Er findet zunächst Zuflucht in Mainz. Dort übersetzt er u. a. ein Predigtwerk seines Freundes Georg Witzel ins Lateinische. Eine polemische Schrift, in der er auch auf die Doppelehe des Landgrafen Philipp von Hessen anspielt,[158] machte seinem Bleiben in Mainz ein Ende. 1548 wird er Pfarrer in Worms. 1549 nimmt er an der Provinzialsynode in Mainz teil, vorher hatte er im Auftrag des Erzbischofs von Trier an der Visitation im Zuge des "Interim" teilgenommen. Bald nach 1549 muß er gestorben sein.[159] 1559 wurden seine Werke als "erasmianisch" auf den Index gesetzt.[160]

Seine "Institutio"[161] widmet er dem Trierer Erzbischof Johann von Metzenhausen. Im Vorwort schreibt Lorichius: "Theologorum igitur quorundam huius tempestatis libellos, quibus catechismi nomen inditum est, quum primum circumferri, omniumque adeo mani-

bus iam versari vidissem, mirum quam isto titulo afficerer, quod
et argumentum ipsum multo digniβimum esse scirem, et vulgi ad
hoc summum studium animadverterem. Tantae siquidem relligioni
libros illos iam apud vulgum quoque esse videbam, ut catechismi
nomen, tanquam sacramentum aliquod, quo Satanos eiici possent,
paβim veneraretur".[162] Er selbst habe alle Katechismen gekauft
und sorgfältig gelesen. Sie seien voll von Irrlehren und Schmähungen. Da er keinen katholischen Katechismus gefunden habe, wolle er nun selbst einen herausgeben. Er habe lange studiert und
viele Auszüge aus der Schrift und den Kirchenvätern gemacht,
"huic aedendo libello destinans, in librum utcumque condidi,
coegi et compilavi. Itaque prototypon ipsum revidi, chalcographo
meis impensis describendum committo".[163] Er wolle mit seinen
Ausführungen nicht von der katholischen Lehre abweichen und unterwerfe sich in allem dem Erzbischof.

Der Aufbau der "Institutio" ähnelt dem der "Explanatio" des
Erasmus. Lorichius ordnet ebenfalls die Sakramente in das Symbolum ein. Jedoch behandelt er sie viel ausführlicher und legt
Gewicht auf die Feier des Sakramentes. Die Reihenfolge: Taufe,
Firmung, Ordo, Eucharistie, Ehe, Krankensalbung und Buße ergibt
sich u. a. wohl daraus, daß er den Dekalog und die sieben Hauptsünden in die Buße einordnet. Er beschließt den Bußtraktat mit
der Behandlung der Lossprechung. Es folgt das Gebet mit Vaterunser und Ave Maria. Den Abschluß des ganzen Katechismus bildet
der 12. Glaubensartikel.

Dieser Aufbau ist theologisch sehr geschlossen, allerdings
dürfte das Auseinanderreißen des Symbolum in diesem Ausmaß[164]
didaktisch nicht sehr klug sein. Lorichius hat bei den Lesern
seiner "Institutio"[165] wohl vor allem an Erwachsene gedacht, da
er die Mißstände der Kirche deutlich beim Namen nennt.[166] Auch
seine eigenen Wünsche spricht er aus, etwa beim Zölibat, der ihn
durch seine Heirat auch persönlich betraf.[167] Insgesamt ist die
"Institutio" ein sehr interessantes Zeitdokument.

Der Tauftraktat leidet wie der ganze Katechismus unter der
relativ ungegliederten Darstellungsweise. Die Randbemerkungen

sind nur ein schwacher Ersatz für eine ausführliche Unterteilung der einzelnen Abschnitte.[168]

Lorichius spricht zunächst über das Wesen der Taufe im Alten Bund und den Unterschied zwischen der Taufe des Johannes und der christlichen Taufe. Stark betont er dabei den Bundescharakter der Taufe. Im folgenden zeichnet er die Taufhandlung nach und geht dabei auf die wesentlichen Fragen ein.

Die Vielzahl der Väterzitate, mit denen er das Alter der einzelnen Handlung beweisen und ihre Bedeutung aufzeigen will, verwirren den Leser mehr, als daß sie ihm behilflich sein können. Entschieden tritt er für die deutsche Sprache bei der Taufspendung ein. In seinem pastoraltheologischen Werk über das Pfarramt[169] fordert er die Wiederherstellung der alten Tauftermine.[170] Lorichius erweist sich in seinem Wollen und Werk[171] als Mann der Mitte und des Ausgleichs,[172] dem es wesentlich um die Einheit der Kirche geht. Wie Erasmus und Witzel sieht er den Weg dazu in der Rückkehr zur Urkirche.[173] Die Zeit ist über ihn hinweggegangen. Leisentrit zählt ihn noch zu seinen Gewährsmännern,[174] doch bald gerät er in Vergessenheit.

26 Die "Christliche Underrichtung" des Christian von Honnef

Caspar von Gennep, ein Kölner Drucker und Schriftsteller,[175] gab 1537 die "Christliche Underrichtung"[176] des Franziskaners Christian von Honnef heraus. Was ihn dazu bewegte, wissen wir nicht. Es ist zu vermuten, daß er dieses Werk den vielen evangelischen Katechismen, die auch im Kölner Raum verbreitet waren, entgegensetzen wollte.[177]

Über den Verfasser, Christian von Honnef, ist nur bekannt, daß er Mitglied des Klosters der Franziskanerkonventualen in Seligenthal bei Siegburg (Herzogtum Berg) war.[178] Seine Schrift hatte er dem Herzog Wilhelm von Cleve, Jülich und Berg († 1511) gewidmet.[179] So müßte die Underrichtung spätestens in diesem Jahr geschrieben worden sein. Ob sie vor 1537 schon einmal gedruckt war,[180] ließ sich nicht nachweisen.

Nach dem Vaterunser, dem Englischen Gruß und dem Glaubensbekenntnis bringt der Verfasser die Beichte. Die nun folgenden Punkte könnte man als "Beichtspiegel" bezeichnen, es werden u. a. die bekannten Zusammenstellungen des Mittelalters: fünf Sinne, Werke der Barmherzigkeit, himmelschreiende Sünden usw. aufgezählt und erklärt. In diesem Zusammenhang stehen auch die Sakramente und der Dekalog.[181] Die Reihenfolge der Sakramente ist etwas eigenartig: Eucharistie, Weihe, Taufe, Beichte, Ehe, Firmung und hl. Ölung.

Die Sprache des Katechismus ist sehr stark biblisch geprägt, vor allem die Erklärung der Sakramente. Allein bei der Taufe[182] finden sich am Rande 14 Schriftstellen vermerkt. Besonderer Wert wird darauf gelegt, wie die Taufe "is figuriert unnd vurgebildt inn dem alten testament".[183] Daneben werden herausgestellt: die Wiedergeburt durch die Taufe und die Bedeutung der Taufe Jesu im Jordan. Immer wieder wird auf die Vergebung der Sünden hingewiesen, dagegen werden andere Punkte gar nicht erwähnt, etwa die Kirchengliedschaft. Dies dürfte sich wohl aus der Hinordnung der Ausführungen auf die Beichte erklären.[184]

27 Johannes Dietenberger (um 1475 - 1537) und sein "Catechismus"

Johannes Dietenberger wurde um 1475 geboren, vermutlich in Frankfurt.[185] Er studierte in Mainz und wurde dort 1515 zum Doktor der Theologie promoviert. Er gab mehrere Pfründen auf und trat in den Dominikanerorden ein. Innerhalb seines Ordens bekleidete er verschiedene Ämter. Er war Professor an der Universität Mainz und wurde zu wichtigen Aufgaben herangezogen, so etwa 1530 zum Reichstag in Augsburg. Seit 1523 veröffentlichte er eine Reihe polemischer Schriften gegen die Reformatoren u. a. 1530 die "Fragstuck".[186] 1534 erscheint seine Übersetzung der Hl. Schrift, die "verbreitetste katholische deutsche Bibel".[187] Dietenbergers "letzte und beste Arbeit",[188] sein Katechismus,[189] wurde 1537[190] in Mainz gedruckt. Im gleichen Jahr ist Dietenberger gestorben.

Der Katechismus wurde sehr gut aufgenommen, wie die zahlreichen Auflagen[191] und Empfehlungen durch Synoden des 16. Jahrhunderts[192] beweisen. Dazu mag die "volkstümliche, tief religiöse Art" Dietenbergers[193] und das Zurücktreten der Polemik beigetragen haben.[194] Manche Passagen seiner Ausführungen hat er von Luther übernommen.[195]

Im Vorwort beklagt Dietenberger die Spaltung der Kirche. Die Unwissenheit der Gläubigen, schreibt er, bringe den Neuerern großen Zulauf. Um diesem Übelstand zu begegnen, habe er dieses Buch zusammengestellt. Es enthält die vier Stücke, "einem jeglichen Christen zum nötigsten zu lernen und zu wissen",[196] Glaube, Gebote, Gebet und Sakramente. Als Grund für diese Ordnung gibt er an: Zunächst muß man Gott kennen, dann lernt man in den Geboten seinen Willen, bittet im Gebet um seine Hilfe und kommt durch die Sakramente zu Gottes Gnade und Freundschaft und wird der ewigen Seligkeit versichert.[197] Da die Zeremonien die Einheit des Glaubens stärken, wollte er ihre Bedeutung in einem eigenen Werk darstellen.[198] Er starb jedoch, bevor er diesen Vorsatz verwirklichen konnte.

Die Taufe behandelt der Autor als erstes Sakrament, "durch welches man zur Christlichen gemeyne kompt und ein Christen wirt".[199] Er erörtert das Wesen, den Gebrauch, die Bedeutung und Nutzen und Wirkung. Zum Schluß faßt er noch einmal alles zusammen. Dabei wird deutlich, welchen Akzent er in seinen Taufaussagen auf das "mit Christus"[200] und auf den Glauben[201] legt. Auch außerhalb des Tauftraktates finden sich immer wieder Anklänge an die Taufe und ihre Wirkungen. Dietenberger beschränkt sich auf die wesentlichen Punkte der Tauftheologie und bietet so eine gediegene "Taufkatechese für Erwachsene".[202]

28 Johannes Gropper (1503 - 1559) und seine drei katechetischen Werke

Zu den meistbeachteten katholischen Theologen Deutschlands in der Zeit vor dem Tridentinum gehört Johannes Gropper.[203]

Sein literarischer und kirchenpolitischer Einsatz war mitentscheidend für den Bestand der katholischen Kirche in Deutschland, vor allem im Rheinland.

Gropper wurde 1503 in Soest geboren, dort besuchte er auch die Lateinschule. Sein Studium in Köln schloß er als Doktor der Rechte ab. 1526 berief ihn der Kölner Erzbischof Hermann von Wied zum Großsiegler. Im selben Jahr wurde er zum Priester geweiht, ohne daß er vorher eigens Theologie studiert hatte. Der Augsburger Reichstag von 1530, an dem er teilnahm und auf dem er Melanchthon begegnete, wurde für ihn der Anlaß, sich intensiv mit der Theologie zu befassen. Eine Frucht dieser religiösen Vertiefung sind die Dekrete und das Enchiridion des Kölner Provinzialkonzils von 1536.[204] Sie gehen im wesentlichen auf Gropper zurück, wenngleich sein Name nirgendwo genannt wird. "Die Autorschaft Groppers steht ... nicht nur aus inneren Gründen außer jedem Zweifel".[205] Er hat sich in späteren Jahren mehrfach zu seinem Werk bekannt.[206]

Bis 1541 nahm er an mehreren Vergleichsgesprächen zwischen den Religionsparteien teil. Danach lehnte er eine Mitarbeit an solchen Treffen ab.[207] Seit 1542 führte er den Kampf gegen Hermann von Wied, der das Erzbistum Köln protestantisieren wollte. 1547 mußte der Erzbischof abdanken.

1546 hatte Gropper einen Jugendkatechismus verfaßt.[208] Auf Wunsch des Kaisers lieferte er einen Entwurf für das kaiserliche Reformedikt von 1548, die "Formula reformationis".[209] 1549 veröffentlichte er Kurzansprachen zu den Sakramenten.[210] Im Jahre 1550 gab er seinen dritten Katechismus heraus.[211] Gropper nahm 1551/52 am Konzil von Trient teil. In seinen letzten Jahren mußte er sich gegen Häresieverdächtigungen zur Wehr setzen. Die ihm angebotene Kardinalswürde lehnte er ab.[212] Am 13. 3. 1559 starb Gropper in Rom.[213]

Groppers Hauptwerk ist das "Enchiridion" von 1538.[214] In ihm findet sich die Summe mehrjährigen intensiven Studiums der Schrift und der Kirchenväter, aber auch der zeitgenössischen Literatur.[215] Die Werke des Erasmus, vor allem seine "Explanatio", werden in geringerem Maße benutzt, als bisher immer wieder behauptet wurde.[216]

"Hauptgesprächspartner" auf reformatorischer Seite ist nicht Martin Luther,[217] sondern Melanchthon.[218] Mit dessen Werk "Loci communes" in der Neuauflage von 1535 setzt er sich immer wieder auseinander. Von Melanchthon übernimmt er theologische Positionen, z. T. wörtlich, andere lehnt er entschieden ab, z. B., daß die Konkupiszenz in sich Sünde sei.[219]

Das "Enchiridion" ist mehr als ein Katechismus und Kontrovershandbuch, obwohl es beide Buchtypen in sich vereinigt. Mit seinem Werk will Gropper dem Seelsorger eine Hilfe für die Verkündigung und die katechetische Unterweisung in die Hand geben.[220] Die Dekrete des Provinzialkonzils und das "Enchiridion" bilden von der Paginierung her ein Buch, wenn auch der zweite Teil unter einem eigenen Titel geführt wird.[221] Innerhalb der Reformbestimmungen finden sich auch fünf Kapitel über die Taufe.[222] Es geht darin um das Wesen der Taufe, um die Paten, um die Erklärung der Taufhandlung, um die Haltung bei der Taufspendung und um die Zurückweisung der Haustaufe.

Der Aufbau des "Enchiridion" folgt der Ordnung, "quo Ecclesia catholica per lavacrum regenerationis nos efficit Christianos".[223] Deshalb behandelt Gropper zunächst das Glaubensbekenntnis. Diese "regula fidei" vertreibt alle Blindheit des Herzens, zerstört alle Stricke des Satans und öffnet die Tür zur göttlichen Güte, so daß wir zum Wohlgeruch der Gebote Gottes gelangen.[224] Zwischen das Symbolum und den Dekalog schiebt Gropper die Sakramente und das Gebet. Verteilt auf den ganzen Text des "Enchiridion" sind 111 sogenannte "loci", in denen kontroverse Lehrpunkte ausführlicher behandelt werden.[225]

Die Sakramente bespricht Gropper in folgender Reihenfolge: Taufe, Firmung, Eucharistie, Buße, letzte Ölung, Weihe und Ehe. Voraus geht eine Abhandlung über die Sakramente allgemein. Darin betont er vor allem den Bundescharakter der Sakramente und ihre christologische Bezogenheit. Aus dem Kanon der sieben ragen Taufe und Eucharistie als besondere Heilszeichen heraus.[226]

Die Tauflehre bietet Gropper nach dem Schema, das er der leichteren Einprägsamkeit wegen für alle Sakramente aufgestellt hat.[227] Er geht zunächst auf den Namen und die biblische Lehre der Taufe ein. Mit Hilfe der Beschneidung stellt er den Gedanken des Bundes heraus, den Gott mit dem Menschen in der Taufe schließt. Gegen die Wiedertäufer argumentiert er ebenfalls mit der Beschneidung für die Kindertaufe. Im zweiten Punkt weist er auf das Wasser als Element hin, auf seine natürliche Angemessenheit und auf seine Bedeutung im Laufe der Heilsgeschichte. Die Erklärung und Deutung der Taufhandlung bildet den dritten, den weitaus umfangreichsten Abschnitt. Es folgen Aussagen über die Wirkungen und die Bedeutung der Taufe. In Punkt 5 und 6 spricht Gropper schließlich über die innere Haltung beim Empfang des Sakramentes und über dessen Spender.[228]

Da der Rechtfertigung des Menschen im "Enchiridion" ein breiter Raum gewidmet wird,[229] finden sich innerhalb des ganzen Buches sehr viele Aussagen über die Taufe. Groppers Werk fand in ganz Europa großen Anklang, es wurde oft nachgedruckt.[230] Namhafte Theologen sprachen sich lobend über das Buch aus.[231] Die Reformatoren lehnten es durchwegs ab.[232] In der zweiten Hälfte des 16. Jahrhunderts geriet das Buch immer mehr in Vergessenheit. 1596 kam es vor allem wegen seiner Rechtfertigungslehre auf den Index der verbotenen Bücher.[233]

Groppers zweites katechetisches Werk, die "Capita Institutionis" von 1546, ist ausdrücklich für die Jugend bestimmt. Verfaßt wurde es für die Schüler zu St. Gereon in Köln, für deren Unterricht Gropper als "Scholasticus" zuständig war.[234] Falls das Buch Anklang fände und auch an anderen Schulen gebraucht werden sollte als Leitfaden für die religiöse Unterweisung, verweist Gropper die Lehrer auf das "Enchiridion". Aus ihm wäre "allen notturftigen weiteren verstandt und ußlagung...zu suchen und zu nemen".[235] Noch 1546 erschien eine zweite, erweiterte Auflage, die Caspar von Gennep übersetzte und 1547 herausgab.[236] Ihm fügt Gennep auch eine Übersetzung des 1546 erschienenen Gebetbuches bei, das Gropper ebenfalls für seine Schüler zu

St. Gereon verfaßt hatte.[237] Der Ausgabe der "Capita Institutionis" von 1549 ist das Gebetbuch beigebunden.[238]

Der Katechismus zeichnet sich durch eine große Stoffülle aus. Neben den vier katechetischen Hauptstücken: Glaubensbekenntnis, Vaterunser und Ave Maria, Dekalog und Sakramente finden sich ein Vergleich des Alten und des Neuen Testaments, die bekannten Aufzählungen: Von den drei göttlichen Tugenden bis zu den vier letzten Dingen, Ausführungen über die Zeremonien und die Kirchenzucht, eine Übersicht über die biblischen Bücher und eine Zusammenfassung der biblischen Lehre.

Die Auslegung des Symbolums in der Form eines erweiterten Glaubensbekenntnisses beginnt Gropper mit einer Absage an den Satan. Damit klingt gleich zu Beginn schon der Taufbezug der ganzen Unterrichtung an. Die Ausführungen zur Taufe bringen zunächst die Sendungs- und Taufbefehle nach Mattäus und Markus. Es folgen Aussagen über das Element und die Wirkungen der Taufe, sowie eine Begründung der Kindertaufe. Anhand der Absage- und Zusagefragen, die in vollem Wortlaut abgedruckt sind, regt Gropper zu einer ständigen Tauferinnerung an. Den Abschluß bildet eine Erklärung von 1 Petr 3,21. Die Taufe wird im Katechismus öfters erwähnt, vor allem bei den Ausführungen über die Zeremonien.

Auch dieses Werk Groppers erlebte eine große Zahl von Auflagen.[239] Allerdings übernahmen bald die Katechismen des Canisius die führende Rolle. Nach 1563 läßt sich kein Druck mehr nachweisen.

Das dritte katechetische Werk Groppers ist wiederum für die Seelsorger gedacht. 1547 war er zum Archidiakon von Bonn ernannt worden und hatte somit auch für die Anstellung von Pfarrern zu sorgen. Um ihnen einen Leitfaden für die entsprechenden Prüfungen in die Hand zu geben, verfaßte er die "Institutio catholica". Sie ist, wie Gropper im Vorwort sagt, aus einer Prüfungsformel erwachsen und stützt sich teilweise auf die "Capita Institutionis".[240] Jedoch sind die einzelnen Erklärungen viel ausführlicher gehalten, da sie für einen anderen Personenkreis bestimmt sind. Aus dem gleichen Grund werden Kontroverslehren sehr breit dargestellt, auch nimmt die Polemik einen großen Raum ein.

Die "Institutio" besteht aus zwei Teilen, dem eigentlichen Katechismus mit den vier Stücken: Symbolum, Vaterunser und Ave Maria, Dekalog und Sakramente und der "Isagoge", einem Anhang, in dem die katholische Lehre vertieft werden soll.[241] Es finden sich praktisch die gleichen Stücke, wenn auch in etwas anderer Reihenfolge, wie in den "Capita Institutionis". Die "Isagoge" ist mehr als dreimal so umfangreich wie die Erklärung der vier katechetischen Hauptstücke. An der durcheinandergeratenen Paginierung merkt man etwas von der Hast, mit der Gropper sein Buch fertiggestellt hat.[242]

Der Tauftraktat entspricht im wesentlichen den Ausführungen, die sich in den "Capita" finden; z. T. sind sie von dort wörtlich übernommen. Breiter ausgeführt sind die Wirkungen der Taufe. Die Bedeutung dieses Sakramentes, "quam recte intellegere caput et fundamentum est doctrinae Christianae",[243] beschreibt Gropper mit einem langen Auszug aus der Schrift des Cyprian an Donatus.[244] Auch in diesem Katechismus finden sich viele Taufaussagen über den ganzen Text verstreut, die Taufhandlung wird ausführlich bei diesen Zeremonien beschrieben.

Die "Institutio Catholica" hat sechs Auflagen erlebt.[245]

29 Gasparo Contarini (1483 - 1542) und seine "Catechesis"

Die Auseinandersetzung mit den Reformatoren rief in Italien theologische Schriftsteller auf den Plan, deren Werke z. T. in Deutschland Beachtung fanden und übersetzt bzw. neu herausgegeben wurden.[246] Zu ihnen gehört der mit den deutschen Verhältnissen bestens vertraute Gasparo Contarini.

1483 in Venedig geboren, hatte er in Padua studiert und trat 1518 in den diplomatischen Dienst seiner Vaterstadt. In dieser Mission nahm er 1521 am Reichstag zu Worms teil. Luther hat er dort nicht persönlich kennengelernt. Nach einem längeren Aufenthalt in Spanien war er von 1528 - 1530 venetianischer Gesandter beim Papst. 1535 ernannte ihn Paul III. zum Kardinal. Mit G. Caraffa gehörte er der vom Papst ernannten Reformkommission an, die 1537 das "Consilium de emendanda Ecclesia" vorlegte, dem leider der volle Erfolg versagt blieb. 1541 nahm Contarini als päpstlicher Legat am Reichstag und Religionsgespräch von Regensburg teil. Seine Kompromißformel über die Rechtfertigung wurde sowohl vom Papst wie auch von Luther abgelehnt. 1542 starb er als Legat in Bologna.[247]

Contarini hat sein katechetisches Werk 1542 auf Bitten des Bischofs von Modena, Giovanni Morone, verfaßt.[248] Morone war 1536 päpstlicher Nuntius in Deutschland geworden. Auch später weilte er öfters in Deutschland. Vielleicht erklärt das die Übersetzung des Werkes von Contarini.[249] Es sollte ein Leitfaden für die Unterrichtung der Gläubigen sein. Behandelt werden vor allem die Lehre von den Sakramenten und von der Kirche. Es liegt kein vollständiger Katechismus vor, wie man vom Titel her annehmen könnte.[250] Das Büchlein wurde mehrmals gesondert gedruckt[251] und in die Ausgabe der Werke des Kardinals übernommen.[252] 1560 erschien eine deutsche Übersetzung.[253]

Contarini hat sein Werk in 41 Fragen und Antworten aufgeteilt. Die Zielrichtung seiner Ausführungen wird in der ersten Antwort deutlich: "Ein Christ ist ein gliedmasse Christi, demselben eingeleibet durch den Glauben, und des glaubens Sacrament".[254] Behandelt werden nach den Einleitungsfragen über das Wesen des Christen die Sakramente und verschiedene andere Themen. Sie sind vor allem von der Kontroverse mit den Reformatoren bestimmt. Über die Taufe handelt die achte Frage, jedoch wird dieses Sakrament auch sonst sehr oft angeführt.

Die "Catechesis" hat im deutschen Sprachgebiet wohl kaum eine große Rolle in der katechetischen Unterweisung gespielt.

2/10 Johann von Maltitz (1492 - 1549) und die "Christliche Lere" von 1541

Die Lage der Katholiken in den drei sächsischen Bistümern Meißen, Merseburg und Naumburg wurde mit dem Tode des Herzogs Georg (+ 1539) immer schwieriger. Herzog Heinrich, der seinem Bruder Georg in der Regierung nachfolgte, versuchte mit allen Mitteln, die an sich reichsunmittelbaren Diözesen im protestantischen Sinn zu reformieren. Dies bekam auch Johann von Maltitz, seit 1537 Bischof von Meißen, zu spüren.

Maltitz war 1492 geboren. Er studierte in Leipzig und Bologna. 1520 wurde er zum Priester geweiht und übernahm in der Folge Ämter im Domkapitel zu Meißen. 1527 wurde er Domdechant und 1534 zum Koadjutor ernannt. Er wurde als Bischof in allen seinen Bemühungen um die Erhaltung des katholischen Glaubens behindert. Politische Rücksichten ließen es nicht zu einem Eingreifen der Reichsmacht zugunsten der bedrängten katholischen Kirche kommen.[255]

Johann von Maltitz starb 1549. Sein zweiter Nachfolger resignierte vor der protestantischen Übermacht.[256]

Schon bald nach seiner Bischofsweihe 1538 wandte sich Maltitz mit einem Hirtenbrief an seine Diözesanen und kündigte einen Katechismus an.[257] Die Regierungsübernahme durch Herzog Heinrich änderte die Lage. Der Bischof ließ dem Landesfürsten den ersten Teil des Katechismus als Denkschrift überreichen. Der zweite Teil, in dem das Gebet, die Sakramente und andere Fragen behandelt werden sollten, wurde zunächst aus zeitlichen Gründen zurückgestellt. Auch wartete man auf Zugeständnisse Roms in Fragen des Laienkelches und des Zölibates.[258] Cochläus schrieb 1539 im Auftrag des Bischofs an Nausea und bat um dessen Abhandlungen über die Zeremonien.[259] Es kam aber nicht zur Erarbeitung dieses zweiten Teiles.

So ließ Maltitz das Werk in der vorliegenden Form 1541 in Mainz drucken,[260] da in Sachsen keine katholischen Bücher mehr veröffentlicht werden durften. Hervorgehoben werden schon im

Titel zwei Begriffe, auf die es vor allem ankommt und die immer wiederkehren: Glaube und christlicher Wandel. Sie haben auch die Auswahl des Stoffes bestimmt und beherrschen die Darlegungen.[261] Diese liegen auf der "Linie erasmischer Reformgedanken".[262]

Obwohl in dem Katechismus nur das Glaubensbekenntnis und die Gebote behandelt werden,[263] wird die Taufe öfters angesprochen.[264] Vor allem im Zusammenhang mit dem Sündenfall und dem daraus resultierenden Zustand des Menschen werden die Wirkungen der Wiedergeburt erwähnt, die dem Menschen Trost schenken.[265]

Das Werk sollte dem konfessionellen Ausgleich dienen.[266] Aus diesem Grunde werden verschiedene Aussagen stärker betont, andere bleiben bewußt etwas dunkel.[267] Maltitz konnte sich nicht nur an Katholiken und katholische Priester wenden, da eben im Hochstift Meißen weithin keine konfessionelle Einheit mehr bestand. Er mußte also das Einende mehr in den Vordergrund stellen. Dennoch - und wegen dieser Grundeinstellung - fand das Buch, wie vorher schon seine Vorlage, bei den Reformatoren nur Ablehnung. Es schmücke sich zwar mit ihren Federn, sei aber voll Gift und verschweige strittige Punkte, schreiben sie in ihrer Stellungnahme an den Herzog.[268] In neuerer Zeit wird das Buch von protestantischer Seite positiver beurteilt.[269]

Die Verfasserfrage des Katechismus ist noch immer nicht geklärt. Luther hatte vermutet, Pflug sei der Autor. Andere meinten, Witzel habe das Buch verfaßt; auch Pflug und Witzel zusammen werden genannt.[270] Witzel scheidet aus, da er in dieser Zeit nicht in Meißen war.[271] Auch Pflug kann nach W. Kaliner nicht der Verfasser sein.[272] So bleibt, "da sich in den Quellen keine Hinweise finden", die Vermutung: "Die bischöflichen Theologen haben ...einen Text erstellt, den der Bischof bearbeitet hat".[273]

2/11 Friedrich Nausea (um 1490 - 1552) und sein "Catechismus Catholicus"

Zu den Theologen, die sich nicht mit Klagen über die religiöse Unwissenheit des Volkes begnügten, sondern schon bald nach

Ausbruch der Reformation um Abhilfe bemüht waren, gehört Friedrich Nausea.

Um 1490 wurde er in Waischenfeld (Franken) geboren. Zum Studium zog es ihn nach Italien, dort wurde er 1523 in Padua zum Doktor promoviert. Aus dieser Zeit stammen seine ersten Kontakte mit Erasmus von Rotterdam.[274] Nach Deutschland zurückgekehrt, wirkte er kurze Zeit in Frankfurt und wurde 1526 zum Domprediger in Mainz berufen.[275] Er spürte die religiöse Not der Gläubigen und begann mit Katechismuspredigten. Sie bilden die Grundlage für die Erklärung des Glaubensbekenntnisses, die er in Buchform 1529 veröffentlichte,[276] und für den Katechismus.[277] Dieser erschien vieler widriger Umstände wegen erst 1543.[278]

König Ferdinand berief Nausea 1534 zu seinem Hofprediger. 1538 wurde er Koadjutor in Wien und trat 1541 die Nachfolge als Bischof von Wien an. Kirchenpolitisch wirkte er in dieser Zeit als Berater Ferdinands und durch seine Teilnahme an verschiedenen Religionsgesprächen. Auf dem Konzil von Trient, an dem er erst 1551 teilnahm, plädierte er u.a. für den Laienkelch und die Aufhebung des Zölibates. Am 6.2.1552 ist er in Trient gestorben.[279]

Für das Konzil war neben einigen anderen Schriften[280] auch der Katechismus bestimmt. Im Vorwort zu diesem Buch drückt er die Hoffnung aus, mit seinem Werk für die Beratungen einen sehr nützlichen Dienst leisten zu können.[281] Um ihm von vornherein eine gute Aufnahme und Verbreitung zu sichern, legte er das Manuskript einigen Kardinälen zur Begutachtung vor[282] und widmete das ganze Werk Papst Paul III. und dem Kardinalskollegium. Die einzelnen Bücher wiederum sind verschiedenen Kardinälen und hochstehenden Persönlichkeiten gewidmet.[283]

Der Katechismus ist in sechs Bücher aufgeteilt.[284] In den "Praeludia" des 1. Buches spricht Nausea im wesentlichen über den Christen: Was er ist, was er wissen muß, wie er unterrichtet wird. In den Ausführungen kommt die Taufe sehr oft zur Sprache. Nach diesen Vorbemerkungen handeln die folgenden Bücher über das Glaubensbekenntnis, die Sakramente, die Gebote Gottes und das Gebet. Das letzte, sechste Buch behandelt ausführlich das Kirchenjahr mit seinen Gebräuchen und die Festtage der Heiligen. Die Feier der heiligen Messe wird im Zusammenhang mit dem Karfreitag besprochen.[285] Dieses Buch umfaßt beinahe die Hälfte des gesamten Katechismus.[286]

Über die Sakramente handelt Nausea im 3. Buch. In sieben Kapiteln bietet er die allgemeine Sakramentenlehre und geht dann über zur Taufe. Sie ist "das erste Sakrament des Glaubens ... und die Tür zu allen anderen Sakramenten".[287]

Zu Beginn der Taufaussagen steht die Definition: "Tinctio in aqua, verbo vitae sanctificata...".[288] Dementsprechend folgen Ausführungen über Materie und Form, über die Gnade, die bei der Taufe eingegossen wird, über den notwendigen Glauben bei der Sakramentenspendung und die Sündenvergebung. Kurz weist Nausea auf die Vorbilder der Taufe im Alten Testament hin und setzt sich mit der Behauptung auseinander, es handle sich bei diesem Sakrament nur um ein leeres Zeichen. Eigens führt er aus, daß man durch die Taufe ein Christ werde, und betont und behandelt dabei die Kindertaufe. Im letzten Kapitel wendet er sich gegen die Häretiker, die die Zeremonien vernachlässigen.

Nausea kommt im Katechismus oft auf die Taufe zu sprechen, ausführlich behandelt er sie noch einmal im 6. Buch. Im Zusammenhang mit dem Gründonnerstag berichtet er über die Weihe der heiligen Öle. Das regt ihn an, die Gläubigen über die Sakramente zu belehren, als konkretes Beispiel wählt er zur Erklärung die Taufe. Am Karsamstag und zu Ostern steht dieses Sakrament im Vordergrund, da die Liturgie dieser Tage von der Taufe geprägt ist. Interessant ist in diesem Kontext die Schilderung der Ostervesper.[289] Überhaupt ist dieses Buch ein wichtiges Dokument für das Brauchtum und die Volksfrömmigkeit zu Beginn der Neuzeit.

Die engen Beziehungen, die Nausea mit Erasmus pflegte,[290] haben nach Meinung vieler Autoren auch ihre Spuren im "Catechismus Catholicus" hinterlassen. Es bestünden "viele Ähnlichkeiten in Inhalt und Aufbau mit der 'Symboli Apostolorum ... Explanatio'

(1533)";[291] der "Catechismus" zeige "deutlich erasmische Anklänge", vor allem im Aufbau.[292]

Der Katechismus hat eine Reihe von Auflagen erlebt.[293] Den Ausgaben Antwerpen 1551 und 1557[294] ist das "Examen ordinandorum",[295] eine Art 'Memorierbuch' für Weihekandidaten,[296] beigedruckt, das der Mainzer Domprediger Johannes Wild (Ferus) verfaßt hatte.[297] Ähnliche Werke hatten auch die Mainzer Domscholaster Adam Kuchenmeister und Georg Witzel geschrieben.[298]

2/12 Das katechetische Büchlein des Philippo Archinto (1495 - 1558)

Um dem Spott und den Anklagen gegen die "römischen" Prälaten in Deutschland entgegenzuwirken, ließ Johannes Cochläus 1546 in Ingolstadt das Werk "De fide et sacramentis libri II" des Generalvikars von Rom Philippo Archinto nachdrucken.[299] An den vielen Druckfehlern merkt man noch etwas von der Eile, mit der das Buch an die Öffentlichkeit kam. Es sollte "eine herrliche Widerlegung der gegenwärtigen Verleumdung" sein, alle römischen Prälaten wären "Ignoranten in der Theologie und gleichgültig gegen die Religion".[300]

Diese Tatsache allein würde nicht erklären, daß das Werk in die Untersuchung miteinbezogen wird. Es behandelt schließlich nur zwei der vier katechetischen Hauptstücke. Demgegenüber steht die Tatsache, daß der Vorgänger des Kardinals Hosius (Bischof von Ermland) das Buch als Katechismus in seiner Diözese eingeführt hatte.[301] Hosius ersetzte es übrigens durch die Explanatio des Erasmus.[302] Somit gehört Archintos Büchlein in die Reihe der Dokumente, denen unser Interesse gilt. Archinto wurde 1495 in Mailand geboren und trat als Jurist zunächst in den diplomatischen Dienst seiner Vaterstadt und des Kaisers. 1536 ging er nach Rom und wurde Priester. 1539 zum Bischof geweiht, war er von 1542 bis 1554 Generalvikar in Rom. In dieser Eigenschaft verfaßte er 1545 sein katechetisches Handbuch.[303] 1546 bis 1548 nahm er am Konzil von Trient teil. 1558 starb er als erwählter Erzbischof seiner Heimatstadt. Er war "ein würdiger, in allen Ämtern bewährter Mann der Kirchenreform".[304]

In Trient vertrat Archinto die Meinung, nicht Canones seien notwendig, sondern eine Lehrinstruktion der Art, wie er sie 1545 in seinem Katechismus vorgelegt habe.[305] In ihm behandelt er, wie schon der Titel erkennen läßt, hauptsächlich den Glauben und die Sakramente. Dabei geht er auch auf eine Reihe von Kontroversfragen ein, etwa die guten Werke, die Hierarchie, die Bilderverehrung usw.[306] Der Autor gliedert sein Werk in zwei Bücher mit jeweils 15 Kapiteln. Ausgehend vom Glauben kommt er über die Schöpfung und Erlösung zur Rechtfertigung, über die er sehr ausführlich handelt. Dann diskutiert er über die Möglichkeit, das Gesetz zu erfüllen, und über den freien Willen. In das zweite Buch packt Archinto neben den Sakramenten alle möglichen Fragen hinein. Auf die Buße folgt etwa das Bittgebet, die Möglichkeiten der Vergebung läßlicher Sünden,[307] Gelübde, Heiligenverehrung usw. Nach dem Sakrament der Weihe spricht er über die Messe, im Anschluß an die letzte Ölung über Himmel, Fegefeuer und ewige Verdammung.

Die Taufe umfaßt das erste Kapitel des zweiten Buches. In der kurzen Vorrede nimmt er zu allen Sakramenten Stellung und nennt sie den zweiten, nicht weniger als den Glauben notwendigen Teil unserer Rechtfertigung. Er spricht dann über die Wirkungen der Taufe, die allen zu spenden ist: den Erwachsenen sowohl wie den Kindern. Nach einem kurzen Hinweis auf den Spender des Sakramentes folgt noch eine längere Erörterung über die Konkupiszenz.

Der Katechismus hat wohl insgesamt keine größere Rolle gespielt.

2/13 Peter de Soto (1495/1500 - 1563) und sein katechetisches Werk.

Auf Grund der Empfehlung der kaiserlichen "Formula reformationis" berief Kardinal Otto von Waldburg, Bischof von Augsburg, 1548 eine Diözesansynode. Kurz zuvor hatte Peter de Soto auf Geheiß des Bischofs sein katechetisches Werk: Institutionis Christianae libri tres[308] herausgegeben. Es sollte bei der Reform des Bistums helfen.[309] Die Synode empfahl diesen Katechismus eindringlich.[310] Doch stellte sich bald heraus, daß das Buch zu umfangreich war. So kürzte Soto den Stoff[311] und veröffentlichte im folgenden Jahr sein "Compendium",[312] das im gleichen Jahr auch in deutscher Übersetzung erschien.[313]

Peter de Soto war von Geburt Spanier, ab 1542 wirkte er in Deutschland. Er war Beichtvater Kaiser Karls V., Generalvikar der Dominikanerprovinz Germania inferior und Mitbegründer und Hauptorganisator der Universität zu Dillingen. Dort lehrte er auch von 1549 bis 1555. Nach einem Aufenthalt in England kehrte er zunächst nach Spanien zurück und nahm dann ab 1561 am Konzil von Trient als päpstlicher Theologe teil. Am 20.4.1563 ist er in Trient gestorben.[314]

Von den Büchern seiner "Libri tres" hat Soto nur das erste als Katechismus für die Gläubigen gedacht. Die Heranwachsenden und das Volk sollten es lesen und lernen.[315] Die beiden anderen Bücher sind als Hilfe für die Pfarrer und Lehrer bestimmt.[316] In ihnen breitet er den Stoff der ersten zwei Kapitel des ersten Buches ausführlicher aus. Der Aufbau und teilweise auch der Text dieses Buches entspricht im wesentlichen dem "Compendium" von 1549. Deswegen soll im folgenden die Tauflehre anhand dieses Werkes im Umriß angedeutet werden.

Nach den einleitenden Fragen: Was ist der Mensch? Was ist der Christ? Was gehört zu einem Christen? erklärt Soto das Symbolum, mit dem er die Sakramente verbindet. Es folgen die Hoffnung, das Vaterunser und die Gebote, die er in Liebe unterordnet. Dem "Compendium" fügt der Autor ein fünftes Kapitel an, das die Erwachsenen und schon Gebildeteren über den Gottesdienst unterrichten soll.

Abgesehen von dem ersten und letzten Kapitel ist der Aufbau nicht ungewöhnlich. Auffälliger sind schon die in den Text des "Compendiums" eingestreuten Gebete. Mit ihnen will Soto den Kindern Beispiele bieten, wie sie die Lehre ins Gebet "übersetzen" können.[317]

Interessanterweise geht die Antwort auf die Frage: Was ist

ein Christ? nicht auf die Taufe ein. Hier wird nur vom Glauben gesprochen.[318] Erst die nächste Frage nach dem "Warum" des Christseins greift die Taufe auf.[319] In seinen Ausführungen kommt der Autor immer wieder auf dieses Sakrament zurück. Bei der Lehre über die Sakramente bringt er eine ausführliche Definition.

Im 2. und 3. Buch der "Libri tres" wird die Taufe des öfteren, vor allem im Zusammenhang mit der Erbsünde erwähnt.

Die katechetischen Werke Peter de Sotos haben einen beträchtlichen Einfluß gehabt, wenn man die Auflagenzahl zugrunde legt. So wurden die "Libri tres" insgesamt 6 mal gedruckt, das "Compendium" mindestens 10 mal.[320] Von der deutschen Übersetzung sind 5 Ausgaben bekannt.

2/14 Die katechetischen Werke des Jakob Schöpper (1512/16 - 1554)

Zu den Katechismusautoren unserer Periode, die gemessen an der Zahl der Auflage ihrer Werke großen Einfluß ausübten, gehört neben Erasmus auch der Dortmunder Priester Jakob Schöpper. Mindestens 25 Ausgaben seiner beiden Katechismen sind bekannt.[321] Viele davon fallen in die Zeit, in der Canisius langsam die Vorherrschaft auf dem Felde der Katechese gewinnt.

Jakob Schöpper wurde in Dortmund geboren. Das Geburtsjahr steht nicht sicher fest. Über seinen Studiengang ist nicht viel überliefert. Er besuchte vermutlich die Humanistenschule in Münster und die Pariser Universität.[322] Seit 1544 läßt er sich als "Kleriker und Notar"[323] nachweisen. Die erste datierte und im Druck erhaltene Predigt stammt ebenfalls aus diesem Jahr.[324] Er predigte in mehreren Dortmunder Kirchen. Vier Bände mit Predigten gab sein Freund Johann Lambach in den Jahren 1557 - 1561, nach Schöppers Tod, heraus.[325] Sein Hauptarbeitsfeld war neben der Kanzel das Gymnasium, das der Rat von Dortmund 1543 gegründet hatte und dessen erster Rektor Johann Lambach wurde.[326] Schöpper war wohl Religionslehrer und Seelsorger an dieser Schule.[327] Frucht dieser Tätigkeit sind sechs Schauspiele mit meist biblischen Themen[328] und der Katechismus von 1548. Daneben veröffentlichte er 1550 die "Synonyma Germanici idiomatis superioris". Dieses Wörterbuch sollte dazu beitragen, die hochdeutsche Sprache im niederdeutschen Sprachbereich zu verbreiten.[329] Inwieweit er am "Kollektenbuch" (Dortmund 1554), einer deutschen Bearbeitung des Meßbuches, beteiligt war, ist unsicher.[330] Jakob Schöpper starb 1554 in Dortmund.[331] Ein Zeitgenosse, Petrus Cratepolius, urteilt über sein Wirken in Dortmund: "Ab eo tota pependit civitas, mortuo deficit".[332]

Für seine Schüler schrieb Schöpper einen Katechismus und ließ ihn 1548 in Dortmund drucken. Diese Ausgabe wurde jedoch bald zurückgezogen. Bis heute ist kein Exemplar gefunden worden.[333] Über den Inhalt des Buches sind wir durch einen glücklichen Zufall unterrichtet. 1629 führte die Stadt Dortmund beim Reichskammergericht gegen den kölnischen Offizial einen Prozeß um die Religionszugehörigkeit. Dabei wird zum Beweis, daß die Stadt schon vor 1555 evangelisch gewesen sei, aus dem Katechismus und dem "Kollektenbuch" zitiert. Luise von Winterfeld hatte diese Akten in Wien entdeckt und publiziert.[334] Hervorgehoben werden in diesem Aktenstück Schöppers Ausführungen über die Rechtfertigung, die Kirche, die Buße[335] u.a. Vor allem wird die Tatsache betont, daß in diesem Katechismus nur zwei Sakramente behandelt waren.[336] Schöpper sucht sich im Nachwort zur zweiten Auflage[337] damit zu rechtfertigen, daß er sich der geistigen Fassungskraft der Jugendlichen habe anpassen wollen.[338] Der Grund für die Zurücknahme der ersten Auflage dürfte die Visitation der Diözese Köln im Jahr 1549 und das damit verbundene entschiedenere Vorgehen gegen alle dogmatischen Abweichungen sein. Schöpper mußte sich vor dem Visitator Johannes Gropper[339] verteidigen und distanzierte sich von seinem Werk, indem er es zurückzog.[340]

Um Schöppers Verhalten verstehen zu können, muß man sich die Situation der Stadt Dortmund vor Augen halten. Die katholische Partei besaß noch Einfluß, aber sie mußte der starken evangelischen Bewegung Zugeständnisse machen.[341] In dieser Periode der Gärung, der "Übergangserscheinungen"[342] war es sicher nicht leicht, den goldenen Mittelweg einzuhalten, die katholische Lehre nicht zu verkürzen. Schöpper hat es versucht, es ist ihm in diesem Falle nicht gelungen.

Der Autor beginnt seinen Katechismus mit der Taufe. Der Lehrer ("Praeceptor") fragt den Knaben ("Puer"), was er sei. "Natura sum Homo, at gratia et profeßione Christianus sum", ist die Antwort.[343] Das Gespräch entwickelt sich weiter zur Definition und den Wirkungen der Taufe. Schöpper unterscheidet zwischen der Erwachsenen- und der Kindertaufe. Für die Kinder tritt der stellvertretende Glaube der Paten ein. Die Erwachsenen kommen über das Hören zum Glauben.

Der Aufbau des Katechismus geht dem Heilsweg nach: Der Glaube wird durch die Gebote in der Liebe tätig, durch das Gebet und die (übrigen) Sakramente wird er genährt.[344] Im Nachwort geht Schöpper noch einmal eigens auf diesen Aufbau ein: Er sagt, wie man die Hauptstücke anordne, sei im Grunde nur eine Methodenfrage. Er habe den als Kind getauften Christen vor Augen.[345] Diese Reihenfolge der katechetischen Stücke findet sich in keinem der Katechismen des behandelten Zeitraumes. Wohl findet sich öfters ein gleicher Ausgangspunkt,[346] aber nirgendwo wird an die Frage nach dem Christsein die Lehre von der Taufe angefügt. Sie wird immer mit den übrigen Sakramenten behandelt.

Dem Katechismus sind einige Gebete beigegeben: für den Morgen und Abend, vor und nach dem Essen, in der Schule und für den Frieden. Die Ausgabe Antwerpen 1554[347] hat, wie schon der Titel erkennen läßt, diesen Gebetsteil wesentlich erweitert. Neben den täglichen Gebeten sind jetzt auch "Precationes liturgicae" aufgenommen. Es sind dies Gebete zur Beichte und vor allem eine Anleitung zur Mitfeier der Messe.[348] In dieser Ausgabe findet sich auch eine Erweiterung des Tauftraktates. Schöpper geht auf die Schwierigkeit ein, wieso den Kindern fremder Glaube helfen kann.[349]

Es verwundert nicht, daß evangelischen Autoren die Erweiterungen der 2. Auflage nicht gefallen. Man nennt Schöpper einen "zaghaften Ireniker"[350] und fühlt sich "am unangenehmsten berührt" von dem Nachwort,[351] in dem der Verfasser sich dem Urteil der Kirche unterwirft. Jedoch könne man auch diese Ausgabe "keineswegs als eine unverkürzte Wiedergabe der römischen Lehre" bezeichnen.[352]

Das Werk erreichte, mit einer deutschen Übersetzung,[353] insgesamt mindestens 14 Auflagen.[354]

Das zweite katechetische Werk ist eine Sammlung von 29 **Predigten**,[355] die Schöpper auf Bitten des Kölner Verlegers Maternus Cholinus für den Druck vorbereitet hatte, deren Veröffentlichung er aber nicht mehr erlebte.[356] Neben den vier katechetischen Hauptstücken: Dekalog, Symbolum, Pater noster und Sakramente hat der Verfasser Predigten über den Englischen Gruß, die Heiligenverehrung und die Zeremonien ausgewählt, also Themen von mehr apologetischem Charakter.

Gegenüber der Gliederung des "Catechismus" fällt der Aufbau der "Summa" auf, er erinnert an Luthers Katechismen.[357] Schöpper führt zu dieser Anordnung aus: Er behandle den Dekalog an erster Stelle, da er älter sei als das Symbolum; im übrigen entspreche die Reihenfolge der Rechtfertigung eines Erwachsenen.[358]

Die Taufe wird in der 19. Predigt behandelt.[359] Nach einer kurzen Zusammenfassung der vorherigen Ansprache bringt er eine Definition der Sakramente und gibt dann eine Übersicht über das, was er besprechen will: 1. Was ist die Taufe? 2. Warum ist sie ein Sakrament? 3. Was bewirkt sie? Die Wirkungen werden auch anhand der Taufhandlung aufgewiesen. 4. Wer kann das Sakrament empfangen? 5. Die Paten.

In den Predigten wird die Taufe oft erwähnt, sehr stark wird sie betont in der letzten, der 29. Predigt, in der Schöpper über die Liturgie der Oster- und Pfingsttage spricht.

Auch dieses Werk ist relativ häufig aufgelegt worden. Die Katechismuspredigten finden sich als selbständiges Werk, als 4. Band der Predigtsammlung und in einem Buch mit verschiedenen Predigten. 11 Auflagen werden mit den deutschen Übersetzungen[360] in der Literatur aufgezählt.[361]

2/15 Die "Formula reformationis" (1548) und das Trierer Provinzialkonzil von 1549 mit seinem "Institutionis christianae Liber"

Durch die Niederlage der Truppen des Schmalkaldischen Bundes (24. 4. 1547) waren die Protestanten entscheidend geschwächt worden. Kaiser Karl V. versuchte, sie zur Teilnahme am Trienter Konzil zu bewegen. Die Transferierung des Konzils nach Bologna und schließlich dessen Suspendierung (3. 2. 1548) durch den Papst ließen diesen Plan endgültig scheitern. Aus diesem Grunde wollte Karl die religiösen Verhältnisse in Deutschland selbst regeln. Eine vollständige Rückkehr der Neuerer zur katholischen Kirche ließ sich nicht erreichen, so mußte man sich mit einer Zwischenlösung begnügen. Auf dem "geharnischten" Reichstag von Regensburg wurde 1548 das "Interim" verabschiedet und den Protestanten auferlegt. Obwohl dieses 26 Artikel umfassende Dokument die kirchliche Lehre voll enthielt, fand es nicht die Zustimmung der katholischen Stände.[362] So erließ der Kaiser für die Katholiken ein eigenes Reformdekret, die "Formula reformationis" (9. 7. 1548).[363] In ihr wird vor allem die Reform des Klerus gefordert und die Abhaltung von Diözesan- und Provinzialsynoden bis spätestens zur Fastenzeit 1549.[364] Diese Synoden fanden in fast allen Bistümern und Kirchenprovinzen statt.[365] Neben der zu besprechenden Trierer Synode wurden die Versammlungen von Augsburg[366] und Mainz[367] Anlaß zur Veröffentlichung von Katechismen.

Für das Erzstift Trier rief Erzbischof Johann von Isenburg seinen Klerus zunächst nach Koblenz und Trier. Dort wurde die "Formula" promulgiert und konnte somit als Verhandlungsgrundlage dienen für die Diözesan- und Provinzialsynode.[368] Letztere wurde mit Vertretern der Suffraganbistümer Metz, Toul und Verdun 1549 in Trier abgehalten.[369] Behandelt wurden vor allem homiletisch-katechetische und liturgische Fragen.[370]

Als Hilfsbuch für die Prediger wurde der "Christianae Institutionis Liber"[371] veröffentlicht. Über den bzw. die Verfasser des Buches ist nichts bekannt. Jedoch dürfte die Vermutung, daß

Ambrosius Pelargus OP[372] einen "bedeutenden Anteil" an der Entstehung nahm, begründet sein.[373] War er doch der einzige bedeutende Theologe der Erzdiözese Trier in jener Zeit.[374]

In fortlaufender Darstellung bietet der "Liber" die vier katechetischen Hauptstücke in der etwas ungewohnten Reihenfolge: Sakramente, Glaubensbekenntnis, Vaterunser und Ave Maria und Dekalog. Die Sprache des Katechismus ist stark biblisch geprägt und arbeitet mit vielen Bildern. Jede Polemik wird vermieden.

Nach kurzen Ausführungen über die Sakramente allgemein folgt die Taufe. Sie wird im ersten Satz als "Tür" charakterisiert, die uns in die Kirche führt und dem Volk Gottes zugesellt.[375] Der Traktat gliedert sich durch Randbemerkungen. Behandelt werden die Kindertaufe, Wirkung und biblische Bilder der Taufe, die Sündenvergebung, Spender und Materie sowie die Taufhandlung. Bei der knappen Erklärung der Zeremonien werden die Prediger zweimal ermahnt, das Volk über den Sinn, die Bedeutung und den Gebrauch der einzelnen Handlungen zu unterrichten.[376] Man muß bedauern, daß der Erneuerungswille der Konzilier und der Katechismus in der Folgezeit ohne große Bedeutung blieben. Der "Liber" war wohl schon ganz vergessen, als man 1588 daran ging, einen Diözesankatechismus zu erarbeiten.[377]

2/16 Michael Helding (1506 - 1561) und seine katechetischen Werke

Mainz entwickelte sich im Laufe der ersten Hälfte des 16. Jahrhunderts neben Köln zu einem Zentrum der katholischen Reform. Hervorragende Männer wirkten in der Stadt, wie Nausea, Dietenberger und Witzel, um nur einige der Katechismusautoren zu nennen. Die Mainzer Druckpressen lieferten wertvolle Hilfen für die Festigung des katholischen Glaubens und zur Bekämpfung der Neuerer. Erzbischof Albrecht von Brandenburg wandte sich nach jahrelangem Zaudern entschiedener der kirchlichen Erneuerung zu[378] und ließ u. a. ein Reformgutachten erarbeiten.[379]

In diesem Aktenstück wird ein "Catechismus catholicus, secundum quem pueritia instituatur"[380] erwähnt, "quem praesenti reformationi nostrae (etiam) inferius adiciendum curavimus".[381]

Jedoch scheint es bei dieser Absichtserklärung geblieben zu sein. Der Bischof von Hildesheim mahnt im Zusammenhang mit dem Reformgutachten zweimal bei Erzbischof Albrecht den Katechismus an.[382] Bis heute ließ sich keine Spur finden.[383]

So ist verständlich, daß etwa E. Feifel in seinem Werk über die Theologie des Gottesdienstes bei Michael Helding[384] annimmt, dieses Reformgutachten sei ein erster Schritt gewesen hin auf die Diözesansynode (1548) und das Provinzialkonzil von 1549.[385] Die Erstellung des angekündigten Katechismus sei "Helding zugedacht" worden.[386] Heldings Katechismuspredigten von 1542 bis 1544 seien der "katechetische Niederschlag seiner Vorarbeiten" für den Katechismus des Provinzialkonzils gewesen.[387]

Michael Helding wurde 1506 in Langenenslingen (Schwaben) geboren. Nach dem Studium in Tübingen wird er Lehrer in Mainz und übernimmt 1531 den Posten eines Rektors der Domschule. 1533 wird er Dompfarrer. 1537 ernennt ihn Albrecht zum Weihbischof. Er wird auf den Titel eines Bischofs von Sidon geweiht. Aus diesem Grunde wird er zuweilen "Sidonius" genannt. Helding nahm 1540 und 1557 an den Religionsgesprächen in Worms teil. 1545 ist er der einzige deutsche Prälat bei der Eröffnung des Trienter Konzils. Er beteiligt sich 1547 in Augsburg an der Ausarbeitung des "Interim" und der "Formula reformationis". An der Mainzer Diözesansynode (1548) und an dem Provinzialkonzil (1549) nimmt er entscheidenden Anteil.[388] 1550 wird Helding zum Bischof von Merseburg ernannt, 1558 zum Richter am Reichskammergericht und 1561 zum Vorsitzenden des Reichshofrates. Im gleichen Jahr ist er in Wien gestorben, als er sich vorbereitete, zum Konzil nach Trient zu reisen.[389]

In der schon erwähnten Studie kommt Feifel zu dem Schluß, daß Michael Helding "zu den markantesten Gestalten pastoraler Erneuerung in der ersten Hälfte des 16. Jahrhunderts" gehört.[390] Vor allem durch seine Predigten - fünf große Predigtsammlungen sind erhalten - und seine Katechismen weist er sich aus "als Vertreter einer Erneuerungsbewegung, deren Schwergewicht in der Glaubensverkündigung" liegt.[391] Der bedeutende Einfluß, den er ausübt, "ist nicht zuletzt auf die Nähe zur prophetisch-existentiellen Aussageform Luthers sowie auf das eng damit verbundene positive Aufgreifen der berechtigten reformatorischen Anliegen zurückzuführen".[392]

Von der Mainzer Domkanzel predigte Helding vom Sonntag Laetare 1542 bis zum Sonntag Judica 1544 nach einer kurzen Erklärung des Sonntagsevangeliums[393] über die Hauptstücke des Katechismus. Als Buch erschienen diese Predigten auf den ausdrücklichen Wunsch des Mainzer Erzbischofs Sebastian von Heusenstein im Jahre 1551.[394] Der Zyklus umfaßt 84 Predigten, eine zur Einleitung, 10 über das Symbolum, 5 zum Vaterunser, eine zum Ave Maria, 29 zu den zehn Geboten und 38 über die Sakramente.

In der Einleitungspredigt begründet er sein Vorhaben. Er wolle nichts anderes tun, als was die Apostel und ihre Nachkommen früher getan hätten, als sie die Katechumenen vor der Taufe unterrichteten. Erwachsene Heiden, Juden oder Türken "umb uns tringen sich leider nit zu viel umb unsern Christen Glauben, und das (wie ich eigentlich dafür halte) umb unsers wüsten, onheiligen unnd widerchristlichen lebens willen".[395] Wir sind schuld daran, daß Gottes Name gelästert wird, und damit auch, daß jene in ihrem Unglauben bleiben und der ewigen Verdammnis anheimfallen.[396]

Da die erwachsenen Christen zum großen Teil so "übel und wüst" sind, muß man die jungen Christen unterrichten. Eltern und Paten haben dies bei der Taufe versprochen. Helding mahnt sie mit eindringlichen Worten an ihre Pflicht und will ihnen mit seinen Predigten helfen.[397] Bei seinen Worten wird man immer wieder an die Klagen Nauseas erinnert, der einige Jahre vor Helding von derselben Kanzel in ähnlicher Form den Zustand der religiösen Volksunterweisung beschrieben hatte.[398]

Der Taufbezug der christlichen Unterweisung wird von Helding also gleich zu Beginn deutlich hervorgehoben. Er findet sich im Katechismus immer wieder.

Die Behandlung der Sakramente bildet den letzten und ausführlichsten Teil der Katechismuspredigten.[399] Helding predigt an zwei Sonntagen zunächst über die Sakramente im allgemeinen. Zur Verdeutlichung seiner Erklärungen zieht er immer wieder die Taufe heran. Es folgen fünf Predigten[400] über das "erste unnd fürnemste Sacrament", die Taufe.[401] Eine Gliederung gibt an, wie der Stoff behandelt werden soll.[402] Jedoch entsprechen weder die nur teilweise vorhandenen Überschriften noch die Ausführungen selbst ganz der angegebenen Ordnung.[403] Helding spricht zunächst allgemein über die Taufe und geht dann auf das Element und das Wort ein. Beide zusammen erst machen das Sakrament aus. Dabei gebraucht er Formulierungen, die sehr stark an Luthers Katechismen erinnern.[404] In der nächsten Predigt wiederholt er zunächst, wie er es meistens tut, den Gedankengang der vorherigen Ansprache und kommt zur Wirkung des Sakramentes. Als Hauptgabe sieht er den Geist Gottes, der den Menschen von Sünden reinigt und ihm Gnade verleiht. Er betont den Bund, den Gott in der Taufe mit dem Menschen schließt. Beide gereichen uns zum Trost und bewirken, daß unsere Werke Gott gefallen, da wir Kinder Gottes geworden sind.

Ohne Taufe kann niemand selig werden, aber trotzdem bleibt Gott in seinem Wirken frei. Durch herzliches Begehren und durch das Martyrium wird man der Gnade teilhaftig, wenn man am Empfang des Sakramentes gehindert ist. Der Priester ist nur der Diener der Taufe, Christus ist es, "der von innen täufft durch den heiligen Geyst".[405] Empfänger der Taufe sind fast nur noch Kinder. Helding schildert trotzdem kurz, wie Erwachsene zum Glauben und zur Taufe kommen. Über die Kindertaufe wollte er eine eigene Predigt halten, "ob Gott will".[406] Ob er sie wirklich gehalten hat, läßt sich nicht feststellen, in den Katechismus wurde sie auf jeden Fall nicht aufgenommen. Die vierte und fünfte Ansprache behandelt die Taufzeremonien.

Die Gebräuche bei der Taufe unterrichten die Gläubigen "besser, dan mit wortpredig geschehen möcht", sie sind "ein deutlich sichtbarliche Predig".[407] Leider hat man sie "bißher in der Kirchen nit gelehrt".[408]

Heldings Katechismuspredigten wurden in deutscher Sprache

achtmal aufgelegt.[409] Die lateinische Übersetzung[410] erlebte 5 Auflagen.[411] Auch nach dem Erscheinen der canisianischen Katechismen haben diese Predigten ihre Bedeutung behalten.

Ähnlich wie das Kölner Provinzialkonzil von 1536 veröffentlichte auch das Mainzer von 1549 die Dekrete und einen Katechismus in einem Band.[412] Wie dort wird im Buch selbst kein Verfasser genannt, aber als sein Autor wird mit ziemlicher Sicherheit Michael Helding vermutet.[413]

Innerhalb der Konstitutionen[414] befassen sich fünf Kapitel mit der Taufe. Es werden jeweils kurz umschrieben: die Lehre von der Taufe, die Kindertaufe, die Taufhandlung, die Nachholung der Taufsalbungen. Das letzte Kapitel bestimmt schließlich, die Taufen müßten am Vormittag stattfinden, "intra officia divina, aut mox post ea peracta".[415] Gastmähler und Gelage anläßlich der Taufe sollten durch die zivilen Behörden unterbunden bzw. beschränkt werden.

Der Aufbau der "Institutio" ist identisch mit dem des "Catechismus". Die Sakramente werden in der gleichen Reihenfolge behandelt: Taufe, Firmung, Buße, Eucharistie, Weihe, Ölung und Ehe. Der Tauftraktat[416] ist gegliedert, aber nicht ganz konsequent. Zunächst werden eine Reihe von Fragen berührt, die z. T. später noch einmal aufgegriffen werden.

Die Taufe geht den anderen Sakramenten voraus. Christus selbst hat sie seiner Kirche aufgetragen. Sie besteht aus dem Wort und dem Element. In ihr handelt vor allem der Heilige Geist. Das Sakrament bewirkt in uns die Wiedergeburt in der Teilhabe an dem Tod und der Auferstehung des Herrn.

Es folgt der durch Überschriften gegliederte Teil des Tauftraktates. In fünf Punkten: Form, Wirkung, Spender, Empfänger und Taufhandlung werden einige Fragen noch einmal aufgegriffen und vertieft bzw. neu behandelt. Dabei wird auch über die Kindertaufe gesprochen.

Das Buch erlebte lediglich 1550 in Paris eine Neuauflage.[417] Es hatte also auf keinen Fall den Erfolg, den Gropper mit seinem "Enchiridion" erreichte und der auch dem "Catechismus" Heldings beschieden war.

Noch ein weiterer Katechismus des Mainzer Weihbischofs erschien im Jahre 1549, die "Brevis institutio".[418] Er war zunächst bestimmt für die katechetische Unterweisung der Edelknaben am Kurfürstlichen Hof in Mainz. Der einschränkende Teil des Titels wurde bald fallen gelassen, da der Katechismus auch anderenorts mit gutem Erfolg gebraucht wurde. Die 14 Auflagen[419] der lateinischen Ausgabe und der Übersetzungen[420] sind ein Beweis dafür.

Der Aufbau der "Brevis institutio" wie auch die Reihenfolge der Sakramente entsprechen den beiden anderen katechetischen Werken von Helding. Die Erklärung der Taufe hält sich im großen und ganzen auf der Linie der beiden anderen Katechismen, sie ist natürlich entsprechend gekürzt. Nachdem er über die Form, das Element und die Wirkung gesprochen hat, bietet er eine knappe Lehre von der Taufe aus der Heiligen Schrift. Er reiht in geschickter Weise einige Schriftstellen aneinander und bezieht dabei auch die Kindertaufe ein. Den Abschluß des Tauftraktes bildet wieder eine Erklärung der Taufhandlung.[421]

Helding ist in seinen Katechismen ein Zeuge dafür, daß die Krankensalbung sich noch nicht vollends als "letzte" Ölung verfestigt hat. "Das Sacrament der Ölung wirdt in schweren und gefährlichen schwachheiten gereicht, zu eyner erleichterung und trost wider schmertzen und schrecken, durch welche die Menschen in grossen kranckheyten, vorab aber im außgang des lebens, schwerlich genötigt werden...".[422]

2/17 Johann Fabri OP (1504 - 1558) und sein Katechismus

Zu den zahlreichen Dominikanern, die sich in der Reformationszeit um die Verteidigung des katholischen Glaubens bemühten,[423] gehört auch Johann Fabri aus Heilbronn.[424] 1504 geboren, trat er 1520 in den "großen und hochstehenden Dominikanerkonvent"[425] zu Wimpfen am Neckar ein. Ab 1534 vervollständigte er seine Studien in Köln und Freiburg.[426] Nachdem er einige Jahre in Kolmar und Schlettstadt gewirkt hatte, wurde er 1547 zum Domprediger in Augsburg berufen.

Fabris Position in der Stadt war sehr schwierig. Die Katholiken waren nur eine Minderheit. 1534 war es zu einem Predigtverbot für die katholischen Geistlichen gekommen, drei Jahre später hatte sie man aus der Stadt ausgewiesen. Erst die Niederlage des Schmalkaldischen Bundes und das "Interim" ermöglichten eine Rückkehr nach Augsburg.[427] Um besser wirken zu können, promovierte Fabri 1552 in Ingolstadt unter Petrus Canisius zum Doktor der Theologie mit einer Disputation über den Laienkelch.[428] Verschiedene Berufungen Fabris für andere Aufgaben wurden vom Augsburger Domkapitel hintertrieben.[429] 1558 ist er in Augsburg gestorben. Sein Nachfolger auf der Kanzel des Domes wurde Petrus Canisius.[430]

Fabri wurde von seinen Zeitgenossen sehr gerühmt als Prediger und Schriftsteller. Insgesamt 21 Werke aus seiner Hand sind bekannt.[431] Zum Teil erlebten sie mehrere Auflagen. Kontroverstheologische Schriften finden sich darunter, ein viel gedrucktes Gebetbuch und der Katechismus.[432]

Dieser erschien zunächst - verständlich aus der Augsburger Situation - ohne Verfasserangabe. Das Jahr der Drucklegung ist mit ziemlicher Sicherheit 1551,[433] da in diesem Jahr in Bern eine Gegenschrift erschien. Ihr Verfasser war Wolfgang Mäußlin (Muscullus), ein aus Augsburg vertriebener protestantischer Prediger.[434] Er will, wie er schreibt, seine (evangelischen) Mitchristen vor dieser Mischung von evangelischer Wahrheit und päpstlichem Gift warnen.[435] Weitere Auflagen des Katechismus mit Nennung des Verfassers stammen aus den Jahren 1553,[436] 1558 und 1563. Die beiden letzten Ausgaben enthalten einen Anhang aus dem Kleinsten Katechismus des Canisius.[437]

In seinem Vorwort weist Fabri auf die Notwendigkeit der religiösen Jugendunterweisung hin. Er wendet sich dabei "an die Christenlichen Leerer und Schulmaister".[438] In diesem Zusammenhang erwähnt er auch die Aufgabe der Eltern.

In einigen Vorfragen geht er auf das Christsein ein. Wer an Christus glaubt und getauft wird, der ist ein Christ. Er muß sich jedoch durch sein Leben und durch gute Werke bewähren.[439]

Die Ordnung der katechetischen Hauptstücke: Symbolum, Dekalog, Vaterunser und Ave Maria und Sakramente erinnert an Dietenbergers "Catechismus". In den Erklärungen hat Fabri "hie und da den Katechismus seines Ordensbruders verwertet".[440] Auch Luthers Kleiner Katechismus wurde für die Ausarbeitung benutzt.[441]

Die Taufe behandelt der Verfasser in drei Abschnitten. Er fragt nach dem Wesen des Sakramentes, nach der Kindertaufe[442] und nach der Taufhandlung. Da im ganzen Katechismus der Glaube eine hervorragende Stellung einnimmt,[443] kam es wohl dazu, daß Fabris Werk ein "Interimskatechismus" genannt wurde.[444]

Bei dem 1556 erschienenen "Christliche, catholische underricht" handelt es sich nicht um einen Katechismus. Fabri will mit dem Buch den Pfarrern eine "dogmatische Unterlage bieten für jene Glaubenswahrheiten, die von den Protestanten geleugnet oder bekämpft wurden".[445] Die Taufe gehört nicht zu den Themen, wohl einzelne Teile der Taufhandlung.[446]

2/18 Ewald Vincius (+ 1567) und seine "Primordia Christianae religionis".

Dem unermüdlichen Fleiß des Reformationsgeschichtlers Nikolaus Paulus[447] verdanken wir die Kenntnis eines Katechismus,[448] der für den Privatunterricht eines Schülers[449] gedruckt worden ist.[450]

Über den Verfasser dieses Büchleins, Ewald Vincius, sind wir nur sehr spärlich unterrichtet. Aus den Angaben seines Werkes erfahren wir, daß er Priester in Neuss und Privatlehrer von Peter Billick, einem Neffen des bekannten Karmeliterprovinzials Eberhard Billick,[451] war. Weitergehende Nachrichten über ihn sind bisher nur durch eine Urkunde vom 12.8.1567 aus dem Pfarrbzw. Stiftsarchiv von St. Quirinus in Neuss[452] bekannt geworden. Danach war Ewald Vincius Rektor der St. Jodocus-Vikarie (in der

Krypta der Quirinuskirche) und Dechant der Neusser Christianität.[453] Durch seinen Tod war die Vikarie frei geworden und wurde einem Nachfolger übertragen.[454]

Nach Ausweis des Titels handelt es sich bei der Ausgabe von 1553 um die durchgesehene und erweiterte 2. Auflage des Katechismus. Das ergibt sich auch aus der im Buch abgedruckten Zuschrift an den jungen Petrus Billick.[455] Sie trägt das Datum Kreuzerhöhung 1552. Die Widmung an Eberhard Billick, den Onkel, stammt von dem selben Datum des Jahres 1551. Aus diesem Jahre müßte also die 1. Auflage stammen. Die Suche nach ihr war allerdings ergebnislos.[456]

Der eigentliche Katechismus beginnt mit einigen Versen über den Glauben und die Taufe. Das Symbolum, Vaterunser und Ave Maria werden jeweils lateinisch und deutsch abgedruckt und kurz erklärt. Nach knappen Erläuterungen der einzelnen Gebote des Dekalogs folgt die Aufzählung der Sakramente und anderer Punkte, wie der drei göttlichen Tugenden, der 7 Gaben des Hl. Geistes usw. Neben der lateinischen Bezeichnung steht jeweils auch die deutsche Übersetzung. Angefügt sind verschiedene Gebete, Gedichte und Merksätze.

Die Taufe wird, wie die anderen Sakramente, nicht eigens behandelt, aber sie wird immer wieder erwähnt, meist im Zusammenhang mit dem Glauben. Was Vincius bewogen haben mag, diesen Katechismus drucken zu lassen, obwohl er direkt nur für seinen Schüler bestimmt war, läßt sich nicht klären. In seiner Widmung an Eberhard Billick beschwört er die Gefahr durch die Häretiker, besonders durch deren Katechismen. Selbst in Weinschänken der Stadt Köln seien diese Bücher zu finden, berichtet er.[457] Sicher wollte der Autor ein Gegengewicht schaffen und ließ so sein Buch bei Caspar von Gennep drucken.

1 Vgl. Auer, A., Die vollkommene Frömmigkeit des Christen. Nach dem Enchiridion militis Christiani des Erasmus von Rotterdam, Düsseldorf 1954, 57-59.

2 Vgl. Padberg, R., Reformatio Catholica. Die theologische Konzeption der erasmianischen Erneuerung, in: Bäumer, R., - Dolch, H. (Hrsg.), Volk Gottes (Festgabe für J. Höfer), Freiburg 1967, 293-305, hier 303 f.; Kohls, Theologie des Erasmus 124; Hareide, Konfirmation 63; Hofmann, L., Ratifizierung der Taufe? Zu einer pastoralen Anregung des Erasmus von Rotterdam, in: Festschrift Fischer 97 f.

3 Vgl. Hareide, Konfirmation 71, Anm. 48.

4 Vgl. Bauer, K., John Colet und Erasmus von Rotterdam: ARG Ergänzungsband 5, 1929, 155-187; Godfrey, R. W., John Colet of Cambridge: ARG 65, 1974, 6-18.

5 Vgl. Kötter 24 f.; Hareide, Konfirmation 62. - Ein Exemplar: Köln 1514 findet sich in der StB Trier in dem Sammelbändchen: Opuscula aliquot Erasmo Rotterdamo castigatore et interprete...; zu dieser Ausgabe vgl. Panzer, G. W., Annales Typographici VI, Nürnberg 1798 (Nachdruck: Hildesheim 1963), 374. Kötter hat diese Ausgabe wohl übersehen; vgl. Kötter 25, Anm. 4. - Nachdrucke aus neuerer Zeit: Erasmus, Opera omnia V, 1537-1539; Cohrs, Katechismusversuche IV, 421-429 und Kohls, E. W., (Hrsg.), Evangelische Katechismen der Reformationszeit vor und neben Martin Luthers Kleinem Katechismus (= Texte zur Kirchen- und Theologiegeschichte 16) Gütersloh 1971, 21-26.

6 Vgl. Kötter 26. Allein aus Frankreich sind 21 Ausgaben bekannt; vgl. Richter, Pädagogische Literatur 66 f.

7 Vgl. Hareide, Konfirmation 75; Hareide meint, formal könne Luther nicht von Erasmus beeinflußt sein. Dazu sei allein der Aufbau der Katechismen des Erasmus und Luthers zu verschieden.

8 Siehe den vergleichenden Textabdruck bei Cohrs, Katechismusversuche IV, 421-429.

9 Vgl. zum gesamten Aufbau: Kötter 25 und Hareide, Konfirmation 62.

10 Vgl. oben S. 35, Anm. 73

11 Abgedruckt bei Moufang, KK I-L; vgl. Drees, C., Der Christenspiegel des Dietrich Kolde von Münster (= Franziskanische Forschungen, Heft 9) Werl 1954. Groeteken, A., Der älteste gedruckte Katechismus und die niederdeutschen Volksbücher des seligen Dietrich Kölde von Münster: Franziskanische Studien 37, 1955, 53-74, 189-217, 388-410.

12 Kötter 29; vgl. Padberg, Erasmus 157.

13 Vgl. Kötter 30; er gibt hier ausführlich die positive Darstellung Padbergs wieder; vgl. auch Hentze 52.

14 Er gab 1524 ein deutsches Hymnar heraus; vgl. Harnoncourt, Ph., Gesamtkirchliche und teilkirchliche Liturgie. Studien zum liturgischen Heiligenkalender und zum Gesang im Gottesdienst unter besonderer Berücksichtigung des deutschen Sprachgebiets (= Untersuchungen zur praktischen Theologie, Bd. 3) Freiburg 1974, 326.

15 Abgedruckt bei Cohrs, Katechismusversuche IV, 430 f.

16 Vgl. ebda 420; Padberg, Erasmus 139, Anm. 61.

17 Vgl. Kötter 26.

18 Vgl. Gail, Einfluß; hier besonders 58.

19 Dilucida et pia explanatio Symboli quod Apostolorum dicitur, Decalogi praeceptorum, et Dominicae praecationis per Des. Erasmus Rot., Basel 1533. Ein Exemplar befindet sich in der StB Trier. Im folgenden wird aus dieser Ausgabe zitiert. - Die Explanatio ist auch abgedruckt in: Erasmus, Opera omnia V, 1133-1196.

20 Vgl. Kötter 26 f.

21 Vgl. Eckert, W. P., Erasmus von Rotterdam. Werk und Wirkung 1, (= Zeugnisse der Buchkunst, 4. Buch) Köln 1967,1,17.

22 Vgl. Kötter 27; Richter, Pädagogische Literatur 65 f.

23 Vgl. Fricke, Luthers KK 175; Kötter 28.

24 Vgl. Hareide, Konfirmation 75 f.

25 Vgl. Kötter 28.

26 Vgl. Padberg, Erasmus 125, 140. - Das Verhältnis des Erasmus zu Thomas von Aquin bzw. zur Scholastik darf man wohl kaum mit "Abneigung" (Kötter 116) bezeichnen; vgl. dazu die bei Padberg angegebenen Stellen und Kohls, Theologie des Erasmus 1,9; Payne 20-22; Hentze 181-184.

27 Vgl. Sauer, Dialog 177.

28 "...postea quam divina benignitas concessit ad hoc aetatis pervenire, quae ut ad impietatem corrumpi potest ita ad pietatem opinor est docilis..."; Explanatio 5.

29 "...ut et sponsorum meorum fidem liberem..."; ebda.

30 "...quasi plane rudem..."; ebda.

31 Explanatio 13.

32 S. o. S. 43

33 Hier nennt er ausdrücklich auch den 'Heilungseffekt': "...extrema unctio, qua vel convalescat aegrotus si deo ita visum, vel cum fide bonaque spe obdormiat in domino"; Explanatio 163.

34 Vgl. zu den Ausführungen über die Sakramente: Hentze 53-55.

35 "De baptismo non est necesse loqui"; Explanatio 164.

36 Ebda 164.

37 Ebda 166-171. Vgl. dazu Padberg, Erasmus 141; hier wird die "reichlich breite Auseinandersetzung" mit den Irrlehren der Vergangenheit als "Schwäche" bezeichnet.

38 Kötter 28-31.

39 Vgl. dazu Kötter 31, Anm. 39; darüber hinaus auch die Darstellung durch Iserloh, E., in: Handbuch der Kirchengeschichte IV, Freiburg 1967, 156.

40 Kötter 31-35

41 "Obiter", sagt Erasmus selbst; Explanatio 166.

42 Vgl. die Ausführungen Kötters zur Eucharistielehre der Explanatio: Kötter 115-117.

43 Vgl. Padberg, Erasmus 106, 129 u. ö.; Kohls, Theologie des Erasmus 73 f., 122-124; Payne 155, 168; Hentze 94-100, 218 f.

44 Vgl. Kohls, Theologische Lebensaufgabe 37 f.

45 Padberg, Erasmus 143-156.

46 Ebda 144.

47 Zu fragen wäre hier sicher auch, inwieweit evangelische Katechismen beeinflußt sind. Kohls, Theologische Lebensaufgabe 38 weist auf Übereinstimmungen in den katechetischen Werken Martin Butzers und denen des Erasmus hin.

48 Vgl. die entsprechenden Hinweise bei Kötter 35 f.

49 In den katechismusgeschichtlichen Arbeiten der katholischen Autoren Bahlmann, Thalhofer (Entwicklung) und Hofinger (Geschichte) wird Monheim ebensowenig erwähnt wie in den Studien von Padberg und Kötter. Eine Ausnahme bildet A. Franzen, der im LThK (Art. Monheim, 7, 552 f.) und in seinem Aufsatz: Schicksal (109 f.) auf die katechetischen Werke hinweist. Evangelischen Autoren ist Monheim bekannt. Auf sie stützen sich im wesentlichen die folgenden Ausführungen.

50 Vgl. Mühlhaupt, E., Rheinische Kirchengeschichte. Von den Anfängen bis 1945, Düsseldorf 1970, 120.

51 Vgl. Straßer, O. E., Art. Monheim, in: ³RGG 4, 1099.

52 Vgl. Gail, Vlatten 68.

53 Vgl. Sack, Catechismus VII; Reu 1,3,1,2,1291; Koldewey, Monheim 110-112.

54 Vgl. Sack, Catechismus XIX.

55 Vgl. Bockmühl, P., Aus zwei Schulprogrammen des Rektors Johannes Monheim in Düsseldorf aus den Jahren 1545 und 1561: Monatshefte für rheinische Kirchengeschichte 5, 1911, 97-105; Koldewey, Monheim 111; Reu, 1,3,1,2,1291.

56 Vgl. Reu 1,3,1,2,1294; Gail, Vlatten 99 f.

57 Vgl. Reu 1,3,1,2,1281.

58 Catechismus Puerorum, autore doctissimo viro Christofero Hegendorphino, auctus et recognitus. Item modus confitendi, per Arnoldum Wesaliensem descriptus. Formula quoque confessionis apud deum, cuiusdam viri docti. Ad haec de Erasmi Roteroda. de Civilitate morum puerilium Libellus, Coloniae 1541.
- Der Katechismus ist abgedruckt bei Reu 1,3,2,3,1386-1417. Die Zusätze Monheims sind kenntlich gemacht. Nach diesem Abdruck wird in dieser Arbeit zitiert. - Zum Werk vgl. Cohrs, Katechismusversuche III, 356 f.; Reu 1,3,1,2,1280 f.
Zu Chr. Hegendorf siehe: Kawerau, G. (Hrsg.), Zwei älteste Katechismen der lutherischen Reformation (= Neudrucke deutscher Litteraturwerke des XVI. und XVII. Jahrhunderts, No. 92) Halle 1891, 12-16; Cohrs, Katechismusversuche III, 353-357; IV, 244, 255; Reu 1,3,1,1,93. Hegendorf gehört zu evangelischen Katechismusautoren, die u. a. auch von Erasmus beeinflußt sind. Zwei seiner Katechismen wurden mehrmals in Paris nachgedruckt; vgl. Cohrs, Katechismusversuche III, 355.
- 1549 wurden seine Werke in Köln auf die Liste der für Katholiken verbotenen Bücher gesetzt; vgl. Foerster, Reformbestrebungen 88.

59 Vgl. Richter, Pädagogische Literatur 136.

60 Vgl. Reu 1,3,1,2,1281.

61 Ebda.

62 Catechismus Puerorum Autore Chistophoro Hegendorphino. A Joanne Monhemio nunc auctus, et in plerisque locis emendatus ad usum novae Scholae Duisseldorpensis, Wesel 1547. - Ein Exemplar befindet sich in der UB Münster. Reu 1,3,2,3,1386-1417 bringt die Ausgabe von 1541 mit den Zusätzen von 1547.

63 Dilucida et pia explanatio Symboli, quod Apostolorum dicitur, et decalogi praeceptorum, autore D. Erasmo Roterod. nunc in compendium per Ioannem Monhemium redacta. Accessit modus orandi Deum, exegesis precationis Dominicae, vis ac usus Sacramentorum Ecclesiae, ex eodem Erasmo per eundem collecta, Köln 1551. Ein Exemplar besitzt die StB Trier.

64 Monheim, Explanatio M 2v/3r.

65 Ebda N 1r.

66 Mit der Vorlage hat Monheim kurz vorher gesagt: "De baptismo non est necesse loqui"; Monheim, Explanatio M 8v.

67 1554: Dilucida et Pia Explanatio ... nuper in compendium per Joannem Monhemium redacta, atque nunc denuo per eundem recognita et in locis quibusdam locupletata. ... Köln. Der Text ist noch etwas weiter gekürzt, die Taufaussagen entsprechen der ersten Auflage. Eine weitere Auflage von 1556 erwähnt Reu 1,3,1,2,1292. - Die Explanatio Monheims wird bei den Aus-

führungen über die Tauftheologie der Katechismen nur dann eigens angeführt, wenn sie von der des Erasmus abweicht.

68 Christianae Religionis Rudimenta, Succincte Ac dilucide ad usum puerorum ex Desiderii Erasmi lucubrationibus per Ioan. Monhemium collecta, Köln 1551. - Die Herzog-August-Bibliothek in Wolfenbüttel besitzt ein Exemplar.

69 Christianae Religionis Rudimenta.., Düsseldorf 1566. Ein Exemplar befindet sich in Köln.

70 Epitome Christianae et evangelicae veritatis plurimam partem ex Erasmi Roterodami scriptis theologicis excerpta, Düsseldorf 1555. Vgl. Reu 1,3,1,2,1293.

71 Catechismus: In Quo Christianae Religionis Elementa syncere simpliciterque explicantur, Auctore Ioan. Monhemio, Düsseldorf 1560. - Die StB Trier besitzt ein Exemplar, es ist zusammengebunden mit der "Censura" (s. u. Anm. 73). Einen Neudruck veranstaltete C. H. Sack 1847. Der Text findet sich auch bei Reu 1,3,2,3,1417-1497. Franzen, Schicksal 110 spricht fälschlich von der "2. Auflage".

72 Vgl Reu, 1,3,1,2,1293 f.; Fricke, Luthers KK 175-178; Franzen, Schicksal 110.

73 Censura et docta Explicatio errorum Catechismi Ioannis Monhemii, Grammatici Dusseldorpensis, in qua tum S. Scripturae atque vetustiss. Patrum testimoniis, tum evidentiss. rationibus veritas Catholicae religionis defenditur, per deputatos a Sacra Theologica facultate Universitatis Coloniensis, Köln 1560. - Vgl. dazu und zum Catechismus vor allem Koldewey, Monheim.

74 Vgl. Reu 1,3,1,2,1294; Duhr, Geschichte 1,678 f., 823 f.; Hansen, Joseph, Rheinische Akten zur Geschichte des Jesuitenordens 1542-1582 (= Publikationen der Gesellschaft für Rheinische Geschichtskunde, Bd. 14) Bonn 1896, 349, 377 f., 391 f. u. ö.; Sack, Catechismus XIII-XVIII; Gail, Vlatten 100 f.

75 Vgl. Koldewey, Monheim 132-138.

76 Vgl. Simons, E., Art. Monheim, in: [3]RE 13,357.

77 Vgl. Dolan, J. P., Witzel et Erasme à propos des sacraments: RHE 54, 1959, 129-142, hier 130.

78 Vgl. Trusen, Reform 9,74-76 u. ö.; Beumer, J., Erasmus von Rotterdam und Georg Witzel. Ihr gegenseitiges Verhältnis und ihre Stellungnahme zur Reformation: Catholica 22, 1968, 41-67.

79 Vgl. Trusen, Reform 8-34; Spital, Ritualien 156 f., Franzen, Zölibat 47 f.

80 Vgl. Trusen, Reform 40-48, 82 f.

81 Am berühmtesten wurde das Reformgutachten für den Abt von Fulda, Philipp Schenk zu Schweinsberg, da es Grundlage für die Kirchenordnung von Fulda 1542 wurde. Das Gutachten findet

sich im Wortlaut bei Richter, Schriften 137-152; vgl. oben S. 34, Anm. 63.

82 Vgl. Richter, Schriften.

83 Pralle, Witzel 227; vgl. auch 226 f.

84 Padberg, Erasmus 132.

85 Vgl. Kötter 39; er zitiert aus dem Reformationsgutachten (oben Anm. 81).

86 Catechismus Ecclesiae. Lere und Handelunge des heiligen Christenthums, aus der warheyt Göttliches worts, kurtz und lieblich beschrieben. Durch Georgium Wicelium, Leipzig 1535. Ein Exemplar findet sich in der UB Mainz.

87 Vgl. Bahlmann 4.

88 Vgl. Kötter 41 - Vgl. Moufang, Chr., Abt Lambert von Balven und sein catechismus ecclesiae 1550: Katholik 60 II, 1880 646-659; Reu 1,3,1,2,990 f. Ein Exemplar besitzt die UB Münster - Spehr, Art. Balven, in: ADB 2,35 f. schreibt Balven einen eigenen Katechismus zu, der den Titel tragen soll: "Gemene Catechesis, edder anvenklieke Underwisinge der jungen Christen yn fragestükke gestellet", o. O. und o. J. Die Suche nach diesem Buch blieb ergebnislos. Es dürfte sich bei dieser Information um ein Mißverständnis handeln. Witzel hat seinem Katechismus nach dem Inhaltsverzeichnis eine neue Überschrift gegeben. Die niederdeutsche Übertragung entspricht dem 'Titel', den Spehr dem angeblichen Katechismus von Balven zuordnet. In der Ausgabe 1550 findet sich dieser Text auf Seite 1r.

89 A 2r - B 3r.

90 Ebda A 2r.

91 Ebda A 3r/v.

92 Ebda A 4r/v.

93 Ebda B 1v.

94 S. o S. 2.

95 Catechismus B 4r - F 2r.

96 Ebda Vorwort B 2r.

97 29.

98 Padberg, Erasmus 145.

99 Vgl. Reu 2, XXIX-XXXI, 44-57.

100 Vgl. WA 30,1,647.

101 Vgl. Padberg, Erasmus 145.

102 Vgl. Fricke, Luthers KK 179; dort heißt es: "Zum Beweise, wie sehr auch dieser Katechismus versteht, die Irrlehren

der römischen Kirche zu verschweigen und rein biblisch zu reden, ließen sich viele Stellen anführen. Wäre man im Stande, zu vergessen, wie die katholische Kirche in der Praxis lehrt, so könnte man am größten Teile dieses Buches seine Freude haben."

103 Vgl. Sauer, Dialog 189.

104 Vgl. Padberg. Erasmus 146.

105 Vgl. Padberg, Witzel 194-196.

106 Vgl. Sauer, Dialog 189 f.

107 S. dazu oben S. 54.

108 Moufang, KK 468.

109 Quaestiones Catechisticae, lectu iucundae simul et utiles. Authore Georgio Wicelio, Mainz 1540. Vgl. Kötter 43 f.; Kötter gibt den Titel des Werkes nicht ganz exakt wieder. - Es lag diese Ausgabe Mainz 1541 aus der Bibliothek des Gymnasiums in Köln vor.

110 Quaestiones 1v.

111 Vgl. Trusen, Reform 22 f.

112 Vgl. Kötter 43.

113 Catechisticum examen christiani pueri ad pedes catholici praesulis. Authore Georgio Wicelio, Mainz 1541. - Ein Exemplar findet sich in der UB Köln.

114 Kötter 44 nennt den Gesprächspartner "Bischof" Es handelt sich hier wohl um eine falsche Interpretation des Titels.

115 Vgl. Sauer, Dialog 207 f.

116 Ein ähnliches Beispiel liegt vor in dem "Fragmentum paedagogiae christianae, Georg. Wicelii, Mainz 1541." Hier geht es um die häusliche Katechese; vgl. Sauer, Dialog 208; Padberg, Witzel 402-404.

117 Examen A 4r/v. Kötter hat dies übersehen. Er schreibt im 2. Teil seiner Arbeit (S. 129), die Eucharistie sei unberücksichtigt geblieben.

118 Zum Inhalt vgl. Moufang, MK 49-51.

119 Vgl. Kötter 44. Witzel spricht in seinem von Richter veröffentlichen Verzeichnis seiner Schriften von 3 Auflagen; Richter, Schriften 49. Sauer, Dialog 206 kennt nur die Ausgabe von 1545.

120 Catechismus. Instructio puerorum ecclesiae, non minus sana quam succincta. Per Georgium Wicelium, Mainz 1542. - Moufang hat diesen Katechismus für seine Sammlung übersetzt; Moufang, KK 107-134. - Ein Exemplar des Katechismus befindet sich in der UB Marburg.

121 Vgl. Moufang, MK 48.

122 Vgl. Padberg, Erasmus 145; Kötter 42.

123 Moufang, KK 133.

124 Newer und kurtzer Catechismus, das ist Christliche und gewisse Unterrichtung der jungen Christen in katholischer Kirchen, itzt zum ersten new außgangen. Durch Georgium Wicelium Seniorem, Köln 1560. - Das Werk ist abgedruckt bei Moufang, KK 467-538.

125 Der Dialog wirkt allerdings nicht mehr so lebendig wie in anderen Werken Witzels. Die Gesprächspartner halten oft lange Monologe.

126 Vgl. Padberg, Erasmus 146. Padberg beurteilt dieser Katechismus in seinen verschiedenen Beiträgen unterschiedlich; vgl. dazu Kötter 42 f.

127 Vgl. Spital, Ritualien 158-163.

128 Onomasticon Ecclesiae. Die Taufnamen der Christen, deudsch und Christlich ausgelegt. Durch Georgium Wicelium 1541. - Die Lippische Landesbibliothek in Detmold besitzt ein Exemplar. - Vgl. Richter, Schriften 63; Trusen, Witzel 167; ders., Reform 55.

129 WA 50, 146-159. Die Sammlung stammt nicht von Luther. Die Namen werden sehr willkürlich erklärt; vgl. ebda V, 135-145.

130 Onomasticon 3r. - Zum Buch vgl. Nied, E., Heiligenverehrung und Namengebung. Sprach- und kulturgeschichtlich mit Berücksichtigung der Familiennamen, Freiburg 1924, 7, 18, 23 f.; Bach, A., Die deutschen Personennamen, Berlin 1943, 363-365. Sauer, Dialog 2 f. spricht dem Werk "Bedeutung für die geschichtliche Entfaltung der deutschen Personalnamen" zu.

131 Spital, Ritualien 162; vgl. Hilpisch, St. Die Taufspendung nach der Mainzer Agende von 1551: LuM 33/34, 1963/64, 88-93, hier besonders 91; Reifenberg, Sakramente 23.

132 Vgl. Kawerau, G. Liturgische Studien zu Luthers Taufbüchlein von 1523: Zeitschrift für kirchliche Wissenschaft und kirchliches Leben 10, 1889, 597; Gülden, Leisentrit, vor allem 272-276. - Der Text ist abgedruckt ebda: 159-187.

133 Gülden, Leisentrit 273; vgl. unten den Exkurs zur Verwendung der deutschen Sprache bei der Taufe; nach Abschnitt 342.4.

134 Vgl. Massaut.

135 Vgl. Bantle, F. X., Art. Clichtoveus, in: LThK 2, 1234 f.

136 Vgl. Dagens, J., Art. Faber, Stapulensis, in: LThK 3, 1329 f.

137 Vgl. die Liste der Veröffentlichungen bei Massaut I, 32-44.

138 Massaut I, 433-438; II, 162-171.

139 Vgl. Massaut I, 43.

140 Vgl. Massaut I,10 f.

141 Vgl. Kötter 117.

142 Sermones Judoci Clichtovei Neoportuen. Doctoris theologi et Carnoten Canonici, studiosis omnibus, huic potissimum tempori (in quo de religione, et fide sacrosancta plus aequo controvertitur) summopere necessarii. In orationem dominicam, Salutationem angelicam, Duodecim articulos fidei, Decem praecepta decalogi, Et septem sacramenta ecclesiae. Item, de dominicis diebus totius anni, ac festis annualibus ..., Köln 1535. - Exemplar in der StB Trier.

143 Deutsche Übersetzung: Evangelische und Christenliche Predigen Judoci Clichtovei von dem Vatter unser, Ave Maria, Glauben, Zehen gebot, und siben Sacramenten. Lateinisch beschriben und durch Heimeran Schweller ... verteütscht, Ingolstadt 1547. - Die UB Köln besitzt ein Exemplar.

144 I.44; dabei übernimmt er aus seinen Quellen nicht alle Angaben. Die Bibliotheca Belgica 1 (Bruxelles 1964), 634 f. und die BCN geben jeweils eine weitere Ausgabe an: Paris 1548 und Köln 1564. Massaut nennt keinen Grund, warum er diese Angaben ausläßt. Zählt man sie dazu, kommt man auf 19 Auflagen. Ab der zweiten Ausgabe: Köln 1535 führt das Werk folgenden Titel: Homiliarium Iudoci Clichtovei Tripartitarum. Kötter 37 kennt übrigens nur 7 Ausgaben.

145 Bei Massaut finden sich im 3. Teil seines Werkes längere Ausführungen zu dem Predigtwerk insgesamt; vgl. vor allem II,270-284.

146 Vgl. Kötter 38.

147 Vgl. Niebergall, A., Die Geschichte der christlichen Predigt, in: Leiturgia 2,241 f., 252; Jungmann, MS I, 590.

148 Sermones 44 r.

149 Ebda 45 r/v.

150 II,271.

151 Etwa bei der Frage des gemeinsamen Priestertums; 49 v.

152 Er wird in keiner der katechismusgeschichtlichen Arbeiten genannt, auch Kötter ist er unbekannt. Richter, Pädagogische Literatur 136 nennt den Titel.

153 Vgl. Struck, Reformation; Michel, Lorich. Eine Ausnahme bildet Paulus, Lorichius.

154 Struck, Reformation 95.

155 Ebda 96.

156 Vgl. Michel, Lorich 161.

157 Vgl. Paulus, Lorichius 514.

158 Vgl. Struck, Reformation 110-115.

159 Vgl. Paulus, Lorichius 523 f.

160 Ebda 524; Michel, Lorich 171.

161 Institutio catholica fidei orthodoxae et religionis sanae, atque adeo rerum homini catholico, primitivae Ecclesiae perfectionis studioso, scitu necessariarum. Ex sacrae et canonicae Scripturae locis, Catholicorumque Scriptorum sententiis accurate digesta, per Gerhardum Lorichium Hadamarium. - (Am Ende:) Authoris aere et impensis excudebant Chri. Egen. 1536. Der Druckort ist nicht angegeben, das Buch wurde in Frankfurt gedruckt; vgl. Benzing, J., Die Drucke Christian Egenolffs zu Frankfurt am Main: Das Antiquariat 11,1953, 164. - Ein Exemplar besitzt u. a. die Stadtbibliothek Donaueschingen.

162 Institutio aa 1v.

163 Ebda aa 3r.

164 Die "remissio peccatorum" geht von 51v-52v, dann beginnen die Einschübe; "carnis resurrectio", also der 12. Artikel schließt sich erst auf 185 r an.

165 Er hat bewußt diesen Titel gewählt, sagt er im Vorwort, weil er nicht seine Meinung sagen, sondern die Lehre der Hl. Schrift und der Väter bieten will (aa 3r). Im Laufe der Ausführungen nennt er das Buch auch Katechismus (52r).

166 So beklagt er etwa bei der Erklärung des ersten Gebotes den Aberglauben bei der Bilder- und Heiligenverehrung und fährt fort: "Et superstitio haec cum ex vulgi imperitia tum ex ecclesiae rectorum dormitantia natus est"; Institutio 96r.

167 "Haeresis antichristica est coniugum damnare. Damnat autem qui coniugatum ad sacros ordines non admittit, quique ordinando coniugi interdicit"; ebda 64v.

168 Das benutzte Exemplar weist an vielen Stellen handschriftliche Marginalien und Unterstreichungen zur Hervorhebung einzelner Punkte auf.

169 Vgl. dazu Struck, Reformation 101 f.; Michel, Lorich 165-168.

170 Vgl. Pralle, Witzel 239.

171 Michel zählt mit den Übersetzungen 14 nachweisbare und vier verlorengegangene Schriften auf; Michel, Lorich 161 f.

172 Ebda 171 f.

173 "In omnibus itaque controversiis recurrendum est ad ecclesiae matricis, primitivaeque traducem, seu sanctorum series"; Institutio 50v.

174 Vgl. Gülden, Leisentrit 16,173 u. ö.

175 Vgl. Paulus, Nikolaus, Caspar von Gennep. Ein Kölner Drucker und Schriftsteller: Katholik 75 I, 1895, 408-423. Genepp

veröffentlichte 1562 einen Katechismus; vgl. die Angaben im Anhang.

176 Eyn schone Christliche underrichtung uber die X gebot, die XII artikel des Christlichen geloiven, mit dem Pater noster und der Englischer grötzen, ouch alle Artikel der gemeiner bicht wie man ieckliche sunden underscheiden sal. Alle punten bewyst mit der hilger schrift, Köln 1537. - Es lag das Exemplar der StB Köln vor.

177 Vgl. Reu 1,3,1,2,1280; siehe auch unten den Abschnitt 2/18.

178 Vgl. Hartzheim, J., Bibliotheca Coloniensis, Köln 1774, 56: "...de anno, die et loco obitus non constat."

179 Vgl. Bahlmann 28.

180 Vgl. Kötter 47; er bemerkt, sie sei "nochmals im Druck erschienen." Allerdings gibt Kötter keine Gründe für dieses "nochmals" an; seine Quellen sagen nichts über einen früheren Druck.

181 Vgl. Bahlmann 28; Jorde, F., Die ältesten Katechismen im bergischen Lande: Pädagogische Monatshefte 9,1903/04, 65-70, hier 69 f.

182 Underrichtung E 3v - E 4v.

183 Ebda E 3v.

184 Vgl. auch den Schluß des Büchleins: "Die gemeinn bicht inn kortzen wordenn (Underrichtung I 6r-7v). Bahlmann 28 erwähnt diesen Teil, der sich nach "Endt und besloiß duises boechelges" findet, nicht.

185 Zu seinem Leben vgl. Moufang, MK 22 f.; Wedewer, Dietenberger passim.

186 Fragstuck an alle Christglaubigen Joannis Dietenberger. An die Löbliche Stadt Franckfurth an dem Meyn 1529, Köln 1530. - Ein Exemplar besitzt die StB Trier. - Zum Inhalt vgl. Moufang, MK 24 f. Die 9. Frage befaßt sich mit der Taufe. - Dieses Buch wird oft als Katechismus angesehen; vgl. etwa neben den bei Kötter 45 genannten Belegen: Schmidt, E., Das Wirken des Bamberger Weihbischofs Jakob Feucht und das Vermächtnis seiner Kinderpostill für unsere Zeit, Diss. masch. Regensburg 1971, 34.

187 Iserloh, E., Art. Dietenberger 206.

188 Wedewer, Dietenberger 206.

189 Catechismus. Evangelischer bericht und Christliche unterweisung der fürnemlichsten stück des waren heyligen Christlichen glaubens, allen Christgläubigen, besonders den einfältigen Layen sehr gut nütz und zu wissen von nöten, auffs aller kürtzest in schrifft verfaßt durch D. Johann Dietenberger, Mainz 1537. - Abgedruckt bei Moufang, KK 1-105. Vgl. Moufang, MK 24-35.

190 Zum Erscheinungsjahr vgl. Kötter 44 f.

191 Vgl. Kötter 46; er zählt 10 Auflagen. Eine weitere von 1614 erwähnt Horst, U., Das Verhältnis von Heiliger Schrift und Kirche bei Johannes Dietenberger: ThPh 46,1971,223-247, hier 223. Thalhofer, Entwicklung 33 erwähnt, Dietenbergers Katechismus habe die Katechismuspredigten des Bartholomäus Wagner von 1609 beeinflußt.

192 Vgl. Moufang, MK 35; Wedewer, Dietenberger 209.

193 Iserloh, Dietenberger 382; siehe Anm. 187.

194 Vgl. Paulus, Dominikaner 188; Probst, Katechese 134.

195 Vgl. Fricke, Luthers KK 181-183; Albrecht, O.: in: WA 30,1, 197; Paulus, Dominikaner 189.

196 Moufang, KK 3.

197 Vgl. ebda 3 f.; Mitterhöfer 37.

198 Vgl. Moufang, KK 3.

199 Ebda 79.

200 Vgl. Hofinger, Geschichte 175.

201 Vgl. Arnold, Dienst 23.

202 Merk 13.

203 Vgl. Braunisch, Rechtfertigung 1.

204 Canones Concilii Provincialis. Sub Reverendiss. in Christo patre ac domino. D. Hermanno S. Coloniensis ecclesiae Archiepiscopo, sacri Rom. Imp. per Italiam Archicancellario, principe Electore, Westphaliae et Ang. duce, Legatoque nato, et Administratore Paderb. celebrati. Anno 1536. Quibus adiectum est Enchiridion Christianae institutionis, Köln 1538. - Exemplar in der StB Trier.

205 Braunisch, Rechtfertigung 27; vgl. Meier, Enchiridion 290-294.

206 Vgl. Braunisch, Rechtfertigung 27-29; Braunisch zitiert die entsprechenden Stellen. Vgl. Kötter 48-50.

207 Vgl. Braunisch, Rechtfertigung 58 f.

208 Capita institutionis ad pietatem ex s. scripturis et orthodoxa Catholicae Ecclesiae doctrina et traditione excerpta, in usum pueritiae apud divum Gereonem Coloniae Agrippinae. Per D. Ioannem Gropper, Doctorem eiusdem Ecclesiae Scholasticum, Köln 1546. - Exemplar in der StB Trier.

209 Vgl. unten Abschnitt 2/15.

210 Wie bei haltung unnd reichung der heiligen Sakramenten die Priester den Seelsorge bevohlen, das volck underrichten mögen vonn dem wesen und wirkung derselben unnd dere Ceremonien, so dar bei in Catholischer Kirchenn gebraucht wer-

den. Durch Johan Gröpper, Doctor, Archidiacon der Kirchen zu Cöllen, Köln 1549. - Ein Exemplar der 2. Auflage von 1557 befindet sich in der StB Trier.

211 Institutio catholica, Elementa Christianae pietatis succincta brevitate complectens, Cui subiungitur Isagoge, ad pleniorem cognitionem universae Religionis Catholicae. Omnibus ad sacros Ordines et Ecclesiastica ministeria provectis, et provehendis apprime necessaria. Per Ioannem Gropperum, D. Propositum Bonnensem et Archidiaconum in Ecclesia Coloniensi, Köln 1550. - Exemplar in der StB Trier.

212 Vgl. Braunisch, R., Cardinalis designatus. Zur Ablehnung des Roten Hutes durch Johannes Gropper: Annalen des historischen Vereins für den Niederrhein 176, 1974, 58-82.

213 Zu Groppers Leben vgl. Lipgens, Gropper; ders., Johannes Gropper, designierter Kardinal (1503-1559), in: Rheinische Lebensbilder 2 (Düsseldorf 1966), 75-91; ders., J. Gropper, in: NDB VII (1966), 133-136; Lutz, H., Art. Gropper, in: LThK 4,1241 f.

214 Durch Einwände der Clevischen Behörde, deren Land zum Bereich der Kölner Erzdiözese gehörte, verzögerte sich der Druck um 2 Jahre; vgl. Kötter 50. Wohl auch, weil das "Enchiridion" nicht rechtzeitig fertig wurde; vgl. Meier, Enchiridion 292-294.

215 Vgl. Braunisch, Rechtfertigung 51-55.

216 Vgl. ebda 36 f.; Limburg, Libellus. Limburg hat als erster direkte Textparallelen nachgewiesen. Vgl. dazu auch Meier, Enchiridion 297.

217 So behauptet u. a. Lipgens in seinen Beiträgen; vgl. etwa Lipgens, Gropper 47. Kötter 48 übernimmt diese Behauptung.

218 Vgl. Braunisch, Rechtfertigung 35 f., 39-41; vgl. Meier, Enchiridion 296 f.

219 Vgl.Braunisch, Rechtfertigung 129 f. - Stupperich, Humanismus 18 hatte zum ersten Male auf diese Abhängigkeit Groppers von Melanchthon aufmerksam gemacht. Braunisch, Rechtfertigung hat diese Abhängigkeit an vielen Stellen seines Werkes nachgewiesen.

220 Vgl. Braunisch, Rechtfertigung 49 f.; Kötter 52 f.; Meier, Enchiridion 294 f.

221 Institutio compendiaria doctrina christianae, in Concilio Provinciali pollicita.

222 Canones 25r/v; eine englische Übersetzung findet sich bei Fisher, Christian Initiation 43 f.

223 Enchiridion 49r.

224 Vgl. ebda; ein ähnlicher Gedankengang findet sich bei der Einleitung zum Gebet (218v) und zum Dekalog (251r); vgl.

Braunisch, Rechtfertigung 47, 298 f., 303; Bönig, Enchiridienliteratur 248.

225 Vgl. Limburg, Libellus 8; Braunisch, Rechtfertigung 48 f.

226 Vgl. Enchiridion 76r-78r.

227 Vgl. ebda 78r.

228 Eine auszugsweise englische Übersetzung des Tauftraktates findet sich bei Fisher, Christian Initiation 45-53.

229 Vgl. neben der Arbeit von Braunisch über die Rechtfertigungslehre des "Enchiridion" auch Kötter 53.

230 Lipgens, Gropper 225 zählt 18 Ausgaben. Meier, Enchiridion 312 spricht von "rund vierzig Nachdrucken". Er beschreibt (302-306) die "Verbreitung durch den europäischen Buchdruck" und bietet im Anhang zu seinem Aufsatz (314-328) eine genaue Bibliographie aller Ausgaben des "Enchiridion".

231 Vgl. Braunisch, Rechtfertigung 37-39; Meier, Enchiridion 298-301.

232 Vgl. Braunisch, Rechtfertigung 39-41.

233 Vgl. ebda 44 f.; Kötter 51 f.

234 Vgl. das Vorwort, Moufang, KK 243 f.

235 Vorwort, Moufang, KK 244.

236 Hauptartikell Christlicher underrichtung zur gottseligkeit. Auch ein Betbüchlein, uß Göttlicher Schrifft und den heiligen Vättern gezogen. Durch Doctor Johan Gropper, Scholaster zu Sanct Gereon in Cöllen. Verteutscht und gedruckt durch Jaspar von Gennep, Köln 1547. - Abgedruckt bei Moufang, KK 243-316; das Betbüchlein hat Moufang nicht aufgenommen. - Verschiedene unklare Aussagen über die Identität der "Capita Institutionis" und de "Hauptartikell" und ihr Verhältnis zueinander hat Kötter (57, Anm. 170) geklärt.

237 Libellus piarum precum. Ad usum puericiae apud Divum Gereonem Coloniae Agrippinae. Per Ioannem Gropper, Doctorem eiusdem Ecclesiae Scholasticum, Köln 1546. - Vgl. Kötter 55-57; Limburg, Libellus; ders., Das Votivoffizium von der Menschwerdung in Johannes Groppers Libellus piarum precum (1546). Masch. Diss. zum Lizentiat, Trier 1967.

238 Vgl. Kötter 56.

239 Kötter 54 nennt in Ergänzungen der Angaben bei Lipgens (Gropper 227 f.) 12 Auflagen. Dabei wird nicht ganz klar, ob die deutschen Übersetzungen (1547 und 1557) mitgezählt sind.

240 Institutio d 1v/2r.

241 "Ad Pleniorem Cognitionem Doctrinae Catholicae Ecclesiae"; ebda 189.

242 Vgl. das Vorwort; Institutio d 1v/2r.

243 Institutio 116.

244 Ad Donatum 2-5; CSEL 3,1,4-8; vgl. Altaner-Stuiber, Patrologie 174.

245 Vgl. Lipgens, Gropper 228.

246 Vgl. unten Ph. Archinto; Abschnitt 2/12.

247 Vgl. Jedin, H., Art. Contarini, in: LThK 3,49 f.

248 Vgl. Kötter 85; Lauchert, Gegner 379 f.

249 Vgl. Bäumer, R., Art. Morone, in: LThK 7,641.

250 ΚΑΤΗΧΗΣΙΣ sive christiana instructio.

251 Vgl. Moufang, KK 558, dort werden 2 Ausgaben erwähnt. Die erste Auflage dürfte demnach schon 1542 gedruckt worden sein. Kötter 84 nimmt an, das Werk sei erst 1553 im Druck erschienen. 1558 wurde das Büchlein in Krakau verlegt; Exemplar in der Bibliothek der Erzabtei Beuron.

252 Vgl. Kötter 84; Hünermann, F., Gasparo Contarini, Gegenreformatorische Schriften (1530-1542) (= Corpus Catholicorum 7) Münster 1923, XXVII-XXXIII.

253 Catechesis, oder Kurtze Summa der Lehre der heiligen Christlichen Kirchen, für die Kinder und einfeltigen. Gestellet in Lateinischer Sprach, durch den Hochwürdigsten in Gott, Vatter und Herrn, Herrn Gaspar Contarenum, der heiligen Römischen Kirchen Cardinal etc. Der Catholischen jugent und den einfeltigen zu nutz verdeutscht. Durch M. Stephanum Agricolam Augustanum, Dillingen 1560. - Diese Ausgabe ist abgedruckt bei Moufang, KK 539-558; sie wird im folgenden zitiert. - Zu dem Übersetzer St. Agricola vgl. ebda 539.

254 Moufang, KK 541.

255 Vgl. Machatschek, 691-751; Lobeck; Kaliner 3-6.

256 Vgl. Moufang, MK 43, Anm. 6. Kötter 61 schreibt, schon der Nachfolger von Maltitz habe resigniert; er beruft sich dabei auf Saft, P. F., Art. Meißen, in: LThK 7, 244. Dort werden allerdings nicht alle Bischöfe von Meißen aufgezählt.

257 Vgl. Kaliner 3 f.

258 Vgl. Machatschek 700; Lobeck 117; Kaliner 6.

259 Vgl. Lentner, Religiöse Unterweisung 152.

260 Christliche Lere zu gründtlichem Unterricht des rechten Glaubens und Gotseligen wandels, Durch den Hochwirdigen in Got Fürsten und Herrn, Herrn Johansen, Bischofen zu Meyssen, allen frommen Christen, und in sonderheit seinem befohlenen Volck, zur besserung fürgestelt, Mainz 1541. - Die zweite Auflage: Mainz 1542 ist abgedruckt bei Moufang, KK 135-242.

261 Vgl. Kötter 60.

262 Stupperich, Humanismus 41; vgl. Lobeck 100.

263 Zum Inhalt vgl. Moufang, MK 45; Lobeck 100-110; Kaliner 18 f.

264 Lobeck 102, Anm. 64 schreibt, die Taufe würde nur zweimal erwähnt. Er zitiert dann aber selbst mehrere Stellen.

265 Vgl. Merk 13 f.

266 Vgl. Stupperich, Humanismus 40.

267 Vgl. ebda 41; Moufang, MK 44.

268 Vgl. Fricke, Luthers KK 181; MK 45; Lobeck 112 f.

269 Vgl. Stupperich, Humanismus 40 f.; Lobeck 110f.

270 Vgl. die verschiedenen Meinungen bei Stupperich, Humanismus 40 f; Lobeck 111 f.; Kaliner 8-10.

271 Vgl. Lobeck 111.

272 Zu Pflug vgl. Offele, W., Ein Katechismus im Dienste der Glaubenseinheit. Julius Pflugs "Institutio Christiani Hominis" als katechetischer Beitrag zur interkonfessionellen Begegnung (= Koinonia. Beiträge zur ökumenischen Spiritualität und Theologie, Bd. 6) Essen 1965; Kötter 105-111; Kaliner.

273 Kaliner 16.

274 Vgl. Gollob, Nausea 125.

275 Vgl. Brück, Domprediger 136 f.; Herrmann, Bewegung 192.

276 Vgl. Moufang, MK 17.

277 Catholicus Catechismus Friderici Nauseae Blancicampani, Episcopi Viennensis, invictissimi Caesaris etc. Ferdinandi a sacris studiis et Consiliis, in catholicum Catechismum libri sex. Ad sacrosanctae Catholicae ecclesiae, eiusdemque fidei, pietatis et religionis reparationem, auctionem et conservationem. Universis Ecclesiasticis non modo profuturi, sed et pernecessarii, Köln 1543. - Exemplar in der StB Trier. Bei Moufang, MK 18 findet sich ein etwas anderer Titel; es könnte sich um eine andere Ausgabe des Jahres 1543 handeln.

278 Vgl. Catechismus a 3r; Kötter 62.

279 Zu Nauseas Leben vgl. die Angaben bei Gollob, Nausea; Metzner, Nausea; Bäumer, R., Art. Nausea, in: LThK 7,847; Kawerau, G., Art. Nausea, in: [3]RE 13,669-672.

280 Vgl. Gollob, Nausea 95.

281 Vgl. Catechismus a 5r; Kötter 63; Gollob, Nausea 95.

282 Catechismus a 3r.

283 Vgl. Kötter 65

284 In einigen Auflagen ist allerdings das 6. Buch weggefallen.

285 Vgl. Kötter 176-181.

286 Zum Inhalt vgl. Moufang, MK 18.21; Metzner, Nausea 76 f.

287 Catechismus 21v.

288 Ebda 22r.

289 S. u. den Abschnitt 351.12.

290 Vgl. Gollob, Nausea 34 f.

291 Lentner, Unterweisung 139, vgl. 139-145.

292 Padberg, Erasmus 151, vgl. Bellinger, Catechismus Romanus 72.

293 vgl. Kötter 63 f. - Die "Libri quinque", vgl. oben Anm. 284, erschienen erstmals 1544 in Antwerpen; vgl. Richter, Pädagogische Literatur 62; BCN 2059. Diese Angabe findet sich auch in dem handschriftlichen Bibliothekskatalog der früheren Trierer Universität, der um 1696 geschrieben wurde (StB Trier, MS 2228/1815). Kötter 64 ist sich dieser Angabe nicht sicher.

294 Friderici Nauseae Episcopi Viennensis ... in catholicum Catechismum libri quinque. - Exemplare in der StB Trier.

195 Examen ordinandorum. Ad quaestiones sacrorum ordinum, candidatis proponendas, aptae et piae responsiones, Catholicam veritatem succinta brevitate indicantes. Per religiosum et eruditum virum F. Ioannem Ferum, maioris Ecclesiae Moguntinensis Concionatorem, et Coenobii S. Francisci Guardianum.

296 Das Tridentinum schreibt 1563 ein der Weihe vorausgehendes Examen vor, das später in den Codex iuris Canonici, can 996 übernommen wurde; Tridentinum, sessio XXIII, Decreta super reformatione publicata c 14 Concilium Tridentinum. Diariorum, Actorum, Epistularum, Tractatuum nova collectio, ed. Societas Goerresiana, 9 (Freiburg 1924), 627.

297 Vgl. Moufang, MK 58 f.; Brück, Domprediger 138 f.; Pax, E., Art. Wild, in: LThK 10,1123.

298 Vgl. Moufang, MK 58 f. Wild und Kuchenmeister sind Kötter unbekannt geblieben; vgl. Kötter 15, Anm. 62a.

299 Christianum de Fide, et Sacramentis edictum, Ingolstadt 1546. - Exemplar in der UB Bonn.

300 Lauchert, Gegner 473.

301 Vgl. Lortz, Reformation II, 192.

302 Ebda; vgl. auch Padberg, Erasmus 152. Über das Jahr und die Gründe des Wechsels finden sich in der Literatur keine Angaben.

303 **Lauchert**, Gegener 467 nennt neben den Ausgaben Rom 1545 und Ingolstadt 1546 noch eine weitere Auflage: Turin 1549.

304 Fussenegger, G., Art. Archinto, in: LThK 1, 825; vgl. Jedin, Trient I, 355.

305 Vgl. Jedin, Trient II, 323 f., 463.

306 Vgl. ebda 463.

307 Archinto kennt eine ganze Reihe von Wegen solcher Vergebung: Edictum 26v.

308 Institutionis Christianae libri tres priores: Iussu Reverendissimi Domini D. Othonis Cardinalis et Episcopi Augustani a doctis Theologis lecti et probati, ac illius authoritate editi. Authore R. **P. D.** Petro de Soto dominicano ... Augsburg 1548. - Exemplar in der StB Trier.

309 Kötter 80.

310 Ebda.

311 Vgl. Moufang, KK 317.

312 Compendium doctrinae catholicae, in usum plebis christianae recte instituendae, ex libris institutionis christianae R. **P.** Petri de Soto collectum, additis cuique loco aptis precatiunculis: et adiuncta brevi explicatione Ecclesiastici cultus, maxime sacrae missae, Ingolstadt 1549. - Exemplar in der SB München.

313 Khurtzer begriff Catholischer lehr, dem gemainen Christlichen volck zu nutzlichem underricht, auß des hochwürdigen Vatters Herrn **P**eters von Soto, prediger Ordens, Theologen, und der Röm. Kay. May. Beichtvatters büchern, so er von Christenlicher lehr geschrieben, außgezogen. ..., Ingolstadt 1549. Moufang hat diesen Katechismus in seine Sammlung aufgenommen, KK 317-364.

314 Vgl. **P**ozo, C., Art. Soto, in: LThK 9,898; Quetif II, 183 f.

315 Vgl. Libri tres 4r.

316 Vgl. ebda.

317 Vgl. Moufang, KK 321; zum Ganzen auch Kötter 81 f.

318 Vgl. Moufang, KK 321.

319 Vgl. ebda; Mitterhöfer 37.

320 Zu den bei Kötter 81 genannten Ausgaben kommt noch: Antwerpen 1556; vgl. Quetif 184.

321 Vgl. Kötter 68; dort werden 20 Auflagen genannt.

322 Vgl. Evelt, Schopper, hier 79.

323 Winterfeld 76.

324 Evelt, Schopper 79.

325 Vgl. ebda 80 f.; Reu 1,3,1,2,1139. Umstritten ist, ob Lambach, der trotz seines geistlichen Standes 1547 geheiratet hatte und später für die Belange der Evangelischen in Dortmund eintrat, eigenes Gedankengut einfließen ließ. Schöppers Predigten wurden auch von evangelischen Predigern gebraucht; vgl. Winterfeld 129; Reu 1,3,1,2,1139.

326 Evelt, Schopper 76.

327 Vgl. Schröder 374.

328 Vgl. Schröder 375; Evelt, Schopper 76 f.; Winterfeld 82, 143 f. Eines der Schauspiele, "Monomachia Davidis et Goliae", wurde 1564 auf den römischen Index gesetzt. Ein Grund dafür wird in der Literatur nicht angegeben.

329 Vgl. Schröder 374; Evelt, Schopper 76.

330 Vgl. Winterfeld 84, 121-143. Interessant ist bei diesem Buch vor allem die Umformung des Römischen Kanons. Man tilgte alle Hinweise auf das Opfer und die Fürbitten für die Abwesenden und Verstorbenen; vgl. Winterfeld 84; Reu 1,3,1,2, 1140 f.

331 Sein Todestag ist ungewiß; vgl. Evelt, Schopper 80.

332 Evelt, Schopper 75; dort steht dieses Zitat ohne nähere Quellenangabe als Motto des Aufsatzes.

333 Vgl. Kötter 66-68.

334 Vgl. auch Reu 1,3,1,2,1136 f.; Reu druckt die den Katechismus betreffenden Teile ebenfalls ab.

335 Hier wird die Genugtuung nicht erwähnt.

336 Vgl. Kötter 66 f.

337 Catechismus brevis et catholicus, in gratiam Iuventutis Tremonianae conscriptus, denuo recognitus et auctus. Authore Jacobo Schoeppero Ecclesiasta apud aedam Matri virgini sacram, Dortmund 1549. - Exemplar in der UB Münster.

338 Catechismus D 4v/5r; vgl. (Evelt), Katechismus 467. - Dieser Aufsatz erschien anonym. Kötter vermutet als Autor C. Moufang. Evelt gibt in seinem 2. Aufsatz (Schopper 84, Anm. 2) an, daß er der Verfasser sei.

339 S. o. Abschnitt 28.

340 Vgl. Evelt, Schopper 77; Winterfeld 81; Reu 1,3,1,2,1137; Kötter 66 f.

341 Evelt, Schopper 82; Kötter 66.

342 Winterfeld 110.

343 Catechismus A 2r.

344 Zum Aufbau vgl. (Evelt), Katechismus 455-458; Kötter 68 f.

345 Catechismus D 5 r.

346 Vgl. Soto, Compendium (Moufang, KK 317); Fabri, Catechismus (Moufang, KK 415). Auch Canisius beginnt seine Katechismen in dieser Form; vgl. Moufang, KK 558, 614.

347 Catechismus brevis et catholicus, in gratiam Iuventutis conscriptus, Autore Jacobo Schoeppero Ecclesiasta Tremoniano. Cui accessit pium diurnarum precum Enchiridion, ex quo pueri toto die cum Deo colloqui discant, Antwerpen 1554. - Exemplar in der StB Trier. - Da hier im Titel der Bezug: für die Jugend von Dortmund fehlt, bemerkt Kötter (68, Anm. 222), das Werk sei "dem Titel nach jetzt nicht nur mehr für die Jugend von Dortmund bestimmt". Die Aussage ist in dieser Form zu verallgemeinernd, da sich der Bezug in der Ausgabe Köln 1570 wieder findet. Ein Exemplar dieser Ausgabe besitzt die StB Trier, Kötter hat sie wohl übersehen.

348 Vgl. Kötter 68, 186-188.

349 Catechismus 1554, A 3v/4r.

350 Winterfeld 84.

351 Reu 1,3,1,2,1139.

352 Ebda 1138; Reu verweist auf Anklänge an Luthers Kleinen Katechismus.

353 Vgl. Kötter 68.

354 Dortmund (1548), 1549, 1555, Zwoll 1551, Wesel 1554, Antwerpen 1554, 1555, 1557, 1559, 1562, 1568, Köln 1560, 1570; deutsche Übersetzung: Köln 1562. Unwahrscheinlich ist die Angabe bei Hofinger, Geschichte 281: Die erste Ausgabe sei 1548 in Antwerpen erschienen.

355 Institutionis Christianae, praecipuaeque doctrinae summa concionibus aliquot succinctis iuxta ac Catholicis comprehensa, nunc primum et aedita et typis excusa, homini cuivis Christiano lectu cognituque valde necessaria, Köln 1555. - Exemplar in der UB Freiburg.

356 Vgl. das Widmungsschreiben des Verlegers: Summa a 2r-3v; Kötter 69. Vgl. Hofinger, Geschichte 43; Kötter 70.

358 Summa 1 v.

359 Ebda 107r-113v.

360 Vgl. das Quellenverzeichnis. - Ein Exemplar findet sich in der Landesbibliothek Dortmund.

361 Köln 1555, 1561, 1569, 1570, Paris 1556, 1557, Dortmund 1561, 1565; Übersetzungen: Augsburg 1558, Köln 1562 und 1572.

362 Vgl. Lortz, J. - Iserloh, E. Kleine Reformationsgeschichte (= Herder Taschenbuch 342/43) Freiburg 1969, 172.

363 An der Ausarbeitung war auch Gropper beteiligt; vgl. oben den Abschnitt 28.

364 Vgl. Lenhart, Mainzer Synoden 67 f.; Herrmann, Bewegung 37.

365 Vgl. Lenhart, Mainzer Synoden 72.

366 Vgl. oben den Abschnitt 2/13 über Soto.

367 Vgl. unten den Abschnitt 2/16 über Helding.

368 Vgl. Caspar, Trier 68.

369 Vgl. ebda 76.

370 Vgl. ebda 75-79; Beumer, Die Provinzialkonzilien 269-299.

371 Christianae institutionis Liber, complectens Tractatum septem Sacramentorum, expositionem Symboli Apostolici, Orationis Dominicae, et decem mandatorum Dei, aeditus in Concilio Provinciali Trevirensi. Anno Iesu Christi 1549, Köln 1549. - Exemplare in der StB Trier; das Werk ist abgedruckt bei Blattau, J., Statuta Synodalia, Trier 1844 ff., Bd. 2,185-228.

372 Vgl. Keil, A., Ambrosius Pelargus O. P. Ein Verkündiger der Wahrheit in schwerer Zeit: AMrhKG 8, 1956, 181-223.

373 Reuß, P. A., Geschichte des bischöflichen Priesterseminars (Seminarium Clementinum) zu Trier, Trier 1890, 12; vgl. Molitor, H., Kirchliche Reformversuche der Kurfürsten und Erzbischöfe von Trier im Zeitalter der Gegenreformation (= Veröffentlichungen des Instituts für europäische Zeitgeschichte Mainz, Abteilung abendländische Geschichte, Bd. 43) Wiesbaden 1967, 218; Kötter 71 f.

374 Vgl. Zenz, E., Die Trierer Universität 1473-1798 (= Trierer geistesgeschichtliche Studien, Bd. 1) Trier 1949, 32 f.

375 Vgl. Liber A 2 v.

376 Vgl. ebda A 3 v/4r.

377 Vgl. dazu: Glade, Winfried, Der Katechismuskommentar des Trierer Universitätsprofessors Macherentinus und seine Vorgeschichte, in: Verführung zur Geschichte. Festschrift zum 500. Jahrestag der Eröffnung einer Universität in Trier 1473 1973, hrsg. von Droege, G., Frühwald, W., Pauly, F., Trier 1973, 187-197.

378 Vgl. Zeeden, E. W., Art. Albrecht von Brandenburg, in: LThK 1,291 f.

379 Vgl. dazu die verschiedenen Angaben bei Pfeilschifter, ARC IV. Die entsprechenden Stellen werden im folgenden zitiert und erwähnt.

380 Ebda 77.

381 Ebda.

382 Vgl. ebda 108 und 120.

383 Vgl. Moufang, MK 56 f.; Herrmann, Bewegung 27-35; Cardauns,

Geschichte 79, 213, 256; Feifel, Grundzüge 21,52; Lenhart,
Mainzer Synoden 93, 95, 102 f. - Auf der Diözesansynode und
dem Provinzialkonzil wird die Abfassung eines Katechismus
gefordert. Dies wäre nicht erklärbar, wenn Albrecht solch
ein Werk schon hätte erarbeiten lassen. - Vgl. Kötter 15,
Anm. 62 a; mit den hier gemachten Angaben dürfte zumindest
ein Ansatzpunkt für eine weitere Untersuchung gegeben sein.
Zu den bei Kötter (ebda) noch genannten Katechismen "W. von
Dalberg (1551)" und "Heinrich Kispenning (1566)": Bei Dalberg könnte es sich um eine falsche Jahresangabe handeln.
Erzbischof Wolfgang von Dalberg veröffentlichte 1599 die
"Agenda Ecclesiae Moguntinensis". Ihr war der kleine Katechismus des Canisius beigedruckt; vgl. Moufang, MK 73-76.
Der Katechismus ist abgedruckt bei Moufang, KK 613-622. -
Ein Exemplar dieser Agende befindet sich u. a. in der Bibliothek der Pfarrei St. Johannes in Marburg/Lahn.
Heinrich Kispenning verfaßte einen Katechismus, der offenbar
nicht gedruckt wurde; vgl. die Angaben im Anhang. Die Handschrift befindet sich im Archiv der evangelischen Kirchengemeinde in Wesel; vgl. Rotscheid, W., Heinrich Kispenning
und sein Katechismus vom Jahre 1566: Monatshefte für rheinische Kirchengeschichte 24,1930,3-7. Zu einem von Kispenning herausgegebenen Gebetbuch vgl. Schrott, A.. Das Gebetbuch in der Zeit der katholischen Restauration: ZKTh 61,
1937,1-28, 211-257, hier 17 f.; vgl. auch Derville, A., Art.
Kyspenning, in: Dictionaire de Spiritualite VIII (Paris
1974), 1786.

384 Feifel, Grundzüge.

385 Vgl. ebda 52.

386 Ebda 21.

387 Ebda 52.

388 Vgl. Lenhart, Mainzer Synoden, passim.

389 Vgl. Feifel, Grundzüge 10, Anm. 2; Raab, H., Art. Helding,
in: LThK 5,207; Kawerau, G., Art. Helding, in: [3]RE 7,610-613; Herrmann, Bewegung 196 f.

390 Feifel, Grundzüge 3; vgl. Kötter 73.

391 Feifel, Grundzüge 254.   392 Ebda 254; vgl. 255.

393 Vgl. Catechismus 1r.

394 Catechismus. Christliche Underweißung und gegründten Bericht nach warer Catholischer lehr uber die fürnemste
stücke unseres heiligen Christen Glaubens. Nemlich: Von den
zwölff Articklen unseres heiligen Christen glaubens.Von dem
Gebeth Vatter unser. Von dem Englischen Gruß. Von den zehen
Gebotten. Von den heiligen Sacramenten.. Gepredigt zu Meyntz
im Dhum Stifft durch Herrn Michaeln Bischoff zu Merseburg
der zeyt Suffraganeen, Mainz 1551. - Exemplar in der StB
Trier.

395 Catechismus 1v.

396 Ebda.

397 Ebda 2r, 3v/4r.

398 Vgl. oben den Abschnitt 2/11.

399 Zu ihrer Stellung im Gesamt, vgl. Kötter 75.

400 Catechismus 162 r-182 r.

401 Catechismus 163 r. Vgl. zu dieser Aussage das entsprechende Bild; Catechismus 155r: Aus dem Taufbecken wächst ein Baum mit Abbildungen der übrigen Sakramente hervor.

402 Catechismus 164 r.

403 Vgl. Kötter 203, der Ähnliches über den Eucharistietraktat schreibt.

404 Catechismus 164v/165r und BSLK 515 f. (Kleiner Katechismus) und 693 f. (Großer Katechismus).

405 Catechismus 171 r.

406 Ebda 172 v.

407 Ebda 173 v.

408 Ebda 173v/174r.

409 Vgl. Kötter 75.

410 Catechismus Catholicus. Reverendiss. quondam Dn. Michaelis Episcopi Merspurgensis, in conciones 84 sane pias et eruditas pulchre distributus continens Explicationem Symboli Apostolici, Orationis Dominicae, Salutationis Angelicae, Decalogi, Septem Sacramentorum. Nunc primum Latinitate donatus per Tilmannum Bredenbachium Embricens, Köln 1562. - Exemplar in der StB Trier.

411 Vgl. Kötter 75.

412 Constitutiones Concilii Provincialis Moguntini, Sub Reverendiss. in Christo Patre et Ampliss. Principe et Domino, Dn. Sebastiano Archiepiscopo Moguntino, Sacri Roma. Imperii per Germaniam Archicancellario et Principe Electore, etc. sexta Maii, Anno Domini M. D. XLIX. celebrati. His accessit Institutio Ad pietatem Christianam, secundum Doctrinam catholicam, complectens Explicationem Symboli Apostolici, Orationis Dominicae, Angelicae Salutationis, Decalogi, et septem Sacramentorum, Mainz 1549. - Exemplar in der StB Trier.

413 Vgl. Kötter 76 f.; Kawerau, Helding 611; Lenhart, Mainzer Synoden 106,108. Eine Gegenschrift von Johann Wigand, einem lutherischen Prediger, aus dem Jahre 1550 nennt im Titel Helding (Sidonius) als Verfasser; vgl. Paulus, Helding 428.

414 Vgl. Kötter 78.

415 Constitutiones 5r.

416 Institutio 144r-159v.

417 Exemplar in der StB Trier.

418 Brevis institutio ad christianam pietatem secundum doctrinam Catholicam, continens: explicationem Symboli Apostolici, Orationis Dominicae, Salutationis Angelicae, decem praeceptorum, septem sacramentorum. Ad usum puerum nobilium, qui in aula Reverendiss. In Christo Patris et amplissimi Principis Electoris etc. erudiuntur. Per R. in Christo Patrem ac D. D. Michaelem Episcopum Sidoniensem et Suffraganeum Mogunt., Mainz 1549. - Exemplar in der StB Trier.

419 Vgl. Kötter 79.

420 Ins Deutsche: Catechesis. Das ist, Kurtze Erklerung unseres H. Christlichen Glaubens, Nemlich: Des Apostolischen Symbels. Des Vatter Unsers. Des Englischen Gruß. Der zehen Gebott und Der Heiligen Sacramenten. Erstlich Lateinisch, durch den Hochwirdigen Fürsten und Herren, Herrn Michaeln Bischoffe zu Mersenburg beschrieben. Und volgents durch den Ehrwirdigen Herren Johannem Chrisostomum Abt zu S. Jacob bey Meyntz, mit zugethanem Beichtbüchlin ins Deutsch trewlich verordnet, Mainz 1555. Eine Ausgabe der 2. Auflage: Mainz 1557 ist abgedruckt bei Moufang, KK 365-414. Der Katechismus wird nach diesem Abdruck zitiert. - Eine französische Übersetzung erschien 1563 in Paris; vgl. Richter, Pädagogische Literatur 63 f.

421 Vgl. Merk 5 und 18-20.

422 Catechesis (Moufang, KK 405); vgl. Catechismus 250 r - 256 v; Institutio 237 r - 244 r.

423 Vgl. Paulus, Dominikaner.

424 Vgl. Buxbaum, Fabri.

425 Ebda 49.

426 Die bisher allgemein angenommene Tätigkeit als Domprediger in Augsburg 1534 bezweifelt Buxbaum; vgl. ebda 50 f.

427 Vgl. ebda 51 f.

428 Ebda 52-54.

429 Vgl. ebda 55 f.

430 Ebda 57.

431 Vgl. die Liste der Werke bei Siemer, Geschichte 109-114.

432 Ain Christenlicher, rainer Catechismus. Das ist, bericht und underweisung der glaubigen, der Jugent sehr gut, nutz, tröstlich und zu wissen von nöten, gantz kurtz und trewlich durch ain Fridliebenden beschrieben, Augsburg o. J. - Abgedruckt bei Moufang, KK 415-464.

433 Vgl. die Angaben bei Kötter 83.

434 Vgl. Paulus, Schriftsteller 222; ders., Dominikaner 238 f.; Reu, Literatur 127-130.

435 Vgl. Paulus. Dominikaner 238 f.

436 Vgl. Kötter 83.

437 Vgl. ebda; Moufang, KK 465.

438 Vgl. Moufang, KK 415-417.

439 Vgl. ebda 417-419.

440 Paulus, Dominikaner 238; vgl. Lortz, Reformation II, 184.

441 Vgl. ebda.

442 Über dieses Thema hatte er ein Buch gegen die Wiedertäufer geschrieben; vgl. Paulus, N., Johann Fabri aus Heilbronn: Katholik 72 I, 1892, 17-35, 108-127, hier 28.

443 Vgl. Arnold, Dienst 23 f.

444 Reu, Literatur 127,130; Reu 1,3,2,3,1657.

445 Lentner, Unterweisung 88.

446 Zum Buch vgl. Paulus, Schriftsteller 221 f.; ders., Der Benediktiner Wolfgang Seidl: Historisch-politische Blätter 114 I, 1894, 165-185, hier 181.

447 Vgl. Bäumer, R., Art. Paulus, in: LThK 8,235.

448 Primordia Christianae religionis. Per Ewaldum Vincium Novesiensem in profectum Petri Billici, Agrippinensis tyrunculi καϑολικῶς repetita. Aeditio altera, Ab Autore aucta et recognita, Köln 1553. - Exemplare in der SB München und der UB Freiburg.

449 Vgl. Primordia A 3r.

450 Paulus, Vincius 187-189.

451 Vgl. Postina, A., Der Karmelit Eberhard Billick, (= Erläuterungen und Ergänzungen zu Janssens Geschichte des deutschen Volkes II, 2. und 3. Heft) Freiburg 1901. Postina erwähnt den Katechismus und seinen Verfasser auf S. 3 und 225, er beruft sich dabei auf Paulus, Vincius.

452 Dort aufbewahrt unter der Nr. 37; laut freundlicher Auskunft des Herrn Stadtarchivars Lange (Brief vom 7.4.1972). Diese Urkunde wurde u. a. benützt von Tücking, K., Geschichte der kirchlichen Einrichtungen in der Stadt Neuss, Neuss 1890.

453 Neuss war der Vorort einer Dekanie bzw. Christianität, die dem Kölner Domdechanten mit dem Titel eines Archidiakons von Neuss unterstand. Sein Offizial bzw. Dechant führte den Vorsitz bei der Versammlung (Send) aller Pfarrer dieses Bezirks; vgl. Tücking, Geschichte 127 f.

454 Eine Anfrage an das Historische Archiv der Erzdiözese Köln um weitere Nachrichten zu Vincius war ergebnislos (Antwort

vom 20.4.1972).

455 "Iam vero quum ingeniolum tuum nonnihil per adhibitam unius anni educationem augumentatum videatur, par est, ut institutionis etiam augeatur sagina"; Primordia A 4v.

456 Vgl. auch Paulus, Vincius 188.

457 Primordia A 2r-A 3r.

3 DIE TAUFE IN DEN KATECHISMEN

31 Das Wesen der Taufe

Die Frage nach dem Wesen der Taufe ist gleichzeitig die Frage nach ihren Ursprüngen. Solange es Kirche gibt, gibt es auch die Taufe.[1] Wer also wissen will, was die Taufe bedeutet, was sie bewirkt und woher sie kommt, muß zu den Anfängen der Kirche zurückgehen, muß die Heilige Schrift befragen. Das Neue Testament greift in seinen Taufaussagen öfters auf das Alte zurück. Diese Linien werden vor allem von den Kirchenvätern im Sinne der Typologie weiter ausgezogen und von den Katechismusautoren aufgegriffen.

In diesem ersten Abschnitt geht es zunächst um die Einsetzung des Sakramentes durch Jesus, um dessen Taufe durch Johannes und die Taufe des Johannes allgemein. Da in den behandelten Katechismen die alttestamentlichen "Vorbilder" und Weissagungen der Taufe z. T. breit dargestellt sind, ergibt sich die Notwendigkeit einer eingehenden Nachzeichnung dieser Ausführungen. Die neutestamentlichen Taufstellen werden im Verlauf der späteren Abschnitte mitberücksichtigt.

Zum Wesen der Taufe gehören im Sinne der Tradition auch die Materie und die Form des Sakramentes, seine Heilsnotwendigkeit und die Tatsache, daß es nur einmal gültig gespendet werden kann.

311 Biblische Aussagen
311.1 Einsetzung der Taufe
311.11 Einsetzung durch Jesus bzw. Gott

Einige Katechismusautoren schneiden diese Frage nicht an, etwa Erasmus[2] und Vincius. Soto begnügt sich mit dem Hinweis, alle Sakramente seien von Christus eingesetzt.[3] Lorichius bezeugt dies indirekt, wenn er die "Taufe Christi" von der "Taufe des Johannes" absetzt,[4] bzw. wenn er schreibt, Christus habe die

Apostel zum Taufen gesandt.[5] Meistens jedoch wird der Taufbefehl
Mt 28 zitiert bzw. erwähnt, in Verbindung mit Mk 16[6] oder mit
Jo 3.[7] Dabei wird hinzugefügt, daß Christus die Taufe eingesetzt[8] und zum Heile geboten habe.[9] Neben dem Gebot wird auch
die Verheißung (Mk 16) eigens betont.[10] Helding hebt an dieser
Stelle die ekklesiologische Dimension des Sakraments hervor.
Er sagt, es sei von Christus seiner Kirche hinterlassen worden.[11]
In mehr allgemeiner Form wird auch Gott als Urheber der Taufe
bezeichnet.[12] Dieses einheitliche Zeugnis ist nicht verwunderlich, da die Tradition in diesem Punkte eindeutig ist und auch
die Reformatoren die Taufe auf Christus zurückführen.

311.12 Der Zeitpunkt der Einsetzung

Als einziger der Autoren befaßt sich Clichtoveus in seiner
Taufpredigt mit der Frage, zu welchem Zeitpunkt Christus die
Taufe eingesetzt habe. Da Jo 4,2 von einer Tauftätigkeit der
Jünger Jesu berichtet, kommt der Prediger zu dem Schluß, Jesus
müsse die Taufe vor seinem Leiden während seiner Predigt in Judäa eingesetzt haben Vor seiner Himmelfahrt dehnte er seinen
Auftrag auf die ganze Welt aus. Das ergibt sich für Clichtoveus
aus Mt 28.[13] Helding[14] zitiert diese Stelle, geht aber nicht auf
das hier angesprochene Problem ein.

311.2 Die Taufe Jesu durch Johannes

Warum ließ sich Jesus von Johannes taufen? Auf diese Frage
gehen nur einige Autoren ein. Die Antworten, die sie geben, sind
unterschiedlich.

Witzel erwähnt dieses Geschehen in seinem zusammenfassenden
Überblick über die Heilige Schrift. Nach der Taufe am Jordan
begann Jesus sein öffentliches Wirken, "fieng er, der Herre,
sein ampt an".[15] Sie war also für Christus bedeutsam.

Meist wird jedoch die Vorbildhaftigkeit des Ereignisses für
das Sakrament der Taufe und für die Getauften betont. Diese beiden Aspekte zusammenfassend sagt Nausea, die Taufe Christi "nostri fuit baptismi ad omnia confirmatio".[16] Clichtoveus führt

dazu näher aus: Christus hat damals das Wasser zur Materie für das Sakrament bestimmt und angepaßt ("appropriavit"). So hat er unsere Taufe geweiht und das Wasser durch die Berührung mit seinem heiligsten Leib geheiligt.[17] Diesen Gedanken erwähnt Nausea bei der Erklärung der Osternachtsliturgie: Das Einsenken der Osterkerze in das Wasser versinnbildet die Taufe Christi.[18] Generell sagt Christian von Honnef, das Sakrament empfing dadurch eine größere Würde und die Beschneidung sollte ein Ende haben.

Den zweiten Aspekt betonend, das "für uns", fügt er hinzu: Christus hat sich um des alten Adams willen waschen lassen.[19] Lorichius und andere gehen auf diesen Gedanken ausführlicher ein. Nicht das Paradies, sondern der Himmel öffnete sich und die Stimme des Vaters war zu hören. Das ist ein Hinweis, daß Gott uns ins himmlische Vaterland ruft,[20] daß er uns als Söhne und Erben annimmt[21] und daß er uns die Wiedergeburt schenkt.[22] Der Heilige Geist in der Gestalt der Taube ist ein Zeichen dafür, daß bei unserer Taufe der Geist zu uns kommt,[23] daß er in uns wirkt[24] und daß er uns von der Sünde reinigt.[25] Der Geist kommt zu uns, aber nicht mehr in sichtbarer Gestalt, uns muß der Glaube genügen, bemerkt Lorichius.[26]

Nausea hebt die Anwesenheit der Dreifaltigkeit bei der Taufe Jesu hervor,[27] dies ist auch bei unserer Taufe der Fall, ebenso sind deren Wirkungen vorgebildet.[28]

Christi Taufe will uns also nach Meinung der Autoren aufmerksam machen, daß wir das Geschehnis hinterfragen müssen,[29] um aus ihm zu lernen, was bei unserer Taufe geschieht.[30] In ähnlicher Weise deutet Luther die Taufe Jesu in seinem Großen Katechismus.[31]

311.3 Die Taufe des Johannes

Die Johannestaufe wird nur von wenigen Katechismen erörtert. Herausgestellt wird vor allem der Unterschied zur christlichen Taufe. Witzel geht aus von der Stelle der Apostelgeschichte (19, 1-7), in der von 12 Männern berichtet wird, die auf den Namen des Herrn Jesus getauft wurden. Vorher hatten sie die Taufe des Johannes empfangen.[32] Diese Taufe kam, wie auch die christliche Taufe, vom Himmel,[33] sie diente aber nur der Sündenvergebung.[34] Sie war, nach Aussagen des Johannes selbst, nur unvollkommener.[35] Wer von Johannes getauft war, war eine "Figur", ein Vorbild für den in Christus wiedergeborenen Menschen;[36] denn die Wiedergeburt geschieht nur durch die christliche Taufe,[37] wie auch nur sie den Heiligen Geist mitteilen kann. Johannes war nicht Diener, Austeiler und Spender des Geistes, das ist Christus.[38]

Die Taufe des Johannes war zur christlichen Taufe "ein wol gebanter Pfad".[39] In ihr war unsere Taufe vorhergesagt und vorgebildet.[40] Johannes hat durch seine Predigten und Taufen das Fundament für den Glauben an Christus gelegt, erklärte Lorichius, er taufte auf den Namen des kommenden Christus.[41]

311.4 "Vorbilder" der Taufe im Alten Testament

Mit dem Neuen Testament und der kirchlichen Tradition, vor allem aber der Liturgie der Osternacht mit der Präfation zur Taufwasserweihe, sehen die Verfasser der Katechismen die Taufe vielfach im Alten Bund vorgebildet und von den Propheten vorhergesagt. Dabei spielt vor allem das Wasser als "Stichwort"[42] und die Beschneidung eine Rolle.

311.41 Taufe und Schöpfung

Das Bild vom Geist Gottes, der bei der Schöpfung über den Wassern schwebte (Gen 1,2), wird einige Male herangezogen, um auf das Wirken des Heiligen Geistes in der Taufe hinzuweisen. Während Witzel die Tatsache einfach erwähnt,[43] führt Helding sie als erstes "Vorbild" für die Taufe im Alten Testament an.[44] In Verbindung mit der Taufwasserweihe am Karsamstag bringt Nausea die Stelle. Er meint, darin sei die Taufe vorgebildet.[45] Gropper wiederum sieht einen Zusammenhang zwischen Gottes Geist über den Wassern und der Beimischung des Chrisam zum Taufwasser.[46]

311.42 Die Sintflut als Bild der Taufe

Katechetisch fruchtbarer für die Unterweisung erschien den Autoren wohl der Vergleich der Sintflut mit der Taufe, zumal im Neuen Testament (1 Petr 3,20 f.) und in der Osterliturgie eine Verbindung zwischen beiden hergestellt wird.

Zwei Aspekte werden vor allem hervorgehoben: Die Vernichtung der Sünde und Bosheit durch die Fluten und die Rettung der Gerechten in der Arche.

Clichtoveus erläutert mit der Sintflut in seinem Schema die vierte Wirkung der Taufe, die Rettung vor dem ewigen Tod und der ewigen Verdammnis. Wegen der Bosheit der Menschen kamen die Wasser über die Erde, nur die Gerechten wurden in der Arche gerettet. Die Arche entspricht der Kirche, die Fluten der Taufe. Die Arche wurde von den Fluten getragen. In geheimnisvoller Weise ist somit bezeichnet: Wer in der Kirche die Taufe empfängt, bleibt unversehrt von dem Untergang im ewigen Tode. Zur Stützung dieser Deutung wird dann 1 Petr 3 zitiert.[47] In ähnlicher Weise sieht Gropper die Vergleichspunkte, nur zieht er die Linien etwas konkreter aus: In der Taufe geht die Welt, d. h. die Sünde zugrunde. Die Getauften werden in der Arche Kirche aus dem Wasser hervorgehoben und damit gerettet[48] Nicht so ausführlich werden beide Aspekte auch genannt von Nausea[49] und Helding.[50]

Nur von der "Sintflut" spricht Witzel, er verweist dabei auf 1 Petr 3.[51] Auch Lorichius erwähnt die Arche nicht, allerdings deutet er die einzelnen Züge der Sintflutgeschichte im Anschluß an Ambrosius[52] allegorisch aus Das Wasser bedeckt das Fleisch, um alle Sünde abzuwaschen und jedes Laster zu versenken. Das Holz, aus dem die Arche gebaut wurde, bedeutet das Kreuz. Die Taube, die Noah fliegen ließ, ist ein Sinnbild für den Heiligen Geist, er haucht der Seele Ruhe und Frieden ein.[53] Nausea führt aus, bei der Taufspendung verleihe der Heilige Geist seine Gnade durch die Salbung mit Chrisam. Dies sei vorgebildet in der Taufe Jesu und in der Sintflut. Damals kam die Taube mit einem Ölzweig zurück; aus der Frucht des Ölbaums wird nun das Chrisam bereitet.[54] Die Taube deutete das Ende der Sintflut an; jetzt verleiht die Taufe den Frieden mit Gott.[55]

In den Quaestiones vergleicht Witzel die Arche mit der Taufe.[56] Andere Katechismen übertragen das Bild der Arche auf die Kirche und sagen, außerhalb dieser Gemeinschaft gibt es kein Heil. Dabei wird kein direkter Bezug zur Taufe hergestellt.[57]

311.43 Der Auszug aus Ägypten als Sinnbild der Taufe

Schon Paulus (1 Kor 10,1 f.) betont die Vorbildhaftigkeit des Zuges durch das Rote Meer; in der Liturgie des Karsamstags wird eine deutliche Beziehung zur Taufe hergestellt. Diese findet sich auch in den Katechismen.

Ähnlich wie Clichtoveus[58] geht Gropper im Anschluß an Cyprian[59] ausführlich auf die Zeichenhaftigkeit ein. Der Pharao widersetzte sich heftig Gottes Auftrag und verharrte in seiner Treulosigkeit, bis er zum Wasser kam und besiegt wurde mit seinem Heer.

Durch die Exorzismen wird der Teufel bei der Taufe mit menschlicher Stimme, aber in der Kraft Gottes bedrängt. Er täuscht und gibt vor, den Menschen zu verlassen. Es ist aber notwendig zu wissen, und zu vertrauen, daß das heilbringende Wasser und die Heiligung der Taufe den Teufel niederdrücken und daß der Mensch, der Gott geweiht ist, durch die göttliche Nachsicht befreit wird.[60] Andere Katechismen gehen nur kurz auf dieses Geschehen ein.[61] Gropper zieht in seiner Institutio Einzelheiten zur Erklärung der Taufhandlung heran. Beim Kreuzzeichen erinnert er an das Blut, mit dem die Türpfosten bestrichen wurden; beim letzten Exorzismus an die lezte Plage in Ägypten; beim Einsenken der Osterkerze in das Taufwasser an die lichte Wolke, die vor dem Volk Israel herzog.[62] Nausea[63] und Schöpper[64] erwähnen den Durchzug durch das Rote Meer bei der feierlichen Prozession zum Taufbrunnen in der Ostervesper, zu der Ps 113 gesungen wird.

Der Trierer "Liber" vergleicht mit dem Pharao den "alten Adam", der in der Taufe ertränkt wird.[65] Als Hinweis auf die Kindertaufe verstehen Schöpper[66] und Fabri den Auszug, da auch die Kinder vor dem schlagenden Engel verschont wurden.[67]

311.44 Weitere Vorbilder der Taufe

Der syrische Feldherr Naaman (4 Kön 5) wird von drei Autoren als Vorbild der Täuflinge genannt. In ihm erkennen sie den Menschen wieder, der von der Sünde, dem geistigen Aussatz der Seele, infiziert ist und gereinigt werden muß.[68] Helding folgert: In der Handlung "macht Gott ein vorbereitung auff den Tauff, und bezeugt, das er zukünftig durchs wasser den unflat der sünden abwäschen wolt".[69]

Eine für uns nur schwer nachvollziehbare "vorbedeutung odder figur im ersten Testament" erwähnt Witzel: "Zum Dritten sagen die Veter, das König Salomons gegossen Meer auff den zwelff rindern auch ein figur der Tauffe sey, weil sie durch die zwelff boten in die welt komen und gepredigt ist".[70]

311.45 Hinweise auf die Taufe bei den Propheten

In Ps 38 und Jes 38 sieht Christian von Hornef die Sündenvergebung vorhergesagt.[71] Jes 43 und 44 sowie 52 sind für Helding ein "Zeugnis..., das Gott im wasser sünder reinigen unnd selig machen wolt".[72] Das Wort des Propheten Ezechiel (35,25), daß Gott reines Wasser ausgießen und Israel reinigen will, wird von mehreren Katechismen zitiert.[73] Zweimal wird auch das Wasser, das vom Tempel ausgeht (Ez 47) mit der Taufe in Verbindung gebracht.[74] Die Verbindung liegt nahe, da dieser Text ("Vidi aquam") in der Osterzeit zur Austeilung des Weihwassers gesungen wird. Gropper sieht Ez 16,4 - Gott macht Jerusalem darauf aufmerksam, daß es nach seiner Geburt u. a. nicht mit Salz abgerieben wurde, er aber sich seiner erbarmt habe - in der Anwendung des Salzes bei der Taufe erfüllt.[75] Sacharja 13,1 erwähnen nur einige Autoren.

311.46 Das Verhältnis von Beschneidung und Taufe

Hauptsächlich unter drei Aspekten wird die Beschneidung in den Katechismen gesehen: An ihre Stelle ist die Taufe getreten, im Vergleich mit ihr wird die Bedeutung der Taufe herausgestellt und schließlich ist sie ein Vorbild der Taufe.

Den ersten, mehr negativen Gesichtspunkt stellte vor allem Erasmus heraus: "Pro i n j u r i a circumcisionis, suppositum est molle lavacrum".[77] Diese Aussage findet sich im Zusammenhang mit anderen Änderungen des alttestamentlichen Zeremonialgesetzes.[78] Die abfällige Beurteilung mag damit zusammenhängen, daß Erasmus beim Aufzählen der Irrlehren gegen den Glaubensartikel von der Vergebung der Sünden auch die Juden erwähnt. Diese haben, so schreibt er, gelehrt, Taufe und Glaube allein reichten nicht zum Heil, die Christen müßten sich zusätzlich noch beschneiden lassen. Das haben die Apostel zurückgewiesen.[79] Christian von Honnef führt aus, Christus habe sich taufen lassen, damit die Beschneidung ein Ende habe.[80]

Clichtoveus sagt, die Beschneidung vernichtete zwar die Erbsünde und gab die Gnade. Sie öffnete aber nicht - wie die Taufe - den Himmel. Die Gerechten des Alten Bundes mußten im Limbus der Väter warten, bis Christi Leiden die Tür des Paradieses öffnete.[81] Bei Nausea ist dieser Gedankengang ebenfalls zu finden, jedoch meint er, die Gerechten konnten sich den Himmel verdienen, nur konnten sie erst nach Christi Tod hinein.[82]

Helding greift gleichsam den Gedanken des "molle lavacrum" von Erasmus auf, wenn er die Beschneidung ein härteres Zeichen als die Taufe nennt. Denn Gott mußte das Volk des Alten Bundes in der Furcht halten, um es an sich zu binden. War die Beschneidung nicht ohne Gefahr und Schmerz, so ist die Taufe leicht und ohne Beschwerde. Sie verleiht die Fülle der Gnaden.[83]

Lorichius schreibt: "Per omnia in significatione et mysterio convenit baptismus cum circumcisione", so daß Athanasius[84] sagen kann: "Baptismus est ipsa circumcisio spiritualis".[85] Diese Aussage steht in ähnlichen Formulierungen außer bei Lorichius noch bei Gropper[86] und bei Helding.[87] Die Gleichsetzung wird damit begründet, daß in der Taufe wie bei der leiblichen Beschneidung zwischen dem Menschen und Gott und zwischen Gott und dem Menschen ein Bund geschlossen wird.[88] Gropper und Helding ver-

weisen hier noch auf Abraham und die Verheißung, die Gott dem
Abraham gab (Gen 17).[89] Der Bundescharakter der Beschneidung
und der Taufe wird auch in anderen Katechismen angesprochen.[90]

Gropper vervollständigt den Vergleich: Beschneidung - Taufe
noch, wenn er darauf hinweist, daß es nach Gottes Gebot in Israel keinen Unbeschnittenen geben durfte (Gen 17). So kann nach
den Worten Christi (Jo 3) niemand in das Reich Gottes kommen,
wenn er nicht aus Wasser und Heiligem Geist wiedergeboren
wird.[91] Mit der Beschneidung und dem Bund wird auch die Kindertaufe in Verbindung gebracht. So wie die (männlichen) Säuglinge
beschnitten werden mußten und der Bund dem ganzen Volke Israel
galt, den Kindern und Erwachsenen, so sind jetzt die Kinder
durch die Taufe in die Kirche aufzunehmen.[92] Auf diese Frage
wird später im Zusammenhang mit der Kindertaufe ausführlich einzugehen sein.

311.47 Sakramente im Alten und im Neuen Bund

Drei Katechismen befassen sich speziell mit der Frage, wie
sich die Zeichen des Alten Bundes zu den Sakramenten der Kirche
verhalten. Auch für diese Zeichen wird der Terminus "Sakrament"
verwendet.

Die Sakramente des Neuen Bundes überragen die des Alten, obwohl sie auch von Gott angeordnet waren, sagt Clichtoveus.[93]
In den Mosaischen Zeichen wurde die Gnade angezeigt und versprochen, die im Neuen Gesetz mitgeteilt werden sollte, sie
konnte aber nicht aus deren Kraft selbst mitgeteilt werden.[94]
Entsprechend verwendet er für den Vergleich der alttestamentlichen Vorbilder mit der Taufe die Verben "figurare" und "significare".[95]

Gropper beruft sich auf Augustinus[96] und sagt, die alttestamentlichen Zeichen seien reine Zeichen ohne Heiligungskraft gewesen. Sie waren Schatten des Kommenden, die darauf hinwiesen,
was Christus durch seine Ankunft erfüllen sollte.[97] Sie waren,
so definiert Gropper wiederum mit Augustinus:[98] "Sacramenta
quae observabantur ex lege praenuntiativa tantum fuisse Christi

ventura".[99]

Mit 1 Kor 10,6 spricht er demnach von "typos", "figura" oder "signaculum", um die Taufe abzuheben von ihren Bildern im Alten Bund.[100] Im Zusammenhang mit der Beschneidung wurde schon auf die Begriffe "significatio" und "mysterium" hingewiesen.[101] Nausea systematisiert die Unterschiede und nennt drei Gründe, warum unsere Sakramente die jüdischen Sakramente überragen: "Primo, quoniam nostra sacramenta sine medio signa sint gratiae: istorum vero, minime. Secundo, quoniam nostra sacramenta sint causae et signa gratiae: illorum vero, signa tantum. Tertio, quoniam istorum sacramenta gratiam duntaxat promiserint, non autem continuerint nostra vero gratiam, quam continent, largiantur". So ereignete sich bei den Juden alles nur "in figuris", "quorum veritas est in lege Christiana". Die Sakramente der Kirche stehen also über jenen der Synagoge, wie das Neue Gesetz über dem Alten steht, "id est, quantum corpus umbram superat".[102] Die Taufvorbilder des Alten Bundes werden genauso charakterisiert wie in den anderen Katechismen.[103]

312 Materie und Form der Taufe

Auf die Frage: "Was sol man nach Orthodoxischem glauben halten von der Tauffe?" gibt Contarini die Antwort: "Daß die Tauffe ein eusserliche abwaschung des leibs sey, welche geschicht durch schlecht wasser und durch das wort, mit anrüffung der heiligen Dreifaltigkeyt, nach der form so im Evangelio gestelt ist, Mat 28. ...".[104] Des weiteren verweist er noch auf Eph 5, 26; dort ist die Taufe als Wasserbad im Wort beschrieben.

In ähnlicher Weise umschreiben fast alle Katechismen das Wesen der Taufe. Einige fügen hinzu, man dürfe beide, das Wasser und das Wort, nicht trennen. Das eine ohne das andere sei nichts.[105]

Im folgenden soll nun noch der Übersichtlichkeit wegen eine getrennte Darstellung stattfinden. Einige weitere Fragen werden dabei mitbehandelt.

312.1 Das Wasser als Element oder Materie der Taufe

Das Wasser als Element der Taufe ist so selbstverständlich, daß es etwa Erasmus in seinem Kleinen Katechismus in den zwei Taufversen überhaupt nicht erwähnt. Wohl spricht er bei der "remissio peccatorum" von dem "fons sacer" und spielt damit auf das Wasser an.[106] Bei allen anderen Autoren findet sich ein ausdrücklicher Hinweis, daß das Sakrament mit Wasser zu spenden sei. Clichtoveus fühlt sich genötigt hinzuzufügen, daß man keine andere Flüssigkeit verwenden darf.[107]

312.11 Das Wasser als geeignetes Element

Während in vielen Katechismen auf Grund der verschiedenen Schriftworte, etwa Mt 28, Mk 16, Jo 3 und Eph 5, einfach die Tatsache referiert wird, daß Gott das Wasser als Materie der Taufe bestimmt hat,[108] fragen andere, warum gerade Wasser für dieses Sakrament angemessen sei.

Für Clichtoveus liegt der stärkste Grund in der Tatsache, daß Christus selbst sich mit Wasser taufen ließ und so das Wasser mit seinem Leib heiligte.[109] Darüber hinaus ist es ein Element, wie vor allem Nausea betont, das überall und leicht zu haben ist. Interessant ist die soziale Komponente, die er hinzufügt: "...quod aeque posset haberi a pauperibus atque divitibus...".[110] Clichtoveus faßt diesen Gedankengang zusammen: "Insuper aqua est commune elementum, quod ubique terrarum invenitur et facile a quovis habeatur, non ita vinum et oleum".[111] Dem "commune elementum" entspricht nach der Meinung des Nausea die Heilsnotwendigkeit dieses Sakramentes: "Cuius si difficultas esset, tantam nobis huius necessitatem proculdubio non imposuisset, cuius onus est leve, et eius suave iugum".[112] Schließlich weist Clichtoveus noch auf die natürliche Symbolhaftigkeit des Wassers hin: "...aqua vim habet abluendi sordes corporis". Er beschränkt sich aber nicht auf diese mehr "negative" Wirkung, sondern er ergänzt: "...et refrigerandi ea quae nimis exaestuant".[113]

Helding und andere greifen die paulinische Todessymbolik

auf, wenn sie im Wasser ein Bild des Todes sehen: "Aqua autem mortis imaginem nobis exhibet, corpus quasi tumulo concludens, ut per eam moriatur corpus peccati".[114] Für die Angemessenheit der Materie spricht nach Helding auch die vielfache Anwendung des Wassers und die Vorhersagen im Alten Testament.[115] Als letzter Grund gilt ihm jedoch: "...quia sic illi [Deo] placuit, qui in re qualibet externa, aut etiam absque omni re externa, per virtutem suam mundare hominum delicta potuisset".[116] Nausea macht auf die Taufberichte der Apostelgeschichte aufmerksam. Seit den Urtagen der Kirche sei nur mit Wasser getauft worden.[117]

Das will er gegen solche sagen, die behaupten, das Wasser sei zur Taufe nicht notwendig. Er umschreibt nicht näher, wen er damit meint. Lorichius nennt diese Menschen "nostratium hodie alioqui nimis superstitiosi".[118] Bei Helding werden sie mit "Abgöttischer Naaman oder ein stoltzer Rotten geyst" betitelt.[119] Erasmus nennt als Gegner der Wassertaufe eine Sekte der alten Kirche. Er schreibt, sie hätten nur die "Geisttaufe" geübt. Andere kannten nach ihm nur die "Feuertaufe". Nähere Angaben über die Form dieser Taufen finden sich leider nicht bei ihm. Wohl sagt er, beide Gruppen hätten sich zu Unrecht auf Johannes den Täufer berufen (Mt 3,11), der von Christus weissagte, er würde mit Feuer und Geist taufen.[120]

312.12 Geweihtes Taufwasser

Einige Autoren legen Wert auf die Tatsache, daß das Wasser für die Taufe konsekriert sein muß. Erasmus konstatiert, daß das Taufwasser heute, im Gegensatz zu früheren Zeiten, öffentlich konsekriert wird.[121] Witzel schreibt, die Wasserweihe geschehe zu Ostern mit Gottes Wort im Glauben.[122] Gropper nennt neben dem Oster- auch den Pfingsttermin und fügt hinzu, es werde dem Wasser Chrisam beigegossen.[123]

Nausea widmet dieser Frage ein eigenes Kapitel. Er sagt: "...ad verum Christi baptisma oportere aquam non esse communem et prophanam, sed sanctificatam, sed benedictam verbo vitae, quo sanctificatur omnis creatura, et baptismo aquae tantam dat virtutem".[124] Unter dem "Wort des Lebens" versteht er hier nicht die Taufformel, obwohl er sofort anschließend schreibt, es sei die Anrufung der Heiligsten Dreifaltigkeit, sondern die Bitten und Gebete, die der Priester über das Taufwasser in der Osternacht spricht. Wer diese Gebete lese, höre und verstehe, der werde leicht begreifen, "quam sit res sancta, divina et beata, baptismi aqua" und daß dieses Wasser "omni veneratione dignissima" sei.[125] Hier fühlt man sich direkt an Luther erinnert. Er nennt in seinem Großen Katechismus das Wasser "divina, coelestis, sancta et salutifera".[126] Mit seiner Formulierung wendet Nausea sich gegen die Verächter des (geweihten) Taufwassers. Diese gebrauchen zur Taufe der Kinder gegen den Brauch und die Vorschrift der Kirche, ja mit ausdrücklicher Verachtung der Kirche, gewöhnliches Wasser.[127]

Helding stellt sich die Frage, wie eine Taufe zu beurteilen sei, bei der man (ohne Not) ungeweihtes Wasser benutzt. "Sage ich nit das jenes darumb kein Tauff sey, oder das jener Tauff an im selbst geringert sey, der in eim schlechten wasser geschicht. Ich hasse aber die mutwillige newerung... Und ich kann den frevel nit loben, das man ohn all ursach veracht und verwirfft, was ... so viel hundert jar als heilsam, gut und Christlich gehalten hat".[128] Keiner der Autoren behauptet also bei allem Ärger über diese Neuerungen, die Taufen durch die "Ketzer" seien ungültig.

Fast alle Katechismen, die die Weihe des Taufwassers erwähnen, weisen auch darauf hin, daß im Notfall normales Wasser verwendet werden kann.[129] Helding gibt an, Papst Viktor habe vor 1340 Jahren in einem Dekret die Verwendung von ungesegnetem Wasser ausdrücklich erlaubt.[130]

312.2 Die Form der Taufe

Wenn hier von "Form" die Rede ist, geht es nicht um die Art und Weise, wie das Wasser mit dem Menschen in Verbindung gebracht wird, also etwa um das Untertauchen. Darüber wird im

Rahmen der Taufhandlung zu sprechen sein. Taufform bedeutet hier nach dem scholastischen Sprachgebrauch die sakramentale Formel, die vom Spender bei der Anwendung des Wassers gesprochen werden muß, damit das Sakrament zustande kommen kann.

312.21 Die heutige trinitarische Formel

Zwei Gründe nennt Helding, warum er sich in seinen Katechismuspredigten mit der Form der Taufe befaßt: 1. "Zur lehr", damit die Laien im Notfall wissen, "diese Göttliche form im Tauff eygentlich zu halten" und 2. "Zum trost", damit sich der Christ in der Anfechtung erinnere, "in wem unnd auff wen, ja in weß krafft und namen er getäufft worden sey".[131]

Da nicht einmal alle Priester die Tauformel richtig kannten,[132] wäre es wohl angebracht gewesen, daß alle Katechismen dieses wichtige Stück christlicher "Allgemeinbildung" wörtlich zitieren. Das ist jedoch nicht der Fall. Erasmus umschreibt die Form mit "Anrufung der Dreifaltigkeit".[133] Diese Umschreibung ist auch in anderen Katechismen zu lesen,[134] die sich eingehender mit dieser Frage befassen.

Ähnlich verhält es sich mit den Formulierungen: "Wort Gottes",[135] "Namen der göttlichen Dreiheit",[136] "Herrenworte".[137] Andere Katechismen bieten zwar auch nicht die eigentliche Formel, zitieren aber mit Mt 28 wenigstens deren Substanz.[138]

Indirekt findet sich die Form bei Soto, er erinnert den Christen daran: "Du bist getauft auf den Namen des Vaters und des Sohnes und des Heiligen Geistes".[139]

Acht unserer Katechismen bringen die Spendeformel wörtlich, Gropper führt sie auf wenigen Seiten gleich dreimal an.[140] Clichtoveus nennt sie die "debita forma verborum",[141] bzw. die "forma certa et determinata verborum", da sie dem Taufbefehl Christi vor seiner Himmelfahrt entspricht. Wer also tauft, muß sagen: "Ego baptizo te, in nomine patris, et filii, et spiritus sancti. Amen." Diese Worte dürfen auf keinen Fall abgewandelt oder verändert werden, da sie von Christus für die ganze Kirche vorgeschrieben und eingesetzt worden sind.[142] Lorichius ist hier anderer Meinung. Unter Berufung auf nicht näher genannte "Theologen" schreibt er, es würde nichts ausmachen ("nihil interesse neque attinere"), wenn man synonyme Bezeichnungen beim Taufen verwende, "utpote, si dicamus pro patris nomine, genitore: pro filii, nati: pro spiritus sancti, flaminis, etc.".[143]

312.22 Falsche Taufformeln

Witzel macht darauf aufmerksam, daß die richtige Formel zur Gültigkeit der Taufe notwendig ist. Er zitiert eine falsche Formel aus der Vergangenheit: "In nomine patris omnium. in veritate matris omnium. et in nomine descendentis Jesu etc." Diese bezeuge Irenäus.[144] Lorichius berichtet ebenfalls von solchen Taufformeln aus der Geschichte.[145] Ohne näher darauf einzugehen, wen er meint, mahnt Helding: "Da muß man aber in sonderheit achtung darauff geben, das man täuff: Im Namen, unnd nit: In den Namen[146] des Vatters, des Sons, unnd des heiligen Geysts". Im Namen meine, so fährt er fort, in der Gewalt, der Kraft und der Macht Gottes und schließe einen eigenen Anspruch des Spenders aus. Es bedeute auch, daß die Unzertrennbarkeit des dreifaltigen Gottes anerkannt wird.[147]

312.23 Christologische Taufformel

Bei der Diskussion um die sakramentale Formel erwähnt Witzel eine Taufe "in Christi Namen" und im Zusammenhang mit Apg 19 "im Namen des Herrn Jesus".[148] Während er nicht näher darauf eingeht, beruft sich Lorichius bei der Erklärung dieses Sachverhaltes auf "frühe Theologen". Diese sagten, "apostolos in nomine Iesu tantum baptizasse, idque dispensative."[149] Nausea nimmt für den apostolischen Brauch der Taufe auf den Namen Jesu eine göttliche Offenbarung an, da ja an sich die trinitarische Formel vorgeschrieben gewesen sei.[150] Helding vermutet, die Apostel hätten die Form zunächst geändert, um Jesus so bekannter zu machen; sie hätten aber auf jeden Fall die Dreifaltigkeit mitgemeint. Heute gibt es in der Kirche keinen Grund mehr, sagt Helding, daß der Taufspender eine andere Formel benutzt, als die, die Christus überliefert hat.[151]

312.24 Die Bedeutung der trinitarischen Formel

Daß es bei der Taufformel um mehr geht als nur um die Nennung der Namen, wurde schon deutlich aus den Umschreibungen, die in den Katechismen gebraucht werden.[152] "Hic enim nomen non appellationem, seu vocabulum: sed virtutem, potentiam, et potestatem Patris et Filii, et aliud Spiritus sancti significat", führt Helding aus.[153] Er fährt etwas später fort: Dieses Wort sollte uns trösten und unseren Glauben fördern. Denn wer auf den Namen dieser Drei getauft werde, werde geweiht und geheiligt durch die Kraft, Macht und Gewalt des Vaters, des Sohnes und des Heiligen Geistes; er werde ganz mit Gott versöhnt und dessen Eigentum.[154] Es geht also um den Glauben des Täuflings.[155] Dietenberger bekräftigt dies: "... durch das wort wirt der recht tauffer, nemlich Gott, die heilige Treivaltigkeyt bezeuget, angezeiget und angeruffen".[156]

Lorichius,[157] Gropper,[158] Helding,[159] und Schöpper[160] verbinden mit dem bisher Gesagten noch den Gedanken der Verheißung. Lorichius nennt zunächst das Tauf-Wort die "promißio divina". Dann wendet er sich gegen die Neuerer, die eine sakramentale Formel nur dann annähmen, wenn sie irgendeine göttliche Verheißung zum Ausdruck bringe. Da nun bei Taufe und Eucharistie[161] kein ausdrückliches Verheißungswort zu finden sei, suchten sie "in nervosa disquisitione et pensiculata expensione". Sie verweisen auf Mk 16,16, aber, so sagt er, "haec verba exterius expreßeque nullam neque promißionem neque signum nobis exhibent. Neque enim dicit [Christus]: Salus esto promißio, cui promißioni addo signum, aquam scilicet, qua qui tinctus fuerit salutem se accepisse sciat". Wenn man aber die Worte des Sakramentes richtig betrachte, finde man sowohl die Verheißung wie das Zeichen. Letztlich könne nur die Kirche den richtigen Sinn angeben. Sie sagt uns, die Verheißung besteht in der Vergebung der Sünden. Wer hier der Kirche nicht glaubt, wird eines Tages sogar Taufe und Eucharistie als Sakramente verwerfen. So hängt im Letzten, sagt Lorichius, alles von der Lehre über die Kirche ab. Nur in Verbindung mit ihr kann es den wahren Glauben und Gebrauch der Sakramente geben.

Gropper, Helding und Schöpper sprechen ganz ohne Polemik von dem Wort der Verheißung. Nausea stellt sich in einer Predigt die Frage, warum man nicht auf den Namen irgendeiner Person oder Kreatur taufe? Dagegen führt er zwei Gründe an: 1. Niemand außer Gott könne die Gnade des Heiles geben, da alles Geschaffene der Nichtigkeit unterworfen sei, und 2., daraus entstände eine "diversitas et personarum acceptatio". Gäbe nämlich Petrus oder Paulus die Gnade der Taufe, könnte der eine höher als der andere erscheinen. Die Taufe dessen, der besser ist, würde dann als heiliger angesehen. Der Prediger verweist hier auf 1 Kor 1,12-15 und schließt: Wir werden also ermahnt, welcher Ehrfurcht dieses Sakrament würdig ist, daß wir es mit Furcht und Zittern empfangen müssen, und daß wir mit großer Andacht hinzutreten müssen, da in und über ihm der dreieine Gott anwesend ist mit seiner Kraft und göttlichen Majestät, "quem laudant angeli, adorant dominationes, tremunt potestates, coeli coelorumque virtutes ac beata Seraphim socia exultatione concelebrant.[162]

312.3 Die Verbindung von Materie und Form

Wasser und Wort müssen - wie oben schon erwähnt - verbunden werden, damit das Sakrament überhaupt zustande kommen kann. Wie wird nun diese Verbindung beschrieben und begründet?

Generell findet sich in fast allen Katechismen die Aussage, daß die Taufe aus dem Wasser und dem Wort besteht.[163] Bisweilen wird Eph 5,26 zitiert bzw. auf dieses Wort verwiesen. Die Formulierung "Wasserbad im Wort" ist etwa für Schöpper geradezu die Definition der Taufe.[164] Hin und wieder sprechen die Autoren mit Jo 3 von der Taufe "im Wasser und im Geist".[165] Helding umschreibt dies, allerdings ohne Hinweis auf Jo 3, folgendermaßen: "Wie nun das heilige Tauffwasser am leib wäscht, also wäscht der heilige Geyst von innen durchs wort an der Seelen...".[166]

Einige Autoren gehen näher ein auf die Verbindung der beiden "substantiellen Teile", aus denen dieses Sakrament besteht.[167] So sagt etwa Lorichius: Bei jedem Sakrament sind zwei Dinge zu beachten, "verbum scilicet seu res, et sacramentum sive signum. Verbum est promißio divina, seu invocatio trinitatis, Sacramentum est aqua, oleum et huiusmodi".[168] In der Verbindung der beiden hat Christus uns die Gnade seines Leidens zugesagt. Gott könnte uns diese auch ohne jede sichtbare Form schenken, aber weil wir fleischlich sind und schwerfällig bei der Aufnahme geistlicher Dinge, darum hat Gott diesen Weg gewählt.[169] So sollte also die Schwäche des Fleisches durch die sichtbare Form erneuert, angeregt, erzogen, gehegt und gestärkt werden.[170]

Helding wählt einen anderen Weg, um die Verbindung von Materie und Form zu erklären: Der Mensch besteht "auß zweyerley substantz, auß leib und Seel, auß fleisch und geyst... So gehört nun der eusserliche theil des Sacraments, das wasser, für den leib, unnd das wort trifft die Seelen, und wird also der gantze mensch berührt und troffen mit den heiligen Sacrament...".[171]

Der Hintergrund für diese Ausführungen bei Lorichius ist die Behauptung nicht näher bezeichneter Leute, das Wasser könne die Menschen nicht reinigen von der Schuld. Wasser allein, so antworten sie und andere, kann es nicht. Wohl aber das Zusammentreffen von Wasser und Gottes Wort. Helding zieht Vergleiche heran: "Sölte nun Gottes krafft durch sein wort im wasser nit ein menschen reinigen mögen, so doch Gott durch sein wort ein menschen auß Leymen [Lehm] gemacht hat?" Sollte er dem Menschen nicht auf diese Weise den Himmel geben können, wo er doch durch sein Wort Himmel und Erde geschaffen hat?[172]

Nur muß eben beides, Wasser und Wort, zusammenkommen. So sagt Gropper: "Nimm das Wort vom Wasser weg, und was ist das Wasser, nichts als nur Wasser. Woher kommt diese Kraft des Wassers, daß es den Körper berührt und das Herz abwäscht, wenn es das Wort nicht tut?".[173] Mit Augustinus fährt er fort: "Accedit verbum ad elementum et fit sacramentum..., quod perinde se habet atque visibile verbum".[174]

Selbst geweihtes Wasser allein vermag nichts, wenn nicht bei der Abwaschung des Menschen das Wort hinzukommt.[175] Aber auch das Wort allein vermag ohne das Wasser nichts.[176] Wenn so beide für das Sakrament notwendig sind, muß man doch mehr auf das Wort achten,[177] denn es gibt dem Wasser die Kraft,[178] es heiligt das Element[179] durch eine Konsekration.[180]

Zwei Autoren machen in diesem Zusammenhang noch auf eine dritte notwendige Größe aufmerksam, auf den Glauben. Dietenberger sagt, die "sacramentalischs tauff" erfordert "drei wesentlich stuck", den Glauben, das Wasser und das Wort.[181] Gropper führt aus: Das Wort ist vor allem zu beachten, "non quia dicitur aut pronuntiatur, sed quia creditur". Beim Wort muß man unterscheiden zwischen dem Schall, der vergeht, und der Kraft, die bleibt.[182] Wessen Glaube hier speziell gemeint ist, wird nicht erläutert. Wir werden später auf die Frage nach dem Glauben zurückkommen.

312.4 "Taufe" ohne Wort und Wasser

Wenn auch das Geheimnis der Taufe durch das Wasserbad im Wort des Lebens vollendet wird, so besteht doch die Möglichkeit, daß ein Mensch in Notfällen ohne Taufe gerettet werden kann. An ihre Stelle treten dann das Erleiden eines Martyriums oder die alleinige Bekehrung des Herzens durch den Glauben. Aus diesem Grunde kann man von einer dreifachen Taufe sprechen, von der des Wassers, des Geistes und des Blutes.[183]

Die Begierdetaufe[184] "empfängt" derjenige, der glaubt und die Taufe begehrt, aber stirbt, bevor er das "heilbringende Wasser" empfangen konnte. Ein solcher Mensch glaubt nämlich mit seinem Herzen zur Gerechtigkeit und bekennt sich mit dem Munde zum Heil (Röm 10,10). Denn nicht Verachtung und Nachlässigkeit hielten ihn von der Taufe fern, sondern es hinderte ihn eine unvermeidbare Notlage.[185] "Et pietati Dei congruit, quod inevitabilis necessitas ademit, per gratiam supplere", schreibt Helding zu diesem Fall.[186] Clichtoveus sagt in seiner Predigt dazu, der Heilige Geist ergänze den Mangel durch die Gnade, indem er die Seele dieses Menschen von der Sünde reinige.[187]

Witzel führt in seinem Katechismus die Begierdetaufe nicht an, er erwähnt aber die Sache. Im Vorwort beschreibt er zunächst die Geschichte des Katechumenats; von denen, die als Katechumenen starben, sagt er dann:" ... ya solten wol veracht worden seyn, das sie, wie die ungleubigen verstürben, weil sie noch nicht getaufft, das ist, weil sie noch unrein und voll sünde waren. Sölcher unterscheid war tzwischen eynem Catechumener unnd Christen".[188] Witzel gibt für diese Information keine Quelle an, auch bleibt offen, ob er hier nur referiert, oder ob er sich das Gesagte zu eigen macht. Auf jeden Fall steht diese Aussage in klarem Gegensatz zur allgemeinen Auffassung über die Wirkung der Begierdetaufe.

Von der Bluttaufe spricht man, sagen Clichtoveus und Helding, wenn jemand sein eigenes Blut für den Glauben an Christus durch ein Martyrium vergießt, bevor er die Wassertaufe empfangen konnte, und so in seinem Blut getauft wird.[189] Die Taufe im Wasser und im Blut zerstört alle Schuld und Sündenstrafen. Die Begierdetaufe tilgt durch die Reue alle Schuld, hat aber von sich aus nicht die Wirksamkeit, alle Sündenstrafen zu tilgen. Die Blut- und die Begierdetaufe drücken der Seele auch nicht den Taufcharakter ein.[190]

Helding geht nicht auf diese scholastische Diskussion ein, er argumentiert biblisch und sagt zur Bluttaufe: Wer sie empfängt, wäscht die Sünde durch seinen brennenden Glauben und mit dem Blut ab. Ihn schließt auch jener generelle Satz Christi nicht vom Himmel aus: Wer nicht wiedergeboren wird aus dem Wasser und dem Heiligen Geist... Denn es gibt das andere Zeugnis des Herrn: Jeden, der mich vor den Menschen bekennt, den werde auch ich vor meinem himmlischen Vater bekennen, und: Wer seine Seele um meinetwillen verliert, der wird sie retten.[191]

Dann vergleicht er die Taufe im Wasser und die im Blut und zitiert dabei Cyprian:[192] Die Bluttaufe ist gegenüber der Wassertaufe "in gratia maior, in potestate sublimior, in honore precisior". Denn wer sie empfangen hat, sündigt nicht mehr, ist bald mit Gott vereinigt. Er bekommt die Krone der Tugenden.[193]

Nur Clichtoveus und Helding gehen in dieser Ausführlichkeit auf die für die damalige Zeit wohl sehr seltenen Fälle der Blut- und Begierdetaufe ein. Gropper behandelt das Problem für alle Sakramente in einem Satz und schreibt: "Constat quidem plerisque ab exteriori communione sacramentorum per praeoccupationem mortis prohibitis, suam fidem et bonam voluntatem sacramenta (si licuisset) percipiendi, ad salutem suffecisse".[194] Soto[195] und Nausea[196] erwähnen beiläufig diese "Ersatztaufen".

313 Die Einmaligkeit und Heilsnotwendigkeit der Taufe

Seit dem Ketzertaufstreit (3. und 4. Jahrhundert) war für die römische Kirche die Frage grundsätzlich entschieden, daß jeder Mensch nur einmal (gültig) getauft werden darf. Das 4. Laterankonzil (1215) betonte dieses Prinzip noch einmal gegen die Katharer.[197] Mit den Wiedertäufern wurde dieses Problem, wenn auch in neuer Fragestellung, wieder akut. Vordringlich ging es nun darum, die eigene Taufpraxis, nämlich die Kindertaufe, zu verteidigen. Daneben blieb bei dem großen Abfall von der Kirche zu beantworten, was zu geschehen habe, wenn ein Häretiker "konvertierte" und wie die von Häretikern gespendete Taufe zu beurteilen sei. Zu verwundern ist nicht, daß in dieser Zeit der allgemeinen Verwirrung alte und allgemeingültige Lehren zuweilen nicht beachtet wurden.

313.1 Die Einmaligkeit der Taufe

Die Kindertaufe und ihre Begründung, sowie die Taufe durch Häretiker, wird im Zusammenhang der Ausführungen über Spender und Empfänger der Taufe behandelt werden. Hier geht es uns nur um das einmalige Spenden des Sakramentes, wenn auch bei einigen Autoren die Fragen miteinander verbunden sind.[198]

Als reine Tatsache führen einzelne Katechismen die Einmaligkeit ohne jede Begründung an.[199] Contarini nennt es "unchristlich" und "gottlos", wollte man jemanden, der Buße getan hat, wiederum taufen, da Christi Leiden auf je andere Weise appliziert werde.[200] Soto schreibt, die Kinder werden durch das Sakrament der Taufe gläubig, "darumb auch ihr tauff ist nit zu wideräfern [wiederholen]".[201] Den Taufcharakter als Hinderungsgrund für eine Wiedertaufe erwähnen Clichtoveus[202] und Gropper.[203] Mit direkter oder stillschweigender Berufung auf die Heilige Schrift weisen einige Autoren auf die Unmöglichkeit einer zweiten Spendung hin. Dietenberger spricht von einem "Verbot" der Wiedertaufe durch Gott und Paulus und verweist dafür auf Hebr 5 und 6.[204] An anderer Stelle greift er, ohne Quellenangabe, Hebr 6,6 und andere Schriftstellen auf: Wie Christus nur einmal gestorben und auferstanden ist, so gibt es auch nur eine Taufe.[205] Gropper holt etwas weiter aus und schließt Hebr 6,4 mit in die Diskussion ein: "Denn es ist unmöglich, die, welche e i n m a l erleuchtet worden sind,... von neuem zur Buße zu bringen...". Er schließt sich den "vielen Vätern" an, die darunter die Taufe verstehen. Denn in Hebr 6,6 und Röm.6 wird eben die Einmaligkeit des Leidens und Auferstehens Christi in Verbindung gebracht mit der e i n e n Taufe. "Ergo et unicum oportet esse in ecclesia baptisma, non plura".[206] Helding sagt mit Röm 6 und Kol 2: "Baptismus mortis et resurrectionis Dominicae similitudinem gerit". Wer e i n m a l in den Tod Christi hineingetauft ist, hat keinen anderen Tod mehr, in den er wiederum getauft werden könnte. Wer also die Taufe erneuert, treibt Spott mit dem Tod des Herrn. Er würde Christus von neuem kreuzigen, da es gleichsam nicht genügte, daß Christus einmal den Tod für die Sünden auf sich genommen hat. Wer nach der Taufe die Unschuld des neuen Lebens verloren hat, weiß, daß sie nicht wieder durch die Taufe, sondern durch die Heilsmittel der Buße erneuert werden muß.[207]

An Eph 4,5: "Ein Herr, ein Glaube, eine Taufe", erinnert Clichtoveus.[208] Auch das Symbolum der Messe, "unum baptisma in remissionem peccatorum", so ergänzt er seine Aussage, spricht gegen eine Wiedertaufe.[209]

Einen Vergleich zwischen der natürlichen Geburt und der geistlichen Wiedergeburt zieht Helding: Wie niemand ein zweites Mal aus der Mutter geboren werden kann, "utique absurdum et impium fuerit, eundem hominem bis renasci velle ex Baptismo".[210]

Die Unwiederholbarkeit der Taufe mußte nicht nur gegen die Wiedertäufer betont werden. Lorichius setzt sich mit katholischen Theologen auseinander, die zwar den Täufern wegen ihrer Praxis Häresie vorwerfen, im gleichen Atemzug aber Kinder, die in deutscher Sprache getauft worden waren, noch einmal "lateinisch" taufen.[211]

313.2 Die Heilsnotwendigkeit der Taufe

Das Thema ist schon öfters angeklungen. Die Arche, die Rettung brachte aus den todbringenden Fluten, und die Beschneidung als Bundes- und Erkennungszeichen weisen, wie einige Autoren betonen, ebenso auf die Notwendigkeit der Taufe hin wie das Wasser, das überall leicht zu haben ist.[212]

Die eigentliche Begründung liegt für die meisten Katechismen in der Einsetzung und dem Gebot durch Christus, der Taufe und endzeitliche Rettung miteinander verbunden hat. Vor allem Jo 3 und Mk 16 werden direkt oder in Umschreibungen angeführt bzw. zitiert. Dabei werden sowohl die positiven Wirkungen der Wiedergeburt wie auch der mehr negative Hintergrund erwähnt. So schreibt etwa Helding, wer Frieden und Freundschaft mit Gott suche, müsse sich taufen lassen.[213] Ohne Taufe werden unsere Namen aus dem Buch des Lebens getilgt, heißt es im Trierer Liber.[214]

Während die Aussagen in einigen Katechismen sehr individuell klingen, findet sich in anderen eine ausdrückliche Einbindung der Taufe und ihrer Gaben in die Gemeinschaft der Kirche. Sehr deutlich ist dies bei Schöpper. Er sagt: "Nunc vero hoc tantum sciamus, et esse peccatoribus resipiscentibus remissionis spem, et hanc in sola esse Ecclesia, et contingere per fidem in Christum atque Sacramentorum usum".[215] Er verweist auch auf den Typus der Sintflut: Alle, die sich außerhalb der Arche befanden, gingen zugrunde; ebenso wird es allen ergehen, die außerhalb der Kirche sind.[216] Für Clichtoveus ist die Taufe "ianua et introitus omnium sacramentorum, quia sine ipso non habetur salus".[217] In die gleiche Richtung weist es, wenn Erasmus schreibt, die Firmung und die Eucharistie seien nicht so notwendig wie die Taufe.[218]

Einen für seine Zeit nicht außergewöhnlichen Vergleich zwischen Taufe und letzter Ölung zieht Fabri: Der allmächtige Gott hat ein Sakrament "verordnet zum eingang des menschen in dise welt, den Tauff". So hat er für den Ausgang aus der Welt die Ölung bestimmt, "damit der glaubig hab durch Christum ein seligen anfang und ein seligs end".[219] Gegen diese falsche Sicht der Krankensalbung setzt sich etwa Lorichius energisch zur Wehr.[220] Die Geburt als Anfang des Lebens verbindet Soto[221] mit der Taufe: Wie die Geburt, so ist auch die Taufe für alle notwendig.

Die Notwendigkeit der Taufe gerade auch für die Kinder wird von fast allen Autoren betont. So sagt Erasmus: "...eoque ad hunc recte properant matres...".[222] Er erwähnt Irrlehrer aus der Frühzeit der Kirche. Diese hätten gelehrt, die Taufe sei für die Kinder überflüssig, da sie keinen Makel hätten, der abgewaschen werden könnte. Die Erbsünde habe nur Adam und Eva betroffen, die übrigen Menschen würden frei von jeder Sünde geboren. So sei für sie die Taufe nur ein ehrenvolles Zeichen, durch das sie aufgenommen würden "in adoptionem filiorum et Christianorum affectibus commendarentur". Ihre Lehre wurde von der Kirche aufgrund von Jo 3 und Röm 3 zurückgewiesen.[223]

Einige Katechismen sprechen bei dieser Frage nur von Kindern,[224] andere erwähnen sie eigens.[225]

Schöpper setzt sich in seiner Taufpredigt ausführlich mit den Wiedertäufern auseinander und sagt dabei: Die Kinder können nur durch die Taufe zu Christus kommen.[226]

Man kann also die Taufe das "sacramentum necessitatis" nennen, wie Clichtoveus es mehrfach tut.[227] Wegen dieser "absoluten Notwendigkeit"[228] kann in Notfällen auf vieles verzichtet werden, was unter normalen Umständen gefordert wird, etwa auf das geweihte Taufwasser,[229] die Zeremonien[230] und den "ordentlichen" Spender, also den Priester.[231] Wenn auch "jeder zum Empfang dieses Sakramentes verpflichtet ist", und "keiner ausgeschlossen wird oder sich entschuldigen kann", wie Clichtoveus schreibt, "quoniam istud inter omnia sacramenta communissimum est",[232] so bleibt doch bestehen, daß Gott seine Macht nicht so an die Sakramente gebunden hat, daß er seine Gnade nicht ohne sie geben könnte.[233] Er kann in Notsituationen "den gebrechen zu allen zeiten erstatten", sagt Dietenberger.[234] Als Möglichkeiten dieses Heilswirkens Gottes außerhalb der Sakramente werden die Begierde- und die Bluttaufe angeführt.[235]

32 Die Wirkungen der Taufe

Nach den Aussagen zum Wesen der Taufe als "Wasserbad im Wort" (Eph 5,25), geht es nun um die Wirkungen dieses Sakramentes. Die Frage, die uns dabei hauptsächlich interessiert, ist: Wie werden sie von den Autoren umschrieben und gewertet? Oder um es mit den Katechismen in der Terminologie der Tradition auszudrücken: Welches ist die unsichtbare Gnade Gottes, deren sichtbares Zeichen die Taufe ist?[236]

Gott hat uns "gerettet durch das Bad der Wiedergeburt und Erneuerung kraft des Heiligen Geistes", so umschreibt der Titusbrief (3,5) in knappen Worten, was die Katechismen meist in längeren Ausführungen zu diesem Thema sagen. Auf dem Hintergrund der menschlichen Wirklichkeit, die von der Erbsünde und der Sünde überhaupt bestimmt ist, soll im folgenden dargestellt werden, wie unsere Katechismen die Taufe als Erneuerung und Wiedergeburt, als Neuschöpfung des Menschen durch das Wirken des dreifaltigen Gottes hinstellen. Die Neuschöpfung wird im wesentlichen gesehen in der Vergebung der Sünden, in der Eingießung der Gnade und der Tugenden, in der Eingliederung in Christus und in die Kirche, in der damit eröffneten Möglichkeit des Zuganges zum Himmel und in der Teilhabe am gemeinsamen Priestertum.

321 Die Neuschöpfung durch die Taufe

Um zu verstehen und zu ermessen, was Gott in der Taufe wirkt und schenkt, muß man sich von der Offenbarung her sagen lassen, wie Gott den ersten Menschen ausgestattet hatte, was durch dessen Ungehorsamstat verloren ging und welche Folgen die Ursünde für alle Menschen hat. Nicht alle Katechismen gehen auf diese Fragen ein; soweit es geschieht, sollen die Aussagen hier kurz skizziert werden.

321.1 Der Zustand des Menschen vor der Taufe

321.11 Die ersten Menschen und ihr Ungehorsam

Die Autoren halten sich eng an den Rahmen der Tradition, zumal es kaum Differenzen mit den Reformatoren gab. So führt Helding aus, daß Gott den Menschen nach seinem Bilde geschaffen hatte.[237] Andere ergänzen, der Mensch war gut und vollkommen[238] und durfte im Paradies leben.[239] Archinto legt Wert auf die Aussage, Gott habe den Menschen mit Gnade, den Gütern der Natur und der Hoffnung auf ewiges Leben ausgestattet.[240] Mehrmals wird seine "Urgerechtigkeit" erwähnt.[241] Der Trierer Liber weist auf die Möglichkeit zur Sünde hin.[242]

Er fährt fort: "...id quod venenati serpentis astutia procuratum est...".[243] Gropper stellt die Verantwortung des Adam heraus und formuliert: Adam ließ sich vom Teufel fangen[244] und geriet so unter dessen Herrschaft.[245] In ähnlicher Weise beurteilen andere Katechismen diese Tat als "Ungehorsam gegen Gott",[246] als "Übertretung des göttlichen Gebotes"[247] und als "Pflichtverletzung".[248] Sie sprechen von einem "Verbrechen",[249] und dem "Vergehen der ersten Eltern"[250] und von der "Sünde des Erzvaters",[251] die "zum Fall führte"[252] und "zum Schaden gereichte".[253] Dieser Schaden besteht nach Helding darin, daß Adams Natur verdorben ist.[254] Gropper schreibt: "Infecta est in Adam protoplaste radix, unde consequens erat, ut stirps quoque tota vitiaretur".[255]

321.12 Die Folgen der Sünde für Adam und seine Nachkommen

Diese "Verletzung" trifft nach der Ansicht der Autoren den ganzen Menschen, also den Leib und die Seele. Die Folgen für den Leib behandelt Erasmus im Zusammenhang mit Aussagen über Christus. Er war frei von der Erbsünde, litt aber unter deren Konsequenzen, etwa Hunger und Durst.[256] Die Kräfte des menschlichen Geistes und das natürliche Gesetz sind verdunkelt, sagt Gropper,[257] die natürlichen Kräfte sind verdorben.[258] Archinto erwähnt die vielen Mühsale, die der Mensch tragen muß.[259] Er ist, wie Lorichius anfügt, Tieren und Dämonen unterworfen, über die er eigentlich herrschen sollte.[260] Er hat wegen dieser Ursünde vielerlei Krankheiten auf sich zu nehmen, führt Helding in einer Predigt aus, und er erleidet schließlich den leiblichen Tod.[261]

Schwerer wiegen allerdings nach den Ausführungen der Katechismen die Nachteile, die die Seele bzw. den Geist treffen. Für fast alle Autoren steht fest, daß der Mensch durch die Sünde aus der Herrschaft Gottes in die Knechtschaft und Tyrannei des Teufels übergegangen ist.[262] Sein Ziel ist nun nicht mehr der Himmel, sondern die Hölle und damit das ewige Feuer[263] und die ewige Verdammnis.[264] Sehr oft findet sich die Aussage: Wer geboren wird, ist ein Kind des Zorns und des Ungehorsams (Eph 2,2 f.).[265] Einzelne Autoren ergänzen, daß der Mensch geneigt ist zu jeder Sünde,[266] hingerissen zu jeder Schandtat;[267] seine Triebe sind ungeordnet[268] und er wird von Tag zu Tag schlimmer.[269] Witzel schreibt: Die e r s t e Geburt aus Fleisch und Blut (vgl. Jo 1,13) ist verdammt, sie führt zum Tod und trägt in sich den Unflat der Sünde und Schuld.[270] Sie hat nach Gropper den "Gestank der Schlechtigkeit" an sich.[271]

Diese Beispiele mögen genügen, um zu zeigen, daß die Autoren nicht müde werden, den Zustand des erbsündlichen Menschen in den schwärzesten Farben zu schildern. Im Blick auf die Taufe nennt Dietenberger den erbsündlichen Menschen einen "Unchristen".[272] Witzel spricht ihn als "Heiden" an.[273] Wenn auch für die "miseri Adae filii"[274] menschlich keine Hoffnung besteht,[275] wie Gropper bemerkt, wenn sie von sich aus nicht zur Erkenntnis Gottes kommen, noch seinen Willen begreifen können,[276] und wenn es beim Menschen keine Befreiung gibt,[277] so betonen doch einige Autoren, daß das Menschengeschlecht nicht ganz verdorben ist. Diese Betonung steht gegen die von den Reformatoren vertretene Auffassung, daß der Mensch total verderbt sei.[278] Wenn auch manche

Formulierungen doppeldeutig sind, so wird doch immer wieder der "gute Rest" im Menschen angesprochen. So sprechen einige Autoren von "vitiare" und "verdunkelt", wie oben angeführt wurde. Witzel weist etwa darauf hin, daß das menschliche Heil nicht ganz zugrunde gegangen ist.[279] Soto sagt, die menschlichen Kräfte seien schwächer geworden[280] und: Unser Wille sei zwar schwach durch die Erbsünde, aber er sei frei geblieben.[281]

321.13 In Adam haben alle gesündigt

Daß alle Menschen, Christus und Maria ausgenommen,[282] in Erbsünde geboren werden, steht für alle Autoren fest, wenn auch nicht alle näher auf die Frage nach dem "Wie" eingehen. Am häufigsten wird noch auf den Zusammenhang zwischen Anfang des menschlichen Lebens und Erbsünde hingewiesen. So heißt es etwa: Wir werden durch die Eltern als Kinder des Zorns geboren,[283] unsere Empfängnis und Geburt geschieht in Schmutz,[284] wir werden in Sünde empfangen.[285]

Mit der Tradition berufen sich auch unsere Autoren, soweit sie diesen Punkt näher erläutern, auf Röm 5,12, um die Tatsächlichkeit der Erbsünde in jedem Menschen zu "beweisen". Neben der schon zitierten Aussage in Groppers Enchiridion[286] führt etwa Soto aus: "In...primo parente nos omnes peccavimus...".[287] Bei Lorichius[288] heißt es: "In Adam...non solum consyderanda ipsius Adae persona, sed totius generis humani principium, per vim igitur generativam omnes filii Adae obligantur ad culpam seu debitum". An weiteren Schriftstellen beruft man sich aus dem Alten Testament auf Eccl 40; Job 3,14 und 15; Jer 20; Jes 64 und Ps 50; aus dem Neuen Testament auf Mt 7 und 12; Jo 3; Röm 3; 1 Kor 15 und Eph 2.

Gegen dieses Dogma sprachen sich, wie Erasmus bezeugt, einige Irrlehrer aus.[289] Nach der Meinung des Nausea leugnen auch die Wiedertäufer diesen Glaubensgrundsatz, da sie entweder behaupten, die Erbsünde existiere nicht, bzw. sie werde nicht durch die Taufe getilgt. Beides werde jedoch klar in der Schrift ausgesagt. Außerdem tilgte auch die Beschneidung die Erbsünde.[290]

Lorichius betont eigens, selbst die Beschneidung bzw. Taufe der Eltern ändere nichts daran, daß ihre Kinder als Kinder des Zorns, also in der Erbsünde geboren werden.[291]

321.2 Die Neuschöpfung des Menschen durch Gott

Nach katholischer Lehre, die von den Katechismen korrekt wiedergegeben wird, sind durch Adam und in ihm alle Menschen verloren. Menschlich besteht für sie - auch das wurde herausgestellt - keine Hoffnung, jemals von sich aus wieder mit Gott in Verbindung treten zu können und damit das Heil zu erlangen. Gott jedoch hat sich, wie der Trierer Liber formuliert, der Menschen erbarmt und sie durch seinen Sohn wiederhergestellt,[292] und dies, so wird ausdrücklich mit der Heiligen Schrift betont, "aus lauter Gnade",[283] "ohne menschliches Zutun",[294] "ohne vorausgehende Verdienste des Menschen aus Gnade" (Röm 11).[295] Die Wiederherstellung geschieht in der Taufe. Sie wird darum von fast allen Katechismen mit den biblischen Begriffen der "Wiedergeburt" bzw. "Neugeburt" (Jo 3) oder als "Bad der Wiedergeburt und Erneuerung kraft des Heiligen Geistes" (Tit 3,5)[296] und generell als "Sakrament der Wiedergeburt"[297] bezeichnet.

Die Neuschaffung wird von den Autoren aufgrund der Zeugnisse der Schrift in besondere Beziehung zum Heiligen Geist gebracht. Zwar wird auch formuliert: "Der Vater hat dich wiedergeboren aus dem Wasser und dem Geist"[298] und: Christus ist der "regenitor",[299] doch wird in stärkerem Maße betont, was etwa Monheim zu Tit 3,5 schreibt: "Paulus ostendit authorem, per quem et regeneramur et renovamur, nempe spiritum sanctum...".[300]

Da die erste Geburt aus dem Fleische verdammt sei, sagt Witzel, müsse uns Gott nochmals, von oben, aus Wasser und Geist neu zum Leben gebären.[301] Aus dem "alten Menschen",[302] dem "alten Adam"[303] wird ein "neuer Mensch".[304] Die Autoren umschreiben diese von Gott gewirkte Neuschöpfung - "dum...imago ad quam conditi sumus reformetur in nobis"[305] - im Anschluß an biblische Aussagen in immer neuen Wendungen. Beispielhaft sei hier Dietenberger angeführt: "...Christus hat uns...ein bad geben der widergepurt und widererneuwerung...durch solichs bade werden wir widerumb dem geyst nach erneuwert...; dann wie wir von einem menschen, der erst aus seiner mutter leib komet, sagen, er sey ein new geporen mensch, also sagen wir von einem ernewerten menschen am geyst, der auß dem wasser und geyst ernewert wirt und herfürkreucht...und ein newes Kind der gnaden, und zum Christen worden ist, daß er widerumb geboren, das ist, zum andern und gantz newen menschen worden sey".[306]

Als Ziel der Taufe als der "anderen Geburt" wird von den Katechismusautoren genannt, sie "erneuert den Geist des Menschen", wie es Gropper ausdrückt.[307] In diesem Sakrament geschehe eine Wendung zum Besseren durch den Geist, heißt es bei Nausea,[308] so entstehe ein geistlicher und neuer Mensch. Der Heilige Geist gibt die "lotio, mundatio, dealbatio, innovatio".[309]

Unter dem Aspekt des "Mit-Christus" stehen die Aussagen, die das Neue mit der Auferstehung in Verbindung bringen. In der Taufe "erstehen wir zum neuen Leben auf",[310] in ihr "ersäuft" der alte Mensch, ein neuer ersteht auf. Das Taufwasser verweist nach Helding auf Begräbnis und Auferstehung, in ihm geht der alte Mensch unter, der neue, göttliche Mensch ersteht auf.[311] Er sagt auch: Die Taufe ist eine geistliche Auferstehung.[312]

Ebenfalls einen christologischen Aspekt hat das biblische Bild vom Ausziehen des alten und Anziehen des neuen Menschen (Kol 3,9 f., vgl. Gal 3,27). So führt Erasmus aus: "Talis est ille vetus homo, quem accepimus ex Adamo, quemque Paulus iubet nos exuere cum actibus suis, ut induamus novum, et renovati sensibus mentis nostrae, Christi vestigia sequentes in novitate vitae ambulemus".[313] Monheim wandelt seine Vorlage etwas ab: Nach dem Anziehen des neuen Menschen sollen wir auf den Wegen des Herrn von Tugend zu Tugend fortschreiten.[314] Bei Christian von Honnef heißt es: Wir sollen das Sakrament in großer Würde halten, "want dair durch doent myr den alden Adam uiß und doin Christum ann...".[315]

Wurde bisher schon deutlich, daß es um eine völlige Neuschöpfung geht, daß also die Autoren das lutherische "simul" nihct vertreten, so finden sich auch ganz spezielle Äußerungen gegen diese reformatorische Lehre. Gropper schreibt: Die Rechtfertigung, die wir in der Taufe erlangen, besteht "non sola non imputatione peccati, nec imputatione sola iustitiae aliene..., sed v e r a m et non simulatam, nec mere imputatitiam regenerationem esse... v e r e renascimur, transformamur et inhaerenti quadam iustitia (quam ille in nobis creat) n o n f i c t i o - n e , sed r e v e r a imbuimur".[316]

Darin ist schon angeklungen, was diese Neuschaffung im Menschen bewirkt. Es geht um eine vollkommene Wiederherstellung des Bildes, nach dem Gott uns geschaffen hat.[317] Aber er schenkt uns noch mehr, sagt Monheim: Gott hat uns so mit sich versöhnt, "ut nihil supersit pristinae indignationis, imo plus adepti simus per gratiam reconciliationis, quam in Adamo perdiderimus".[318] Neben der Rechtfertigung[319] schenkt Gott uns in der Taufe Gerechtigkeit[320] und gibt die verlorene Unschuld wieder.[321] Diese bedeutet, daß wir zur Freiheit der Kinder Gottes befreit werden,[322] daß wir an der Freiheit teilbekommen, die Christus wiederhergestellt hat.[323] Das weiße Kleid der Taufe ist für Gropper und Lorichius im Anschluß an Tertullian[324] geradezu ein "Zeichen der Freilassung und Freiheit", das die Unschuld und christliche Reinheit bezeichnet.[325] In Übernahme biblischer Wendungen sagen die Autoren: Wir werden durch die Taufe wiedergeboren zu lebendiger Hoffnung,[326] geschenkt wird uns das Vertrauen, daß wir in das Reich des Heiles aufgenommen werden.[327] Die Taufe heiligt uns[328] und verschafft uns vor Gott ein gutes Gewissen (1 Petr 3,21),[329] "ut tuta ac pacata sit conscientia apud Deum, hoc est, purgata, iustificata, ac sanctificata".[330] Sie reinigt uns von allen Sünden, weswegen sie auch "Sakrament der Reinigung" genannt werden kann,[331] und erleuchtet die Seele, indem sie von der Blindheit befreit. So wird die Taufe zum "Sakrament der Erleuchtung".[332]

Die Wiedergeburt wird, wie Helding in seiner Predigt herausstellt, zum Anfang des geistlichen Lebens,[333] gibt uns ein reiches Erbteil,[334] sie "nimpt alles jenige von uns hinweg, das wir auß der ersten geburt hetten, unnd gibt uns alle ding new durch die genaden und den Geyst unsers Gottes".[335] Helding betont in seiner Institutio, daß nur Wiedergeborene geistliche Wohltaten empfangen können, daß erst nach der Taufe unsere Werke Gott gefallen und wirksam werden für das Heil, und daß erst die Erneuerung in der Taufe Buße und Frömmigkeit fruchtbar macht.[336] Da Gott diese Wiedergeburt im Sakrament der Taufe schenkt, ist bei allen Aussagen stillschweigend mitgemeint, daß auch die Kirche ihren Anteil an diesem Wirken hat. Einige Autoren heben diesen Zusammenhang eigens hervor. So nennt Vincius die Kirche "quasi regenerationis matrem".[337] Für Clichtoveus ist die Kirche "tota fidelium et in Christo regeneratorum congregatio".[338] Gropper schreibt: Die Kirche macht uns durch die Wiedergeburt zu Christen.[339]

Wohl wegen der einseitigen Betonung der Taufe durch Luther und die Reformatoren auf Kosten der anderen Sakramente und der guten Werke im täglichen Leben machen einige Autoren darauf aufmerksam, daß die Wiedergeburt allein nur den Getauften rettet, der sofort nach dem Empfang des Sakramentes stirbt.[340] Für alle anderen ist, u. a. wegen der täglichen Anfechtungen,[341] ein geistlicher Fortschritt notwendig, den wir zunächst in der Firmung empfangen,[342] und der genährt wird durch die anderen Sakramente.[343] Schließlich muß auch das christliche Leben jenem hohen Gut, das uns Gott in der Taufe anvertraut hat, entsprechen.[344]

Wie eine "Antwort" auf Luther klingt auch der Hinweis bei Helding, daß man unterscheiden muß zwischen der Erneuerung der Taufe und jener, "qua quotidie magis ac magis nos innovari Apostolicae exhortationes iubent". Für die erste verweist er auf Kol 2, für die "apostolischen Mahnungen" auf Eph 4, Kol 3, 2 Kor 4 und schließlich auf Jo 15: "Ohne mich könnt ihr nichts tun". Die volle Erneuerung geschieht allerdings erst, wenn wir unseren sterblichen Leib ausgezogen haben und zur vollen Schau Gottes gelangt sind.[345]

Clichtoveus führt in seiner Sakramentspredigt zu unserem

Thema einen Gedanken an, der sich bei keinem anderen Autor findet. Es wurde schon erwähnt,[346] daß er den sieben Sakramenten die Hauptsünden zuordnet: "Ut videlicet baptismus sit contra superbiam. Sicut enim baptisma est ianua sacramentorum, et secundum Salomonem initium omnis peccati superbia,[347] ita humilitas est ianua, initium et fundamentum omnium virtutum. Nam in hoc sacramento ad nuditatem usque humiliatur unusquisque, ut contundat omnem spiritus superbiam, et subiicit se aquae."[348] Nur der also, der sich bis zur Nacktheit demütigt, in sich jeden Stolz zerschmettert und sich dem Wasser unterwirft, kann in der Taufe Gottes Heil empfangen.

322 Das Wirken der göttlichen Personen in der Taufe

Was im letzten Abschnitt in den Aussagen der Autoren mehr generell angeklungen ist und auch schon früher erwähnt wurde,[349] daß Gott das Heil in der Taufe bewirkt, soll nun entfaltet werden. Zwar wird die Taufe generell mit der Dreifaltigkeit in Verbindung gebracht: "Wir sind auf die Dreifaltigkeit getauft",[350] ihr übereignet,[351] zugesprochen und geweiht,[352] und bestehen bleibt, was Helding schreibt: ...nicht jede Person der Dreifaltigkeit handelt, "sonder Gott der Vatter hat alle ding durch den Son im heiligen Geyst erschaffen".[353] Jedoch werden spezielle Taufwirkungen in besonderer Weise einer der drei göttlichen Personen zugewiesen. Es geht dabei um die Annahme des Getauften an Sohnes Statt durch den Vater, um die Erlösung durch Christus und um die "Begabung", mit dem und durch den Heiligen Geist. Wie schon angemerkt, wird beim letzten Punkt noch einmal zurückzugreifen sein auf die Wiedergeburt. Zunächst soll jedoch nachgezeichnet werden, was die Katechismen ausführen zu dem Thema: Taufe als Bund.

322.1 Die Taufe als Bund

Als erster der katholischen Katechismusautoren bringt Lorichius das Bundesthema in den Tauftraktat ein. Er könnte von Zwingli beeinflußt sein, dem "reformatorischen Entdecker des biblischen Bundeszeugnisses".[354] Auch eine Übernahme des Gedankens von Martin Butzer wäre denkbar. Dieser hatte sich damals weithin von Luther abgewendet und hatte sich mehr oder weniger Zwingli angeschlossen.[355]

Lorichius argumentiert anders als Zwingli.[356] Er sagt: Beschneidung und Taufe stimmen in Zeichenhaftigkeit und Mysterium überein, aber an die Stelle des jüdischen Ritus ist nun die Taufe getreten. Wer jetzt als Christ noch die Beschneidung sucht, der sündigt.[357] Bei der Frage der Kindertaufe kommt der Autor übrigens nicht auf die Parallelität: Taufe - Beschneidung zu sprechen. Er begnügt sich mit einem kurzen Hinweis auf die Tradition.[358]

Der Bund wird hauptsächlich von seiner aktiven Seite - der gegenseitigen Verpflichtung - her gesehen. Der Mensch sagt dem Satan, weltlicher Ehre und dem Pomp ab und verpflichtet sich Gott gegenüber zur lebenslangen mortificatio. Als Bundespartner verpflichtet sich Gott dem Menschen gegenüber, ihm die Sünden zu vergeben und die Folgen der Erb-Sünde nie mehr anzurechnen. Als neutestamentliche Belegstellen für diese Auffassung zitiert Lorichius u. a. Röm 6,3 f., 1 Kor 10,1-11, Gal 5. Auch die Sintflut und die Errettung des Noach sind ihm Hinweise auf diesen Bund.[359] Immer wieder kommt er auf das Bundesthema zu sprechen, z. B. wenn er bei der Unterscheidung der Taufe des Johannes und der christlichen Taufe die Sündenvergebung das Bundesgeschenk durch Gott nennt.[360]

Vor der Erklärung und Deutung der Taufzeremonien schreibt Lorichius: Gerade der Gebrauch der Zeichen, des Ritus' und der Taufform mache den doppelseitigen Bund deutlich.[361] Der Vollständigkeit halber sei erwähnt, daß das Stichwort gegen Ende des Tauftraktates nochmals auftaucht. Dort meint der Autor, er habe nun "satis superque" über den Bund gehandelt.[362]

Der Gedanke des doppelseitigen Bundes findet sich ebenfalls, wenn auch längst nicht so ausgeprägt, bei Dietenberger,[363] Gropper[364] und Helding.[365] Die Argumentation entspricht im wesentlichen der des Lorichius, jedoch wird bei ihnen der Hauptakzent des Bundes des Menschen mit Gott stärker auf das "Abrenuntio satanae" der Taufhandlung gelegt. Im Text stimmen Lorichius und Gropper z. T. wörtlich überein.[366]

Bei Helding heißt es über Lorichius hinausgehend: Die Taufe ist das Bundeszeichen,[367] sie bringt uns in Gottes Schirm und Gewalt, seine Macht und Gewalt umgreifen uns, so gehen wir ein ewiges Bündnis ein, das fordert und verbindet.[368] Gottes "verheissung macht in ein schueldner",[369] welcher Getaufte sollte also nicht getröstet und erfreut sein, daß der allmächtige Gott mit ihm einen Bund schließt und ihm ein getreuer Vater sein will.[370] Helding gibt also dem Bund eine mehr persönliche Note. Auf die Verpflichtungen, die sich aus diesem Bund für den Menschen ergeben, werden wir weiter unten zu sprechen kommen.[371]

Ausdrücklich erwähnt wird von den genannten Autoren, daß dieser Bund Gottes mit den Menschen auch die Kinder einschließt,[372] wie dies bei der Beschneidung ebenfalls war.

Die Kirche erinnert die Gläubigen "sonderlich uff alle Sontage" durch die Besprengung mit Weihwasser an die Taufe und ermahnt sie "der bundtnus mit Gott durch Christum eingangen", schreibt Gropper in seiner Übersicht über die kirchlichen Zeremonien.[373] Den "Bund der Beschneidung" spricht Archinto an.[374] Schöpper läßt den Gedanken bei der Erklärung der Taufformel anklingen: "Sensus vero Verbi, quod pronunciat Minister, huiusmodi est: Hoc signo visibili...tecum paciscor ac testor, quod reconcilieris Deo, et ab eo recipiaris in gratiam, qui est Pater et Filius et Spiritus sanctus". So ist die Taufe das sichere Zeichen unserer Versöhnung und des Wohlwollens Gottes gegen uns.[375] Der Getaufte wird durch den Bund der Dreifaltigkeit zugesprochen und geweiht.[376]

322.2 Die Annahme des Getauften an Sohnes Statt durch den Vater

Der Bund mit dem Menschen besteht nach Gropper u. a. darin, daß Gott den Menschen in der Taufe als seinen Sohn annimmt.[377] Diese Beziehung wird "Sohnschaft aus Adaption" genannt. Im Unterschied dazu ist Christus, der "filius unicus", "secundum divinitatem filius dei patris, natura et origine ab aeterno".[378] Durch die Wiedergeburt wird Gott unser Vater,[379] im Vergleich mit Christus ist er es "in peculiari ratione".[380] Adoptiert wird, sagt Erasmus, wer vorher noch nicht Sohn war. Wir waren vor der Taufe Söhne des Zorns, durch den Glauben an Christus sind wir Söhne Gottes geworden.[381] Wir waren Knechte der Sünde, in der Taufe haben wir dem Teufel abgeschworen, nun haben wir auf Erden keinen Vater mehr, sondern erkennen allein unseren Vater im Himmel an.[382] Bei Gropper findet sich ein ähnlicher Gedankengang: Die Katechumenen wurden nach dem Namen, den sie von Adam hatten, 'Söhne Adams' genannt, nun erhalten sie einen neuen Namen und werden 'Söhne Gottes' genannt. Vor der Taufe besaßen wir weder Glauben noch Namen. "Postquam vero invocatur nomen dei super nos, secundum nomen eius vocati sumus".[383]

Dieser neue Name ist für uns eine "Ehre",[384] die uns Gott aus "unverdienter Güte"[385] in der "ungeschuldeten Wiedergeburt" schenkt.[386] Gott ist unser Vater mehr aus der Adoption als auf Grund der Schöpfung.[387] Nun können wir mit Recht "Vater" und "Abba" rufen,[388] denn Gott gibt uns den "spiritus adoptionis" (Röm 8,15).[389] Dieser Geist, der uns, wie Soto[390] sagt, zu Adoptivkindern macht, gibt uns auch Zeugnis, daß wir Kinder Gottes sind (Röm 8,16).[391] So kann sich, heißt es etwa bei Gropper, unser Gewissen trösten, es habe einen gnädigen, gütigen und lieben Vater im Himmel (1 Petr 3,21).[392] Monheim ergänzt und schreibt, Gott sei auch hier, in der unreinen Welt, unser Vater.[393]

Neben dem Heiligen Geist hat auch Christus Anteil an der Adoption. Lorichius formuliert: Die auf Christus getauft sind und Christus angezogen haben (Gal 3,27), die sind Adoptivsöhne geworden.[394] Monheim nennt die Eingliederung in Christus Ursache für die Annahme an Sohnes Statt.[395] Bei Maltitz heißt es: "Wer nun also von newem geborn und lebendig wirt, der wirt in die kindschafft Gottes dergestalt eingesatzt, daß er hinfurder ein bruder Christi, ein erbe Gottes, und miterbe Christi, und also der ewigen seligkeit teilhaftig werden mag. Rom 8."[396] Schöpper sieht das Verhältnis umgekehrt: Durch den Glauben macht Christus uns zu seinen Brüdern und zu Adoptivsöhnen des Vaters, daher sind alle Menschen, besonders aber die Gläubigen, unsere Brüder.[397] Weil Gott so der Vater aller Menschen ist, müssen wir auch mit allen Frieden halten, folgert Nausea.[398] Nach Helding sind wir "fratres adoptivi" von Christus.[399] Witzel schreibt: "Wir aber seyne gleubigen sindt angenomen söne und döchter Gottes aus gnaden...".[400]

Da uns Gott also in der Taufe das "Recht der Annahme" als seine Söhne geschenkt hat,[401] da er sich - wie es bei Soto heißt - die Seele verbunden ("copulata") hat,[402] können wir darauf vertrauen, folgert Helding, daß er uns alles gibt, was ein Vater seinen Kindern gibt.[403]

Die Gnade der Taufe besteht nach Schöpper neben der Erneuerung, Heiligung und Nachlassung der Sünden in der "adoptio baptizati in filium Dei".[404] "Die Verleihung der Sohnschaft ...als eigentliche Taufgabe"[405] ist vorgebildet in der Taufe Christi.[406]

322.3 Die Erlösung durch Christus

Die Taufe hat wie alle Sakramente ihre Kraft und Wirksamkeit aus dem Leiden und Sterben Christi, betont etwa Gropper mit einem bekannten patristischen Motiv,[407] "ex cuius latere in cruce aperto, sacramenta novae legis fluxerunt".[408] Schöpften die Sakramente des Alten Bundes ihre Wirkung aus der Tatsache, daß der Erlöser verheißen war und kommen würde,[409] so sind die Sakramente des Neuen Bundes "signa memoralia passionis ac mortis Christi".[410] In der Taufe wendet uns demnach Gott die Verdienste Christi zu,[411] er läßt uns aber auch teilhaben an dem Lebensschicksal seines Sohnes.

322.31 Die Taufe vermittelt uns die Verdienste Christi

Wie alle Sakramente 'erinnert' die Taufe an Tod und Auferstehung unseres Herrn, da sie der Grund unserer Hoffnung sind.[412] Alle Katechismen sprechen diesen Sachverhalt an, indem sie betonen, daß wir "durch", "in" und "wegen" Christus erlöst sind, bzw. daß er "für uns" gestorben und auferstanden ist. Sehr deutlich kommt so die soteriologische Funktion von Tod und Auferstehung des Herrn zum Ausdruck.

Erasmus bringt das in seinem Kleinen Katechismus auf die knappe Formel:...in te, Christe, renascimur atque novamur".[413] Im Großen Katechismus führt er bei der Erklärung des Glaubensbekenntnisses aus: Wenn man höre, 'Christus hat gelitten', dann höre man auch 'Kirche' mit und 'Quelle der allgemeinen Vergebung'; denn Taufe und Buße seien nur wirksam durch den allerheiligsten Tod Christi und seine Auferstehung.[414] Ähnlich heißt es bei Clichtoveus: Die Sündenvergebung empfangen wir in der Taufe aus der Kraft des Herrenleidens, "ex qua baptismus suam sumit omnimodam efficaciam".[415] Nausea spricht zunächst über die Sakramente allgemein, in denen uns Gott mit seiner Kraft durch das Leiden seines Sohnes, durch den Bund und sein Wort beisteht,[416] dann vergleicht er Beschneidung und Taufe. Er sagt: Gott hat sein Werk in der Taufe vollendet durch die Kraft des Leidens Christi, durch Blut und Wasser aus dessen Seite, das die Taufe gestärkt und bekräftigt hat, so daß sie allein den Himmel öffnet.[417]

Durch die Verdienste und die Genugtuung Christi wird den Menschen die Gnade durch die Sakramente zugeteilt, schreibt Soto [418] Schöpper erklärt in seiner Taufpredigt den Brauch der 'Taufkommunion' ("ablutio corporis sanguinisque Dominici") und sagt dabei, wer getauft ist, hat die Kraft und Wirksamkeit des Todes Christi erlangt.[419] Bei der Taufwasserweihe schreibt er die Wirkung des Sakramentes der Auferstehung zu,[420] die Besprengung mit Taufwasser in der Osternacht soll uns u. a. daran erinnern, "quod tota eius [Baptismi] vis unice a morte et resurrectione Domini nostri Iesu Christi...dependeat".[421] In ähnlich dichter Weise spricht auch Helding in seinen Katechismuspredigten die Verbindung von Taufe und Erlösungstat Christi an: Christus hat uns sein Wort gegeben und die Taufe durch die Gnade und sein Verdienst kräftig gemacht;[422] in der Taufe werden wir des

Blutes Christi, seines Todes und seiner Auferstehung teilhaftig;[423] die Taufe reinigt uns durch die Verdienste Christi.[424] Wie Schöpper erklärt er den tieferen Sinn der Taufwasserweihe und fährt dann fort, alle Christen sollen verstehen, "da uns der Tauff von sünden reinige und selig mache, nit auß krafft des wassers, sonder weil uns Christus durch diß zeichen auffnimpt in seine gemeynschafft, und last nachmals die heilsame verdienst seines leidens unnd aufferstehung uns zum heil dienen".[425]

Als "pars pro toto" wird öfters das "Blut Christi" genannt. Es "wäscht uns ab"[426] und "reinigt uns"[427] Durch das Blut Christi haben wir die "Erlösung",[428] die "Heiligung" und die "Vergebung".[429] Gott hat uns nicht mit Silber und Gold erkauft, sondern mit dem Blut Christi,[430] er hat uns unsere Sünden nachgelassen durch das Verdienst des Blutes Christi ohne unser Verdienst, so betont Soto.[431] Neben Leiden, Tod, Begräbnis und Auferstehung wird in einigen Fällen auch die Menschwerdung Christi als Grund für unsere Erlösung mit angeführt. Monheim läßt den "Schüler" fragen: " Quur sic [Christus] nasci voluit?". Der "Lehrer" antwortet: " Quid sic decebat nasci Deum, sic decebat nasci, qui nostrae conceptionis ac nativitatis sordes purificaret. Hominis filius nasci voluit Deus, ut nos in illum renascentes efficeremur filii Dei".[432] Archinto formuliert: Christus allein habe uns erlösen können durch seine Menschwerdung und das Kreuz.[433] Gegen die Wiedertäufer wendet sich Helding: Christus ist als Kind und für die Kinder geboren..."Qui si loqui ipsi nesciunt, clamat tamen pro eis ad Deum vox sanguinis fratris eorum, pro ipsorum omniumque salute innocenter occisi".[434] Im Zusammenhang mit der Eucharistie führt Gropper aus: Glaube beim Empfang nicht nur an die Wahrheit des Leibes und Blutes, sondern glaube und denke auch an die Sündenvergebung durch die Erlösung in Christus Jesus, "qua Christum veluti adhuc in cruce pro te pendentem, teque sanguine suo in remissionem criminum aspergentem intuearis...".[435]

So können wir mit Helding sagen: "Haec Domini resurrectio, fidei nostrae Basis est, in eam spes omnis nostra innitimur".[436]

Durch Christus werden wir gerecht, ergänzt Gropper,[437] wahrhaft neugebildet[438] und nach seinem Bild wiederhergestellt.[439] Die Taufe wird nach Helding zum Bund mit Christus[440] und mit Gott wegen der Auferweckung Christi.[441] Durch die Erlösung wird Christus unser Herr, schreibt Gropper,[442] wir stehen unter seinem Schutz.[443]

Schöpper verdeutlicht diesen Gedanken, indem er auf einen Brauch der Osternacht hinweist. Bei der Prozession werden zwei Fahnen mitgeführt. Diese sollen den doppelten Sieg Christi versinnbildlichen. In Tod und Auferstehung hat Christus zwei der grausamsten Feinde des Menschengeschlechtes besiegt: Tod und Unterwelt, Sünde und Satan.[444] Der Taufbrunnen als Ziel der Prozession weist in die gleiche Richtung: Christus, unser Führer, hat den Pharao und sein Heer, den Teufel und die Sünde, in diesem mystischen Roten Meer versenkt.[445] Durch diesen Sieg, sagt Monheim,[446] empfangen wir das "signum...vitae aeternae in Christo Iesu."

Clichtoveus greift das Bildwort von Christus als dem wahren Samariter (Lk 10) auf und meint: Er ist aus Erbarmen mit uns Mensch geworden, "alligavit vulnera nostra, per suae mortis virtutem, et infudit illis vinum et oleum i. e. efficaciam et dulcorem sanctorum sacramentorum...".[447]

Auch in diesem Zusammenhang sei darauf hingewiesen, daß von einigen Autoren der an sich selbstverständliche ekklesiologische Bezug der Aussagen eigens betont wird. Clichtoveus erklärt, die Kirche ist 'heilig', "...quod ab omnibus istis contaminationibus fuerit emundata et purificata per sanguinem Christi, et sacrum baptisma, atque alia ecclesiae sacramenta".[448] Die Kirche ist nach ihm auch die 'Braut Christi'. "Nam ipse ut sponsus eam sibi desponsavit in fide et charitate, quando in sacratissimo intemeratae virginis utero naturam assumpsit humanam, ut demum in cruce, suo pretioso sanguine eam ablueret ab omni labe et iniquinamento peccato, ut testatur Apostolus ad Ephesios quinto capite."[449] Den Mittlerdienst der Kirche stellt Gropper heraus, wenn er schreibt: Wir empfangen die Sündenvergebung aus dem Verdienst des Herrenleidens und des Blutes Christi, mit dem wir durch die Kirche besprengt werden.[450]

Mit Monheim kann man zusammenfassend sagen: "Nam quia baptizatus sum vere dicere possum, ipsemet Deus me in aquam immersit et ideo me in aquam immersit, ne dubitem quin mihi propitius sit, et me vitae aeternae consortem esse velit, et quin mihi per Jesum Christum donarit omnia".[451]

322.32 Der Heilige Geist als Frucht der Erlösungstat Christi

Die vornehmste Gabe, die Gott uns wegen und durch Christus schenkt, ist, das betonen die Autoren immer wieder, der Heilige Geist. Ihn hat Gott, sagt Monheim im Anschluß an Röm 5,5, überreich über uns ausgegossen durch Christus[452] und zwar in der Taufe.[453] Christus hat ihn uns "verdient"[454] durch sein Leiden[455] und seine Auferstehung.[456] Durch den Glauben an Christi Leiden und den Empfang der Sakramente empfangen wir den Geist Gottes.[457] Wer so in Christus eingegliedert ist, bekommt die Heiligung und den Heiligen Geist.[458] Mit Nausea kann man sagen: Zu Christus gehört, wer mit ihm vereint ist durch diesen Geist.[459] Johannes der Täufer hatte angekündigt, der Messias würde mit Feuer und Heiligem Geist taufen (Mt 3,11). Auf dieses Wort beruft sich Erasmus und erklärt, das Feuer sei die Liebe und unter der Geistestaufe verstände Johannes die verborgene Gnade des Glaubens, die nur der Geist eingießt.[460] Witzel sagt zu dieser Stelle: "Das Joannes zum geist feuer setzet, legt er eins mit dem andern aus. Der heilige geist wart den Aposteln erst ihm oder mit dem fewer gegeben. Act. 2. Das sie also mit dem geist unnd mit dem fewer zu gleich getaufft worden sind, nach des Herren verheissung... Also gehört die Geistauff odder fewertauff zur Wassertauff".[461] In diesen Zusammenhang gehören die Aussagen: Christus hat uns im Heiligen Geist wiedergeboren,[462] er tauft durch den Heiligen Geist.[463]

In Anschluß an Paulus (2 Kor 3,4) führt Erasmus einen etwas schwierigen Gedankengang an zu dem Kreuzzeichen, mit dem der Täufling bezeichnet wird: Paulus nennt die Korinther, die sich zum Evangelium bekannt haben "epistolam suam..., non quidem atramento scriptam in membranis, sed in cordibus spiritu. Spiritus autem dicitur digitus dei. ...Mens igitur hominis per baptismum fit vas sancti spiritus, quod obsignatur sigillo fidei, imo Christus obsignavit sanguine suo".[464]

322.33 Die Taufe als Tod, Begräbnis und Auferstehung m i t Christus

Hauptsächlich im Anschluß an Röm 6,3 - 11 und Kol 2,11-13 beschreiben einige Autoren die Taufe als geistige Wirklichkeit, die den Getauften mit dem Lebensschicksal Christi und mit Christus selbst verbindet. Am deutlichsten geschieht das wohl bei Dietenberger in dem Abschnitt "Beteuttung der heyligen Tauff". Zunächst zitiert der Autor die beiden genannten Schriftstellen und fährt dann fort: "Die Tauff bedeuttet etwas an Christo vergangen, und etwas an uns, so im Tauff an uns gehandelt wirt. In Christo ist die Tauff ein zeichen seins todes, seiner vergrabung und seiner aufferstehung. An uns bedeutet sie, daß wir geistlich mit Christo sterben, mit ihm vergraben werden, und mit ihm zum newen leben aufferstehn. ...Wir sterben aber der sünden und werden in der Tauff durch hinlegung des sündtlichen lebens begraben, denn die Tauff sol des alten Adams grab sein. Das bedeut nun das undertuncken und undersencken ins wasser. Wir werden auch darin wider lebendig, und erstehen zu einem neuwen, rechten, gottseligen leben, welches das herfür ziehen oder auffheben bedeuttet".[465] In ähnlicher Form, wenn auch nicht so ausführlich, finden sich diese Gedanken u. a. bei Monheim,[466] Witzel,[467] Contarini,[468] Maltitz,[469] Soto[470] und Helding.[471] Der eschatologische Bezug des Mit-Christus wird hervorgehoben von Monheim: "...totus homo glorietur cum Christo, qui hic totus afflictus erat pro Christo",[472] von Witzel[473] und Gropper.[474]

Lorichius umschreibt die Taufe als Tod der Sünde, als Unterpfand und Bild der Auferstehung und als Bund des Menschen mit Gott. Als biblische Grundlage seines Gedankenganges erwähnt er

1 Kor 10,1-6: Die Taufe der Israeliten auf Mose als Vorbild unserer Taufe.[475] Im Zusammenhang mit der Sintflut führt er aus: "Christi...mortem tum plane praeferimus, cum baptismi aquis immergimur, tunc demum resurrectionem significamus, cum ex aquis reducimur. ...Baptismus...mergendo mortem denunciat, emersione vero resurrectionem figurat".[476] Noch einmal kommt Lorichius auf das Mit-Christus bei der Erklärung der Taufhandlung zu sprechen. Das dreimalige Untertauchen ist ihm mit Ambrosius[477] ein Hinweis darauf; ebenso die dreimalige Frage nach dem Glauben: "Dixisti credo, et mersisti, hoc est sepultus es".[478]

In seiner Institutio hebt Gropper einen besonderen Aspekt von Röm 6 hervor, die "Ähnlichkeit" (6,5),[479] er verbindet ihn auch mit der Rechtfertigung: "Iustificari nihil aliud sit quam confirmari nos similitudini mortis Christi simul et resurrectionis eius".[480] In die gleiche Richtung weist der Begriff der "Nachahmung": Christus ist für uns begraben worden, "ut se vere mortuum fuisse pro nobis ostenderet, et ut nos gratia et imitatione eius, per fidem spiritualiter cum illo sepeliremur...".[481]

Verbunden mit Röm 6 wird auch Gal 3,27: "Denn ihr alle, die ihr auf Christus getauft worden seid, habt Christus angezogen".[482] Den ganzen Gedankengang zusammenfassend kann Dietenberger schreiben: "Die tauff...bedeut aber den tod und aufferstehung Christi...";[483] bei Archinto heißt es ähnlich: "Baptismate enim, et Christi mortem, et sepulturam et resurrectionem significamus".[484]

In einigen Katechismen wird das Thema durch die "mortificatio" vervollständigt; darauf wird weiter unten einzugehen sein.[485]

322.4 Der Heilige Geist und die Taufe

Wie in den bisherigen Ausführungen schon deutlich geworden ist, wird das Wirken des Heiligen Geistes in der Taufe von fast allen Autoren betont. Eine auffällige Ausnahme bildet Peter de Soto mit seinen beiden Katechismen.

Um in etwa den Rahmen abzustecken, seien vorweg drei Zitate

angeführt. Bei Witzel heißt es: Ohne den Heiligen Geist gehören wir nicht zu Christus.[486] Gropper schreibt: "...sine ipsius spiritus opere sacramenta nullam in nobis efficaciam habent",[487] und: Das Wirken des Geistes ist ohne Grenzen.[488]

322.41 Der Heilige Geist als "Autor" der Wiedergeburt

Im Hinblick auf Jo 3,5 und Tit 3,5 wird dem Geist Gottes am häufigsten die Wiedergeburt und Erneuerung des Menschen zugeschrieben.

Das geschieht u. a. dadurch, daß in einigen Katechismen die genannten Stellen direkt[489] oder indirekt[490] zitiert werden. Gropper stellt mehr die Aktivität der dritten göttlichen Person heraus: In der Taufe wird der Heilige Geist mitgeteilt zur Reinigung und Wiedergeburt,[491] und: Wir sind "durch entfahung und bekommung des heiligen widderberenden Geists widdergeborn ...".[492] Noch deutlicher wird dies, wenn der Heilige Geist als Handelnder angesprochen wird: Er ist der Wirker der Wiedergeburt, sagt Schöpper in einer Predigt,[493] an anderer Stelle heißt es bei ihm: Der Geist gebiert die Täuflinge neu.[494] Ähnlich formulieren Helding[495] und Nausea: Der Heilige Geist gebiert, schafft und läßt den Menschen wachsen zu einem neuen Menschen.[496] Eine Beziehung zu Christus stellt Monheim her: Der Geist gebiert die wieder, die an Christus glauben.[497] Neben der Wiedergeburt wird auch die Erneuerung dem Heiligen Geist zugeschrieben. Nausea sagt dazu: Die Erneuerung kann nur durch den Geist geschehen.[498]

322.42 Der Heilige Geist erneuert den Menschen durch die Reinigung und Vergebung

Wiedergeburt und Erneuerung des Menschen kommen nach dem Zeugnis der Katechismen durch das reinigende und vergebende Wirken des Geistes zustande. Er reinigt alles durch seinen Hauch, so faßt Erasmus die Wirkung des Geistes in seinem Kleinen Katechismus knapp zusammen.[499] Clichtoveus wendet die allgemeine Sakramentsdefinition auf die Taufe an und schreibt: Wasser und

Waschung sind das äußere Zeichen, "et gratia spiritus sancti interius, emundans animam a peccatis, et haec est invisibilis illa gratia mentem purificans...".[500] In seinem Schema der Taufwirkungen nennt er diese Reinigung an dritter Stelle.[501] Der Heilige Geist wird in der Taufe zur "emaculatio" der Seele gegeben, heißt es bei Lorichius.[502] Er wirkt innerlich durch Vergebung der Sünden und der Schuld, formuliert Dietenberger.[503] Nausea schreibt dem Geist "vor allem" die Reinigung von der Erbsünde zu.[504]

"Die erste heiligung des heiligen Geysts entpfahen wir im Tauff, da er in uns eingegossen wirt, und schafft durch sein krafft und genad in uns vergebung aller vorgethanen sünden, macht auß alten verderbten Adams kindern newe, reine und heilige kinder Gottes, aus verdampten sündern erben des reichs Gottes, davon Tit 3, 1 Cor 6, Rom 8", so führt Helding in einer der Predigten über das Glaubensbekenntnis aus.[505] An anderer Stelle betont er: Der Geist versöhnt uns mit Gott und bezeugt, daß wir Kinder Gottes und Erben sind (Röm 8).[506]

Diese reinigende Wirkung des Geistes in der Taufe wird vor allem genannt, wenn es um die Frage geht, wie sich die Gabe des Geistes in Taufe und Firmung unterscheidet. Schöpper sagt dazu in der Firmpredigt: "Observandum est, aliter hic dari Spiritum sanctum, atque illic. in Baptismo enim datur Spiritus sanctus ad purificationem et innovationem: sed in Confirmatione datur idem ad robur et augmentum tum fidei, tum virtutis..".[507]

Die Vergebung durch den Geist ist, wie Schöpper in seinem Katechismus schreibt, an den Glauben und den Empfang der Sakramente gebunden,[508] sie kann nach ihm auch nur in der Gemeinschaft der Kirche erlangt werden.[509] Die Taufe ist eben, wie Witzel betont, das Bad der K i r c h e , in dem der Mensch durch die Kraft des Geistes abgewaschen wird.[510] Dem entspricht, wie einige Autoren hervorheben, daß diese Reinigung im Wasser der Taufe geschieht durch den Heiligen Geist,[511] und daß das Taufwasser unter Anrufung des Heiligen Geistes und durch Beimischung von Chrisam geweiht wird.[512]

322.43 Der Teufel und der Heilige Geist

Einige Katechismen erwähnen in diesem Zusammenhang, daß zunächst der Teufel aus dem Täufling weichen muß, damit nun der Heilige Geist Raum bekommt.[513] Diese Vertreibung wird meist mit dem Exorzismus in der Taufhandlung in Verbindung gebracht, in dessen Begleitformeln dieser Aspekt ja deutlich zum Ausdruck kommt. Gropper schreibt: Der Exorzismus wird angewendet, "ut spiritus immundus a baptizando expellatur, utque per purum sacerdotis ministerium, spiritui sancto cedat fugiens spiritus malignus". Und um jedes Mißverständnis abzuwenden, als ob etwa der Täufling von Besessenheit befreit werden müßte, fährt er fort: "Non enim natura (ut inquit Augustinus)[514] exorcisatur aut exufflatur, sed ille, sub quo sunt qui sub peccato nascuntur. Adiuratur ergo, ut expellatur ab eis potestas inimica, quae decipit hominem...".[515]

Nausea erwähnt diesen Gedanken bei dem dem Exorzismus vorausgehenden Blasen ins Gesicht des Täuflings. Dieses soll nach ihm bezeichnen: "Mox malignum spiritum inde fugere coactum iri sufflatu spiritus sancti, in baptismo gratiam largientis, cui iste locum volens nolens sit cessurus...".[516] Das im Vergleich zu den anderen Autoren auffallende "mox" erklärt er beim Exorzismus - dort wird übrigens der Heilige Geist nicht ausdrücklich genannt -: "Siquidem constat, eundem spiritum a parvulo nequaquam exire, donec manet in peccato originali".[517] Bei der Erklärung der Taufwasserweihe sagt Nausea: Das dreimalige Blasen des Priesters versinnbildet das Wirken des Geistes, das u. a. darin besteht, daß er den bösen Geist vertreibt.[518] Das vorausgehende Teilen des Wassers mit der Hand soll nach ihm kennzeichnen, daß das Wasser durch den Heiligen Geist fruchtbar und daß der böse Geist vertrieben wird.[519]

Helding führt den Gedanken weiter aus ud sagt: Da nun der Geist Gottes in uns wohnt, müssen die bösen Geister gehen.[520] Erasmus bemerkt: Wer das Geschenk des Geistes empfangen hat, darf nicht wieder durch Untreue oder Undank abfallen zu dem Tyrannen Satan.[521]

322.44 Der Heilige Geist und seine Gaben

Neben der reinigenden und vergebenden Wirkung werden dem Heiligen Geist eine Reihe von weiteren Gaben zugeschrieben.

Der menschliche Geist wird durch die Taufe ein Gefäß des Geistes Gottes, schreibt Erasmus.[522] An anderer Stelle heißt es bei ihm, der Geist ist der Gast frommer Seelen, die er sich zu Tempeln geweiht hat.[523] Nach Helding bedeutet die Salbung mit Chrisam, daß der Getaufte zur Wohnung des Geistes wird.[524] In Abwandlung des Bildes sagt er auch: Der Geist macht den Getauften zum Tempel Gottes.[525]

Der durch die Vergebung der Sünden im Menschen innewohnende Heilige Geist[526] erleuchtet, wie Clichtoveus[527] ausführt, das Herz mit seinen Tugenden und Gaben. Er macht, nach Schöpper, der Güter teilhaftig.[528] Neben diesen mehr generellen Aussagen, die sich auch in anderer Form finden,[529] werden die Gaben auch differenziert aufgeführt.

Nicht so häufig, wie man vermuten sollte, wird die Heiligung genannt. Einige Autoren beschränken sich auf den Hinweis: Der Geist heiligt,[530] andere bringen diesen Gedanken ausführlicher. Lorichius etwa schreibt: Der Geist heiligt die Herzen in den Sakramenten.[531] In der Taufe, so erklärt Archinto, wird die rechtfertigende Gnade verliehen, durch die wir vom Heiligen Geist innerlich geheiligt werden.[532] Nach Gropper ist Christus der barmherzige Samaritan, der heilt und heiligt durch den Heiligen Geist.[533] Der Geist ist es, sagt Fabri, "on welchen niemandt hailig, frumm, oder Gottes Tempel oder kind sein kan".[534] Diese Heiligkeit gilt es zu bewahren, führt Dietenberger aus.[535]

Andere Gaben, die im Zusammenhang mit dem Geist genannt werden, sind die Erleuchtung,[536] die Erkenntnis, die Witzel anführt,[537] und die Stärkung. Von dieser Gabe sagt Erasmus: Gottes Geist stärkt mit seinem Hauch den menschlichen Geist, daß ihn keine Macht von dem Glauben und der Hoffnung an Christus abbringen kann.[538]

Einen weiten Raum nehmen in diesem Zusammenhang die Aussagen über den Beistand des Geistes im Kampf gegen die Sünde ein. Soweit sie im Kontext der Konkupiszenz stehen, sollen sie dort thematisch aufgeführt werden.[539] Helding unterweist seine Gemeinde in einer Predigt: Der Geist "gibt auch genad, krafft und sterck wider zukünfftige sünde".[540]

Der Geist ermöglicht überhaupt erst, wie Gropper schreibt, daß wir etwas Rechtes tun können.[541] Seine Liebe heilt uns zum Tun des Guten, erklärt Helding,[542] sie macht uns fähig zu allem Guten und bewirkt, daß unsere Werke Gott gefallen.[543] Zusammen mit der Liebe gibt der Geist auch den Glauben und die Hoffnung. Diese drei sind nach Clichtoveus die wichtigsten Gaben des Geistes, alle anderen dienen dem Schmuck der Seele.[544] Gropper bringt den Geist als Taufgabe mit der Liebe zu Gott und dem Nächsten in Verbindung.[545]

Im Anschluß an die Pfingstsequenz "Veni Sancte Spiritus" werden vereinzelt weitere Wirkungen aufgeführt: Bei Erasmus ist es der Geist, der "fovet et recreat",[546] nach Monheim tröstet er, richtet auf[547] und lehrt.[548] Lorichius nennt als weitere Gaben: den Frieden der Seele, die Ruhe des Geistes, Sanftmut und Reinheit.[549] Helding sagt: Der Geist führt zur Reue und hilft beten.[550] Wie eine Zusammenfassung all dessen, was der Geist bewirkt, klingt es, wenn Helding schreibt: "Nam in Baptismo, virtute sua in interiora hominis sese infundens Spiritus sanctus, omnes sordes expurgat, nec ullum quantulumcunque peccatum relinquit irremissum, ac totum hominem innovat ex filio irae, filium et aeternae vitae haeredem reddens per Christum ...".[551]

Der in der letzten Hälfte des Satzes angeführte eschatologische Aspekt findet sich öfters in den Katechismen. Witzel läßt in seinem Katechismus den "Jünger" sprechen: "...das ehr [der Geist] meyn hertz in Christo und seynem glauben versigele, und das er das pfandt sey meyner erlösunge".[552] Vom Angeld unseres Heiles, 2 Kor 1,22, das uns durch den Geist Gottes gegeben wird, ist bei Schöpper die Rede.[553] Der Geist krönt uns mit ewigem Lohn, er läßt uns wachsen ins ewige Leben, ruft Nausea seinen Zuhörern zu.[554] Daß der Geist auch den Kindern verliehen wird, findet bei einigen Autoren ausdrückliche Erwähnung.[555] Dies geschieht nach Archinto: "Quia et ipsi [infantes] in voto, et precibus ecclesiae, merita Christi ad sese contraxerunt, unde sancti spiritus dona suscipiant...".[556] Auf den Anteil der Kirche bei der Geistverleihung weist auch Gropper hin: Bei der Taufe wirkt der Geist in der Kirche, ihre Liebe verhilft zur Mitteilung.[557] Einen anderen ekklesiologischen Akzent setzt Schöpper: Der Geist pflanzt in die Kirche ein.[558] Bei Helding wird mehr die Einheit betont.[559]

Daß der Geist nur "Angeld" und kein fester "Besitz" ist, wird von wenigen Katechismen auf verschiedene Weise herausgestellt. Gropper fordert zum Gebet auf: "..., ut spiritus ille in baptismo nobis collatus, integer perseveret in nobis: nimirum ut gratia spiritus sancti...nunquam auferatur a nobis, sed in visceribus nostris continuo innovetur...".[560] Contarini macht darauf aufmerksam, daß Erwachsene den Heiligen Geist überhaupt nicht empfangen, wenn sie nämlich mit unaufrichtigem Gemüt zur Taufe kommen; und daß man ihn wegen Sünde und Bosheit verlieren kann.[561] Gropper warnt mit Eph 4,30 davor, den Geist durch Laster zu betrüben.[562]

Witzel greift wohl den Gedanken Luthers von der "täglichen Taufe"[563] auf, wenn er schreibt: "Es ist nicht gnug, das wir Christen im wasser getaufft sind, sondern müssen auch im heiligen geist getaufft sein und werden. ...Alls du getaufft worden bist, hatts on geist und gnad nicht abgangen, und alda hastu im heiligen Geist geteufft zu werden angehaben, aber diese teuffung mus sich uber dir teglich gemehren, darvon sich denn inn dir die gaben und fruchte des heiligen geistes gemehren".[564] In ähnlicher Weise äußert sich auch Helding: Das Bild, nach dem Gott uns geschaffen hat, wird nicht auf einmal wieder hergestellt, "sed indiget secunda renovatione, qua per quotidianos accessus magis ac magis renovetur in agnitione Dei, et in iustitia, et sanctitate veritatis".Wer sich bei dieser täglichen Erneuerung der Führung des Heiligen Geistes überläßt, kann leichter die bösen Neigungen überwinden und alles Gute tun.[565]

323 Die Vergebung der Sünden durch die Taufe

Alle Autoren betonen die Notwendigkeit einer Neugeburt des Menschen durch Gott auf Grund der erbsündlichen Verfaßtheit. Diese Neugeburt geschieht - wie oben anhand der Aussagen der Katechismen nachgezeichnet wurde - in der Taufe. Ein wesentlicher Teilaspekt bei der Erneuerung besteht, so stellen es auch unsere Bücher dar, darin, daß Gott dem Täufling die Sünden vergibt Diese im Credo bekannte Glaubenswahrheit wurde praktisch von allen reformatorischen Gruppen vertreten. So bedurfte es katholischerseits keiner langen Erörterungen um die Tatsächlichkeit der Sündenvergebung. Umstritten war dagegen, inwieweit Gott die Sünden "vergibt", ob er sie nur nicht anrechnet oder ob er sie völlig tilgt. Unterschiedliche Auffassungen gab es über die Sündhaftigkeit der Konkupiszenz. Schließlich spielt auch die Diskussion um die Vergebung der Sünden nach der Taufe in den Tauftraktaten unserer Katechismen eine Rolle.

323.1 Die Vergebung der Sünden als Wirkung der Taufe

Zwei Heilmittel gegen die Sünde gibt es, schreibt Erasmus, das erste ist die Taufe und das zweite die Buße.[566] Für Clichtoveus ist die Taufe wegen aller Sünden "erfunden" ("inventus"), sie ist also die erste Weise der Sündenvergebung.[567] Witzel nennt diese Wirkung "das fürnemest an diesem Sakrament".[568] Dafür ist dieses Sakrament "praecipue" von Christus eingesetzt worden, so belehrt Nausea seine Zuhörer, und deswegen bekennt die Kirche im Glaubensbekenntnis "die eine Taufe zur Vergebung der Sünden".[569] Er fährt fort, daß Gott uns auf diese Weise die Gnade geben will, obwohl er es auch anders könnte, da er ja der Grund der Vergebung und der Verleiher der Gnade ist. Schöpper sieht die Abwaschung aller Sünden als die eigentliche Taufgnade.[570] Für Gropper und Helding ist die Sündenvergebung die erste Wirkung der Taufe.[571] Sie weisen somit dem "negativen" Aspekt der Taufe, ihrem "heilenden" Charakter, den größten Stellenwert zu. Andere Autoren betonen mehr die positiven Wirkungen. Clichtoveus etwa setzt die Vergebung erst an die dritte Stelle. Davor zählt er die durch die Taufe eröffnete Möglichkeit, in den Himmel zu kommen, auf und die Annahme an Sohnes Statt.[572]

323.11 Die Vergebung aller Sünden und Strafen

In seiner Erklärung des Glaubensbekenntnisses schreibt Erasmus im Kleinen Katechismus zur "remissio peccatorum": "Hoc equidem in coetu sancto, peccata remitti Credo, vel iis sacro fuerint qui fonte renati, Vel qui diluerint ultro sua crimina fletu".[573] Hier klingt an, was fast alle Autoren darstellen. Witzel macht in seiner "Belehrung" eine Ausnahme. Er spricht nur von der Vergebung der Sünden nach der Taufe.[574] Daß die Taufe Sünden vergibt, ist so selbstverständlich, daß er meint, dies übergehen zu können.

Erasmus erwähnt in dem angeführten Werk die Erbsünde nicht, er dürfte sie in den Begriff der "Peccata" miteinschließen. Ähnlich ist es bei Monheim, der ebenfalls die Vergebung "der" bzw. "aller Sünden" nennt.[575] Christian von Honnef umschreibt den Sachverhalt mit dem Ausdruck "alter Zorn Adams".[576] Schöpper denkt vermutlich an die Erbsünde, wenn er der Taufe die Vergebung der Sünden und die Verheißung der Unschuld zuschreibt.[577]

Bis auf diese genannten Fälle wird jedoch die Erbsünde zusammen mit den "persönlichen" Sünden[578] aufgeführt. Diese Zusammenstellung zeigt, auch wenn sie in ihrer Formulierung der theologischen Überlieferung entlehnt ist, daß man grundsätzlich noch mit der Erwachsenentaufe rechnet, wenngleich in vielen Fällen der Täufling als "Kind" bezeichnet wird. Clichtoveus betont einmal ausdrücklich, daß Kinder nur die Erbsünde haben, die ihnen in der Taufe vergeben wird.[579] Von beiden Arten der Sünde heißt es also einhellig, daß sie durch die Taufe vergeben werden. Nausea und Helding verstärken die Aussage noch, indem sie auf die Notwendigkeit der Taufe hinweisen und sagen: Ohne Taufe gibt es keine Sündenvergebung.[580]

Lorichius wendet sich gegen den Eindruck, als ob nur die Buße der Sündenvergebung diene, "sunt enim omnia sacramenta adversus originalis et actualis peccati vulnera praesentißimum medicamentum, sanctificandi enim caussa instituta sunt".[581] Ähnlich führt Helding aus, daß alle Sakramente Sünden vergeben bzw. daraufhin geordnet sind.[582] Andere Autoren lassen diese Aussage anklingen.[583]

Die für Katechismen eigentlich zu spezielle Frage nach Schuld und Strafe der Sünde und ihrer Tilgung wird nur von einigen Autoren angesprochen. Clichtoveus betont, daß durch den Empfang der Taufe alle Sünden vergeben werden. Er spezifiziert dann: sowohl die Erbsünde und die aktuellen Sünden, wie auch Schuld und Strafe.[584] Etwas später heißt es: Qui "statim post baptismum moriuntur, protinus evolant ad coelum, liberi ab omni culpa et poena",[585] und: Kinder werden von der Erbsünde, Erwachsene auch von den aktuellen Sünden befreit, "quantum ad culpam et poenam".[586] Lorichius schreibt in Zusammenhang mit der Bundesverpflichtung Gottes, dazu gehöre auch "quod peccata illi [homini] condonare, neque unquam illi peccati relliquias imputare velit".[587] Von den "Resten" spricht auch Gropper. Sie bleiben, meint er, während die Schuld der Erbsünde vergeben werde.[588] An anderen Stellen[589] setzt er sich ausführlicher mit der Schuld und Strafe auseinander. Braunisch bemerkt in seiner Studie über Groppers Rechtfertigungslehre dazu: "Die Relikte nach der Taufe werden nun jedoch bewußt von Gropper in solche der Sünde und der Strafe unterschieden, womit er deutlich macht, daß die Konkupiszenz immer der Dimension der Sünde zugehört und nie einem bloß indifferenten Strafbereich".[590] Ähnlich wie Clichtoveus erwähnt Gropper in seiner Institutio,[591] Archinto[592] und Helding[593] den Sachverhalt. Dietenberger trifft wohl noch am ehesten den für einen Katechismus verständlichen Ton, wenn er formuliert, daß in der Taufe die "vergebung aller gehabten sünden, schulden und verdienter pein" geschieht.[594]

323.12 Die völlige Vergebung der Sünde

Ohne jede Polemik versuchen die Autoren klar zu machen, daß Gott in der Taufe die Sünden "total" vergibt. Sie setzen sich damit von dem reformatorischen Prinzip des "simul justus et peccator" ab, ohne es jedoch eigens zu erwähnen. Um mehr als einen Versuch kann es sich nicht handeln, da die von Luther verwandten Hauptausdrücke, die Sünde "zudecken" und "nicht anrechnen", durchaus biblisch sind (Ps 85,3; 32,1; Spr 10,12; 1 Petr 4,8 und Ps 31,2; Ez 33,16; Röm 4,8; 5,13) und erst das Konzil von Trient 1546 und 1547 in seinen Dekreten über die Erbsünde, die Rechtfertigung und die Sakramente wieder volle Klarheit brachte.

Erasmus formuliert: "Nemo nescit illic [in baptismo] perire veterem hominem, extincto omni peccato, sive dicas originale sive personale, et exoriri novum, ab omni labe purgatum per fidem in Christum, quem Paulus appellat novam creaturam".[595] Auch in einem Bild versucht er diesen Gedankengang zu erklären: Niemand wagt es, eine Königshalle in Lumpen und voll Schmutz zu betreten, "multo minus convenit in ecclesiam sanctam ingredi peccatis inquinatum. Eoque statim ad ipsum limen datur lavacrum, ut purus ingrediatur".[596] Noch einmal kommt er auf die "Zerstörung der Sünde" zu sprechen: Die Taufgnade kann nicht verbraucht werden, "quum sit infinita, et abunde sufficiens ad universa crimina mundi abolenda, etiam si decem essent mundi, hoc longe inquinatiores".[597]

Nach Monheim werden wir durch Gottes Gnade von neuem zu gänzlich Neuen gemacht,[598] erstehen wir mit Christus in der Taufe zur Neuheit des Lebens,[599] nachdem wir zuvor mit ihm begraben wurden. Das Motiv des Todes bzw. des Grabes spielt in dem Zusammenhang der Vergebung eine bedeutende Rolle. Allerdings wird es hier von den Autoren kaum christologisch "gefärbt". vor allem bei Witzel tritt es gehäuft auf: Die alte Sünde ist in der Taufe abgestorben,[600] die Taufe ist das Grab und der Tod der Sünde,[601] wir sterben in der Taufe der Sünde und den Lüsten,[602] der sündige Leib wird begraben[603] und: "...in der selbigen tauff (welche des alten Adams grab sein solt) sind wir nach unserem newen Adam widder erstanden, zu dem evangelischen newen leben".[604] Den letzten Gedanken bringt Dietenberger in etwas anderer Form. Er schreibt, daß die Sünde und der alte Adam in der

Taufe ganz vergraben sein sollen.[605] Helding spricht vom Tod des alten Menschen[606] und davon, daß der alte Mensch ertränkt wird, und wir dadurch von den Stricken des alten Feindes frei werden.[607] Die Vernichtungskraft des Wassers nennen auch Clichtoveus[608] und Lorichius.[609] Ebenfalls in die Richtung der völligen Vergebung zielt es, wenn von der "Zerstörung" der Sünde die Rede ist[610] und von ihrer "Tilgung".[611] Nach Clichtoveus werden alle Sünden "ausgelöscht".[612] Witzel sagt, der Heilige Geist "brennt das Alte aus".[613] Gropper greift das Bild vom "Schuldschein" (Kol 2,14) auf: "Item in baptismo...chirographum damnationis nostrae deletur...".[614] Ins Positive gewendet heißt das für die Autoren, daß die Taufe den Menschen reinigt, daß sie ihn befreit. Die entsprechenden Aussagen werden meist durch Beifügungen und Worthäufungen verstärkt. So predigt Clichtoveus, das Sakrament reinigt von jedem Makel der Sünde,[615] von allem Schmutz der Seele und heiligt uns. Bezeichnet wird das nach ihm auch durch das weiße Kleid.[616] Witzel schreibt: "A baptismo quidem sine peccati macula totusque purus veni...".[617] Für Dietenberger ist der getaufte Mensch frei von Sünde, Teufel und Hölle,[618] von der Erbsünde ledig und gereinigt,[619] und da die Sünden "hinweg genommen, abgewäschen und gentzlich verziehen und vergeben werden", wurde er "zum gantz neuwen, reynen, unschüldigen, Gottseligen menschen".[620] Eine solche Häufung findet sich auch bei Gropper,[621] bei Nausea[622] und Helding.[623]

Die Taufe gewährt uns "Unschuld und Reinheit", sagen Gropper[624] und Nausea.[625] Der Gebrauch des Salzes bei der Taufspendung ist für Gropper ein Zeichen der Freiheit von der Sünde.[626] Archinto betont, daß die Erbsünde "wahrhaft" vergeben wird.[627] Bei Soto heißt es u. a. in der Taufdefinition: "...datur in eo gratia, perfectaque omnium peccatorum remissio".[628] In ähnlicher Weise spricht Helding von der "vollen" Vergebung.[629] Er schreibt: "Hoc autem scire, ad consolationem nostram, et ad fidem excitandam, multum prodest: ut intelligant, qui in nomine Patris et Filii et Spiritus sancti baptizantur..., se totos reconciliari Deo, adeoque peculim fieri Dei...".[630] Der Heilige Geist, den Gott uns in der Taufe schenkt, gewährt uns die "plena remissio".[631]

Die Taufe ist also durchaus kein "leeres Zeichen", wie Nausea in einer Predigt herausstellt.[632] Mit dieser gegnerischen Position setzt sich auch Schöpper auseinander. Er sagt von den Sakramenten, sie seien nicht einfach heilige Zeichen, sondern wirksame Zeichen, sie zeigten also nicht nur Gottes Gnade oder seine Gunst gegen uns an, "sed ipsam quoque divinam gratiam digne sumentibus efficaciter conferunt". Für die Taufe heißt das: "...aqua Baptismi significat animi sordes in Baptismo purgari. Non tantum vero purgatio haec animi per aquam illam significatur, sed et re ipsa vereque in Baptismo fit".[633]

Neben diesen mehr oder weniger deutlichen Aussagen finden sich etwas unklare Formulierungen bei Lorichius und Gropper. Diese wurden weiter oben schon angeführt. Maltitz bildet die einzige Ausnahme in dieser Frage. Zunächst schreibt er im herkömmlichen Sinn:"Zur vergebung diser Sünde [Erbsünde] ist das Sacrament der Tauff geordnet". Wir werden "durch den geist zur vergebung der sünde und erneuerung zur gerechtigkeit geboren, zu welchem dann angezeigte Tauff ein notwendig mittel...".[634] Hier spricht er von der Vergebung der Erbsünde, an anderer Stelle von der Vergebung dieser und aller Sünden.[635] Von den "wirklichen sünden, welche teglich und tödtlich seind", heißt es dann: Wer seine Sünden erkennt, bereut und bekennt, der "stelle seinen glauben unnd vertrawen in unsern Herrn Jesum Christum, in deß namen uns die sünde verzihen wirt, so wirt ihn die sünde keineswegs zugerechnet, sondern durch die gerechtigkeit Christi, welche er für uns darstellet, zugedeckt, gleich als weren sie nie geübet, wie dann solchs die schrifft Psal.31.Rom.4.1Joan.2. seuberlich angibt, und seind auch in einem jeden frommen Christen, der von der lieb und dem glauben in Gott nicht abweicht, zu jeder zeit gedäckt, darumb sie dann an der ewigen seligkeit niemands hindern. Rom 8.".[636]

Erwähnt sei, daß in unserem Zusammenhang recht häufig die Befreiung von der teuflischen Macht mit angeführt wird. Clichtoveus nennt als 5. Wirkung der Taufe die Befreiung von der Herrschaft Satans, die in dem Behaftetsein mit der Erbsünde und anderen Sünden besteht, zur Freiheit der Kinder Gottes durch die Gnade. Ein Bild für diese Befreiung durch die Taufe ist ihm hier der Zug durch das Rote Meer.[637] Schöpper führt diese Symbolik ebenfalls an.[638] Aber auch das Untertauchen in das Wasser und das weiße Kleid ist ihm ein Zeichen der Freiheit von der teuflischen Macht und der Sünde.[639]

Die Sündenvergebung gilt gleichermaßen für die Erwachsenen wie für die Kinder, dies betonen einige Katechismen eigens, auch wenn diese es nicht verstünden, wie Gropper bemerkt.[640] Sie wird in der Taufe nur einmal gewährt, auch dieser Hinweis scheint manchen Autoren nicht überflüssig. Vielleicht denken sie dabei an Luthers Lehre vom "Taufbrauch".[641] In diese Richtung gehört die Bemerkung Heldings, daß die Sündenvergebung in der Taufe nur die vergangenen Sünden umschließt, nicht aber die zukünftigen.[642] Für diese Sünden gibt es das "zweite Brett", während die Taufe das "erste Brett" ist, "qua subnixi ex diluvio peccatorum tam in Adam veluti stirpe, quam postea male vivendo, quacunque tandem ratione contractorum enatamus", wie Gropper formuliert.[643]

323.13 Die Sünden werden nur in der Gemeinschaft der Kirche vergeben

Schon in dem angeführten Zitat aus dem Kleinen Katechismus des Erasmus klang an, daß die Sünden "in coetu sancto" vergeben werden.[644] Dieser ekklesiologische Aspekt findet sich in ähnlicher Form bei einer Reihe von Autoren,[645] andere verschärfen ihn: Vergebung gibt es nur in der Kirche.[646] Am klarsten und ausführlichsten wird dies von Gropper[647] dargelegt bei der Erklärung des Glaubensartikels von der "remissio peccatorum": "In ecclesia inquam, non haereticorum, sed sancta catholica et apostolica, in spiritu Christi congregata, est remissio peccatorum per baptismum, et post baptismum per poenitentiam et claves

ecclesiae datas".[648] Taufe kann es, so fährt er fort, auch
außerhalb der Kirche bei den Häretikern geben, wenn sie im Namen des Vaters und des Sohnes und des Heiligen Geistes taufen,
"sed prodesse non potest ad remissionem peccatorum, nisi baptizatus ante finem vitae suae, catholicae ecclesiae reconciliatus, redditus, et incorporatus fuerit". Als Begründung für seine
harte Stellungnahme zitiert er das "Hohe Lied der Liebe" aus
1 Kor 13 und daraus besonders die Stelle: "Hätte ich die Liebe
nicht, dann wäre ich nichts", die in diesem Kapitel als Motiv
immer wieder aufscheint. Diese notwendige Liebe spricht Gropper
den Häretikern ab: "...quae in haereticis et schismaticis se ab
unitate ecclesiae separantibus non est". Im folgenden verweist
er noch auf die Sintflut, aus der nur die in der Arche Weilenden gerettet wurden.[649] Nausea formuliert nicht so hart, er
führt in einer Predigt aus: Wer in der Kirche bleibt und teilhat an ihren Sakramenten, der empfängt in der Wasser-, Blutoder Begierdtaufe, wie auch in der Buße die Vergebung der Sünden nach der Taufe.[650] Auch Schöpper weist seine Gemeinde auf
die untrennbare Verbindung von Kirche und Sündenvergebung hin:
Die Sündenvergebung wirkt der Heilige Geist nur in der katholischen Kirche, "nam . . . . . quotquot sunt extra Ecclesiae
communionem, pereant necesse est". Zu ihnen zählt er die Juden,
Heiden, Häretiker, Schismatiker und die Exkommunizierten.[651]
Noch einmal greift er diesen Gedanken auf und sagt, nur in der
Kirche gebe es die Hoffnung auf Sündenvergebung.[652] Lorichius
stellt lapidar fest: Bei der Taufe wird der Täufling zu Recht
nach seinem Glauben an die Kirche gefragt, "quod in Ecclesia
solum est remissio peccatorum, atque adeo verus baptismus".[653]

In diesen Kontext stellt Helding die Kindertaufe: Die Kirche
öffnet den Kindern die Tür zum Heil, nimmt sie zur Taufe an und
tauft sie in ihrem Glauben. So kommt ihnen der Glaube der Kirche zugute, da sie in ihm Verzeihung ihrer Sünden erlangen.[654]
Monheim schreibt: "Ecclesia vero absolvit per ministros poenitentes et infantes ad baptisma allatos..."[655] Die Betonung dieser an sich selbstverständlichen Tatsache dürfte mit der Be-

streitung der Kindertaufe durch die Wiedertäufer zusammenhängen.[656]

Die Kirche kann bei der Sündenvergebung mitwirken, ist sie doch, wie Gropper und Soto im Anschluß an Eph 5,26 ausführen, durch Christus im Wasserbad durch das Wort des Lebens gereinigt.[657]

Monheim gibt diesem Aspekt eine besondere Note. Er schreibt: In der Kirche gebe es die Vergebung der Sünden, weil Gott sie ihr geschenkt hat. Die christlichen Brüder sollten einander die Sünden vergeben und an die Vergebung glauben.[658]

323.2 Die Konkupiszenz

"Sed Baptismus, ut omnium peccatorum plenam remissionem donat: sic non omnem vitiatae naturae infirmitatem ex homine auffert. Manet autem...concupiscentia ad malum inclinans: cuius tamen reatum Baptismus delevit, ut iam ad peccatum non imputetur, nisi assensum mentis evicerit, aut hominem in aliquem actum vitiosum impulerit", so stellt Helding den katholischen Standpunkt zur Konkupiszenz dar.[659] Diese Klärung war notwendig geworden, da Luther auch die Meinung vertritt, die nach der Taufe zurückbleibende Konkupiszenz sei Sünde im eigentlichen Sinn.

Nicht alle Autoren halten es für notwendig, ihre Leser über diesen Fragenkomplex zu informieren,[660] andere begnügen sich damit, ihn anzuführen.[661] In einigen Werken wird ohne Hinweis auf die kontroverse Lehre der Reformatoren die katholische Überzeugung wiedergegeben, während vor allem Gropper sich intensiv mit dem Problem der Sündhaftigkeit der Konkupiszenz auseinandersetzt.

Ohne den "terminus technicus" zu nennen, schreibt Monheim: Die Lust zum Sündigen ist uns seit der Taufe, "sed nec amplius propter spiritum sanctum...peccatum in nos tyrannidem exercere potest, nec si fortisan in aliquod peccatum prolapsi sumus, condemnamur".[662] Ebenso etwas im Unklaren bleibt, was er in seiner Explanatio anführt: Fleisch, Welt und Satan reizen uns gegen Gott. "In baptismo autem professi sumus nos fere dicto audientes dei iussis, renunciavimus imperio Satanae. Sed hoc, quod professi sumus praestare non possumus, nisi deus vires addiderit conantibus".[663]

Gropper unterscheidet in seinem Enchiridion klar zwischen dem Zustand vor und nach der Taufe. Vor dem Empfang des Sakramentes ist die böse Begierlichkeit, die von den ersten Eltern auf uns übergegangen ist, Sünde.[664] In der Taufe wird alle Sünde zerstört und die "imputatio et reatus omnis peccati" aufgehoben. "Reatus enim seu imputatio in peccatum proprie, peccatum est.[665] ...Sed manet concupiscentia, quae licet a Paulo interdum peccatum dicatur".[666] Das Zurückbleibende definiert er ein wenig später als "fomes concupiscentiae (id est, appetitus inordinatio et naturae corruptae imbecillitas...)".[667] Witzel nennt es "fomes seu materia peccati (quod a concupiscentia generatur)".[668] Lorichius schreibt: "Nam etiam in renatis manet actus peccati, quem vocant reatum".[669] Andere Autoren sprechen von der "bösen Lust und Begierde der Sünde".[670]

Gropper fährt in seinen Überlegungen fort: "Tamen post baptismum fomes non imputatur in peccatum, nisi ei mens seu voluntas assentiatur. Atque haec est eximia baptismi virtus, quia non tantum peccatum tollit, sed et contra hunc fomitem gratiam confert, ne iam nobis concupiscentia noceat, si tamen a consensu abstineamus...".[671] In seiner Institutio wendet sich Gropper ausdrücklich gegen die "Lutheraner", die den "Zunder" für echte Sünde hielten.[672] Ohne Zustimmung ist die Konkupiszenz also keine Sünde und kann nicht zur Verdammnis gereichen, dies unterstreicht eine Reihe der Autoren.[673] Sie schwächt damit auch nicht die Taufe, oder hebt sie gar auf, wie Helding hervorhebt.[674]

Wie das Wasser erfrischt, so mildert die Taufe den Brand des Zunders und der Konkupiszenz, mit diesem Vergleich versucht Clichtoveus seinen Gläubigen die Wirkung der Taufe zu erklären.[675] Dietenberger schreibt: Gott gibt dem Menschen in der Taufe seine Gnade, "dardurch er alle böse luste und begirde tödten und dempfen kan, nit daß sie yetz nit seyen oder nit gefület werden, sonder daß sie uns nit überwinden und beherrschen".[676] Gott verleiht uns in der Taufe seinen Heiligen Geist, "cuius ductum sequuti, non in nostra, sed in eius virtute de concupiscentia ac diabolo triumphemus...".[677] Auch andere Autoren weisen dem Heiligen Geist eine bedeutende Rolle im Kampf gegen die Konkupiszenz zu. Dietenberger schreibt etwa: Wir haben den Geist in der Taufe empfangen, daß wir "alle böse luste und begierde der sünden dempffen und tödten, und ihnen gar keine volg thun...".[678]

Der Trierer Liber verweist auf die "copiosa gratia et charitas Dei", die "hunc peccandi appetitum comprimat et restinguat".[679] Nach Dietenberger besteht das Bündnis mit Gott auch darin, daß er die Sünde und böse Begierde dämpfe.[680]

Maltitz nennt Christi Leiden, Tod und Begräbnis als Grund dafür, "auff daß wir mit ihm begraben, und unser böse begirden durch solche begrebnüß in unserm hertzen dermassen untergethan und gedempfft würden, daß sie hinfort in uns nit mehr herschen könden, Roma.6".[681] An anderer Stelle heißt es: "...welcher ihm [Christus] durch die Tauff und Glauben eingepflanzet ist und nach seinem willen lebet, [den können] die bösen widersetzigen begirden nicht bewelltigen...".[682]

Mit Hilfe dieses Geistes "tota vita elaborandum est, ut ergo concupiscentiam, quae radix est amaritudinis, quae seges est omnium malorum, reprimamus, ne germinet iterum, denique ut eradicemus eam".[683] Wie Gropper betonen andere Autoren ebenfalls die Notwendigkeit des Kampfes.[684] Als Mittel, die dem Menschen gegen die böse Begierde helfen, werden angeführt: die Eucharistie,[685] das Gebet,[686] gute Werke,[687] ein Wandel gemäß dem Heiligen Geist und verpflichtet dem Gesetz der Gnade,[688] Furcht und Wachsamkeit[689] und die Abtötung.[690]

In einigen Werken wird schließlich noch nach dem tieferen Sinn der Konkupiszenz gefragt. Gropper sagt, sie sei uns zur Glaubensprüfung aufgegeben.[691] Für Archinto trägt sie bei "ad humiliationem, ad peccati admonitionem, ad timorem, ad exercitium, ad aeternae tandem salutis proventum".[692] Den letzten

Gedanken greift auch Fabri auf und schreibt: Sie diene zur Mehrung der Krone des ewigen Lebens.[693]

Es bedarf also, wie Helding ausführt, noch einer "zweiten Erneuerung", "qua per quotidianos accessus magis renovetur homo", bis er durch den Tod vollkommen erneuert[694] und bei Gott ist. Dort gibt es, so bemerkt Maltitz, keine Begierde mehr.[695]

323.3 Die Sünden nach der Taufe

An sich gehört dieser Komplex nicht zu den Fragen, die die Taufe direkt betreffen. Jedoch wird die Sündenvergebung durch die Buße fast in allen Katechismen im Zusammenhang mit der Taufe erwähnt. Dies hängt damit zusammen, daß Luther und die anderen Reformatoren durch die starke Betonung der Taufe das Sakrament der Buße abwerten bzw. ganz abschaffen. Sie verweisen den Getauften, der in Sünden gefallen ist, zurück zur rettenden "Planke", zur Taufe, die nicht "zerbrechen" kann.[696]

Demgegenüber betonen die katholischen Katechismen die Notwendigkeit der Buße.[697] Sie sehen die Gefahr für die Gläubigen, die aus der Mißachtung der Buße (im weitesten Sinne) erwächst. So schreibt Gropper: "Und warlich, es hat viel ein ander gestalt mit der rechtfertigung des menschen, so geschicht durch die tauff, als mit der versönung des menschen, so nach der tauff widder in grobe sünde gefallen ist. Welchs die ketzer entweder nit verstehen, oder ye (was gläublicher ist) nit verstehen wöllen; dardurch sie in disen unsern hochgeferlichen zeiten ein grosse und unzälbere menge Christlichs volcks yemerlich verfürt haben, und noch vor und vor zu verfüren sich befleissigen, die sie weyß machen, es sey beichtens und buß irtigen [bußartigen] gnugthuns nit von nöten".[698] Auch Dietenberger warnt. Beim vierten Artikel des Glaubensbekenntnisses (gelitten, gekreuzigt, gestorben und begraben) heißt es: "Aber hie, mein L. C. [lieben Christen], hütent euch, daß ihr bei dem verstant dises artickels nit irret oder verfürt werdet, da man euch fürbildet und sagt, daß Jhesus Christus ...hab uns durch sein leiden von allen sünden entlediget...; dann solich rede solt ihr nit also verstehen, daß euch keyn sünde mehr, nach dem tauff begangen, zugemessen werd, oder daß ihr solicher sünden halber nit möcht in die helle faren, wann ihr drinnen bleibt, und daß ihr gar nichts für die sünde dörfften thun, weil euer erlöser darfür gnug gethan hat...".[699]

Aber die Irrlehren und ihre Vertreter werden auch direkt genannt. Lorichius stellt fest: "Errant ergo toto coelo, qui lapsis post baptismatis votum poenitentiam negant".[700] Die "fanatici Anabaptistae" behaupten neben anderen, so sieht es Gropper, es gäbe nur Buße vor der Taufe.[701] Es ist nach ihm festzuhalten, daß für erwachsene Taufbewerber "nichts mehe erheische, dann die absagung und hassung des vörigen lebens, on sacramentalische Beicht und gnugthuung".[702] Die Wiedertäufer müßten eigentlich die Möglichkeit der Buße nach der Taufe zugeben, argumentiert der Autor bei der Bitte des Vaterunsers: Vergib uns unsere Schuld: "Fidelibus enim haec aptatur oratio, quod qui initiatus baptismatis sacramento non fuerit, deum vocare patrem non possit. Itaque cogentur (velint, nolint) Novatiani, simul et Anabaptistae nobiscum confiteri, vel remissioni peccatorum post baptismum locum esse, vel saltem orationem dominicam ad se non pertinere, quorum si hoc concesserint, iam se plane haereticos declarant, qui se a Christo et ecclesia (cui hanc orandi formulam praescripsit) separant".[703] Schließlich sagt er noch, die Lutheraner hielten die Buße vor und nach der Taufe für das Gleiche.[704]

Gegenüber diesen Irrlehren wird von unseren Autoren festgehalten, daß für die Sünden nach der Taufe das Sakrament der Buße bestimmt ist. Es ist, wie einige Katechismen mit der Tradition sagen, die "secunda tabula post naufragium".[705]

Bei aller Klarheit in seinen Aussagen über die Buße versucht Helding auch den berechtigten Anliegen Luthers hinsichtlich des Wertes der Taufe gerecht zu werden. Er schreibt: "Nec praeteritorum solummodo peccatorum remissionem praestat Baptismus, verum etiam in eorum, quae postea perpetrantur, condonatione vim suam exercet. Nam et leviores offensae, sine quibus humana vita non agitur, veniales fiunt: et graviora delicta fiunt remissibilia ex vi foederis Baptismi...Non enim ad delenda subsequentia peccata prodessent ulla poenitentiae et pietatis opera, nisi Baptismus nos in Christo renovasset". Er fährt fort, die Kraft der Erneuerung wirke nicht nur im Augenblick der Spendung, sondern erstrecke sich auf das ganze Leben. So sei also die Taufe nicht jedesmal zu erneuern, wenn man sündigt, sondern ihre Kraft wurde einmal gegeben, damit die Gläubigen durch die Buße die Verzeihung der Sünden erlangen. So kann er sagen: "...poenitentia post Baptismum nihil prodesset, nisi Baptismus praecessisset. Itaque in omni peccatorum remissione virtus Baptismi operatur, et is, qui in Baptismo propitiatus est iniquitatibus nostris, idem per reliquam vitam sanat infirmitates nostras".[706] Denn letztlich ist es das reinigende und heiligende Blut Christi, das durch die Taufe und nach ihr in den Christen wirkt, "donec purgati ad beatam vitam emigrent, in qua nemo peccabit, sed tota perseverabit rugae et maculae expers Ecclesia".[707]

324 Mitteilung der Gnade und der Tugenden

Thomas von Aquin nennt als erste positive Wirkung der Taufe die Mitteilung der Gnade und der Tugenden.[708] Es fällt auf, daß dieser Gesichtspunkt in unseren Katechismen kaum eine Rolle spielt. Die Gnade wird zwar meist im Rahmen der Definition sowohl der Sakramente im allgemeinen wie auch der Taufe aufgeführt, aber in vielen Fällen hängt dies wohl mit der Übernahme traditioneller Formulierungen zusammen.[709] Gegenüber den mehr 'blassen' Aussagen werden die Gaben der Taufe "personal" dargestellt, also etwa - wie oben ausgeführt - als Bund mit Gott, als Mit-Christus-Sein und als Begabung mit dem Heiligen Geist.

Auch die Tugenden werden im Zusammenhang mit der Taufe kaum erwähnt. Das mag damit zusammenhängen, daß über den Glauben beim Credo, über die Hoffnung beim Gebet und über die Liebe bei den Geboten ausführlich gehandelt wird. Zuweilen finden sich auch eigene Abschnitte über diese Tugenden in den Katechismen.

324.1 Die Gnade als Gabe der Taufe

Die personale Komponente der Taufgaben spiegelt sich in den Aussagen über die Gnade wieder. Sie wird sehr oft mit dem Heiligen Geist verbunden. Vor allem bei Clichtoveus ist dies der Fall. Für ihn ist es die Gnade des Geistes, die von innen reinigt.[710] Die Begierdetaufe nennt er die "Taufe des Heiligen Geistes", da seine Gnade das Fehlende ersetzt.[711] Als dritten Taufeffekt sieht er wiederum die "Gnade des Heiligen Geistes", die für ihn auch die Chrisamsalbung symbolisiert.[712] Witzel verbindet beide, wenn er schreibt: "Alls du getaufft worden bist, hatts ohn geist und gnad nicht abgangen".[713] Contarini setzt beide gleich.[714]

Nausea bezeichnet den Geist als Geber der Gnade. Nach ihm empfängt der Christ die Lebenskraft der göttlichen Gnade durch den Geist.[715] Dieser verleiht die Gnade in der Taufe, belebt in ihr durch die Gnade zum ewigen Heil.[716] Der Geist heiligt durch die rechtfertigende Gnade, die in der Taufe geschenkt wird, sagt Archinto.[717]

Mit Christus wird die Gnade ebenfalls in Verbindung gebracht,[718] mit dem Vater[719] und mit "Gott" allgemein. So formuliert etwa Dietenberger, daß wir durch die Sakramente zu "Gottes gnaden und fründtschaft kommen".[720]

Oft wird einfachhin von der "Gnade der Taufe" gesprochen, die laut Erasmus nicht verbraucht werden kann[721] und die in der Firmung vermehrt wird, wie mehrmals vermerkt ist.[722] Durch sie wohnt Gott in den Herzen der Kinder, schreibt Soto.[723] Gropper sieht die Berufung zu dieser Gnade in der Bestreichung mit Speichel bezeichnet. Für ihn ist der Speichel "typus sapientiae et gratiae dei et discretionis fidei..".[724] Genauso formelhaft erscheint es, wenn von der Gnade gesagt wird, sie werde in der Taufe eingegossen.[725]

Im Zeichen der Kontroverse stehen die Aussagen bei Nausea. Er setzt sich mit denen auseinander, die die Taufe für ein leeres Zeichen halten. Diejenigen irren gewaltig, sagt er, "qui censuerunt hoc baptismi sacramentum duntaxat nudum esse divinae erga nos voluntatis et misericordiae gratiaeque signum, et adscriptionis in gregem Christi tesseram, nec ipsum gratiam conferre posse vel etiamnum ex institutione divina: nimirum hac sua opinione miseris Anabaptistis hoc tempore praecipuam dantes causam, quod velint infantes baptizatos rebaptizari, quoniam non possent neque credere, neque intelligere, neque gratiam fidei per baptismum habere, quum novae legis sacramenta gratiam conferre non possent".[726] Soto betont die Unverdienbarkeit der Gnade[727] und ihre Notwendigkeit für das weitere Leben.[728] Die empfangene Gnade gilt es zu "üben, bewaren und erzaigen", schreibt Fabri, und zwar "durch den glauben, lieb und heilige gute werck".[729]

324.2 Durch die Taufe verleiht Gott Tugenden

Nur wenige Katechismen erwähnen neben der Gnade, daß die Taufe auch Tugenden verleiht. Dietenberger schreibt: "...der getauft wirt zu eim tempel Gottes der heyligen Trivaltigkeyt, entpfahet in und durch die tauff Göttlich gnad, den glauben, die hoffnung, sampt göttlicher liebe und allen tugenden und nötigen gaben des heyligen geysts...".[730] Die Liebe, die uns der Heilige Geist in der Taufe eingießt, stellt Helding in seinen Werken heraus.[731]

Der Glaube wird weit häufiger genannt, jedoch nicht so stark betont, wie man es eigentlich erwarten sollte. Es ist zu vermuten, daß die Hervorhebung des Glaubens durch die Reformatoren, besonders durch die Wiedertäufer dabei eine Rolle spielt. So bleiben die Aussagen oft blaß und klingen formelhaft. Zuweilen bleibt offen, ob im einzelnen Falle der von Gott geschenkte Glaube gemeint ist, oder der, den der Mensch - allerdings nicht ohne göttliche Hilfe - aufbringen muß.[732] Bei der Kindertaufe ist die Sachlage klar. Die Kinder können noch nicht glauben, wie die Autoren betonen, sie erlangen die Gnade des Glaubens durch den Empfang des Sakramentes.[733] Grundsätzlich gilt auch für den Erwachsenen, was Clichtoveus generell von der Taufe sagt: "Est enim baptismus sacramentum fidei, quia in eo inchoatur ipsa fides".[734] Dietenberger fordert den Gläubigen auf zu bekennen, "daß mich

Gott...mit dem edlen kleynot des heyligen glaubens begabt und zum Christen und kind des ewigen lebens gemacht...hat".[735] In der Taufe hat Gott den Christen Glaube und Gnade gegeben, sagt der Autor bei der Firmung, so stärkt er sie jetzt gegen den bösen Feind.[736] Gropper nennt den Heiligen Geist als Geber des Glaubens.[737] Contarini führt aus, Christus habe uns den Geist, den Glauben und die Liebe verdient.[738] Schöpper definiert den Glauben als "habitus mentis divinitus infusus".[739] Nach Groppers Enchiridion ist der Glaube keine leere Überzeugung, sondern ein Geschenk Gottes.[740] Niemand könne allein zum Glauben kommen, sagt Archinto;[741] er sei ein Geschenk, das erleuchte und den Willen bewege.[742] Soto weist darauf hin, daß der Glaube dem Menschen von Gott "eröffnet" werde.[743] In einem Gebet formuliert er:"O Herr, der du uns geleret hast durch den Apostel, daß ohn den glauben unmüglich sey, dir zu gefallen, daß wir auch disen glauben on dein gabe nit haben mögen, disen dein geschenckten glauben opfere ich, und widergib dir also dise dein aigene gabe, durch welche ich glaube dir, der du durch sie dich eröffnest mir...".[744] Auch Erasmus fordert zum Gebet für den Glauben auf: "Pro hoc dono conveniebat jugiter pulsare divinas aures, ut fidem largiatur, et in dies donum suum in nobis augeat.[745] Helding läßt im Beichtbüchlein zu seinem Kleinen Katechismus bekennen, daß der in der Taufe empfangene Glaube nicht rein bewahrt worden sei.[746]

325 Eingliederung in Christus und die Kirche durch die Taufe

Mit den Stichworten "Haupt", "Leib" und "Glieder" ist der Rahmen abgesteckt, in dem die Katechismen das Thema "Eingliederung" behandeln. Auch mit anderen biblischen Bildern wird versucht, den Gedanken der Einheit zwischen dem Christen, der Kirche und Christus herzustellen.

325.1 Die Eingliederung des Getauften in Christus

Dietenberger nennt als Grund für alle Gaben, die die Taufe mit sich bringt, "daß der getaufft Christo (gar nahe) leiblich eyngeleibt und sein glid wirt, und teylhafftig alles des verdiensts, den Christus hie in seinem zeitlichen leben und sterben verdient hat".[747] Die Eingliederung in Christus ist also für ihn das eigentliche Ziel der Taufe. Ähnlich sieht es Helding. Auch nach ihm wird man in der Taufe Glied Christi, da man Christus anzieht (Gal 3,27). Er sagt: "...ich bin ein unzertrennlicher leib mit Christo, er ist mein haupt, und ich bin ein glied Christi".[748] In seinen Taufpredigten ergänzt er diese Aussage: "Durch den heiligen Tauff...gehört...für uns alles, was Christus ist und was er hat. ...Der heilige Tauff bringt uns alles zu, gibt uns Christum mit allen seinen gnaden und gaben, das wirs zu nutz und zu gut brauchen mögen".[749]

Contarini erwähnt neben der Taufe noch den Glauben, der zur "Einleibung" hinzukommen muß.[750]

Häufig wird die Chrisamsalbung der Taufe mit der Eingliederung in Verbindung gebracht. Gropper schreibt etwa dazu: "Sie [die Kirche] consecriert auch durch den Bischoff den heiligen Chrysam, mit dem der Priester den getaufften zeichnet uff den scheitel des haupts, damit bezeichnende, daß der Herr Christus unser haupt sey, dem der getaufft durch die tauff eingeleibt wirdt".[751] Ein Glied Christi kann ohne sein Haupt nicht existieren, in dieser mehr negativen Formulierung drückt Archinto die Verbindung zwischen Christus und dem Getauften aus.[752] Da dies so ist, ergänzt Helding gleichsam, und wir in die Gemeinschaft Christi treten,"wie möchte man dan einen zum Tauff auffnemen, der die gemeynschafft Belial noch nit verlassen wölt?",[753] "qui membra meretricis deserere nolit?" Mit Paulus (1 Kor 6,16) warnt Maltitz die Getauften vor der Hurerei: "Mit was fug und recht mag nun einer seinen leib Christo entziehen, und einer huren eignen?".[755]

Erasmus greift ein anderes biblisches Bild auf, um die Einheit zu betonen. Er vergleicht das Verhältnis mit der Ehe: "...singulorum animae in professione fidei nubunt sponso Christo. Declarat hoc Paulus scribens Galatis: Despondi enim vos uni viro virginem castam exhibere Christo".[756] Auf den Einwand des "Katechumenen", er habe bisher angenommen, das bezöge sich nur auf die Nonnen, antwortet der "Katechet": "Renubunt quidem illae potius quam nubunt, et in sponsarum ordine primas tenent, hoc sponso propiores quo similiores, sed in baptismo etiam nautarum et aurigarum, et sutorum animae fiunt Christi sponsae".[757] Gegenseitig gibt man sich in dieser Ehe ein Kennzeichen ("symbolum"), "ne phas sit unquam moliri divortium".[758] Gropper greift ebenfalls dieses Bild auf. Er schreibt beim Sakrament der Ehe, daß auch Apostasie die Taufe nicht zerstören könne, wenngleich sich die Seele in diesem Fall von der Ehe mit Christus zurückzöge.[759]

Der enge Zusammenhang zwischen Christus und dem Getauften kommt noch in anderen Bildern und Formulierungen zum Ausdruck. So sagt Witzel, daß wir durch die Taufe zu Christi Brüdern und Freunden werden,[760] daß die Taufe das Kennzeichen für unsere Zugehörigkeit zu Christus ist.[761] Nach Soto gehören wir durch die Taufe zu Christi Familie.[762] In seinem ein Jahr später erschienenen Werk schreibt er, daß wir durch dieses Sakrament "under die haußgenossen Christi gezellet werden".[763] Nausea deutet Ps 112 in der "Ostervesper" am Taufbrunnen als Dank dafür, daß die Getauften "in Christi Zahl" sind.[764] Das Kreuzzeichen, das dem Täufling bei der Taufhandlung auf die Stirn gezeichnet wird, weist nach Helding darauf hin, daß der Mensch in den Schutz Christi aufgenommen wird.[765] In diese Richtung weist auch, wenn Gropper Christus als den Herrn der Glaubenden bzw. Erwählten bezeichnet, der uns zu seinem Eigentum und Volk gemacht und seinem gnädigsten Joch unterworfen hat.[766] Helding gebraucht in seinen Katechismuspredigten neben dem Bild des Leibes den Ausdruck "Gemeinschaft", um unsere Verbindung mit Christus zu verdeutlichen.[767] Nausea geht in seinen Predigten öfters auf den Namen und die Bezeichnung "Christ" ein. Vor allem die Zugehörigkeit zu Christus kommt für ihn in diesem Namen zum Ausdruck. Im Vorwort zum ersten Buch seines Katechismus stellt er die rhetorische Frage, ob man den einen Christen nennen konne, der nicht den Grund für sein Bekenntnis zu Christus und damit für seinen Namen kenne. Aus seiner seelsorglichen Erfahrung kennt er fünfzigjährige Menschen, die nicht wissen, was sie in der Taufe versprochen haben.[768] Wir werden nach Christus "Christen" genannt, auch deswegen, weil wir "in lavacro regenerationis more christorum" mit Chrisam gesalbt wurden.[769] In einem eigenen Kapitel frag er: "Quid et quis vere sit ac dici possit Christianus?" Er beantwortet diese Frage: "...definimur eum dici ac esse Christianum, qui baptismo Christi renatus, religionem ex animo profitetur et servat". Zwar werde jeder Getaufte Christ genannt, auch wenn er nicht diesem Sakrament lebe, "ipsum tamen nomen Christianus, nemini falso, sed vere venit attribuendum, derivatum a nomine Christus, eum significans, qui non secus ad Christum pertinet, atque servus ad dominum, discipulus ad magistrum, membrum ad caput. Pertinet autem hoc sane modo ad Christum, qui ei unitus est per spiritum ipsius".[770]

Im Tauftraktat behandelt er diese Frage ebenfalls in dem Kapitel: "Per baptismum fieri demum Christianum". Das Christwerden deutet er hier mehr im Sinne der Kirchengliedschaft. Darauf wird gleich einzugehen sein. Bevor er die Taufhandlung beschreibt, faßt er noch einmal den katechetisch-dogmatischen Teil seiner Aussagen knapp zusammen und sagt: "Ex baptismi igitur descriptione, et huius declaratione satis superque constat, quantae sit gratiae et dignitatis, quantae denique utilitatis et necessitatis baptismi sacramentum, ut sine quo salutem habere nequeamus, nec Christiani dici nec esse possimus".[771]

352.2 Die Taufe als Eingliederung in die Kirche

Wenn auch die Taufe eine enge Beziehung des einzelnen Getauften zu Christus herstellt, so läßt sich diese Verbindung doch nicht ohne die Kirche denken und darstellen. Nach einhelliger Auffassung der Autoren kann man nicht Christ sein ohne Kirche bzw. außerhalb der kirchlichen Gemeinschaft. Das wird schon deutlich in den Bildern und Ausdrücken, die das Verhältnis Christus - Getaufter beschreiben. Eine Ausnahme bildet hier etwa das Bild der Ehe, jedoch hört man bei dem Wort "Braut" im Zusammenhang mit dem "Bräutigam Christus" immer auch die Kirche mit.[772] Vor allem das Bildwort vom "Leib", das sich praktisch in allen Katechismen findet, sagte die Gleichzeitigkeit der Eingliederung in Christus und in die Kirche aus. Denn Christus ist das Haupt der Kirche, die seinen mystischen Leib bildet, wie etwa Clichtoveus es ausdrückt.[773]

Die Eingliederung in die Kirche wird von zwei Seiten aus geschildert, einmal vom Einzelnen aus und einmal von der Gemeinschaft aus. Beide Gesichtspunkte lassen sich allerdings oft nicht sauber trennen, auch treten sie im gleichen Werk nebeneinander auf. Monheim schreibt, daß Gott uns durch Christus von Sünden befreit und durch Glauben und Taufe in den Leib seines Sohnes eingegliedert hat.[774] An anderer Stelle heißt es bei ihm: "Datus est semel ingressus in Ecclesiam per baptismum...".[775] Abgesehen von dem "semel" bringen noch mehrere Autoren diese Aussage.[776] Dietenberger bezeichnet die Taufe als das erste Sakrament, durch das man zur christlichen Gemeinde kommt und so Christ wird.[777] In ähnlicher Weise wird die Taufe die "Tür" genannt, durch die man in die Kirche und zu den übrigen Sakramenten gelangt.[778] Soto formuliert: "Si igitur in ecclesiam non intratur, nisi per lavacrum aquae verbo vitae coniunctum: ... Iure ergo optimo sancta ecclesia dicitur: cuius ianua Baptismus sanctificans est...".[779]

Auch bei der Frage nach der Kindertaufe geht Gropper z. T. vom Einzelnen aus. Er sagt: Wie die Kinder durch die Beschneidung der Synagoge eingegliedert wurden, "ergo et per baptismum ...pueri inserendi sunt ecclesiae, extra quam non est salus, ne excludantur a regno dei...".[780]

Von der Gemeinschaft her argumentiert Erasmus. Er weist darauf hin, daß derjenige, der recht getauft ist, zur Gemeinschaft der Kirche gehört.[781] Er referiert, die Kirche würde oft so verstanden, daß sie alle Getauften umfasse, ob sie nun fromm lebten oder nicht.[782] Nach Monheim muß man unterscheiden: Mit dem Name Kirche bezeichnet man meist diejenigen, die Christi Namen bekennen, die Guten und die Schlechten. "Interdum Ecclesia declarat illam unice dilectam sponsam..., quam nos fide credimus non oculis cernimus...".[783]

Ohne auf das Problem der schlechten Christen einzugehen berichtet Witzel aus der alten Kirche, daß diejenigen, die unterrichtet waren und den Glauben bejahten, getauft wurden und "Teylhafftig [wurden] der heyligen gemeinschafft, also, das sie hynfurt Christen waren und hiessen, Christi freundt und brüder".[784] Ins "Heute" gewendet sagt er: "Ecclesia est communio Christianorum, quotquot horum aut sunt, aut fuerunt, aut erunt in universo mundo".[785] Gropper führt aus, daß uns die Kirche durch das Bad der Wiedergeburt zu Christen macht.[786] Zur Kirche gehören nach ihm alle, die den Glauben bekennen und die Lehre wie die Sakramente gemeinsam haben.[787] Für Soto ist die "versamlung der Kirche" das erste der "fürnämbsten werck der Göttliche genaden... Dann wir glauben, daß da sey ain aynige Kirch, auß allen Nation, landen und geschlacht der menschen, aller derjenigen, die in warem glauben und Sacramenten zu aller zeyt gemainschafft und versamlung haltend...".[788] Den Gedanken der "Versammlung" greift auch Nausea auf.[789] Clichtoveus sagt in einer Predigt, für ihn sei Kirche die ganze Versammlung der in Christus Wiedergeborenen.[790] Ähnliche Ausführungen finden sich bei anderen Autoren gelegentlich bei der Erklärung des Glaubensartikels von der "communio sanctorum".[791]

So ist die Taufe, wie Witzel erklärt, das Kennzeichen, an dem man die erkennt, die zu Christus gehören.[792] Sie ist "symbolum" und "sphragis" der Kirche.[793] Durch die Taufe bekennen und bezeugen wir laut Nausea gleichsam wie durch ein äußeres Zeichen, daß wir dem gehören, dem wir glauben. Er schreibt, einige "klassische Theologen" hielten die Taufe für ein Unterscheidungsmerkmal, "ut unius religionis homines, hoc baptismi signo inter nos conveniremus, nosque ad verae religionis observantiam mutuo iuvaremus, aliosque alterius sectae cautius vitaremus".[794] Ein besonderes Problem bildet hier wieder die Ketzertaufe, die uns schon bei der Frage nach der Sündenvergebung begegnet ist.[795] Die Ketzer besitzen zwar die Taufe. Da sie aber nicht den wahren

Glauben bekennen, Lehre und Sakramente nicht gemeinsam haben, folgert Gropper, sind sie von der Kirche ausgeschlossen. Dazu zählt er die Exkommunizierten, Häretiker, Schismatiker und Heiden.[796] Wer von Ketzern getauft wurde, hat "solum sacramentum" empfangen, nicht aber die "res sacramenti", er ist "gratia baptismi vacuus". Er muß sich mit der Kirche versöhnen, "qua inseratur Ecclesiae Catholicae". Außerdem soll er vom Bischof gefirmt werden, sagt er in seiner Institutio.[797]

Ähnlich argumentiert Lorichius: Ein von Häretikern Getaufter empfängt zwar "integrum sacramentum", nicht aber das Heil. Er muß zur Kirche zurückkehren, "non ut rebaptizetur, sed ut ecclesiae concilietur".[798] An anderer Stelle heißt es bei ihm: Die Sakramente besitzen außerhalb der Kirche keine Wirksamkeit. "Quaecunque tetigerit inmundus immunda erunt, ergo haeretici, veritatem sacramentorum impugnantes etiam formam sacramentorum tenendo, ad perniciem hac forma sacramentali utuntur, non ad salutem".[799]

In diesem Zusammenhang vergleichen einige Autoren die Kirche mit der Arche. Wer durch die Taufe aufgenommen und in die Kirche Christi eingefügt ist, der wird gerettet wie jene 8 Seelen in der Arche, so greift Witzel 1 Petr 3,20 f. auf.[800] Dietenberger betont die Notwendigkeit von Taufe und Glauben in der christlichen Gemeinde, "ausser welcher niemant zu dem Herrn Christo komen, niemant des heyligen Geysts zur seligkeyt theylhafftig, niemandt selig werden kan, wie auch etwan ausserhalb der archen Noe niemant das Leben behalten mocht".[801] Clichtoveus verbindet das Bild von der Arche mit dem der Mutter. Er spricht vom "sinus ecclesiae", in dem sich die befinden, die der Kirche folgen und damit auf dem Weg des Heiles sind, während die Ketzer "demerguntur in profundum damnationis".[802] Die Kirche als unsere Mutter gebiert uns, wie Helding predigt, zusammen mit Christus neu.[803] Sie hat uns nach Soto an den Brüsten der Lehre genährt,[804] sie nimmt die Kinder in ihre Gemeinschaft auf, führt Gropper aus.[805] Vincius bekennt in einem Gedicht über die "Virtutes haeretici": "...Nunquam ego te sanctißima castißimaque mater Ecclesia deseram. Tu fundamentum salutis, tu credentis praesidium, tu firmamentum fidei: Qui te non habet matrem, non potest sibi Deum habere patrem".[806]

Die Aufnahme in die Gemeinschaft der Heiligen bringt es mit sich, folgern einige Katechismen, daß den Gliedern alles gemeinsam ist, etwa die sieben Sakramente,[807] oder einfachhin alle Güter.[808] Sie bringt aber auch Verpflichtungen mit sich. So fragt Lorichius: Was bedeutet es, daß wir in einem Leib getauft sind? Er gibt zur Antwort: "Ut mutuam charitatem servemus, propterea etiam omnia aequa portione omnibus distribuit, unum solem, unum coelum pro tecto, unam terram in mensam, Sic etiam regenerationis modum omnibus largitus est, Una nobis et communis patria est, idem poculum omnibus propinatur." Er verweist dann auf die geistliche Verwandtschaft, die aus der Taufe entsteht.[809] Auf die besondere Rolle der kirchlichen Gemeinschaft bei der Taufe der Kinder gehen wir weiter unten ein.[810]

326 Taufcharakter und Taufpriestertum

In enger Verbindung mit der Kirche sieht Thomas von Aquin den "Charakter", der den Getauften eingeprägt ist. Er ermöglicht ihnen ein christliches Leben aus den Sakramenten, das durch die Teilhabe am Priestertum Christi eine gottesdienstliche Ausrichtung erhält.[811] Die Reformatoren übernehmen die Lehre vom Charakter nicht.[812] Sie werten das Amtspriestertum ab, indem sie das Taufpriestertum aller Christen überbetonen.[813]

Unsere Katechismen reagieren in verschiedener Weise auf diese "Vorgabe". Während der Taufcharakter kaum erwähnt wird, ist die Stellungnahme zum Taufpriestertum gespalten. Im Zusammenhang mit dem "Charakter" greifen einige Autoren den alten Gedanken von der Taufe als Eingliederung in die "militia Christi" auf.

326.11 Der Taufcharakter

In herkömmlicher Weise sprechen eigentlich nur wenige Katechismen vom "charakter indelebilis" - und das auch nur nebenbei. Gropper schreibt: "...si indigne aut irreverenter propositum peccandi retinens, quis accedat, characterem quidem sacramentalem recipit, sed rem sacramenti, id est, gratiam nullam consequitur, postea tamen reconciliatus ecclesiae, effectum sacramenti absque nova tinctione per poenitentiam recipit ac indipiscitur".[814] Wegen des Charakters lehnt er also hier eine Wiedertaufe ab. Ähnlich argumentiert er in einer Marginalie beim Weihesakrament.[815] Auch der Trierer Liber nennt ihn in diesem Zusammenhang.[816] Clichtoveus sagt, die Begierde- und Bluttaufe prägen der Seele - im Gegensatz zur Wassertaufe - den Charakter nicht ein. Er dient seiner Meinung nach "ad eius [animae] ornamentum et decorem". Er erklärt dann die Taufe selbst als "tanquam signaculum quoddam quo discernuntur fideles ab infidelibus, et cognoscuntur hi qui ad gregem et ovile dei pertinent".[817] In dieser Form, daß die Taufe ein Unterscheidungsmerkmal zwischen Christen und Ungetauften ist, findet sich ein "Ansatz" des Taufcharakters auch bei anderen Autoren.[818] Witzel spricht ebenfalls von der Taufe als dem "Symbel odder losung Christlicher Kirchen". Er führt aber noch einen anderen Begriff ein: "Tertullianus[819] nennet sie obsignationem fidei. Denn da wirdt der glaube der Dreiheit Gottes und seins gantzen Worts versigelt und bestettigt".[820] Soto fordert seinen Leser auf, das Siegel festzuhalten, mit dem er in der Taufe bezeichnet wurde.[821]

326.12 Die Taufe als Verpflichtung zur "militia Christi"

Dietenberger zieht die Linie von der Taufe als Erkennungszeichen noch ein wenig weiter aus. Er schreibt, durch dieses Sakrament erkennt man die, "so Christo angehören,...daß sie sein volck seien, welches under seinem panier, das ist dem heyligen evangelio und dem Creutz, stedts streiten sol wider den teuffel und alle sünde".[822] Der Autor greift damit auf die "militärische, agonale Sprache" vor allem der neutestamentlichen Briefe zurück (vgl. 2 Tim 2,3 f.; Hebr 2,10 u. ö.).[823]

"Seit Paulus das Leben des Christen mit einem geistigen Kriegsdienst verglichen hatte, war dieses Bild immer wieder in den Schriften der Väter aufgetaucht. Wortbildungen wie 'militia

Dei', 'militia Christi' waren geläufig. Sie konnten nun um so
besser verstanden werden, als sowohl im profanen wie auch im
heidnisch-religiösen Schrifttum derselbe Vergleich üblich war.
In der Laufbahn des Soldaten war aber vor allem die an ihrem
Anfang stehende Vereidigung mit ihrem festlichen Ritual von eindringlicher Bedeutung."[824] Bis in die Einzelheiten wurde der
Vergleich ausgezogen, etwa: Einschreiben in die Listen ("nomen
dare"), Militäreid - Taufbekenntnis, Signierung - Kreuzzeichen.

Spuren dieser Sprechweise finden sich in den Katechismen. So
sagt etwa Gropper: "...in baptismo in milites Christi recipimur
ac signamur".[825] Monheim nennt die Taufe: "Tessera quaedam mili-
taris". An ihr sollen die anderen Menschen erkennen, "nos sub
duce Jesu Christo militare et nostro exemplo, ad danda nomina
Christo, concitentur".[826] Erasmus schreibt: "...qui sacro lavacro renascuntur, profitentur Evangelicam militiam, dantque nomen Imperatori immortali Jesu Christo, hujusque sacramentis mi-
litaribus obstringuntur".[827] Auf den Einwand des "Katechumenen":
"Sed militia, laboris vocabulum est", antwortet der "Katechet":
"Nemo coronatur, nisi qui legitime certaverit. ...Vita haec,
velimus nolimus, militia est, aut Deo militandum est, aut Satanae".[828]

Auch bei der Erklärung und Deutung der Taufhandlung wird öfters auf die "militia" verwiesen. So beantwortet etwa Soto die
Frage nach dem Zeichen der christlichen Ritterschaft mit dem
Hinweis auf das Kreuz, mit dem wir in der Taufe bezeichnet werden.[829] Nach Gropper soll das Kreuzzeichen versinnbilden, daß
der zu Taufende dem gekreuzigten Christus seinen Namen übergibt,
sich ihm also übereignet, ihm vertrauen und ihn öffentlich bekennen will ohne zu erröten.[830] Die Abschwörung des Täuflings,
nachdem er seinen Namen genannt hat, ist für einige Autoren Anlaß, an den christlichen Kriegsdienst zu erinnern. Dazu heißt
es bei Gropper: "Baptizandi per susceptores dant nomina sua, quo
significatur eos per abrenunciationem prioris possessoris nomen
dare Christo, ut in illius dominium transeant. ...Abrenunciant
baptizandi Satanae..., ut declarent se libera voluntate exire

de potestate Sathanae in regnum Christi, cui posthac toti quanti sunt adhaerere et militare velint".[831]

Auf der Linie des Vergleiches: Militärdienst - Taufe liegt auch die Aussage des Trierer Liber: "Nomen etiam puero cum baptizatur, imponitur, iuxta morem militarem, quod tamen nulli absurdum videri debet, cum et Episcopus militare vocabulum sit, sicut et symbolum et sacramentum, et Iob dicat, vitam hominis militiam esse super terram"(Ijob 7,1). "...Quamobrem ut imperatori nomen dat miles, seque sacramento obstringit et inauctoratur ad subeundum omnia pro illo certamina et pericula, itidem hic fit. Nam Christo imperatori quisquis baptizatur, se per omnem vitam militaturum nullis deterrendum periculis, nullis dimovendum afflictionibus, permittit".[832]

Die Salbung mit dem Katechumenenöl deutet u. a. Helding unter Berufung auf Ambrosius[833] als "Athletensalbung": "Vorm Tauff werden wir mit Ole gesalbt am hertzen und zwischen den schultern, davon der heilige Ambrosius seinen Christen gar nahe für zwelffhundert jar gar tröstlich predigt, und vermant sie, was sie bey diesem salben bedencken sollen: Unctus es quasi Athleta, Du bist gesalbt worden, das du ein starcker streitbarer held und Diener Christi sein solt. Du hast versprochen ein kampff anzunemen in der welt".[834]

Im Anschluß an Tertullian[835] lag es nahe, auch die Chrisamsalbung im Sinne der "militia" zu erklären. Nachdem Lorichius eine Reihe von Väterzitaten angeführt hat, schreibt er: "Alii dicunt unctionem eam admonere baptizatum, ut sciat se iam a Christo nomen accepisse, seque Christo nomen dedisse, hoc est, Christi militiae esse autoratum".[836]

Was dieser Kriegsdienst für den Getauften bedeutet, erklärt Monheim: "Sub Christi signis seu vexillis militare, dixisti esse illud quod Christo gratum est, sedulo praestare, illi obedire, ab illius dictis non vel latum culmum, uti dici solet, desciscere: non aliter atque miles belli temporalis, dum in imperatoris sui verba iuravit, semper curat, ut illi obtemperet quod illi gratum sit, praestet".[837] Wer sich diesem Feldherrn anvertraut, der kann nach Erasmus unter dessen Schutz ganz sicher sein; denn niemand kann ihm entreißen, was er besitzt.[838] Das ewige Leben ist, wie Monheim sagt, der unvergleichliche Lohn, den unser Feldherr für seine Soldaten bereitet hat, wenn sie nach dem Beispiel ihres Führers unter seinem Feldzeichen gläubig kämpfen.[839]

326.21 Das Taufpriestertum aller Gläubiger.

Einige Katechismen gehen überhaupt nicht auf diese Frage ein,[840] andere polemisieren gegen die Reformatoren, ohne die katholische Lehre zu behandeln. Manche Autoren bringen sowohl den reformatorischen wie den katholischen Standpunkt, andere wiederum erwähnen nur die traditionelle Lehre.

Archinto schreibt beim Weihesakrament, nachdem er das spezielle Priestertum kurz erläutert hat: "Quamobrem perniciosum est, et impium, arbitrari, Christianos omnes pariter esse sacerdotes, eandemque potestatem, in verbo, et sacramento universos habere". Zur Begründung zitiert er ausführlich Tit 1,7 und 1 Tim 5,22 und verweist auf die "continua traditio". Als Marginalie schreibt er zu dem oben zitierten Satz: "Error Lutheranorum".[841]

Gropper hält die reformatorische Auffassung für ein gefährliches Dogma. Über die von Archinto angeführten Punkte hinaus erwähnt er noch die Meinung, die Priesterweihe sei nur ein Ritus, um Prediger für die Kirche zu wählen, und der Dienst des Wortes und der Sakramente könne nur mit Zustimmung der Laien übertragen werden. Um dies zu "beweisen", verdrehten die Neuerer die Schriftworte 1 Petr 2,9, Apok 1,5 f.[842] und 1 Kor 12, 12 f. Gropper hält ihnen entgegen: "Verum quam errent isti, modo tamen idem quod dicunt sentiant quis non videt?" Man müsse schon sehr ungebildet sein, wenn man nicht bemerke, daß die Schrift von einem doppelten Priestertum und Königtum spreche. "Siquidem aliud est internum et spiritale, quod est omnibus Christianis, saltem piis commune, qui Christi summi sacerdotis ac regis membra per baptismum sunt effecti". Im folgenden zitiert er, um seine Aussage zu untermauern, Augustinus[843] und Hieronymus,[844] auch weist er auf das Alte Testament hin, das ebenfalls ein zweifaches Priestertum kennt (vgl. 2 Mos 19,5 f.).[845] Der Autor beendet seine Darstellung: "...quos locos tanto libentius afferimus, quod videmus patres eosdem adversus haereticos (ordinem ex ecclesia auffere molientes) validissime adsisse. Ergo et in ecclesia eadem omnino ratione, praeter internum illud sacerdotium aliud quoque externum esse necesse est...".[846]

Gropper kennt also ein zweifaches Amt der Laien, das des Priesters und des Königs. Beide werden erlangt durch die Teilhabe an Christus. Wie dieser sich als Priester dem Vater darbrachte, so müssen die Christen ihre Leiber Gott als lebendiges Opfer darbringen (Röm 12,1). Christus hat als König Fleisch, Welt und Teufel besiegt, so müssen auch die Christen durch Christus, der in ihnen herrscht, die Versuchungen, Reizungen und Nachstellungen des Fleisches, der Welt und des Teufels besiegen.[847] In ähnlicher Weise wie Gropper argumentiert auch Helding. Im Rahmen der Taufhandlung erwähnt er beim weißen Kleid Hrabanus Maurus.[848] Dieser deutete die zu seiner Zeit noch gebräuchliche Stirnbinde als Diadem des Königreiches und der priesterlichen Würde.[849] Bei der Erklärung des Weihesakramentes setzt er sich zunächst polemisch von der reformatorischen Auffassung ab und erklärt das zweifache "geistliche" Amt des Laien wie Gropper in der herkömmlichen Weise.[850]

Auch Schöpper setzt sich beim Sakrament der Priesterweihe mit dessen Gegnern auseinander: "Sunt quidem ... omnes pariter Christiani, Sacerdotes: verum spirituales, ut et Reges item Sacerdotes..., ut offerant hostias spirituales Deo viventi, laudes inquiam, gratiarum actiones, precationes seu nominis divini invocationem, cor contritum et humilitatum, mortificationem carnis, sacrificium iustitiae ac innocentiae, etc.". Das geistige Königtum dient dem Kampf gegen die Begierden. Ausdrücklich betont er noch einmal, daß es neben diesen geistlichen Ämtern auch die Regierungen und das spezielle Priestertum gibt.[851]

Ohne jede Erwähnung der gegnerischen Position führen im Zusammenhang mit der Chrisamsalbung Lorichius,[852] Gropper[853] und Fabri[854] die Lehre vom gemeinsamen Priestertum kurz an. Der Trierer Liber sagt im gleichen Kontext, daß im Alten Bunde nur Priester und Könige gesalbt wurden, "iam tamen hoc Chrisma communicabile est omnibus Christianis, quos Petrus Apostolus genus electum et regale sacerdotium appelat, eo quod omnes debemus spiritualia sacrificia regi nostro Christo et Deo semper offere".[855] Deutlicher wird die Frage bei der Priesterweihe angesprochen: "Alioqui negandum non est, Christianos esse aliquo modo sacerdotes, ut offerant seipsos hostias spirituales placentes domino, et fructu labiorum suorum confitentium nomini eius".[856] Contarini befaßt sich in seiner 33. Frage mit der Priesterweihe und geht dabei auf das gemeinsame Priestertum ein: "Alle Christen erlangen durch die Tauffe die heiligung oder weihe, und den Character, welcher ist der Character des Priesterthumbs Christi, daher sie auch desselben Priesterthumbs teilhafftig werden, als nemlich, daß sie Gott geistliche opfer durch Jesum Christum opfern. Dises Priesterthumb gehöret nicht zu disem Sacrament, davon wir jetzt sagen".[857] Ein wenig später sagt er, alle Christen seien "Christo durch die Tauffe geheiliget oder consecriert".[858] In seinen Katechismuspredigten geht Helding im Rahmen der Priesterweihe auf unser Thema ein, seine Ausführungen liegen auf der Linie der bisher schon angeführten Katechismen.[859] Nausea erklärt das weiße Kleid als Zeichen der wiederhergestellten Unschuld, Reinheit und Keuschheit. Er erwähnt die Stirnbinde und sagt, dieses bedeute das "sacerdotium et regnum vitae, quod baptizatus acquirit, quum factus sit membrum Christi, qui rex est et sacerdos in aeternum, cuiusmodi baptismo fiunt Christiani, reges, utpote quia seipsos et alios regunt: sacerdotes, quoniam se ipsos domino offerunt, offereque debent...". Er zitiert noch die immer wieder angeführten Schriftstellen zu diesem Thema.[860] Ausgehend von 1 Petr 2,9 erwähnt Gropper in seiner Institutio das gemeinsame Priestertum.[861] Witzel macht in seinen Quaestiones einen deutlichen Unterschied zwischen dem Amt des Priesters und des Laien: "Aliud igitur officium sacerdotis, aliud laici? RESPOND. Omnino...".[862]

326.22 Die Taufe befähigt zum christlichen Gottesdienst

Der hier angesprochene Aspekt der Taufe klang schon an in den Ausführungen, die etwa Schöpper zum gemeinsamen Priestertum aller Gläubigen machte.[863] Als Aufgaben des Christen nennt er dort an erster Stelle Lob, Dank und Fürbitte. Mehr generell sagt er zur Begründung, warum Gott den Sabbat eingeführt habe: "Deinde vero et omnium maxime ob cultum divinum morale Sabbathum est; nam in hunc finem et conditi et regeniti summus, ut colamus veneremurque Deum".[864]

In dieser Deutlichkeit findet sich diese Aussage nicht in den anderen Katechismen. Sie klingt schwach an, wenn von der Taufe als der "Tür" zur Kirche und zu den übrigen Sakramenten gesprochen wird.[865] Clichtoveus nennt die Taufe das "Sakrament der Notwendigkeit" und fährt fort: "Etiam sine ipso, alia ecclesiae sacramenta non possunt recte suscipi, quia praesupponunt omnia baptismum, tanquam basim et praecipium suum fundamentum".[866] Ähnlich formuliert Nausea: "Quia enim baptismus sine controversia primum est fidei sacramentum, quasique totius catholicae disciplinae basis, fundamentum et signaculum, adeoque omnium sacramentorum ostium...".[867]

Nach Helding gibt Gott uns in der Taufe Gnade, daß die anderen Sakramente kräftig werden und unsere Werke ihm wohlgefallen.[868] Bei der Eucharistie sagt er, ihr müsse die Taufe und die Buße vorausgehen, denn dadurch würden wir gläubig und rein.[869] In seiner Institutio bringt der Autor eine etwas seltsam anmutende Erklärung für die Tatsache, daß nur Nase und Ohren mit Speichel berührt werden und nicht der Mund: Mit diesem empfange man den Leib Christi und verkündige die frohe Botschaft, "quae utraque non nisi post Baptismum homini conceduntur".[870]

Insgesamt ist also die gottesdienstliche Dimension des christlichen Lebens nicht mehr sehr stark im Bewußtsein der Katechismusautoren.

327 Die Taufe öffnet den Zugang zum Himmel

Außer in den "kleinen" Katechismen wird die eschatologische Komponente der Taufe von allen Autoren angeführt. Besonders häufig greifen sie auf den biblischen Terminus des "Erben" bzw. "Miterben" (vgl. Röm 8,16 f.; Gal 4,7; Tit 3,7) zurück, um diese "letzte" Gabe und Wirkung der Taufe zu verdeutlichen.

Neben den Schriftstellen, die auch dieses endzeitliche Gut einbeziehen (Mk 16 und Jo 3), begnügt sich etwa Gropper in seinen Capita mit dem Hinweis, daß wir Miterben Christi sind (Röm 8,17).[871] In der Darstellung Heldings klingt das Motiv des "Erben" in seinen verschiedenen Formulierungen immer wieder an. Schon in der Vorrede zu seinem Catechismus unterstreicht er die Notwendigkeit der Unterweisung, "damit sie [die Christen] nach der verheissung, die sie um Tauff gethon haben unserem Gott, fromme, wolgefällige Christen leisten möchten, und von im entlich die verheissung seines heiligen erbtheils im Himel erlangen".[872] Der Heilige Geist "macht auß alten verderbten Adams kindern, ...kinder Gottes, aus verdampten sündern, erben des reichs Gottes, davon Tit. 3.1. Cor. 6. Rom. 8.".[873] Die Taufe gibt uns das "erbtheil ewigen lebens".[874] Sie macht uns zu "erben Gottes, und bringt uns ewige seligkeit".[875] Gott "macht in [den Menschen] ein erben des Himels durch den Tauff umb Jesum seines Sons willen".[876]

In ähnlich dichter Weise spricht auch Schöpper von der "Erbschaft". Durch die Taufe werden wir Erben Gottes und Miterben Christi.[877] Als letzte Wirkung oder Nutzen der Taufe sieht er: "...addicitur perpetuo uni veroque Deo Patri et Filio et Spiritui sancto, huius denique filius atque haeres instituitur".[878] Seine Taufpredigt schließt Schöpper mit folgenden Worten: "Sed in primis hoc curemus omnes, Baptismi vim tota vita exerceamus, hoc est, peccata mortificemus, et in vitae resurgamus pergamusque semper novitatem. Sic enim et manebimus quod facti simus in Baptismo, nempe Filii Dei: et aeternae quoque haereditatis capiemus in coelo possessionem immortalem".[879]

Monheim betont mit Tit 3,7 die Hoffnung, gemäß der wir zu

Erben des ewigen Lebens eingesetzt werden.[880] Nach Dietenberger ist es der Glaube, der uns "des ewigen lebens kinder und erben" werden läßt.[881] Er sagt, der Mensch wird "durch die tauff ...ein miterbe des himmelreichs, und wie ein itzt geporens kindlin auß Gott, der kirchen zum ewigen leben geben".[882] Gropper schreibt, daß wir in der Taufe das Versprechen der himmlischen Erbschaft empfangen,[883] daß wir "cooptamur...ad coelestem haereditatem".[884]

Clichtoveus sieht als ersten Effekt der Taufe, "...quod in baptismo coelum aperitur, iis qui baptizantur". Darin, so meint er, erkennt man die "excellentia" der Taufe vor der Beschneidung. Die Beschnittenen, die als Gerechte starben, "descenderunt in limbum sanctorum patrum, donec per passionem Christi aperiretur ianua paradisi". Als Hinweis auf diese Wirkung der Taufe sieht er die Öffnung des Himmels bei der Taufe Jesu durch Johannes.[885] Für Gropper ist in seiner Institutio der Zugang zum Himmel der dritte Effekt der Taufe.[886]

Die einzelnen Elemente der Taufhandlung werden immer wieder auch eschatologisch gedeutet. Auf die Einzelheiten werden wir weiter unten[887] eingehen.

Verbunden wird dieser Taufeffekt auch mit der Wiedergeburt. Witzel schreibt: Gott ist unser Vater, der uns "zum ewigen leben widdergezeüget hat, newe Menschen, welche des gesinnet sein, das im himmel ist Colloss. 3.".[888] Bei Dietenberger heißt es, daß wir als neue Menschen zum ewigen Leben wiedergeboren werden; und weiter: "Und darumb wirt die tauff ein gnadenreich bad der himmlischen geystlichen widergeburt gennenet, weil wir dardurch ein newes wesen und leben überkommen, und himmelsburger, und entlich in das himmelreich komen, und ewiglich selig werden...".[889] Erasmus greift auf den biblischen Vergleich des Himmelreiches mit einem herrlichen Gastmahl zurück und sagt: "Quisquis autem in baptismo professus est Christum, symbolum in hoc magnificum convivium dedit, ut iam resilire non liceat".[890] Für Monheim ist die Taufe das Zeichen dafür, daß Gott unser gütiger und gnädiger Vater ist hier auf Erden und im zukünftigen Vaterland. Weil ich getauft bin, schreibt er, darf ich nicht daran zweifeln, daß er mich des ewigen Lebens teilhaftig machen will.[891] Auch Witzel verweist auf den Trost aus der Taufe, da sie den Weg zum Himmel führe.[892]

Eigens wird von einigen Autoren betont, daß auch die getauften Kinder in den Himmel kommen können. Nausea stellt fest, daß Kinder, die ohne die Taufe sterben, vom Reich Gottes, vom Heil und vom ewigen Leben ausgeschlossen sind.[893] Dietenberger erklärt die Einsetzung der Ehe "zum ersten, von wegen der mehrung menschlichs geschlechts. Zum andern, daß die zal der ausserwelten, von ewigkeyt her versehen, erfüllet würde. ...Nun gibt die ehe menschen, die Tauff Christen, darauß werden kinder des ewigen lebens".[894] Gropper führt zur Verlesung des Evangeliums von der Kindersegnung (Mt 19) bei der Taufhandlung aus: "Offerimus etiam eos [parvulos] Christo baptizandos, Si enim illorum est regnum coelorum, non negabit eis Christus baptismum, qui est (ut diximus) ianua, qua in ecclesiam, et subinde in regnum coelorum intramus".[895] Archinto schreibt, daß getauften Kindern, die vor Erlangung der Erkenntnis sterben, der Himmel nicht verweigert wird, "quia et ipsi in voto, et precibus ecclesiae, merita Christi ad se se contraxerunt, unde sancti spiritus dona suscipiant: satis nanque ex ipsius ecclesiae corde crediderunt, et eiusdem ore sunt confessi".[896] Helding sagt knapp, daß die Kinder auch die Seligkeit erlangen sollen.[897] Die Taufgabe des ewigen Lebens ist, wie von mehreren Katechismen herausgestellt wird, kein unangefochtener Besitz. Nur der wird gekrönt, sagt Erasmus, der rechtmäßig gekämpft hat. Erst dann kann man "sempiternum in coelis triumphum agere cum duce Christo".[898] Clichtoveus fordert die Getauften auf, alles zu tun zur Vorbereitung und zur Bewahrung, damit sie heil nach dem Wort des Herrn ins Himmelreich kommen.[899] Witzel erklärt, daß die Taufe zur Seligkeit hilft, wenn sie recht gehalten wird. Er verweist hier auf 1 Petr 3,21 und Mk 16.[900] Dietenberger mahnt zur Zuversicht: "Wenn wir aber uns nun nach dem tauff und erforderung seyner bedeutnus halten, durffen wir uns an unserm letsten ende, und am jungsten gericht, weder vor dem richter, noch vor dem teuffel, noch vor der hellen förchten, sonder werden sicherlich in das himmelreich komen, und mit Gott und allen lieben heyligen ewiglich in ewigwerenden friden leben, durch die gnad Christi, er uns verdienet, und im tauff gnediglichen mitgeteylet und geschenckt hat".[901] Nach Gropper gilt es, die Unschuld für die "gloria" der Getauften zu bewahren.[902] Archinto macht auf die guten Werke aufmerksam, die notwendig sind für die "Krone" und verdienstvoll für den Himmel.[903] Maltitz erinnert daran, daß der Gedanke an "diese aller seligste aufferstehung und endtliche widergeburt" uns im Leben trösten kann.[904]

Wenn wir all diese Aussagen zusammenfassen wollen, können wir mit Soto sagen: "...Christiani porro hoc proprium est videre regnum dei...".[905]

33 Spender und Empfänger der Taufe

331 Der Spender der Taufe

"Est autem Baptismus Ecclesiae Sacramentum". Mit dieser Feststellung beginnt Helding in seiner Institutio bald nach der einleitenden Definition der Taufe seine weiteren Ausführungen. Man kann die Taufe also nicht losgelöst von der Kirche betrachten. Jedoch gilt es nach demselben Autor noch einen Schritt weiter zurückzugehen, da die Kirche sich dieses Sakrament nicht selbst gegeben hat: "Cuius Sacramenti mandatum simul et promissionem Ecclesiae suae Christus reliquit, cum ad discipulos ait. Data est mihi omnis potestas in coelo et in terra. Euntes ergo...".[906]

Herr, bzw. "Autor" der Taufe, wie es zuweilen heißt,[907] ist also Christus. Er ist damit, wie einige Katechismen mit der Tradition deutlich herausstellen, der eigentliche Spender des Sakramentes.[908] Der Mensch ist nur "Diener" der Taufe, sei er ein Priester oder ein Laie. Ein besonderes Problem bildete neben der Ketzertaufe die Frage nach der Würdigkeit des Spenders. Außerdem werden in den Katechismen auch vereinzelt andere Themen angeschnitten, wie die bedingungsweise Spendung des Sakramentes oder die Notwendigkeit der Intention und der rechten Form.

331.11 Gott als der eigentliche Spender

In seinem Institutum führt Erasmus als erstes Sakrament die Priesterweihe an. Von ihr sagt er: "...confertur sacra potestas Ut fungare ministeriis Christo auspice sanctis".[909] In dieser etwas verhüllenden Aussage klingt der Gedanke an, daß im letzten Christus der Spender der Sakramente ist.[910]

Andere Katechismen sprechen in diesem Punkte klarer. Monheim etwa legt dem "Lehrer" die Frage in den Mund: "...quis author baptismi est? vel a quo baptizaris?..." Der "Schüler" antwortet: "Memini te dicere, me a Deo ipso baptizari. ". Dieses Von-Gott-Getauft-Werden geschieht dadurch, sagt er, daß mich der Priester "vice dei" ins Wasser taucht. Dies bedeutet genausoviel, "si

Deus pater, Deus filius, Deus spiritus sanctus me in aquam submersisset". Ja der Autor sagt: "...ipsemet Deus me in aquam immersit".[911] In der gleichen Richtung deutet er die Taufformel, mit der der Mensch auf den Namen des dreieinigen Gottes und nicht auf den Namen des Täufers getauft wird.[912] Darauf macht auch Nausea aufmerksam: "...nullius creaturae, sed duntaxat nomine sanctissimae Trinitatis, hominem posse deberique baptizari.. ".[913] Dietenberger argumentiert ebenfalls mit der Taufformel: "...durch das wort wirt der recht tauffer, nemlich Gott, die heylige Treivaltigkeyt bezeuget, angezeiget und angeruffen".[914] Unter Berufung auf Johannes den Täufer (Mt 3,11; Jo 1, 33) weisen Monheim,[915] Helding und andere darauf hin, daß Christus selbst mit dem Heiligen Geist tauft.[916]

Lorichius führt aus, daß der Spender jedes Sakramentes Christus vertritt.[917] Christus, der eins ist mit dem Vater und dem Heiligen Geist, tauft also den Menschen.[918] Helding betont in seinem Catechismus, die Kraft der Taufe komme von Gott.[919] Christus sei es, der durch den Heiligen Geist von innen tauft. "Die allerheiligste Gottheit, Vatter, Son, und heiliger Geyst, in des Namen wir getäufft werden, der ists, der uns den Tauff gibt, Gott, der ein Herr des Tauffs ist". Bei der Taufe soll man nicht auf den spendenden Menschen achten, sondern auf Gott, "in des Namen man täufft, unnd der ein HERR des Tauffs ist...".[920]

331.12 Der Priester als "ordentlicher Spender"

Die Formulierung der Überschrift findet sich bei Nausea.[921] Archinto spricht vom Priester als dem "proprius ac legitimus minister".[922] Ohne diese "technischen" Ausdrücke wird diese Tatsache praktisch von allen Katechismen festgestellt. Erasmus nennt neben dem Priester auch den Diakon, dem im "Normalfall" neben dem Priester die Taufspendung zukommt.[923] Durchgängig wird die Aufgabe des Taufspenders als "Dienst" beschrieben; denn er ist, wie Helding bemerkt, nur der Austeiler, nicht der Herr der Taufe.[924]

Clichtoveus begründet den Vorrang des Priesters bei der Taufspendung mit der Bestellung durch Christus und die Kirche; denn allein den Aposteln und ihren Nachfolgern sei der Taufbefehl gegeben worden (Mt 28).[925] Da nur der Bischof das Chrisma weihen kann, trägt er nach Gropper ebenfalls zur Taufe bei.[926]

Allerdings ist der häufige Hinweis darauf, daß es nicht auf den moralischen Zustand des taufenden Priesters ankomme. Damit erklärt sich auch, warum einige Autoren so stark betonen, daß Christus der eigentliche Spender der Taufe ist. Lorichius etwa schreibt: "Sive ergo per bonos sive per malos ministros intra ecclesiam dispensentur sacramenta, sacra tamen sunt, quia in illis virtus spiritus sancti operatur, Unde nec bonorum dispensatorum meritis ampliantur, nec malorum attenuantur".[927]

Einen Grund für diese Erörterung gibt Witzel im Vorwort zu seinem Catechismus an. Nach ihm warfen vor allem die Wiedertäufer der Kirche vor, die Kindertaufe und die Praxis der Taufspendung seien die Hauptursachen für die religiösen Mißstände jener Zeit. Witzel formuliert den Vorwurf folgendermaßen: "... das die Pfaffen also leichtfertig und schimpflich getaufft haben, on andacht, ernst und lust". Wie wir gesehen haben, nimmt er diesen Einwand sehr ernst,[928] aber er fügt hier gleich hinzu: "So doch dyser mißbrauch der Tauff substantz nichts benimmt".[929] Demgegenüber halten unsere Autoren fest, daß von der Würde des Spenders - so Gropper - die Sakramente nicht abhängen, sondern von der Einsetzung und dem Befehl Gottes.[930] Auch ein von einem unreinen Priester Getaufter wird gereinigt, fügt er hinzu, da eben Christus im Menschen innerlich tauft, "in quem oportet totam spem ponere, Maledictus enim, qui confidit in homine".[931]

Helding war nicht müde, seinen Zuhörern geradezu einzuhämmern, daß der Priester zur Taufe nichts hinzufügt, aber auch nichts wegnehmen kann. "...er leyhet allein die hand und die zungen dar, er gibt oder nimpt aber der krafft des Tauffs nichts, seinethalben bleibt der heilige Tauff wie er ist". Er führt an, daß Jesus selbst nicht getauft habe, wohl aber seine Jünger (Jo 4,2), und fährt fort: "Dazumal war der Tauff nit besser oder geringer, wan Judas taufft, als wen Petrus unnd Johannes tauffet. Dann der Tauff war nit der Junger, er war Christi. Also noch auff diesen tag werden die heiligen Sacrament Christi nit erger oder besser bey eim frommen oder auch bey eim boßhafftigen Diener, Christus ist der da täufft, darumb ist der Tauff alweg gut, heilig und krefftig, der Diener sey wie er wölle". Nachdem er diesen Gedanken noch des öfteren wiederholt hat, versucht er ihn mit "einem weltlichen Exempel" noch zu vertiefen: "Wan dir der Keyser genad beweisen wolt, und alle jar tausend gülden verschribe, so gebe dir der Schreiber nichts daran, der den brieff schreibt, du fragest auch nit darnach, wer der Schreiber sey, es gibt oder nimpt deiner begabung nichts, der Schreiber sey an im selbst wie er wölle. Allein das er in seinem ampt richtig und fertig sey, und schreibe den brieff wie er sein sol. Was gehets dich an, ob er darneben ein sauffer oder spieler ist. Du stellest es dem Keyser heim, was er für Diener halte in seiner Cantzeley. Wan dir dein brieff gefertigt und recht geschrieben wird, so seinds dir gute Schreiber. Was sie darneben handlen, das lassestu sie gegen dem Keyser verantworten, der ist ir Herr und hat sie zu straffen". Man hat den Eindruck, als ob Helding hier in versteckter Form manche Kritik an dem moralischen Zustand der Priester seiner Zeit aufgreift. Er mahnt die Gläubigen, es Gott zu überlassen, wen er zum Priester beruft, und die Gaben, die sie austeilen, als Gottes Gaben anzunehmen.[932]

Auch Nausea warnt davor, zu sehr auf den jeweiligen Spender zu achten: "Si enim in Petri vel Pauli nomine baptismi gratia donaretur, posset alius alio videri sublimior, et secundum ministrorum merita haec singularis gratia aestimari: ut melior esset baptismus eius, qui sanctior videretur: et indignior, qui ab eo acciperetur, quem non amplior aestimatio commendaret ...".[933]

Wenn es auch nicht auf die Würdigkeit des Taufspenders ankommt, soweit es die Wirksamkeit des Sakramentes betrifft,[934] so verlangt doch die Ehrfurcht vor dieser göttlichen Gabe nach Priestern, "welche das heylige Tauffampt heiligk und vleissigk verwesen", wie Witzel es ausdrückt.[935] Nausea weist darauf hin, daß die Unwissenheit der Gläubigen zu einem Großteil den Priestern anzurechnen sei, die selbst unwissend sind und weltlichen Leidenschaften frönen. So sind sie nicht, was sie sein sollten: Salz und Licht für die Welt.[936]

Trotz aller möglichen Vorbehalte, die man gegen bestimmte Priester haben könnte, fordern doch eine Reihe von Autoren zur Ehrfurcht vor ihnen auf. Es sind, wie Clichtoveus sagt, unsere geistlichen Eltern, die uns die Sakramente spenden.[937] Als geistliche Väter haben sie uns, wie Helding formuliert, für Christus wiedergeboren und für den Himmel.[938] Nach Schöpper muß man die Pfarrer ehren, "quippe qui animas nostras per verbum Dei ac sacramenta gignant cibentque".[939]

331.13 In Notfällen kann jeder die Taufe spenden

Im "Decretum pro Armenis" (1439) war kirchenamtlich festgestellt worden, was in der Westkirche seit dem 2. Jahrhundert von Theologen vertreten wurde: "...in causa autem necessitatis non solum sacerdos vel diaconus, sed etiam laicus vel mulier, immo etiam paganus et haereticus baptizare potest, dummodo formam servet Ecclesiae et facere intendat, quod facit Ecclesia".[940]

In unseren Katechismen findet diese Frage keine sehr große Resonanz. Nur acht Katechismen weisen ihre Leser darauf hin, daß in einem Notfall jeder taufen kann. Ein ähnliches Phänomen konnten wir weiter oben bei der Taufformel beobachten, die ebenfalls nur von wenigen Autoren wörtlich wiedergegeben wird.[941] Nun wurde zwar die Nottaufe von den Reformatoren mit Ausnahme Calvins, dessen Lehre in unserem Zeitraum noch keine sehr große Rolle spielt, nicht bestritten; aber auffällig ist diese Beobachtung im Blick auf die Kindersterblichkeit des 16. Jahrhunderts schon.

H. Mayer macht in seiner Studie zur Spendung der Sakramente in der alten Kirchenprovinz Salzburg darauf aufmerksam, daß schon auf der Mainzer Synode von 1261 Anweisungen für die Laien

zur Nottaufe gegeben wurden, daß aber diese Vorschriften in
Salzburg erst 1418 publiziert wurden. "...es verging fast das
ganze 15. Jahrhundert, bis die einzelnen Diözesen der Provinz
ihrerseits auf Diözesansynoden und in ihren Ritualien dieselben
Anweisungen brachten".[942]

Am ausführlichsten geht Clichtoveus auf die Nottaufe ein:
"Attamen in casu necessitatis, et ubi timetur probabiliter de
morte baptizandi nisi acceleretur baptismus, quilibet laicus
potest conferre baptismum sine discrimine sexus...".[943] Bei der
letzten Ölung greift er die Frage noch einmal auf und sagt, wegen der Notwendigkeit der Taufe dürfe sie gegebenenfalls von
Laien "sive virum sive mulierem" gespendet werden. Da die Notwendigkeit bei der Ölung nicht gegeben sei, sei ihre Spendung
dem Priester vorbehalten.[944]

In ähnlicher Form finden sich diese Angaben bei Erasmus,[945]
Lorichius,[946] Gropper,[947] Dietenberger,[948] Nausea,[949] Archinto[950] und Helding.[951] Letzterer gibt in seiner Institutio eine
genaue Reihenfolge an: "In necessitate quicunque tandem, etiam
Laicus, seu pater pueri, seu alienus: seu vir, seu foemina: seu
haereticus, Iudaeus aut Gentilis, sub recta verborum forma, et
iusta intentione, Baptismum ministraverit, cum invocatione
sanctae Trinitatis alium aqua abluens, perfectus Baptismus existimandus est. Sic tamen, ut etiam in necessitate, quod fieri
potest, parentes alienis, mulier viro: haereticus Catholico, infidelis fideli, ministerium baptizandi cedant".[952] Lorichius
macht darauf aufmerksam, wenn ein Laie ohne Not "temere baptizaverit, peccat quidem laicus ille".[953] Im übrigen wünscht er
gerade wegen der Nottaufe eine deutsche Taufformel,[954] während
Helding verlangt, jeder Laie sollte aus diesem Grunde die Taufformel kennen.[955]

In den Constitutiones des Mainzer Provinzialkonzils, die der
Institutio Heldings vorangehen, wird gemäß der zeitgenössischen
Liturgie verlangt, daß nach einer Nottaufe die Salbungen nachgeholt werden.[956]

331.14 Die Ketzertaufe

Auf dieses Problem sind wir im Verlauf der Ausführungen schon des öfteren gestoßen. Es soll nun hier, soweit einzelne Fragen schon in anderem Zusammenhang erörtert wurden, kurz im Kontext des Taufspenders besprochen werden.

Erasmus faßt in Frage und Antwort zusammen, was aktuell zu wissen notwendig war: "Quid faciet is qui baptismum et catechismum accepit in Haereticorum Ecclesia? Baptismum non mutet, quem in nomine Patris et Filii et Spiritus sancti accepit, doctrinam repurget, ab immundis conventiculis se subducat, Ecclesiae sanctae sese reconciliet".[957] Anhand zweier Irrlehren aus der alten afrikanischen Kirche verdeutlicht er später noch einmal seinen Standpunkt. Er erwähnt den sogenannten Ketzertaufstreit[958] und sagt: "Et hanc doctrinam reiecit ecclesia, docuitque iuxta Paulum[959] non esse nisi unum baptisma, cuius quisvis homo possit esse minister...".[960] Und er nennt die Donatisten, "qui iactabant in omnibus ecclesiis defecisse baptismi gratiam, praeter quam ipsorum, eoque praedicabant nihil cuiquam prodesse baptismum, nisi rurus apud ipsos acciperetur". Dagegen hält die Kirche fest, daß der Mensch nur Diener der Taufe, Christus aber deren Herr ist, und daß durch die Schuld des Dieners nicht verletzt werden kann, was Gott durch den Glauben schenkt.[961]

Worum es also im letzten geht, ist die Versöhnung mit der Kirche. Sie wird für den notwendig, der in einer nichtkatholischen christlichen Gemeinschaft die Taufe empfangen hat. Er hat zwar, wie Lorichius und Gropper ausführen,[962] das integrum sacramentum", nicht aber die "virtus sacramenti", also das Heil empfangen. Dieses wird ihm erst zuteil, wenn er zur katholischen Kirche zurückkehrt. In seiner Institutio nennt Gropper über die Versöhnung hinaus noch die Firmung, durch die eine engere Verbindung mit der Kirche hergestellt wird.[963] Er tadelt bei dieser Gelegenheit, daß manche Bischöfe leichtfertig die Spendung dieses Sakramentes vernachlässigen.[964]

331.15 Weitere Fragen zum Spender der Taufe

Bei der Nottaufe macht Erasmus eine Einschränkung: "...tutius est ab Ethnicis aut Iudaeis tinctos denuo tingere cum hac exceptione, si non es rite baptizatus etc.".[965] Um der Sicherheit willen schlägt er also eine bedingungsweise Wiederholung der Taufe vor.

Dieses Problem schneidet Gropper in der Institutio bei der Taufhandlung an. Er erwähnt die Frage an die Paten, ob das Kind schon getauft sei. Diese Frage soll eine Wiedertaufe verhindern, sagt er. Er fährt dann fort: "Quod si probabiliter dubitetur an baptizatus fuerit nec ne, baptizatur, his verbis praemissis: Si Baptizatus es non te rebaptizo, Sed si nondum baptizatus es, ego te baptizo in nomine patris, et filii, et spiritus sancti."[966]

Witzel spricht ebenfalls von "Zweifeln". Er schreibt: "... Widderteüffen sol inn Christlicher Kirchen nicht sein, es sey denn das man an jemands Tauff zweiffle.. ".[967] Da er im folgenden aber nur von falschen Taufformeln redet,[968] und die bedingungsweise Taufe nicht nennt, dürfte er wohl nicht unseren Fall meinen.

Als einziger der katholischen Autoren erwähnt Gropper in seinem Enchiridion die Taufe beim Theater, Mimenspiel oder im Scherz. "...tum nec recipitur sacramentum, nec res sacramenti...".[996] bemerkt er knapp dazu.

331.2 Intention und Form bei der Taufspendung

Der menschliche Spender mag ein schlechter Priester oder ein Heide sein, von ihm wird bei der Spendung der Taufe verlangt, "modo iuxta ecclesiae mentem tingat per invocationem sanctae trinitatis". So formuliert Erasmus[970] die Forderung, die einzelne Autoren mit der Tradition der Kirche als Minimum zur Gültigkeit des Sakramentes aufstellen. Über die rechte Form haben wir weiter oben[971] schon die Ausführungen der Katechismen wiedergegeben. Zur Intention erklärt Clichtoveus: "In quo [ministro baptismi] requiritur intentio animi, et propositum id faciendi, quod ecclesia in collatione baptismi intendit facere". Fehlt diese Intention, fährt er fort, "non confertur sacramentum secundum veritatem".[972]

Die Intention wird noch erwähnt von Archinto[973] und Helding.[974]

332 Der Empfänger der Taufe

Zum Empfang der Taufe ist jeder Mensch verpflichtet. Diese Lehre vertreten unsere Katechismen natürlich übereinstimmend, wie wir weiter oben[975] bei der Wiedergabe der Aussagen zur Heilsnotwendigkeit des Sakramentes gesehen haben. Es geht also im folgenden weniger um die Frage nach dem generellen Empfänger, sondern um den erwachsenen Taufbewerber und das, was von ihm verlangt wird, sowie um die Kindertaufe.

Vorausgesetzt wird hier, was ebenfalls schon angeführt wurde, daß nämlich der Mensch von sich aus nichts "einbringen" kann. Wir sind Christen, sagt etwa Soto in seinem Compendium, "auß der allerhöchsten genad und barmhertzigkait Gottes", die wir weder verdienen noch verstehen können.[976]

332.1 Die Erwachsenentaufe

In den Katechismen herrschen die Aussagen über die Kindertaufe vor. Daß auch Erwachsene das Sakrament der Taufe empfangen können, ist grundsätzlich im Bewußtsein der Autoren. Von einigen wird die Tatsache mehr beiläufig erwähnt. Meist wird jedoch, wenn es um den Empfänger geht, der Praxis der Zeit entsprechend, einfachhin vom "Puer" oder "Infans" gesprochen, vor allem bei der Erklärung der Taufhandlung.[977]

Einige Autoren verweisen auf das Katechumenat der alten Kirche. Im Vorwort zu seinem Katechismus beschreibt Witzel ausführlich, wie ein erwachsener Taufbewerber früher in Stufen in die Kirche eingegliedert wurde.[978] Nausea stellt sich im 1. Kapitel des 1. Buches die Frage: "Quid catechismus sit, ac unde dici coeperit, deque illius utilitate et necessitate". Er definiert den Katechismus als "Sermo paulo rudior, quo praecipuis catholicae religionis articulis, utpote fide, spe et charitate, breviter instruuntur..." Die Definition erläutert er mit der Praxis der Urkirche. Die Erwachsenen seien eine Zeitlang unterwiesen worden, man hätte sie Katechumenen genannt, dann seien sie getauft worden.[979] Helding greift dieses Thema in seiner ersten Predigt auf, um auf die Notwendigkeit der Unterweisung aufmerksam zu machen.[980] Auch Lorichius[981] und Gropper kennen die alte Taufvorbereitung. Letzterer beschreibt sie sehr detailliert in seiner Institutio.[982]

Witzel erwähnt in seinem "Examen" die Erwachsenentaufe nur nebenbei. Er sagt - wohl im Hinblick auf die Wiedertäufer -, er wolle sie nicht abtun, wenn dadurch die Kindertaufe nicht ausgeschlossen würde.[983] Ähnlich knapp äußern sich Dietenberger[984] und Archinto.[985]

Im Verlauf seiner Taufpredigten kommt Helding auf den Empfänger zu sprechen und sagt zu Beginn: "Weil jetzt deren gar wenig seind, die von andern glauben zu uns in unsern Christen Glauben tretten, unnd deßhalben eytel kinder der Christen zum Tauff kommen, Wil ich (ob Gott wil) in nechster Predig von dem Kindertauff ein...bericht geben.[986] ...Jetzund wil ich ein bericht geben, weß sich beim Tauff halten sol einer, der in seinen beiarten tagen zum Christen glauben tretten, und den Tauff entpfahen wil".[987] Obwohl er also weiß, daß der Fall der Erwachsenentaufe sehr selten vorkommt, predigt er doch über dieses Thema. Sehr auffällig ist, daß dagegen über das viel aktuellere Thema der Kindertaufe nur nebenbei gesprochen wird.

Helding betont zu Beginn, daß Gott den Menschen ohne eigenes Zutun erneuert und reinigt. "Allein das der, so getäufft sein wil, mit dem hertzen glaube, und mit dem mund bekenne die heiligste Gottheit, den Vatter, Son, unnd heiligen Geyst, in des Namen der Tauff genommen und gegeben wird." Neben dem Glauben wird von dem Taufbewerber ernste Reue über die begangenen Sünden verlangt, aber "so dringt man in doch zu keiner buß, durch die er müste seine gethone sünde ablegen. Dann Gottes genad nimpt sie hin im Tauff: Iniungi possunt opera, non ad satisfactionem pro peccatis, sed ad praeparationem".[988] In seiner Institutio formuliert Helding etwas mißverständlich: "Nemo tamen adultus salutarem Baptismi gratiam sine poenitentia percipit".[989] Der Trierer Liber vermeidet hier das Wort "poenitentia" und schreibt: "Qui vero rationis usum habent, propria fide accedere debent...oportet syncere fide, vera peccatorum poenitudine, et certa spe veniae...".[990] Über die Reue hinaus wird hier also noch die Hoffnung verlangt.[991] Etwas später spezifiziert der Liber noch einmal und vergleicht diesen Teil der Erwachsenentaufe mit dem Sakrament der Buße. Es heißt dort, daß das Wort "Buße" nicht überall den gleichen Sinn habe. "Cum vero cordis contritionem, seu dolorem susceptum propter peccata cum firmo proposito vitae melioris, significat, pars est huius sacramenti prima et praecipua, adultis ad baptisma venientibus necessaria".[992] In ähnlicher Weise schildert Gropper in seiner Institutio die Erwachsenentaufe. Er kommt öfters darauf zu sprechen. Zunächst sagt er, vor der Kindertaufe sei keine Beichte notwendig, wohl aber "detestatio et odium vitae prioris".[993] Die "iustificatio primaria" erläutert er anhand der Erwachsenentaufe.[994] Über die schon von anderen Autoren genannten Voraussetzungen hinaus erwähnt er ausdrücklich noch die Unterweisung.[995] Soto betont sehr stark den freien Willen des Menschen: Gott verleiht seine Gnade ohne vorausgehende Verdienste. "Non tamen adultis et ratione utentibus eam confert sine liberi arbitrii opere, ad deum se per fidem, quae per dilectionem operatur, et per peccati detestationem convertentis".[996]

Neben geschichtlichen Reminiszenzen und den seltenen aktuellen Fällen brachte die Entdeckung der 'neuen Welt' ein verstärktes Interesse an der Erwachsenentaufe mit sich. Das Missionsmotiv klang, wie wir sahen, bei Witzel an.[997] Auch Gropper nennt es in seiner Institutio. Er schreibt bei der Erklärung der Taufhandlung: Erwachsene, "ut sunt, qui nostro seculo ex Iudaeis vel gentibus in novis Insulis baptizantur", brauchen gute Paten und Bürgen.[998] Auf die Ansprüche, die Gropper hier an die Paten stellt, werden wir weiter unten eingehen.[999] Hier wird zwar das volle Katechumenat nicht genannt und gefordert, aber es wird gerade für die Mission eine verantwortungsvolle Einführung in den christlichen Glauben verlangt.

Gropper spricht in seinem Enchiridion weniger über die Forderungen, die an den erwachsenen Taufbewerber gestellt werden müssen, sondern mehr über den Affekt, mit dem er das Sakrament empfangen soll. Vor allem aber geht es ihm um die vollkommene Übereignung an Christus, damit er "candiam illam vestem, insigne libertatis et manumissionis, ab omni peccatorum labe immaculatum, ad tribunal Christi proferat".[1000]

Auffallend ist, daß einige Autoren gleichsam im selben Atemzug mit der Erwachsenentaufe von solchen sprechen, die das Sakrament nicht mit der richtigen Einstellung empfangen. Sie werden wohl an Juden - nur um diese Personengruppe kann es sich im 'Normalfall' handeln - denken, die um materieller oder sonstiger Vorteile willen um die Taufe baten. Helding sagt: Wer im rechten Glauben um die Taufe bittet, "...wolt aber seine gewonte laster nit verlassen, dem sol man den Christlichen Tauff versagen und wehren... Ob aber jemand den Diener betröge, unnd bekente der Christen Glauben mit dem Mund, unnd verleugnete seine sünde aber ohn ein ernst, unnd es were seine meynung nit im hertzen, der entpfähet zwar den rechten Tauff", da menschliche Bosheit Gottes Einsetzung nicht unwirksam machen kann. Aber die Taufe nützt dem Menschen nichts zur Seligkeit, "so lange biß er sein falsch hertz hinlegt, und Gott in der warheit bekennet, Rom. 10. unnd seine gethone sünde mit ernstem hertzen berewet".[1001] Gropper schildert die Folgen des "geheuchelten" Empfangs in scholastischen Kategorien. Ein solcher Mensch, sagt er, "characterem quidem sacramentalem recipit, sed rem sacramenti, id est, gratiam nullam consequitur, postea tamen reconciliatus ecclesiae, effectum sacramenti absque nova tinctione per poenitentiam recipit ac indipiscitur".[1002] Nach Contarini empfängt, wer "mit erdichtem gemüt" kommt, wohl die Heiligung und den Charakter, nicht aber den Heiligen Geist.[1003]

Gropper betont in seinem Enchiridion, daß Glaube und Sakrament frei seien. Niemand dürfe also zur Taufe gezwungen werden, obwohl sie zum Heil notwendig sei.[1004]

Am Schluß seines Tauftraktates schreibt der Autor in der Institutio: "Memorata Baptismi vis olim in his qui iam adulti baptizantur haud obscure visebatur. In parvulis nostris non ita elucet, et quod cum adoleverint non ita se exerat, in causa est, quod parentum indulgentia prius implicentur vitiis, quibus contristatur...acceptus spiritus...".[1005] Wehmütig schaut Gropper zurück und verklärt dabei die Vergangenheit, aber an eine radikale Änderung der Taufpraxis denkt er nicht.

332.2 Die Kindertaufe

War die Kindertaufe bis zur Reformation eine relativ unangefochtene Praxis der Kirche, so zwangen die Angriffe der Wiedertäufer zu einem Überdenken und zu einer neuen bzw. erneuten Begründung der eigenen Position. Die Täufer werden von vielen Autoren ausdrücklich als Gegner angesprochen, in anderen Katechismen bilden sie stillschweigend den Hintergrund der Argumentation. Sie werden ernstgenommen, wie die Ausführungen unserer Werke zeigen, wenngleich auch gelegentlich die Lauterkeit der täuferischen Motive in Zweifel gestellt wird. So meint etwa Nausea, es ginge ihnen nur darum, schon getaufte Kinder wiederzutaufen.[1006]

Die Hauptthese der Täufer lautete: Die Kindertaufe ist unbiblisch. Sowohl Mk 16,16 wie auch Mt 28,19 fordern den der Taufe vorausgehenden Glauben. Dieser aber ist von den Kindern nicht zu leisten. Dagegen galt es die Schriftgemäßheit der Kindertaufe aufzuweisen, sowie deren Notwendigkeit und Sinnhaftigkeit. Luther hatte sich in seinem Großen Katechismus, wie wir sahen, auf Gottes Befehl, den "Tatsachenbeweis" aus der Geschichte, und - wenn auch nur sehr vorsichtig - auf sein Postulat des Kinderglaubens zurückgezogen.[1007] Zwingli argumentierte mit der Parallele Beschneidung - Taufe und der Taufe als Bundeszeichen.[1008] Die Autoren der katholischen Katechismen holen im allgemeinen weiter aus.

332.21 Die Kindertaufe ist schriftgemäß und entspricht der Tradition

Zwei Katechismen deuten an, daß man die Kindertaufe aus der Schrift nicht "beweisen" kann, bzw. daß dies im Grunde nicht einmal notwendig ist. Lorichius schreibt: "Pueros baptizandos esse nemo negat nisi qui contendit traditiones et consuetudines omnes..., abrogari antiquarique oportere, qui sanctorum patrum monumenta tanquam vana commenta hominum explosa cupiunt, dicendo solam scripturae literam sine sensu eo quae catholicorum patrum lucubrationibus commissus est, esse interpretandam...".[1009] Bei Helding heißt es in der Institutio: "Hunc errorem omnibus aetatibus exosum explosumque, etiamsi nulla subesset scripturae authoritas, tamen totius in hanc partem orbis consensus satis revinceret, qui scriptae legis authoritatem merito sibi vindicat".[1010] Wenngleich also beide Autoren eher die Tradition anführen, kann man dennoch aus der Schrift "Konvenienzgründe" anführen, daß die Taufe von Kindern dem Willen Gottes entspricht.

Für einige Autoren drängt sich der Vergleich von Taufe und Beschneidung auf.[1011] Die Beschneidung ist nach Gropper "signum seu pactum foederis inter deum et Abraham". Dieser Bund galt Erwachsenen und Kindern. Gott gebot die Beschneidung der Kinder, damit sie der Synagoge beigefügt würden. Er fügte den Bund der Verheißung hinzu: Ich werde ihr Gott sein. "Ergo et per baptismum, qui circuncisioni successit, pueri inserendi sunt ecclesiae ...".[1012] Noch einmal greift er dieses Thema auf: Der Bund der Beschneidung erstreckte sich nicht weniger auf die Kinder, weil sie nicht verstanden, was geschah. "Ita nec baptismus, propterea minus valet in infantibus, quod nondum intelligant pactum gratiae divinae, quo remittitur ipsis peccatum originale".[1013] Helding verdeutlicht den Gedanken des Noch-Nicht-Verstehen-Könnens. Er spricht den Glauben an: "In Abraham praecessit iustitia fidei, et supervenit circumcisio, signaculum iustitiae fidei. In Isaac vero, qui octavo die infans circumcidebatur, praecessit circumcisio, signaculum iustitiae fidei: et cum annos attigisset, in quibus hominis sensus vigent, iusti patris fidem imitando et ipse...iustitiam, cuius antea signaculum infans acceperat, assecutus est".[1014] So ist es, sagt Helding, auch bei der Taufe von Kindern, "praecedit regenerationis Sacramentum, qui si, ubi adoleverint, Christianam pietatem tenuerint, sequitur in corde conversio, cuius mysterium in corpore iamdudum infantes acceperunt".[1015] In diesem Zusammenhang erwähnt er auch den Hauptmann Kornelius, der vor der Taufe den Heiligen Geist empfangen hatte (Apg 10).

Auch Schöpper verweist auf die Beschneidung: Mit der ganzen Kirche behaupten wir Katholiken: Kinder seien genauso wie Erwachsene zu taufen, und das können wir auch beweisen. Der erste Beweis ist ihm die Beschneidung und der Durchzug durch das Rote Meer, beide waren "Typen" der Taufe. "Atqui Infantes circumcisi sunt, Gen. 17. adhaec quoque tam Infantes per mare rubrum transierunt, quam Adulti.   Ergo et baptizari nunc Infantes debent, non minus certe atque ipsi Adulti. nam quod in figura factum est, id multo magis in veritate fieri debet".[1016] Die Beschränkung der Beschneidung auf die männlichen Kinder hat die Autoren - wie die Theologen überhaupt - offenbar nicht gestört.

Als zweiten Beweis aus der Schrift führt Schöpper das Beispiel Christi an, der sagte: "Lasset die Kinder zu mir kommen, denn ihrer ist das Reich der Himmel" (Mt 19,14) und: "Es ist nicht der Wille meines Vaters, daß eines von diesen Kleinen verloren geht" (Mt 18,14).[1017] Die "Kindersegnung" wird von mehreren Autoren als Hinweis auf die Kindertaufe verstanden. Gropper zitiert neben dieser Stelle samt den Parallelen (Mk 10,14 und Lk 18,16) noch Mt 18,10.[1018] Wenn also Christus selber gesagt hat, daß den Kindern das Himmelreich gehört, wird er ihnen die Taufe nicht verweigern.[1019]

Als weiterer biblischer Hinweis auf die Berechtigung der Kindertaufe wird die Heilung des Gelähmten genannt (Mt 9,1-8). Da-

mals schaute Christus auf den Glauben der Bahrenträger und auf
Grund dieses Glaubens Anderer, sagt Nausea, heilte er den
Kranken.[1020] Auch die Heilung der Tochter der kananäischen Frau
(Mt 15,21-28) wird in dieser Richtung gedeutet. Im Trierer Liber
heißt es: "...quemadmodum Chananaeae mulierculae petitio et fides pro filia valuit, ita et fides ecclesiae pro infantibus,
quos ad Baptisma Christo offert, valitura est...".[1021]

Neben diesen biblischen Zeugnissen spricht die ganze kirchliche Tradition für die Kindertaufe. Die Aussagen von Lorichius
und Schöpper wurden schon zitiert. Auf diese Tradition seit den
Zeiten der Apostel wird immer wieder verwiesen.[1022] Helding
führt eine ganze Reihe von Vätern namentlich als Zeugen auf und
beschließt die Aufzählung, dazu komme "tota veterum Orthodoxorum
cohors". Er stellt die hypothetische Frage: "Hunc ergo totius
Ecclesiae Christi consensum, iam inde ab initio receptum, et
perpetua successionis linea quasi per manus traditum, et ad nostra usque tempora deductum, ac sanctissimorum et doctissimorum
Patrum authoritate subnixum, reiiciemus, scilicet, ut insanam
fanaticorum hominum opinionem suscipiamus?" Er beantwortet sie:
"Mentem meliorem inspirabit [Christus] Ecclesiae suae, quam se
usque in finem seculi non deserturum promisit, qui in verbis
suis fidelis est".[1023]

332.22 Den Kindern kommt der Glaube Anderer zur Hilfe

Im vorausgegangenen Abschnitt klang schon an, daß für die
Kinder, die selbst noch nicht glauben können, stellvertretend
der Glaube Anderer eintreten kann und eintritt. Monheim hält die
Frage, ob ein Mensch in eigenem oder fremdem Glauben getauft
wird, seltsamerweise für eines der leichteren Probleme, die er
meint übergehen zu können - und das in einem Katechismus, der
speziell für Schüler gedacht war![1024] In Schöppers Catechismus
fand sich diese Frage zunächst nicht, wurde aber später hinzugefügt. In der Ausgabe Antwerpen 1554 fragt der "Praeceptor",
nachdem vorher klargestellt war, daß den Kindern der Glaube der
Kirche und der Paten zu Hilfe kommt, bis sie selbst glauben kön-

nen: "Quonam pacto aliena fides illis prodesse potest?" Der "Puer" antwortet: "Quemadmodum alienum peccatum ipsis incommodat. Ex aliis nimirum contraxerunt peccata ad condemnationem, sic ergo per alios quoque credunt ad salutem".[1025] Dieser Satz stamme von Augustinus, gibt Gropper an, der ihn auch zitiert. Als Quelle nennt er den Brief des Bonifatius. Dort findet sich der Satz nicht wörtlich, wohl aber sinngemäß.[1026] Im Trierer Liber ist der Satz ein klein wenig abgewandelt. Er wird im Zusammenhang mit der Kindersegnung gestellt: "...sed sicut [infantes] aliorum pedibus ad Christum venerunt, et alienis manibus oblati sunt, sic etiam aliena fide, utpote susceptorum et totius ecclesiae, Deo per Baptismum appropinquare possunt: quandoquidem etiam alieno peccato, quod originale vocamus, irretiti sunt ...".[1027]

Andere Katechismen lassen den ersten Halbsatz weg und betonen nur, daß die Kinder im Glauben Anderer getauft werden. Hierbei wird generell gesagt, daß es der Glaube der Kirche[1028] oder der Paten[1029] bzw. der Eltern[1030] ist. In anderen Fällen wird ein Zusammenwirken ausgesprochen. Archinto schreibt: "Et ab hoc quidem sacramento, nulli sunt prohibendi, qui modo fidem afferant, et profiteantur...pueri autem, licet non proprio assensu, id consequantur, parentum tamen, et ecclesiae matris corde credentes, et eorundem ore confitentes, ab eo non repelluntur".[1031] Man solle nicht daran zweifeln, daß die Kinder rechtmäßig zum Heile getauft würden, sagt Nausea, "utcunque fidem vocalem non habeant, nec eam possint doceri, quum careant intellectu". Darauf antworten wir, fährt er fort: "illis sufficere fidem aliorum, adeoque totius ecclesiae, qua baptizantur, quorum merito salus adimpletur per corda et ora gestantium fideiussorum...".[1032] Stellvertretend für den Glauben der ganzen Kirche tritt also bei der Taufe der Kinder der Glaube ganz konkreter Menschen ein, von denen Nausea hier die Paten nennt.

Die Würde, aber auch die Verantwortung der jeweils anwesenden Taufgemeinde spricht Gropper mit Augustinus an,[1033] wenn er formuliert: "In fide enim ecclesiae per verbum credentis, offerentis, benedicentis, tingentis, etiam tantilli mundantur infantulli...".[1034] Christian von Honnef mahnt: "Her um patten und goedden, und alle umstender sullen synn inn groisser andacht, unnd gott bitten dat die wort unnd dat heylge sacramennt neyt verloerenn moecht werdenn".[1035]

Helding wehrt sich gegen die Rederei: "Fidem non habent, Fidem non habent", da die Kirche den Kindern doch ihren eigenen Glauben zukommen ließe. Sie hülle sie im Sakrament in den Glauben ein, bis sie fähig wären, durch ihr eigenes Zustimmen ihn zu ergreifen.[1036] Und damit niemand meint, dieser Verweis sei ein billiger Ausweg, fügt er hinzu: "Magna est fides Ecclesiae. Nunquid minor, quam fides Cananaeae, quam constat et matri suffecisse et filiae".[1037]

Auch Fabri führt, wie schon angemerkt,[1038] zunächst Augustinus an. Gegen Ende seiner Antwort auf die Frage nach einem "festen unüberwindtlichen grund" für die Möglichkeit der Kindertaufe heißt es: "Wilt du den frembden glauben nit lassen gelten und krefftig sein, so müssen alle narren, und die nit rechten gebrauch haben ihrer vernunfft, auch alle tawben (dieweil der glaub auß dem gehör kompt) verdampt werden. Darum wird der Mangel oder gebrech solcher und der jungen kinder durch den rainen, hailigen, krefftigen glauben der Christenlichen kirchen ersetzt und erstattet, welchen Gott durch seine gnad ansihet und annimpt nach dem glauben der gantzen Christenheit".[1039]

Letztlich ist auch der stellvertretende Glaube nur eine Hilfskonstruktion wie Gropper und andere Autoren mit Augustinus[1040] sagen: "Unde non fides illa particularis quae in patrinorum credentium voluntate consistit, sed fidei sacramentum fidelem facit".[1041] Notwendig bleibt trotzdem die nachfolgende Unterweisung, wie die Autoren sofort anfügen. Über dieses Thema wird noch zu handeln sein.[1042]

332.23 Die Taufe ist auch für Kinder zum Heil notwendig

Diese Fragestellung klang schon des öfteren an.[1043] Dabei kamen die Katechismen zu Wort, die im jeweiligen Zusammenhang die Kinder eigens erwähnen. Neben diesen Punkten befassen sich einige Autoren mit der Frage, was aus den Kindern wird, die ungetauft sterben. Oft wird diese Antwort 'verdeckt' gegeben.

So schreibt etwa Gropper, die Kinder müßten durch die Taufe der Kirche eingefügt werden, damit sie nicht vom Reich Gottes ausgeschlossen würden, das gemäß der Verheißung Christi ihnen gehöre.[1044] Dietenberger verbindet diesen Gedanken mit der Mahnung, die Taufe nicht aufzuschieben.[1045]

Schöpper argumentiert mit Jo 3, daß ohne Taufe niemand ins Reich Gottes kommt. "Et si non vult Deus, ut pereat quis pusillorum: nec vult sane, ut Infantes a Baptismate abarceantur. nam alioqui certo certius perierint, quippe qui in peccatis et concepti sint et geniti, eoque condemnationi obnoxii. Psa. 50. Iob 9.15".[1046] Ganz knapp heißt es im Trierer Liber: "...nomina omnium eorum [puerorum] deleantur e libro viventium, qui baptizati non sunt".[1047] Gropper geht in seiner Institutio ebenfalls von Jo 3 aus. Demnach ist das Los aller Ungetauften die ewige Verdammnis und der Tod. Sie müssen den ewigen Genuß der Schau Gottes entbehren. "...quo etiam malo, Christianorum parvuli cum ex hac luce non renati per baptismum, decedunt, involvuntur: iustissimo quidem, quanquam nobis occulto iuditio".[1048] Lorichius mag sich mit vielen anderen Theologen nicht damit abfinden, daß die Kinder die gleiche Strafe auf sich ziehen sollen wie Erwachsene, die persönliche Schuld auf sich geladen haben. In seiner Formulierung klingt die Vorstellung vom "Limbus puerorum" an, sie wird allerdings nicht genannt: "Pueri sine baptismo decedentes, damnantur quidem, quod faciei Dei visione beata frustrantur privanturque, sed peccatorum caeterorum, qui propter insignia flagitia damnantur, confusionem et poenam non sustinent: quanto ergo optatitius esset, statim a partu extinqui quam in peccatis immorari et mori".[1049]

332.3 Die Taufe fordert ein christliches Leben.

Einen breiten Raum nimmt in den meisten Katechismen die Darstellung des Lebens nach der Taufe ein. Die Gabe der Taufe wird schon im Tauftraktat als Aufgabe des christlichen Lebens beschrieben, da die Tatsache des Getauftseins allein normalerweise nicht ausreicht. Dies wird immer wieder betont.

332.31 Die Notwendigkeit der Unterrichtung im christlichen Glauben

Die vorherrschende Kindertaufe verlangte die nachfolgende Unterweisung. Diese an sich selbstverständliche Tatsache war, wie wir oben[1050] gesehen haben, in der Praxis leider oft vernachlässigt. So ist es nicht verwunderlich, daß dieser Punkt eigens und eindringlich erwähnt wird. Witzel schreibt im Vorwort zu seinem Catechismus: "Oder ists ubergnug, wenn kynder getaufft seind? Ist domit an ihn das gantz Christenthum ausgericht? Neyn. Unsere vorfaren haben also nicht gethan. Sie sindt vleissig gewesen, und haben dohyn alle sorge und erbeyt gewandelt, das sie ihre getaufften Christen kinder alles das lereten, was die alten ungetaufften (welche getauffte Christenn werden wolten) zuvor gelernet hatten".[1051] Auf diese erste Forderung der Taufe kommt er noch einmal zu sprechen. Der "Jünger" fragt, ob es genug sei, daß er getauft sei und sich damit tröste. Der "Lehrer" antwortet: "Ya, es ist noch etwas, das die empfangne tauff von dir zuthun foddere". Es folgt dann die Unterweisung über die Taufe.[1052]

Soto schreibt, wer Jünger Christi sein wolle, müsse seine Lehre kennen.[1053] Der Getaufte muß, wenn er erwachsen wird, so sagt es Schöpper, eifrig das Wort Gottes hören und von Eltern und Paten unterwiesen werden, "sic quoque sese statim ad templum Domini conferre, ibique (praeter alia cultus divini exercitia) Verbum Dei summa cum attentione audire et recipere, iuxtaque huius praescriptum tum fidem tum vitam gnaviter [sic!] instituere debet".[1054] Helding betont ebenfalls die Notwendigkeit der Unterweisung und die daraus resultierende Kenntnis des Glaubens. Er ermahnt die heranwachsenden Kinder: "Nun fürhin aber so mus ewer Glaub angehen, und in die verheissung, die ander leut vor euch in ewerem namen gethon haben, müst ir selbs treten, wan ir die genaden behalten wölt, die euch Gott im Tauff geschenckt hat. Darumb so gehört es für euch kinder, daß ir diese underweisung des Christlichen Glaubens lernen solt und müsset."[1055]

In die gleiche Richtung weist es, wenn Gropper die Bestreichung der Ohren mit Speichel dahingehend deutet, daß diese geöffnet werden sollen zum Hören des Wortes und der Gebote Gottes.[1056] Diese notwendige Unterweisung zu unterstützen ist ja das Ziel aller Katechismen.

332.32 Nach der Taufe ist ein Leben aus dem Glauben notwendig

Wie nach der Überzeugung der Katechismusautoren feststeht, daß man ohne den Empfang der Taufe verloren geht, so gilt ebenso für erwachsene Christen, daß sie ohne ein Leben aus dem Glauben nicht selig werden können. Die Ausführungen einiger Katechismen machen dies sehr deutlich, indem sie darauf hinweisen, daß den Kindern, die sofort nach der Taufe bzw. vor Vernunftgebrauch sterben, die Taufe zum Heile genügt. Schöpper stellt die Frage, ob es einem Christen zum Heile reicht, daß er getauft ist. Er läßt den "Puer" antworten: Für ein Kind, das nach der Taufe vor dem Gebrauch der Vernunft stirbt, reicht die Taufe für das Heil, "nam parvulorum regnum coelorum est, et hi per Baptismum regno coelorum inseruntur".[1057] Er fährt dann fort: "At adulto iam non satis est baptizatum esse, sed requiritur in eo insuper et verus Fidei usus, et Vita profeßione Christiana Baptismique voto digna: hoc est, ut corde credat et ore fidem confiteatur, utque peccatis mortificatis in vitae ambulat novitate".[1058] Der Heranwachsende und Erwachsene muß also den Glauben ergreifen und ihn zur Richtschnur seines Lebens machen.

Dem entspricht, daß immer wieder betont wird, ohne den Glauben stimme nichts im Leben des Christen. Unter Berufung auf Hebr 11,6 und Röm 5,2 schreibt Erasmus, der Glaube sei die Tür zum Hause Gottes und zu Gott selbst: "Accedentem...ad deum oportet credere. Et...Per quem habemus accessum per fidem in gratiam istam. Rursus...Sine fide impossibile est placere deo".[1059] An späterer Stelle heißt es bei ihm, daß ohne den Glauben die Taufe wie die anderen Sakramente der Kirche nichts nützen, daß ohne ihn die guten Werke nicht das ewige Heil bringen. Denn alles, was ohne Glauben geschieht, sagt er mit Paulus (Röm 14,23), ist Sünde.[1060]

Witzel betont die Wichtigkeit des Glaubens.[1061] Zur Taufe gehört wesentlich neben dem Wasser das Wort, der Heilige Geist und der Glaube. Er fragt, was die Taufe ohne den Glauben nütze.[1062] Dietenberger erwähnt nicht den Heiligen Geist, wohl aber wie Witzel das Wasser, Wort und Glauben, von denen keines fehlen dürfe.[1063] Wenn er sagt: "...der glaub alleyn, mit verschlagung der anderer zweier, ist kein tauff",[1064] und: "...on welchen niemants selig werden kann...",[1065] gebraucht er die Begriffe "Glaube" und "Taufe" fast synonym.

Gropper führt neben Röm 5,2 und Hebr 11,6 noch Jes 7,9 ("Glaubt ihr nicht, so bleibt ihr nicht".) an, um auf die Notwendigkeit des Glaubens hinzuweisen.[1066] Bei der Taufspendung kommt es ihm vor allem auf den Glauben an. Das Wort wirkt, wei es geglaubt wird.[1067] Im Glauben der Kirche werden die Kinder durch das Wort des Glaubenden, Darbringenden und Taufenden gereinigt.[1068]

Nausea beginnt seine Predigten ausdrücklich mit dem Glaubensbekenntnis, "quoniam ea [fides] sit spei et charitatis non solum basis, sed et piae opinionis filia, et religionis mater".[1069] Wie andere betont auch er den Zusammenhang von Glaube und Taufe.[1070] Die Gnade der Taufe wird nicht in der Taufe allein, sondern nur mit dem Glauben gegeben, "quae ab homine prius adulto requiritur: et infans in eandem educandus per patrinos, ecclesiae commendatur".[1071] Bei der Erklärung der Ölweihe am Gründonnerstag verbindet er ebenfalls beide: "baptismoque per fidem Christiani facti" sumus.[1072]

Nach Schöpper vergibt die Kirche durch Glauben und Sakramente die Sünden.[1073] Helding sagt, durch "den Glauben und den Tauff" gebe man sich in die Christenheit.[1074] Die Buße sei nur im Glauben möglich, "gleich, wie wir den Tauff und alle Sacramenten im Glauben an Christum entpfahen unnd nützen müssen. Und ohn den

Glauben were uns Tauff und andere Sacrament nicht nütz".[1075]
Fabri definiert die Taufe als "Ein außwendige wäschung des leibs des Menschen mit wasser, auß befelch Gottes im Glauben...".[1076]

Wie uns die Taufe eng mit dem dreifaltigen Gott verbindet,[1077] tut dies auch der Glaube. Nach Erasmus verbindet uns der Glaube mit dem Vater, er gesellt uns Christus zu und zählt uns durch den Heiligen Geist zu den Kindern Gottes.[1078]

Ähnlich ist es, wenn der Glaube als Hilfsmittel gegen die durch die Erbsünde gekommene Schwäche bezeichnet wird.[1079] Dem Glauben und der Taufe werden dieselben Wirkungen zugeschrieben. Monheim schreibt, mit dem wahren Glauben an Christus könnten wir leicht dem Teufel widerstehen, weil er in uns als seinen Gliedern den Sieg davonträgt.[1080]

Der Glaube ist nicht Privatsache des Gläubigen, sondern er muß auch in der Öffentlichkeit bekannt werden. Wir werden getauft, heißt es bei Monheim, "ut fidei nostrae erga Jesum Christum specimen praebeamus".[1081] Die Firmung interpretiert er als: "publica benedictio et Ecclesiae intercessio, quae adhibetur nobis cum post baptisma palam et aperte fidem Christianam coram Ecclesia profitemur, nosque totos damus foederi domini et communioni, obedientiaeque Ecclesiae...".[1082] Nausea hebt eigens hervor, der Glaube werden öffentlich und nicht im Geheimen bekannt.[1083] Wer dem gekreuzigten Christus seinen Namen gegeben habe, fordert Schöpper, der müsse ihn auch "publice coram toto mundo confiteri et constanti animi fide fiduciaque apprehendere...".[1084] Weil wir den Glauben bekannt haben, sagt Helding, haben wir in der Taufe "das zeichen eins Christen entpfahen".[1085]

Auf die Notwendigkeit der Werke, die dem Glauben bzw. der Taufe folgen müssen, werden wir weiter unten eingehen.[1086]

332.33 Die Taufversprechen müssen im Leben ratifiziert werden.

Neben die unerläßliche Voraussetzung des Christseins, eben die Taufe, tritt also das Wissen um den christlichen Glauben. Auch wenn diese beiden Bedingungen erfüllt wären, könnte man nach Meinung der Autoren einem Getauften noch nicht den Ehrennamen "Christ" zubilligen. Was oben bei Schöpper schon anklang, daß das Leben dem Bekennntnis und Versprechen in der Taufe entsprechen muß, wird von ihm und anderen Katechismen weiter ausgeführt. Es geht darum, daß man mit dem Herzen glaubt und mit dem Munde bekennt (vgl. Röm 10,9), wie Schöpper es zusammenfaßt.[1087]

Vor allem Erasmus legt einen starken Akzent auf die Tatsache, daß sich der Getaufte zu Christus bekannt hat und damit dessen Eigentum geworden ist. Wie könnte er es wagen, so fragt der Autor, etwas von sich dem Satan zu geben? "Qui se profitetur Jesu esse, cur aliunde venatur salutem? Qui Christum profitetur Regem ac Sacerdotem summum, qua fronte negligit illius leges, quo ore patitur illam adorandam victimam pro se frustra oblatam, quam ille voluit omnibus esse salutiferam"?[1088] Auch Clichtoveus mahnt die Christen zur Einhaltung ihrer Taufversprechen, mit denen sie Satan und seinen Werken abgeschworen und sich zum Glauben an Christus und zur Beobachtung der Gebote verpflichtet haben. Sie müssen sich also ihr Leben lang ausdauernd gemäß ihren Versprechen und gemäß dem Namen, mit dem sie nach Christus genannt werden, in Nachahmung ihres Herrn zu leben bemühen. "Alioquin in die iudicii particularis, et exitu vitae eorum proferet satanas scrpiptum illius promissionis, et accusabit eos coram supremo iudice, quod illam suam pollicitationem violarunt, et quod per opera sua adhaeserunt non Christo, sed diabolo, quodque solo nomine et non re ipsa fuerunt Christiani, et tunc durum iudicium in eos fiet, qui fidem in baptismo datam non servarunt illabefactam. Ergo nunc dum tempus habemus, evitemus hoc periculum...".[1089]

Im Anschluß an die Abschwörungs- und Glaubensfragen, die Gropper in seinen Capita wörtlich zitiert, schreibt er: "Dise yetz erzelte verheissungen und gelöbden sollen wir unser leben lanck vor und vor zur gedechtnüß fueren, und alle zeit betrachten, Und zu allem unserem thun und fürnemen und zu aller anstossender bekorung widder erneuweren, und andechtlich sprechen diese wort: Ich widersag dir, Sathan, und halte mich an dich Herr Christe, Und gleich uff die wort die stirn zeichnen mit dem zeichen des heiligen Creutz. So würt zwar uns nit allein kein mensch, sonder auch der Teuffel selbs nit schaden mögen".[1090]

Schöpper verbindet in seiner Taufpredigt den Gedanken des Bekenntnisses mit dem Kreuzzeichen. Er sagt: "...Baptizandus signo crucis munitur et in fronte et in pectore, ut meminerit se nomen dare iam Christo crucifixo." Ihn muß er nun öffentlich bekennen, Ihm muß er die Treue halten.[1091] Ährlich erklärt er die Besprengung der Gemeinde mit dem Taufwasser am Ostertag.[1092]

Soto fordert uns auf, das Kreuz, "wölliches uns die kirch vor allen dingen an unser stirn eindruckt" in der Taufe, "allzeit herfür zaigen, auch in unser gemüt, ...das wir auch gelauben, daß durch sein kraft und gedächtnuß unser schwachayt wider alle beschwerligkait gesterckt, auch die macht aller unser feind zerbrochen werde; hierumb sollen wir uns emsigklich damit ausserlich bezaichnen, darmit wir solcher dingen eingedenck seyen, wie dann allenthalben die Kirche leheret".[1093]

An die Taufversprechen erinnert er bei der Frage: "Wie beraittest du dich zu den gebotten Gottes?" Die Antwort lautet: "Nach erkantnuß der Göttlichen gebot, so zaig ich an vor Gott, daß ich die halten wölle, und bestäte dabey das gelibd des Tauffs, also sprechend: Gebett. O Herr der höchsten Maiestat... Ich sage dir danck umb die erkantnuß deiner gebot, welche du mir gnedigklich verlihen hast, ich verhaiß vor dir, daß ich die halten wölle, alle so ich von recht und gelibds wege meines Tauffs pflichtig und verbunden bin...".[1094]

332.34 Christusnachfolge in der Abtötung

Was einmal in der Taufe geschehen ist, als wir mit Christus starben, begraben wurden und auferstanden, muß vor allem in der Form der "mortificatio" zu unserem Lebensprogramm werden. Darauf weist Monheim im Zusammenhang mit dem Bekenntnis hin: Da Christus für uns gestorben ist, sollen wir alle, die wir Christi Namen recht bekennen, mit ihm gekreuzigt werden, "quod fit, dum in illo (Christum intelligio) peccato loci nihil damus, mortem non horremus, diabolo medium (ut in proverbio est) digitum ostendimus,[1095] inferni horroribus adorti non examinamur".[1096] Deutlicher wird der Autor, wenn er den Lehrer fragen läßt: "...quibus sacramentis in baptismo Deo obstringamur...". Der Schüler antwortet: "Obstrinxi me mori velle peccato, mori desyderiis carnalibus, mori velle mundo, deieravi me a diabolo defecturum, et sub Christi signis, donec viverem stipendia facturum esse." Das Der-Sünde-Sterben erklärt er dann folgendermaßen: "...abstergi per sanguinem Jesu Christi a peccatis, ita quod per fidem Jesu Christi nulla peccata me condemnare possint, praeterea posthac per spiritum sanctum extincta in nobis peccandi libidine, operibus iustitiae, operam navare, nec sine regnare peccatum in mortali nostro corpore".[1097] Konkret zählt er im folgenden auf, was dieses Sterben beinhaltet: "...omnia quae in praesenti seculo magni fiunt, contemnere: quae in praetio habentur, aversari. Cuiusmodi sunt, magna potentia, fastus vestimentorum, magnae opes, favor principum mundi, et si quae alia in hoc mundo magni aestimanda putantur". Anders ausgedrückt heißt dies nach Monheim, daß man vom Teufel abfällt. Denn dieser ist, wie Christus sagt, der Herrscher der Welt, "proinde potenter in suis tyrannidem exercet, illos in nulla non flagitiorum genere pro suo arbitrio praecipitans". Es gilt die Mahnung des hl. Petrus zu beherzigen: Brüder seid nüchtern und wachet... (1 Petr 5, 8f.).[1098] Monheim stellt also hier das christliche Leben sehr stark unter den Gedanken des Sterbens. Das "Mit-Christus" klingt nur einmal schwach an. Stärker ausgeprägt findet sich dies in seiner Explanatio.[1099] Dort weist er auch ausdrücklich auf die Kraft hin, die uns aus dem "Mit-Christus" erwächst.

Lorichius nennt die Taufe geradezu "sacramentum mortificationis", da sie uns vor der Welt als Tote hinstelle, die für Christus leben müssen.[1100] Der Begriff der "mortificatio" taucht innerhalb seines Tauftraktates immer wieder auf. Wie wir sahen, ergibt sich die Verpflichtung des Menschen zum Abtöten der Sünde aus dem Bund, den er mit Gott eingegangen ist.[1101] Im Anschluß an die Erklärung des Wortes "pompa" geht er näher auf die "mortificatio" ein. Zunächst definiert er: "Mortificare est corpus peccati spiritui subiugare". Das bedeutet, daß die Nichtigkeiten und leeren Lüste für den Menschen sterben und daß er allen Lockungen stirbt. Man kann, sagt Lorichius, auch von der "crucifixio corporis peccati" sprechen. Anhand einer ganzen Reihe von Stellen aus den Paulusbriefen, die er mit angeblichen Athanasiuszitaten[1102] verbindet, verdeutlicht er sein Thema. Kol 3,5 spricht vom Töten der Glieder. Diese umschreibt unser Autor als "partem veteris hominis, vel membrorum concupiscentias". Nach ihm meint der Apostel mit "Abtöten" das "Tragen des Todes Christi in unserem Leibe", wovon 2 Kor 4,10 handelt. Diese Stelle wiederum hänge mit Röm 6,2 zusammen; dort heißt es, daß wir für die Welt tot sind. Dann greift Lorichius eine neue Linie auf und zitiert "alii", die sagen: "...mortificare esse voluntatem propriam Deo offere". Mit "Athanasius" erklärt er anhand von Röm 8,36: "Mortificare...illud est imolare et sacrificium Deo offere". Daraus folgert er: "...sic mors nobis subeunda est, voluntate non natura". Es gilt also nicht den Leib durch den Tod zu zerstören, sondern die Werke des Fleisches.

Nach diesen mehr theoretischen Ausführungen kommt er dann zum praktischen Teil, den er mit folgendem Satz einleitet: "Signum seu argumentum mortificationis est, cum aequo animo toleramus adversa, cum in contumeliis et in omnibus adversis sumus patientes, cum victa libidine et concupiscentiis, neque ad iram possumus compelli". Er betont ausdrücklich, daß diese Art der Abtötung für alle Christen notwendig sei. Als weitere Möglichkeiten der Abtötung nennt der Autor: "Fit item per orationem, ieiunium, austeritatem vitae, obedientiam, et omne genus disciplinae". Als Belegstellen zitiert er 1 Kor 9,27 und Mt 17,20.

Mit der Randbemerkung: "Mortificationis simile scitißimum" kündet er ein Beispiel an, das Ambrosius[1103] überliefert, um zu zeigen: "Vivendum ita, ut vitali huic moriamur usui, seipsum sibi homo abneget, et totus mutetur". Nach ihm berichten die Fabeln von einem Jüngling, der in einem buhlerischen Verhältnis lebte. Als er dessen überdrüssig war, grüßte er seine alte Freundin nicht mehr, als er ihr einmal begegnete. Diese wunderte sich und sagte ihm: "Ego sum". Darauf antwortete der Jüngling: "At ego non sum ego".[1104] Lorichius meint, an diesem Beispiel würde deutlich, was es heiße, sich selbst zu verleugnen. Er schließt diesen Abschnitt mit dem Satz: "A baptizandis ergo profeßio mortificationis postulatur...".[1105] Das hier auffallende "baptizandis" könnte damit zusammenhängen, daß er an dieser Stelle Ambrosius zitiert. Auf der folgenden Seite spricht er auch die Getauften an: "Renatos enim iam non sibiipsis neque mundo, neque mundi principi diabolo, sed Christo vivere oportet".[1106]

In ähnlicher Weise, doch längst nicht so ausführlich, erwähnt auch Gropper öfters in seinem Enchiridion die Abtötung. Er betont das "Mit-Christus-Sterben",[1107] weist ebenfalls auf die Verpflichtung aus dem Bund mit Gott hin[1108] und schreibt: "Ergo baptismi mysterium non leviter transmitti, sed haec quae significat et requiret per omnem vitam meditari, in his exerceri oportet, ut mortificationem Iesu Christi in corpore nostro perpetuo circumferamus...".[1109] Oft finden sich wörtliche Übereinstimmungen mit Lorichius.

Deutlicher als dieser stellt Gropper einen Zusammenhang zwischen der Abtötung und der Konkupiszenz her. Zu töten sei nicht die Natur, sagt er, sondern die schlechte Begehrlichkeit. "Si enim (ut Paulus ait) secundum carnem, i. secundum carnalem concupiscentiam vixeritis, moriemini. Si autem spiritu facta carnis mortificaveritis, vivetis" (Röm 8,13).[1110] Da wir das allein nicht können, müssen wir Gott um Hilfe bitten.[1111] Wegen der Konkupiszenz, meint Archinto, bedarf es der Furcht, des Wachens und der Züchtigung des Fleisches.[1112] Mit Hilfe des Heiligen Geistes sollen wir die "mala concupiscentia" in uns niederdrücken, verlangt Helding.[1113]

Im Anschluß an das "Mit-Christus-Sterben" erklärt Helding seinen Zuhörern: "Diß ist nun der rechte, nützlich unnd geystliche todt, darein wir uns begraben lassen im Tauff, unnd den wir nachmals alle tag unsers lebens uben und brauchen söllen. Dann unser Profession, darein wir uns ergeben im Tauff, unser standt und wesen, das wir dazumal annemen, ist nichts anderst, dan ein stetigs sterben, das ohn underlaß geschehen sol. Wer sich selbst nit alle tag tödtet, der bricht sein Tauffgelöbt, und bleibt kein Christ".[1114] Besser und deutlicher kann man wohl nicht zum Ausdruck bringen, wie "mortificatio" und Taufe zusammenhängen.

332.35 Die Taufe verlangt das "neue Leben"

Eine weitere Komponente des christlichen Lebens ist in den Ausführungen über die "mortificatio" schon schwach angeklungen. Das "Sterben" allein reicht nicht aus, es muß auch der positive Aspekt hinzukommen, das Leben für Christus.[1115] Erasmus schreibt: "Si semel per baptismum ab operibus mortuis, ut Paulinis utar verbis, omnibus emundati maculis, deinceps in novitate vitae ambulamus, non solum non inrevoluti in coenum unde repurgati sumus, verum etiam per omnium virtutum gradus properantes ad perfectionem, iam cum Christo resurgimus, qui suscitatus a mortuis non amplius moritur". Auf diese Weise wachse in uns die Sehnsucht nach dem himmlischen Leben, sagt er, und wir stiegen mit Christus zum Himmel auf, wenn auch unsere Füße noch die Erde drückten.[1116] Ähnlich sieht es Monheim in seiner Explanatio. Es gilt, so führt er aus, nach der Taufe den neuen Menschen anzuziehen und auf den Wegen des Herrn von Tugend zu Tugend zu schreiten, bis wir zu einem vollkommenen Manne würden (vgl. Eph 4,13).[1117] Wenn wir mit Christus in der Taufe gestorben, begraben und auferstanden sind, "iam novam agentes vitam, versemur in pietatis vestigiis, semper ab honestis ad honestiora progredientes".[1118]

Nach Witzel ist die Taufe ein Prozeß, der einmal begonnen hat und sich nun in der Kraft des Heiligen Geistes täglich mehren muß.[1119] So ist dieses Sakrament "ein abhaltunge von sünden, und eine anreitzung zur tugent". Mit Christus sind wir erstanden "zu dem Evangelischen newen leben".[1120] Die Taufe, sagt Witzel, führt zum ewigen Leben, "wo sie recht gehalten wirt". Im Anschluß an 1 Petr 3,21 formuliert er: "...die Tauff fragt immer nach dem guten gewissen des, so da getaufft ist, denn sie hats ihm erst gut gemacht, do es böss war, nu solt ehr dasselbig gut gewissen inn der unschuldt behalten, auff das ehr mit der antwort bestehe für Gott, wenn ehr umb sein gewissen, leben und wesen gefragt wirt...Kurtz halt dein tauff, nach dem wort Gottes durch Paulum und Petrum, so wirstu durch den glauben und die Tauff selig werden".[1121] Im Rahmen der Zeremonienerklärung spricht er auch vom Wasser, dabei heißt es u. a.: "Sonderlich solt du hie ermanet werden der empfangnen tauff, mit der newigkeit des wandels zu antworten".[1122] Dietenberger versichert, daß Gott uns alles schenkt, was er in der Taufe versprochen hat, "wann wir anders darinnen bestehen und bleyben, und die genad des heiligen Tauffs durch sünde nit verschütten".[1123] Dies geschieht, wenn wir in der Kraft des Heiligen Geistes nicht mehr sündigen, die böse Lust töten, ihr nicht folgen, "sonder allezeyt der gerechtigkeyt, zu der wir in dem Tauff aufferstanden seind, geleben, und unvergessen haben, daß wir im Tauff Christo gentzlich ergeben seind, und nit uns, sonder ihm leben sollen...".[1124]

Diesen letzten Gedanken stellt Gropper in seinem Enchiridion heraus. Christus habe uns in der Taufe erlöst, daß wir uns ihm ganz weihen und ihn als Herrn anerkennen. Da wir ihm unseren Namen gegeben haben, können wir unser Leben lang seinen Geboten gehorchen und unter seinem Schutz vor jeder Gefahr sicher sein.[1125] "Quum ergo baptizati fuerimus, ducere vitam bonam in praeceptis dei debeamus, ut baptismum custodiamus usque in finem".[1126] Die Taufe bewahren wir nach ihm, wenn wir mit Christus auferstehen und in der Neuheit des Lebens wandeln, wenn wir nach dem Beispiel Christi für Gott leben,[1127] wenn wir nach dem Willen Gottes leben,[1128] Christi Joch auf uns nehmen,[1129] seine

Last tragen und in allem ihn nachahmen.[1130] Kurz vor Ende seines Tauftraktates faßt Gropper noch einmal alles zusammen und sagt: "Baptismi ergo vis et effectus tota vita in nobis...exercendus est...".[1131] Das weiße Kleid ist für Nausea, wie es auch in der Begleitformel zur Überreichung zum Ausdruck kommt, ein Zeichen der Unschuld, die wir unverletzt bis vor Christi Richterstuhl bewahren müssen.[1132] Zur Übergabe der brennenden Kerze zitiert er die entsprechende Formel und erweitert sie: "Accipe lampadem ardentem, custodi baptismum, et serva mandata etc. ut sic luceat vita tua coram hominibus, ut glorificent patrem tuum qui in coelis est".[1133]

Helding gibt zu bedenken: "...existiment Christiani, sicut optima vita sine Baptismo (nisi is per necessitatem haberi non possit) nihil ad salutem confert: sic Baptismum suscepisse, non prodesse aliquid, nisi vitae sanctitas accesserit...". Er untermauert diesen Satz mit einer ganzen Reihe von Schriftstellen, die er wörtlich anführt: Es gilt um den Sieg zu laufen (1 Kor 9,24), Frucht zu bringen (Mt 7,19; Jo 15,2). Es genügt nicht Herr, Herr zu sagen (Mt 7,21). Unser Licht soll leuchten (Mt 5,16; Phil 2,15). Da wir gesund geworden sind, dürfen wir nicht mehr sündigen (Jo 5,14). Wir sind Gottes Tempel, er darf nicht verdorben werden (1 Kor 3,16f.). Wer Gottes Sohn mit Füßen tritt, sein Blut für gemein erachtet und gegen den Geist frevelt, wird sterben (Hebr 10, 28f.). Es wäre besser, Christus nicht zu kennen als wieder von ihm abzufallen (2 Petr 2,20-22).[1134] Mehrmals macht der Autor darauf aufmerksam, daß die Taufunschuld bewahrt werden muß.[1135] In seinem Catechismus heißt es: "Ey so soll ja ein Christen sich nach dem Tauff nit in ein verlaßne böse sicherheit geben, als ob er nach dem Tauff nichts mehr bedürffe zur endlichen seligkeyt, ja es solle im ein stetige sorge in seinem hertzen auffstehn, wie er die genaden Gottes biß ins ende sicher behalten möge".[1136] Wir müssen dafür Sorge tragen, daß wir die Sohnschaft, die Gott uns in der Taufe geschenkt hat, nicht verlieren.[1137]

Vor falscher Sicherheit warnt auch Fabri. Obwohl wir in der

Taufe erneuert werden, mahne uns die Schrift "zu mehrer ernewerung". "Und wiewol wir erwölt und berüfft seind durch die gnad in das ewig leben, doch sollen wir uns fleissen, sagt Petrus, durch gute werck uns gewiß zu machen unserer erwölung und unsers beruffs, 2 Petri 1".[1138]

Die Forderung nach guten Werken klang schon an. Erasmus nennt "Gerechtigkeit und Frömmigkeit",[1139] Witzel die "Tugend".[1140] Gropper erklärt, die Salbung mit dem Katechumenenöl fordere uns zu guten Werken auf.[1141] Stark betont werden die Werke bei Archinto: "...secunda iustificatio fit ex operibus bonis in fide factis...Sic ergo docendi sunt fideles, ut iam adeptam sine meritis iustificationem, bonis suis operibus augeant..."[1142] Die Werke sind notwendig, sagt er: "Quoniam [fides] sine charitate ociosa est, ac sine operibus mortua, neque potest placere Deo...".[1143] Positiv drückt Gropper es aus: Den Glauben, den der Getaufte empfängt, soll er mit Hilfe des Geistes in Werken vollbringen.[1144] Besonderen Wert legen einige Katechismen auf die Nächstenliebe. Archinto deutet die guten Werke in dieser Richtung, indem er Hebr 13,16 zitiert: "Beneficentiae autem, et communicationis non obliviscantur, cum huiuscemodi hostiis Deus promereatur".[1145] Schöpper betont die soziale Komponente der Taufe, wenn er sagt, alle Menschen, besonders die Gläubigen seien unsere Brüder und daher mit brüderlicher Anteilnahme zu lieben.[1146]

Zusammenfassend kann man das Kapitel mit den "Axiomata quaedam, Christianis fideli memoria tenenda", die Vincius folgendermaßen beschreibt: "Christianus est is, non qui Christum nomine refert: sed qui baptizatus, et viva fide tinctus, doctrinam Christi amplectitur, et ex eius praescripto vivit, Christumque quoad eius ab homine pio praestari potest, fideliter imitatur".[1147]

332.4 Die Aufgabe der Paten

Im Rahmen der Kindertaufe wurde schon über die vornehmste Aufgabe der Paten gesprochen: Sie "leihen" den Kindern in Gemeinschaft mit der Kirche ihren Glauben. In unterschiedlichen Formulierungen bringen fast alle Katechismen dies zum Ausdruck.[1148] Doch geht das Amt und die Verpflichtung des Paten über den einmaligen Akt hinaus bis zu dem Augenblick, in dem der Heranwachsende über sich selbst entscheiden kann. Der "Katechumene" in der Explanatio des Erasmus bringt dies in folgender Weise zum Ausdruck: "Verum ea res inscio me, per sponsores gesta est: at postea quam divina benignitas concessit ad hoc aetatis pervenire, quae ut ad impietatem corrumpi potest, ita ad pietatem opinor est docilis, aequum arbitror, ut et sponsorum meorum fidem liberem, et ipse meae saluti consulam ac meum per me ipsum quoque negocium agam".[1149]

Das "per sponsores gesta" bezieht sich sowohl auf die Taufspendung wie auch auf das Leben des Kindes. Witzel schreibt zur Spendung des Sakramentes: "...der Susceptor..., welchen man den patrin oder Paten nennet, nemlich von der vaterschafft, weil derselb das kindt, als seyn eygens, zur Kyrchen bringt, und hillfft ihm zur widdergeburt...".[1150] Auch Lorichius umschreibt die Aufgabe mehr generell: "[Infantem] e sacro fonte suscipiunt".[1151] Gropper schreibt: Die Paten legen dem Kind die Hand auf und rezitieren Glaubensbekenntnis und Vaterunser.[1152] In seinen beiden anderen Werken legt er Wert darauf, daß die Paten im Namen der Kinder abschwören und den Glauben bekennen. In beiden Büchern zitiert er den vollen Text der Fragen und Antworten.[1153] Nausea nennt ebenfalls Abschwörung und Glaubensbekenntnis[1154] und faßt beide zusammen, indem er sagt, die Paten hätten für das Kind 'den Glauben versprochen'.[1155] Helding erwähnt in seiner Institutio die "Patenansprache", in der der Priester die Paten an ihre Pflichten erinnert.[1156]

Neben diesen mehr 'technischen' Angaben wird die Tätigkeit des Paten vornehmlich geistig gedeutet. Indem sie die Kinder zur Kirche bringen, sagt Gropper, opfere diese sie dem Herrn und nehme die Kleinen in ihren Glauben auf. Mit Augustinus[1157] fährt er fort: "Offeruntur quippe parvuli, ad percipiendum spiritualem gratiam, non tam ab eis quorum gestantur manibus, quamvis et ab ipsis, si et ipsi boni fideles sint, quam ab universa societate sanctorum atque fidelium. Ab omnibus nanque recte offerri, intelliguntur, quibus placet quod offeruntur, et quorum sancta atque individua charitate ad communicationem sancti spiritus adiuvantur. Tota ergo hoc mater ecclesia, quae in sanctis est, facit, quia tota omnes, tota singulos parit".[1158] In ähnlicher Weise wird dieser Gedanke von Lorichius ausgedrückt. Er nennt die Kirche in einem sehr fremd klingenden Bild "compater".[1159] Auch Schöpper weist auf die enge Verbindung zwischen den Paten und der Kirche hin: "Illos igitur Susceptores referunt, qui olim parvulos adduxere Christo: et ab ipsis quidem Apostolorum temporibus, horum semper usus fuit...Sunt nimirum ii, qui Ecclesiae nomine et in eius fide offerunt Christo per Baptismum parvulos...".[1160] Helding kommt beim Firmpaten auf den Taufpaten zu sprechen: "Eins muß ich euch hie erinnern bey den Tauffpättern, das ein jeder, der ein kind zum Tauff helt, der verricht ein ampt der gantzen Christenheit, tregt er das Kind zum Tauff. Dann man nimmt ein kind an zum heiligen Tauff, nit allein im Glauben deß, der das kind helt, sonder im Glauben der Kirchen Gottes, den dieser Pätter von des kinds wegen bekent".[1161] Diese Betonung des Eintretens der ganzen Kirche hängt wohl wieder mit den Wiedertäufern zusammen, die nach Witzel gegen die Kindertaufe auch mit der Institution des Patenamtes jener Zeit argumentierten. Der Vorwurf lautet in der Formulierung Witzels: "Zum dritten, das man mit der Gevaterschaft also weltlich gefaren, und mehr auff schmuck und pracht, denn auff das kyndes widdergepurt getrachtet habe".[1162]

Als "Bürge", "Zeuge" bzw. "Gläubiger" wird der Pate von mehreren Autoren bezeichnet.[1163] Dadurch, daß er das Kind zur Taufe bringt und für es antwortet, verpflichtet er sich, wie Nausea sagt, vor Gott und den Menschen. Er muß dafür sorgen, daß die Kinder, wenn sie herangewachsen sind, "ad servandam promissam pro eis fidem obligantur".[1164] An anderer Stelle heißt es: Der Pate verspreche, "ut sit operam daturus, quo puer credat".[1165] Witzel schreibt: "Darzu geschehen aldo [bei der Kindertaufe]

sponsiones, und verpflichtiget sich hie der Patrin Fideiussione
von des getaufften wegen", daß die Kinder in Glauben erzogen
werden.[1166] Schöpper nennt als Erziehungsziel in seinen beiden
Werken den Glauben und die Frömmigkeit.[1167] Gropper fordert die
Paten auf, sie müßten ihre Patenkinder immer ermahnen, "ut ca-
stitatem custodiant, iustitiam diligant, charitatem teneant, ante omnia vero, symbolum et orationem dominicam edoceant".[1168]
Bei Fabri heißt es: Der Priester spreche die Paten an, die für
das Kind versprechen. Sie sollen dafür sorgen, daß das Kind im
rechten Glauben erzogen und auf den Weg der Seligkeit gewiesen
werde, "auch diser bekennung und widersprechung offt ermanet
werde. Daß sie auch bedencken, daß der Herr werde solche Bürg-
schafft von ihnen erfordern am jungsten tag".[1169] Ähnlich ernst
sieht Schöpper die Verpflichtung der Paten. Wenn sie nicht halten, was sie für die Kinder versprochen haben, fordere Gott ihr
Blut von ihnen.[1170] Helding hält die Unterlassung dieser Aufgabe
für eine schwere Sünde.[1171] Beim vierten Gebot geht er vor allem
auf die Aufgaben der Paten ein. Zunächst ermahnt er die Kinder
zu Liebe, Ehrfurcht und Gehorsam gegenüber ihren "Pättern oder
Götten". Dann sagt er seinen Gläubigen: "Hergegen seind die Patrini iren Täufflingen grosse sorg und fleiß schüldig, das die
jungen in zucht und forcht des Herrn auffgezogen werden, und
leisten in irem leben und wandel, was einem Christen gegen Gott
und seinem Nechsten gebüret. Warlich ir Christen ir treibt kein
schertz, unnd ubet kein kinder spiel, wan ir den jungen in entp-
fahung der Sacrament beystehet, und für sie versprecht. Bedencke
es doch lieber Bruder, wem du versprochen hast, unnd wie, so
wirstu den ernst mercken. Du bist offentlich für der gantzen
Kirchen gestanden, und hast dem Diener Gottes seines Herrn unnd
deines Gott geschworen und bekent von des jungen wegen...".
Helding erinnert die Paten, daß sie gesagt haben: "Ich glaube...". Nun müssen sie dafür sorgen, daß die Kinder in rechter
Weise glauben. "In Gott gläuben, heist Gott lieben, im vertrawen, mit gedancken, worten, und wercken, seinen heiligen willen
halten. ...Gott mit dem mund unnd wercken bekennen...". Sie ha-

ben gesagt: "Ich widersage dem Teuffel, und allem seinem pomp und wercken". Das Kind muß also "wider den bößen feind...leben". Wie so oft gebraucht Helding wieder einen Vergleich. Wer für einen anderen in weltlichen Dingen bürgt, der muß "sorgfeltig unnd unruhig sein, biß er wider seiner bürgschaft ledig wird". Wer in Geldsachen für einen anderen Gläubiger ist, der schaut immer wieder auf den Schuldschein und mahnt den Schuldner, daß er bezahlt, damit er selbst nicht zu Schaden kommt. "Viel mehr bist du bestricket, weil du gegen Gott versprochen hast, nit für gelt, sonder für ein edle Seel, die vor Gott köstlicher ist, dan alle schätz dieser welt...So sehet, daß es [das Kind] Gott bezale, wie ir versprochen habt. Eylet, ruhet nit, seid nit seumig, höret nit auff zu manen an eweren jungen Pättern, biß sie gegen Gott halten, was ir für sie versprochen habt, damit nit ir in die schuld gegen Gott fallet, wann sie seumig sein, durch ewer versäumnis und unfleiß". Trotz dieser großen Verantwortung solle niemand, sagt der Prediger, das Patenamt ablehnen; denn er diene damit seinem Nächsten zum Heil. Auch bestehe keine Gefahr, wenn man seine Aufgabe ernst nehme. "...wil einer nit folgen, so bleibt sein blut uber seinem eygenen kopff". Wer angesprochen werde, "eim kind zum heiligen Tauff zu helfen", und es nicht tun wolle, weil es mühsam sei, den hasse und strafe Gott, fährt Helding fort. "Fleuhest du arbeit deines Nechsten halben, wo ist dan die liebe in dir?"[1172] Auch Nausea spricht von der "Gefahr" für den Paten. Diese bestehe allerdings nicht für ihn, "quum baptizandus parentes habeat Christianos, sitque ipse victurus inter Christianos, a quibus dubio procul nutriendus sit et fidem docendus, id quod fieri non semper potuit in nascente adhuc ecclesia: quanquam sub id quoque tempus apud parentes, qui sunt vel infidelitatis vel haereseos suspecti, non prorsus absit periculi suspicio". Für diesen Fall, meint der Autor, möge die Obrigkeit, vor allem die Bischöfe sorgen.[1173]

Über die Erfordernisse zu diesem Amt macht sich Gropper im Zusammenhang mit der Erwachsenentaufe Gedanken. Er schreibt: Wenn erwachsene Taufbewerber zur Kirche kommen, brauchen sie

Paten, die sie dem Priester vorstellen, "et fideiussores se pro
eis praebeant, spondentes secuturos illos penitus, et ex toto
animo quocunque sibi tradentur". Auch für das weitere Leben müßten sie Sorge tragen. Aus diesem Grunde müßten diese Paten schon
älter und im Glauben gut unterrichtet sein.[1174] Auch Schöpper
gibt Kriterien für die Auswahl der Paten an. Da es ein "arduum
officium" sei, dürfe man nicht jeden beliebigen Menschen aussuchen, vor allem keine "impuberes et qui ipsi promissa mysteriaque Baptismi non intelligunt".[1175]

Ein Beispiel für die religiöse Unterweisung des Kindes durch
seinen Taufpaten will Witzel mit seinem "Examen" bieten.[1176]

332.5 Die Rolle der Eltern bei der Kindertaufe

Über die Eltern sprechen die Katechismen nicht ausführlich,
wenn, dann im Zusammenhang mit der Unterweisung der Kinder. Ein
Teil der Aussagen wurde schon angeführt, da die Eltern oft in
einem Atemzug mit den Paten genannt werden.

Erasmus spricht bei der Ehe von der Gnade des Geistes, in der
beide Gatten sich lieben, "uterque liberos si dentur, summa cura
instituant ad Christianam pietatem".[1177] Beim Dekalog läßt er
den "Katechumenen" bekennen: Nach Gott gebührt zunächst den Eltern Ehrerbietung, durch die Gott uns das Geschenk des Lebens
gab, "quorum cura nos educavit, alioqui perituros, per quos nos
instituit ad cognitionem Dei summi parentis omnium et ad caritatem ipsius evexit".[1178]

Beim vierten Gebot erinnert Nausea die Eltern an ihre
Pflicht, die Kinder im Glauben zu erziehen. "Profuerit igitur
in primis omnium, filios docere symbolum apostolicum, orationem
dominicam, et salutationem angelicam...decalogum".[1179] Hier wird
also das volle katechetische "Programm" anempfohlen. Dagegen bescheidet sich der Trierer Liber mit der Forderung, die Eltern
sollten den Kindern mit dem Sprechen das Glaubensbekenntnis beibringen.[1180]

Neben diesen mehr allgemeinen Hinweisen finden sich Angaben,
wie diese Unterrichtung konkret geschehen soll. In der Vorrede

zu seinem Compendium wendet sich Soto an "die underweyser der Christlichen kinder".[1181] Sie fordert er auf, dafür Sorge zu tragen, daß die Kinder die Lehre "in der kirche, auch schule, oder dahaim auffsagen und antwurten, damit die zuhörer gebesseret, und sie, die kinder, das alles dester zeher und lenger behalten. Nach dem so leere sie auch betten...".[1182] Auch Schöpper spricht das "Hauskatechumenat" an. Die Eltern sollen am Sonntag die Familie, zu der auch die Dienerschaft gehört, im Katechismus unterweisen.[1183] Ähnlich lautet die Forderung bei Helding. Er sagt ausdrücklich, seine Predigten sollten den Eltern helfen und ihnen ein wenig die Mühe erleichtern.[1184]

Er unterstreicht seine Aussagen noch: "Die Eltern, die Petern und die Kirch haben gegen Gott für sie [die Kinder] versprochen, und durch unser versprechens seind sie schon eingenummen in die Christenheit, da kann man inen an dieser underweisung on grosse sünde, schand und Gottes lesterung nicht mangel lassen".[1185]

Im letzten Zitat klang schwach der Bezug der Eltern zur Taufhandlung an: Sie haben mit der Kirche und den Paten vor Gott ein Versprechen für die Kinder abgelegt. Ein wenig später redet Helding die Eltern in seiner Einleitungspredigt direkt an: "Ir väter und mütter, ir habt eweren kindern umb den Tauff gebetten...". Aus dieser Bitte leitet er wiederum die Verantwortung zur Erziehung ab.[1186] Was andere Katechismen von den Paten sagen, schreibt Lorichius den Eltern zu, nämlich, daß die Kinder "per fidem et confessionem parentum liberantur a daemonio, qui necdum per se sapere vel aliquid agere boni possunt vel mali". Er beruft sich für seine Aussage auf Beda und dessen Erklärung der Heilung des Taubstummen (Mk 7,31-37).[1187] Gegenüber den Eltern wertet Lorichius die Paten ab: "Hoc nomine susceptoribus nonnihil tribuendum est, caeterum non adeo magnus eorum est respectus". Er fühlt sich bestätigt durch ein Augustinus-Zitat, das er bei Durandus gefunden hat: "Nam et illis S. Augustinum parum tribuisse video, quantum ad sacramentum attinet, dicit enim responsionem patrinorum esse celebritatem quandam nullam neceßitatem".[1188] Wenn sich Lorichius hier auch hinter "Autoritäten" verstekt und sie gar auch noch "manipuliert", so ist doch seine Akzentverteilung zwischen Eltern und Paten sehr bemerkenswert.

Daß die Kinder durch ihre Eltern glauben, erklärt auch Soto.[1189] Er nennt es ein Geschenk Gottes, daß wir von gläubigen Eltern geboren und dann getauft wurden.[1190] Helding sagt in seiner Institutio, die Eltern hätten den Glauben in uns erweckt.[1191]

Nausea erinnert daran, daß die Eltern den Kindern normalerweise den Namen geben, mit dem sie in der Taufe angesprochen werden.[1192] Dietenberger mahnt sie, sie sollten ihre Kinder in der Form der katholischen Sakramentenspendung taufen lassen.[1193]

Wenn auch der besagte Bezug zur Taufhandlung nur ganz schwach ist, so muß man doch anerkennen, daß diese Autoren die Rolle der Eltern überhaupt ein wenig hervorheben. Witzel geht als einziger noch einen Schritt weiter. Er macht auf den Mißstand aufmerksam, daß die Väter an der Taufe ihrer Kinder nicht teilnähmen. Dies sei früher üblich gewesen und sollte auch jetzt "billich seyn".[1194]

34 Die Taufhandlung

Nicht alle Katechismen befassen sich mit der Form der Taufspendung. Dietenberger schreibt, eine Erklärung der kirchlichen Zeremonien würde den Umfang seines Buches sprengen, "und daß meines bedünkens die volkommenheyt Christlicher religion nit daran hanget, als an den hauptstücken des glaubens...".[1195] Helding formuliert den letzten Gedanken in seinem Katechismus noch radikaler: Die Zeremonien sind "nit an inen selbst zur seligkeit von nöten". Dennoch predigt er darüber, denn "diese dienen dahin, das sie den Glauben und andacht der Christen auffwecken und mehren...Und es werden...die gemeyne Christen underricht unnd fein geweist zuverstehn, was doch die Göttliche Himelische Geheymniß seind, die Gott an uns wirckt im Tauff". Ja, er ist überzeugt: "...alles was man halten und wissen sol bey dem Tauff, geben die Ceremonien zuverstehn, und fürens dem gemeynen volck in ire gemüter besser, dan mit wortpredig geschehen möcht. Was man höret, das kan man leichtlich wider auß dem sinn lassen. Was wir aber sehen, und was man mit eusserlichen gebräuchen mit uns handelt, das geht uns tieff ins gemüt, bewegt uns mehr, unnd last ein stercker gedechtniß in unseren gemütern. Also seind auch die Tauff bräuch ein deutlich sichtbarliche Predig...".[1196]

Im folgenden soll zusammengefaßt werden, was die Katechismen zu den einzelnen Stationen der Taufhandlung, soweit sie aufgezählt, beschrieben und erklärt werden, ausführen. Zunächst geht es jedoch um die Verteidigung des zeichenhaften Handelns der Kirche überhaupt. Dazu sehen sich die Autoren veranlaßt, da es von den Reformatoren weithin abgelehnt und bekämpft wurde.

In diesem Kapitel fällt die Abhängigkeit der Katechismusautoren von dem Decretum Gratiani[1197] und dem Rationale des Wilhelm Durandus[1198] besonders stark auf.[1199] Immer wieder greifen sie auf diese Werke zurück, wenn es um das Alter bestimmter Zeremonien, um die Stellung der Kirchenväter dazu und um deren Deutungen geht. So erklären sich auch die in vielen Fällen wörtlichen Übereinstimmungen einzelner Interpretationen.

341 Die Zeremonien im allgemeinen

Einzelne Autoren schalten vor der Behandlung der Tauffeier einen kurzen Abschnitt über die Zeremonien und Riten der Kirche ein. Die Einordnung in diesen Zusammenhang liegt nahe, da mit der Besprechung der Taufspendung zum ersten Mal die praktische Seite des gottesdienstlichen Handelns aufscheint.

Übereinstimmend wird festgestellt, daß die Zeremonien sehr alt sind. "Unsere erste Christen, die heilige Apostel, ire Jünger unnd nachkommer" haben sie schon gebraucht, sagt Helding.[1200] Gropper schreibt etwas vorsichtiger, der größte Teil der Zeremonien stamme aus der apostolischen Kirche.[1201] Für die Apostolizität werden eine Reihe von Kirchenvätern als Zeugen angeführt.[1202] Hinter den Aposteln steht für Dietenberger die Autorität Gottes. Denn wie Gott im Alten Bund die Zeremonien durch Mose angeordnet und sie unverletzt gehalten wissen wollte, "also hat er auch im Newen testament die ceremonien, so er drinnen wil gehalten haben, durch seine kirch unverbrüchlich zu halten, ihm zu ehren und seiner kirchen zur zierde und nutz verordnet, deren er seinen heyligen geyst zum ewigen unfällenden regenten geben hat...".[1203] Die Zeremonien sind schriftgemäß, betont Helding.[1204] Man spüre aus ihnen, "was die Kirch Gottes dazumal für ein Geyst hab gehabt in den heiligen lieben Vättern... Sie beweisen wol so eygentlich in inen selbst ein rechte Apostolische art und ein frischen Geyst Christi...".[1205] Sie seien heilig und Gott wohlgefällig, heißt es knapp und bündig bei Soto.[1206]

Neben den frühen Ursprung tritt der Gebrauch dieser Handlungen durch die Jahrhunderte seit Bestehen der Kirche, bemerken einige Autoren. Man dürfe also nicht leicht verwerfen, folgert Lorichius, "quod tot seculis, tot sanctißimis viris sacrosanctum est habitum".[1207] Nausea wendet sich gegen solche, "qui proiectis scripturis ac interpretationibus sanctorum patrum, vita et miraculis clarentium, proiectis Conciliis et ecclesiae catholicae ordinationibus ac statutis, solum probant mordicusque tenent, quod apostatico suo arbitratui arridet".[1208]

Trotz all dieser Gründe betont auch Nausea, daß die Zeremonien nicht zur Substanz der Taufe gehören. Sie seien nicht so sehr notwendig als fruchtbar. Es gibt Zeremonien, sagt er, "quae tametsi non sint absolutae pietatis, tamen non sunt cum impietate coniunctae, sed potius pietatis altrices". Zu diesen "Ammen" rechnet er jene Riten, "quae circa baptizandum iuxta cuiuslibet ecclesiae morem, hactenus non secus atque sacramentalia signa servari consuevere...".[1209] Den "mos ecclesiae" erwähnt er an anderer Stelle noch einmal ausdrücklich. Nach der Erklärung der Taufhandlung schreibt er: "Hactenus de sacramenti baptismi caeremoniis, non tamen omnibus et singulis, quum singulae propemodum ecclesiae singulas habent caeremonias, non tam necessarias, quam pias et fructuosas, meritoque iuxta uniuscuiusque ecclesiae morem servandas, ut quae sacramenti dignitatem, virtutem, gratiam, quidque inibi serio sit agendum, aut dimittendum...".

Diese Verschiedenheit ist möglich, da die kirchliche Obrigkeit "ea quae in sacramentis necessaria non putantur" aufheben und ändern kann.[1210] Dies ist in der Vergangenheit schon des öfteren geschehen, wie er an einigen Beispielen erläutert. Wir werden später darauf eingehen. Nicht verändert werden kann seiner Meinung nach die Materie und die Form der Worte.[1211] Von der Anpassung "nach gelegenheyt der zeyt, personen, landen, stetten mit wissender oberkeyt" spricht auch Dietenberger.[1212]

Wenn dennoch Wert auf die Zeremonien gelegt wird, so geschieht dies, weil sie der "Einheit" dienen. Dietenberger umschreibt diesen Gedanken folgendermaßen: "Dann wie wir durch das Evangelium zum glauben kommen, also werden wir durch gleiche ceremonien desto mehr gesterckt, zu bleiben in eynigkeyt des glaubens. Dann wie ein jeglich Sect oder glaube seine eygene ceremonien hat, also mag keynes glaubens eynigkeyt leichtlich erhalten werden, on eynigkeyt der ceremonien, dardurch man alls durch ein gewiß äusserlich losantz [Kennzeichen] die eynigkeyt des innerlichen glaubens bezeügt".[1213] Aus diesem Grunde wollte er ein eigenes Büchlein über dieses Thema schreiben.[1214] Gropper betont mehr die kirchliche Einheit, die in den gemeinsamen Zeremonien zum Ausdruck kommt.[1215] Soto mahnt, "daß die [Zeremonien] auch ohn mackel der spaltung nit mögen underlassen oder verkert werden...".[1216] Neben der Einheitsfunktion nennt Dietenberger, wie wir oben sahen, als Zweck der Zeremonien die Ehre Gottes und den Nutzen und die Zierde der Kirche.[1217] Er meint, "daß solche ceremonien mehr zur herrligkeyt, dann zur weßlicheyt [Wesen] des heyligen Tauffs dienen".[1218]

Andere Autoren betonen mehr den Aspekt, den Helding mit dem Ausdruck "sichtbarliche Predig" umschrieben hat. Nach Lorichius erinnern uns die zeichenhaften Handlungen nicht nur an den Glauben, sondern auch an die Tugenden und die guten Werke.[1219] Die Kirche wendet die "mystici ritus" nicht unbedacht an, formuliert Gropper, "sed ut viva quaedam incitamenta fidei et pietatis ad formandam religionem necessaria, nimirum quibus manducitur vulgus ad intelligendum et retinendum mysteria Christi".[1220] Für Nausea sind sie eine Mahnung an die Würde, Größe und Kraft der Taufe.[1221] Nimmt man alle Gründe, die für die Zeremonien sprechen, zusammen, kann man verstehen, daß die Autoren diejenigen schelten, die diese Gebräuche "leichtfertig" auslassen.[1222] Wer sie verachtet, folgert Dietenberger in seiner Argumentation, verachtet im letzten den Heiligen Geist, da dieser ja die Kirche in allem leitet.[1223] Helding will mit seiner Erklärung der Taufliturgie den Gläubigen helfen, "ut inde contra quorundam temeritatem (illos quasi res ridiculas abiicientium) obfirmentur, et intelligant, hanc Baptismi normam (minime, ut quibusdam videtur, ociosam aut iocularem)...nec esse abiiciendam, quem totius orbis et omnium temporum consensus in Ecclesia Christi roboravit".[1224] Er fragt: "Weil wir dann je nichts anders, dan eitel heilsame, nützliche, Christliche deutung und vermanung darin finden, wie söllen wir dan den frevel der Secten loben, das sie mit der gantzen Christenheit nit einig bleiben, und gleich halten mögen in dem, das doch an im selbs gut und heilsam ist?".[1225] Vor allem Nausea geht mit den Verächtern der Zeremonien ins Gericht. Er erklärt, er habe sich deswegen so ausführlich mit der Taufhandlung befaßt, "ut resciant apostatae isti ceremoniarum osores, quam non satis pie neglexerint, arroganterque, nulla suffulti autoritate, sacramentales caeremonias partim prorsus abrogaverint, partim subsannaverint improbaverintque".[1226] Er wendet sich mit den Erklärungen "contra eos, a quibus nihil, vel quamlibet bene sancteque institutum, esse potest tutum, immune et illibatum, ...omne in ecclesia ordinem, concordiam, obedientiam, fidem, devotionem, omnem denique virtutem, opusque bonum omne, labefaciunt".[1227] Er beurteilt ihr Verhalten, entgegen der Gewohnheit und dem Brauch der Kirche die Zeremonien ohne zwingende Notwendigkeit auszulassen, weil sie diese verachten, als Sünde. Solche Menschen seien denen gleichzusetzen, die gegen das Gesetz sündigen, meint er, "cui consuetudo plerunque aequivalet".[1228] Aber er will nicht nur schimpfen, sondern er erbittet für sie "saniorem mentem a deo optimo".[1229]

Dietenberger wendet sich in dieser Frage direkt an die Eltern. Obwohl er der Überzeugung ist, daß es im letzten nicht auf die Zeremonien ankommt, malt er buchstäblich 'den Teufel an die Wand': "Was übels aber die alten, so yetzund ihre kinder mit verachtung Christlicher ceremonien, in ketzerischem oder kirchenspaltischem tauff lassen tauffen, sampt ihren kindern, die also getaufft werden, zu erwarten haben, und was gewalts der Teuffel über sie beide hat und weitter haben wirdt, durch Gottes gerecht urtheyl und verhengnis, das wirt sich mit der zeit finden und sehen lassen". Deshalb mahnt er die Eltern eindringlich, daß sie ihre Kinder "nach alter Christlicher weis in warem Christlichem tauff" taufen lassen. Denn sonst würden sie sich selbst und ihre Kinder "in Gottes ungenaden und andern unrath" bringen. "...aber haltent disen meinen rat, höret die Christlich kirch, und haltent euch derselbigen, wie euch auch Christus selbst rathet, so werdet ihr weder euch, noch ewere kinderlin betriegen oder in gefar füren"; mit diesen Worten schließt er sein Kapitel über den "Gebrauch der heyligen Tauff".[1230]

Daß es überhaupt zu einer Mißachtung dieser Zeremonien kommen konnte, lastet Helding den Priestern an: "Eins mangelt diesen löblichen gebräuchen, das man es bißher in der Kirchen nit gelehrt hat, und seind derhalben sehr wenig in der Christenheit, die da wissen, was die gebete und Caeremoniae sind oder was sie bedeuten, die man bey dem heiligen Tauff helt. Darumb hat sich der gemeyne hauff auch so leichtlich davon abfüren lassen durch die, die mit der alten Kirchen nichts gemeynes haben mögen, ob es gleichwol in irer selbst urtheil nit unnütz ist". Von der Kanzel legt er ein öffentliches Schuldbekenntnis ab: "Da kan ich nun dem gemeynen man desto weniger schult geben. Ich muß die ursach und schult dahin wenden, daher sie kömpt, und muß bekennen, das der abfal unsers gemeynen volcks der mehrer theil kömpt auß dem leydigen unfleiß, den wir uff unser seiten anwenden bey unserem Kirchendienst". Er sagt, der Herr habe seiner Kirche so viel Gutes anvertraut, es fehle aber "an Dienern, die es dem volck fürtrügen". Es sei also kein Wunder, daß die Taufhandlung nicht verstanden werden könnte.

Den an sich konsequenten Schritt zu einer Vereinfachung der Taufspendung, die dazu hätte führen können, daß sie ohne große Erklärungen verständlich geworden wäre, kann er sich wie die meisten seiner Zeitgenossen wohl nicht vorstellen. Er sagt zwar ausdrücklich: "Unserem gegentheil gib ich das zu, das der rechte Tauff auch ohn diese gebräuche und Ceremonien geschehen kan und das es nit Gottes einsatzung seind von wort zu wort in der Schrift verfast". Er weiß, daß die Kirche die Vollmacht hat, "zu ordnen und zu setzen, was nütz und gut ist",[1231] aber für ihn geht all dies im Augenblick nicht so weit, daß es zu einer Reform der Taufliturgie führen könnte und müßte. Weder die konkrete Situation der Predigt noch der Katechismus wären allerdings auch die rechte Gelegenheit, Reformwünsche zu äußern. Helding will also tun, was ihm möglich ist, und "die löbliche Ceremonien des Tauffs wider die newerung verteidigen mit der gewonheit der Kirchen". Die Zuhörer sollen also "bedencken" und das "eygen gewissen besprechen", ob sie ihre Kinder lieber taufen lassen wollen in der katholischen Weise oder so, "wie es die Secten newlich in iren winckelkirchen fürgenommen haben".[1232] Helding überläßt im Gegensatz zu Dietenberger den Eltern die Entscheidung. Wohl will er sie durch seine Predigt zu einem tieferen Verständnis dessen führen, was die Kirche bei der Taufe handelt und betet. So sollen sie von sich aus zur katholischen Taufform finden.

In diese Richtung weisen auch die Aufforderungen des Trierer Liber an die Prediger: "Ceremoniae vero et signa alia, quae in hoc sacramento [baptismi], dum confertur solemniter adhibentur, ...quae quid sibi velint, aut significent, sacerdos oportuno tempore pro concione docebit". Was sind sie sonst anderes, wird gefolgert, "quam egregii colores in tenebris positi? Quare dabunt operam parrochi et alii concionatores, ut quam luculentissime populo haec mystica signa explanent".[1233] Nachdem einige der Elemente der Taufliturgie kurz erklärt worden sind, wird der Appell erneuert: "Denique quaecunque ceremoniae circa hoc sacramentum adhibentur, ociosae non sunt, sed plenae mysteriis, quarum existimatio apud populum crescet, citius quam evilescet, si istarum omnium sensum, vim, et usum, quam penitissime intellexerit, quod opera boni et prudentis concionatoris futurum confidimus".[1234]

342 Die Taufhandlung

Auf die in dieser Form nicht gestellte Frage, warum sie sich mit der Taufliturgie beschäftigen, würden also die entsprechenden Autoren antworten: Um den Gläubigen zu helfen, die "sichtbarliche Predig" auch zu verstehen. Eine weitere Intention ist sicher auch, den Priestern einen gewissen Leitfaden an die Hand zu geben zum eigenen Verständnis dessen, was sie vollziehen, und zur Erklärung für die Gläubigen.

Diese Ziele fordern keine detaillierte Beschreibung, das ist die Aufgabe des Rituale. Es geht für einen Katechismus im wesentlichen darum, die Hauptlinien der Taufliturgie aufzuzeigen. Besonderen Wert legen die Bücher unserer Zeit auf einige Elemente, die von den Reformatoren abgelehnt und mit Hohn bedacht wurden.

Trotz dieser einschränkenden Bemerkungen läßt sich ein ziemlich vollständiger Aufbau der Taufhandlung nachzeichnen, da vor allem die "großen" Katechismen relativ getreu dem Ritus folgen. Am genauesten hält sich Gropper in seiner Institutio an das Rituale; an sich verständlich, da er sein Werk als Handbuch für die Pfarrer geschrieben hat.[1235] Auch in seinem Enchiridion und in der Institutio von Michael Helding läßt sich der Verlauf der Tauffeier gut verfolgen. Diese Bücher dienten ja einem ähnlichen Zweck. Nausea und Helding gehen in ihren Taufpredigten ebenfalls ausführlich auf die einzelnen Stufen der Taufe ein. Bei Helding findet sich eine doppelte, in der Reihenfolge etwas voneinander differierende Erklärung. Es hängt damit zusammen, daß er in zwei verschiedenen Predigten auf diese Materie eingeht. Relativ ausführlich sind in ihren Angaben auch Lorichius und Schöpper in seiner Summa. Trotz des jeweils nur geringen Umfanges gewinnt man auch in den Capita von Gropper, in Heldings Brevis Institutio und dem Catechismus des Fabri eine gute Übersicht. Der Trierer Liber führt ohne ersichtliche Ordnung einige Elemente der Taufliturgie an. In anderen Werken werden nur nebenbei bzw. gelegentlich einzelne Stücke erwähnt.

Die folgende Darstellung schließt sich im wesentlichen der Gliederung an, die Spital in seiner Arbeit über den Taufritus in den deutschen Ritualien aufgestellt hat. Die Ergebnisse dieser Untersuchung wurden weiter oben[1236] kurz wiedergegeben. Zum Vergleich herangezogen wird auch die Arbeit von H. Reifenberg über die Sakramente, Sakramentalien und Ritualien im Bistum Mainz.[1237] Der Übersichtlichkeit halber wird die Tauffeier in fünf Abschnitte aufgeteilt: Riten der Aufnahme in das Katechumenat, Katechumenatsriten, unmittelbare Taufvorbereitung, Taufakt und entfaltende Riten. In einem Exkurs soll auf die Verwendung der deutschen Sprache bei der Taufspendung eingegangen werden.

Der Rückgriff auf die Katechumenatspraxis in der Gliederung legt sich nahe, da die Entstehung des Taufritus nur von dort zu verstehen ist. Außerdem verweisen unsere Autoren mit ihren Quellen immer wieder auf die frühere stufenweise Eingliederung der Täuflinge in die Kirche.

342.1 Riten der Aufnahme in das Katechumenat

Die Taufe beginnt nach Spital vor der Kirche. Dort werden die Taufbewerber nach ihrem Geschlecht getrennt. Von dieser Trennung findet sich in den Katechismen keine Spur. Ebenso wird nicht erwähnt, daß es unterschiedliche Gebete für männliche und weibliche Täuflinge gibt.

Angeführt wird von einzelnen Autoren, daß innerhalb der Taufhandlung ein Ortswechsel vorgenommen wird. Nausea beginnt seine Beschreibung der Taufliturgie mit einem eigenen Abschnitt, daß das Kind zunächst "ad valuas templi, non in templum defertur".[1238] In anderen Werken wird dies erst im Verlauf der Handlung mitgeteilt. Zur Begründung führt Nausea an, der Täufling sei "indignus templo, in quo sua maiestate deus multo quam alias specialius habitat". Dem Kind werde der Eintritt in die Kirche mit Recht verweigert, "quum adhuc est infidelis". Er verweist auf Ex 3, die Offenbarung Gottes im brennenden Dornbusch. Dort mußte Mose seine Schuhe ausziehen, obwohl der Ort "fortasse non aeque sanctum" gewesen sei wie die Kirche.[1239]

Eine mehr theologische Deutung gibt Helding bei der Einführung des Täuflings in die Kirche: "Wann sölches alles mit dem kinde hie aussen für der Kirchen geschehen ist, so fürt man es als dan in die Kirch hinein, zur erinnerung, wie man dann auch mit worten vertröst, das es jetzund in die Kirch Christi, das ist, in die gemeynschafft Christi, und in die zal der Außerwelten und kinder zu gelassen und uffgenommen werde".[1240] Das Kind gehört also noch nicht zur Kirche, deswegen beginnt die Taufhandlung auch vor dem Versammlungsraum der Gemeinde. Ähnlich argumentiert auch Gropper in seiner Institutio: "Haec quae recensuimus, aguntur circa baptizandos, adhuc extra Ecclesiae fores constitutos, eo nimirum, quod adhuc non sint verae Ecclesiae, (quae per templum visibile significatur) viva membra per Baptismum effecti".[1241] Auffallend ist hier der Zusatz "viva" zu "membra". Damit kann Gropper an sich nur sagen wollen, daß die Taufbewerber schon zur Kirche gehören. Diese Auffassung setzt sich wohltuend ab von der oben zitierten Meinung des Nausea und von der harten Stellungnahme Witzels über die Katechumenen.[1242] Nur genannt wird der Ortswechsel von Gropper im Enchiridion[1243] und in Heldings Institutio.[1244]

Gropper erwähnt in seiner Institutio[1245] den Brauch, den Namen des Kindes zu erfragen, der sich nach Spital in einigen Ritualien unter den "Einleitungsfragen" findet.[1246] Auf die nähere Begründung, die Gropper bietet, werden wir später eingehen. Bei diesem Autor folgt nun eine erste Abschwörung und ein erstes Glaubensbekenntnis.[1247] Elemente, die ebenfalls an dieser Stelle in einigen Ritualien angeführt werden, wie Spital nachweist.[1248] Auch hier soll die Erklärung Groppers weiter unten im Zusammenhang an der Stelle wiedergegeben werden, an der die Absage und die Glaubensfragen ihren eigentlichen Ort haben. Gropper verweist dort auf seine früheren Ausführungen.

Die sich anschließende E x s u f f l a t i o n , von Spital als "Allgemeingut"[1249] der Ritualien bezeichnet, wird von mehreren Autoren erwähnt, von einigen mit dem Exorzismus bzw. der Signation verbunden.

Nausea schreibt: "Deinde sacerdos...in baptizandi faciem sufflat...".[1250] Seine Deutung wurde weiter oben angeführt.[1251] Helding beginnt mit diesem Ritus die erste Reihe seiner Beschreibung der Taufliturgie, die zweite fängt mit dem Kreuzzeichen an. Er sagt: "Wan man den heiligen Tauff geben wil in der Kirchen Christi, da ist diß der anfang, das der Diener der Kirchen das kind anbläst, und den bößen geyst anspricht, beschilt und betrawet in, das er hinweg gehn sol auß diesem menschen, unnd sol stat geben dem zukommenden heiligen Geyst, und sol ehr geben dem wahren und lebendigen Gott".[1252] Etwas später fordert er die Gläubigen auf: "Wolan, do sehet nur ir Christen, was ir zuthun hettend, wo ir dabey seid wo man täuffet, sehet ir, das man das kind anbläst, unnd den böβen geyst von im bannet, so solt ir mit ewerem gebet helffen: Ach Almechtiger Gott, banne von im allen böβen gewalt des feinds, und nime in an in deinen gewaltigen schirm".[1253] Gropper schreibt, der Teufel werde ausgeblasen "ab eis".[1254] Mit diesem "eis" meint er die Kinder, denn er fährt fort, die Erwachsenen würden dies für sich selbst tun, "ut sciunt se execrari et exibilare diabolum, simulque fateri Deum omnium bonorum in nobis affectuum unicum esse autorem". Im folgenden zitiert er Augustinus[1255] dafür, daß nicht die Natur des Täuflings beschworen werde, sondern der Teufel.[1256] Lorichius verbindet in seiner Institutio[1257] die Exsufflation mit dem Exorzismus, da beide Handlungen gegen den bösen Feind gerichtet sind. Auch bei anderen Autoren ist diese Tendenz der Zusammenfassung zu beobachten. Auf Einzelheiten soll im Zusammenhang mit dem Exorzismus eingegangen werden.

Bei Spital folgt dann die S i g n a t i o n m i t d e m K r e u z .[1258] Diese zeichenhafte Handlung wird auch von Autoren beschrieben, die sich sonst nicht mit den Zeremonien befassen, etwa von Erasmus.[1259] Soto[1260] und Schöpper[1261] deuten die Bezeichnung im Sinne der "militia".[1262] Als Schutzzeichen wider den Teufel erklären Nausea,[1263] Helding[1264] und Gropper in seiner Institutio[1265] diese Signation. Während Nausea nur die einmalige Signierung der Stirn und Brust erwähnt, schreibt Helding: "Inter Exorcismos crebro signantur infantes signo crucis Christi, ut hoc Salvatoris nostri signum aspiciens hostis noster Diabolus, nunquam audeat eos violare, quos per Baptismum in Christi Salvatoris nomen et tutelam transisse cognoscit...".[1266] Gropper erinnert in unserem Zusammenhang an den Auszug der Israeliten aus Ägypten: "Signantur baptizandi crebrius signo crucis, ut significetur in eis revera agi, quod agebant Israelitae transituri mare rubrum, imminente iam occisione primogenitorum Aegypti... Qua quoque de re Sacerdotos sic interminatur diabolo. Et hoc, inquit, signum sanctae crucis, quod nos fronti eius damus, tu maledicte diabole nunquam audeas violare".[1267]

Einige Seiten vorher bei der mehr generellen Übersicht über die Zeremonien erwähnt er die Signierung ebenfalls. Dort heißt es: "Ad omnem (inquit Tertullianus)[1268] progressum atque promotum, ad omnem aditum et exitum, ad vestitum et calceatum, ad lavacra ad mensas, ad luminam ad cubilia, ad sedilia, quocunque nos conversatio exercet, frontem signaculo terimus. Et Chrysostomus:[1269] Per crucem (inquit) perfecta redduntur omnia. Baptisma quoque per crucem datur: oportet enim signaculum hoc sumere. Et manus imponuntur per crucem, et cruce utimur sive in itinere, sive in domo, aut certe ubicunque sumus".[1270]

Helding bietet in seinem Catechismus eine deutsche Übersetzung der Begleitformel: "Nim das zeichen Christi in dein stirn, und in dein hertz, nim an den Glauben der göttlichen Gebott, halt dich also in deinem wesen, das du ein tempel Gottes sein mögest, dann du solt mit freuden wissen, das du den stricken des Teuffels nun entgangen bist. Deßhalben vermeyde fürthin alle Abgötterey, und ehre Gott den Almechtigen Vatter, und Jesum Christum seinen Son, der mit dem Vatter in einigkeit des heiligen Geysts lebt und regiert in ewigkeit".[1271] Die Formel entspricht wörtlich der, die Spital aus dem Sacramentum Gelasianum (GeV) abdruckt.[1272] Nach der Salzzeremonie vermerkt Helding eine zweite Signation, dabei läßt er den Priester die Oration "Deus Abraham"[1273] beten.[1274] Gropper beschreibt eine siebenfache Bezeichnung in seinem Enchiridion. Diese Ganz-Signation ist insofern sehr interessant, als sie, wie Spital anhand der Ritualien nachweist, in diesen Büchern zum ersten Mal im Jahre 1574 vorkommt und zwar in den "Libri Officialis sive Agendae S. Ecclesiae Trevirensis...". Bei Gropper heißt es: "Deinde signum crucis fit in principio in fronte, ad significandum, quod baptizandus nomen dat Christo crucifixo, in quo confidat et quem publicitus confiteri, nunquam erubescat. Super oculos dein, ut intelligamus baptizandum praeparari ad videndum claritatem dei. Super aures quoque, ut intelligamus eum consecrari, ut audiat verbum veritatis dei. Super nares etiam, ut percipiat suavitatem odoris dei. Signatur quoque pectus, ut credat in eo, quia corde creditur ad iustitiam. Scapulae quoque, ut suscipiat iugum servitutis dei, iuxta Christi praeceptum: Tollite iugum meum super vos. Os denique, ut confiteatur illi: quia ore confessio fit ad salutem".[1275] Die bei Spital[1276] abgedruckte Formel redet den Täufling direkt an und ist nicht so umfangreich wie der Text, den Gropper bietet. Sie ist aber in ihren wesentlichen Aussagen mit diesem identisch.

Im Taufritus geht es dann nach Spital mit " O r a t i o n e n " weiter.[1277] Sie werden nur von Nausea und Helding in summarischer Form wiedergegeben. Nausea schreibt: "Post crucis signaculum hoc modo et ordine factum, leguntur super baptizandum orationes, ut fiat catechumenus. i. ut possit edoceri mysterium sacrae fidei...".[1278] Bei Helding klingt das Gebet "Omnipotens sempiterne Deus" an,[1279] das sich bei Spital findet.[1280]

Zu den meist erwähnten Handlungen innerhalb dieser vorbereitenden Riten gehört die S a l z z e r e m o n i e .[1281] Die am häufigsten genannte exorzistische Deutung erscheint zum ersten Mal bei Lorichius. Er zitiert das Decretum Gratiani:[1282] "Sal consecratum...et sal coelestis in os baptizandi datur, ut per sal typicum conditus iniquitatis foetore careat, id est, carere significetur, neque a vermibus peccatorum ultra putrefiat, sed magis illesus servetur ad maiorem gratiam recipiendam".[1283] Gropper fügt in seinen Capita hinzu, wir würden durch das Salz gemahnt, "das alle unsere rede und wercke alzeit in freundtschafft mit saltz gemischt sein sollen".[1284] Mehrere Autoren berufen sich auf Origenes. Fabri nennt beim Zitieren seine Quelle.[1285] Er schreibt: "...der getaufft...soll auch haben das saltz der weyßhait in seiner red, daß er wiß zu reden, was recht, gut und besserlich ist, under den glaubigen und unglaubigen".[1286] Hier scheint also zum ersten Mal deutlich der Ausgangspunkt dieses Überlieferungsstranges, Kol 4, 6, auf.

Auch Gropper benutzt zur Deutung die 6. Homilie des Origenes, zieht aber eine andere Passage aus dem entsprechenden Abschnitt heran.

Er greift ebenfalls zunächst den in der Formel zur Salzdarreichung vorkommenden Begriff von dem "Sal sapientiae" auf, "quo condiri oportet quicquid cogitamus aut faciamus". Dann fährt er fort: "Et Origenes in illud Ezechielis (16,4), (Quando nata es in die ortus tui, non est praecisus umbilicus tuus, et in aqua non es lota in salutem, nec sale condita, nec involuta pannis etc. alloquitur Catechumenos: admonens eos ut fiant sal Domini, et non baptizentur quem admodum Symon ille magus, neque in terrenae Hierusalem aquis, quae non fuerat sale salita, neque digna sale dei".[1287] Nausea führt einen ähnlichen Gedankengang an: "Significaturque eo sale, hominem omnino esse foreque insulsum sine condimento primorum documentorum fidei, quae sal notat, quibus puer ipse saliendus et imbuendus est".[1288] Während diese Erklärung etwas gequält erscheint, geht der Trierer Liber deutlicher auf die natürliche Kraft des Salzes ein und überträgt sie auf die Taufe: "Ita sale pueri lingua tingitur, quod argumentum est divinae sapientiae, quae hominem adversus putores omnium vitiorum optime praeservat, sicut sal a putredine corpora defendit".[1289]

Als einziger der Autoren greift Helding in seinem Catechismus den Gedanken der "ersten Speise" auf, die "vom Speisencharakter des Salzes herrührende Beziehung zur Eucharistie".[1290] Er benutzt dafür die Oration "Deus patrum nostrorum", die Spital unter der Überschrift "Benedictio post datum salem" anführt.[1291] Helding sagt seinen Gläubigen: "Darnach gibt man dem Täuffling saltz in seinen mund, und wündschet im, das im Gott wölle zu seiner Seelen heil genedig sein, und dan bitt der Priester in namen der gantzen Christenheit für den Täuffling, das in Gott von dieser ersten speiß an, nimmermehr wölle hungern lassen an göttlicher speiß, er wölle im ein einbrünstigen geyst geben, damit er mit ernst Gott dienen, und die belonung erreichen möge, die Gott seinen Gläubigen verheissen hat, und gewißlich geben wird nach diesem leben".[1292] Die Beziehung zur Eucharistie klingt verdeckt im Gedanken des "cibus coelestis" an.[1293]

Im folgenden ist ihm der Mund das Stichwort. Er fordert zur Beherrschung der Zunge auf.[1294] Wiederum mahnt er die Teilnehmer an einer Tauffeier zum Gebet: "Zum saltz sprich: Almechtiger Gott leyte in durch deinen heiligen Geyst, das er ein sölch erbar leben füren möge in deiner Christenheit, dardurch dein heiliger name gepreyst, und andere seine mitchristen an im gebessert werden, dir zum ewigen lobe, und im zur ewigen seligkeit".[1295]

342.2 Katechumenatsriten

Nachdem mit der Salzreichung die "Riten der Aufnahme ins Katechumenat"[1296] abgeschlossen sind, wendet sich Spital den E x o r z i s m e n zu.[1297] In den Ritualien finden sich hier, wie er festgestellt hat, "die mannigfachsten Unterschiede und Eigenheiten".[1298] Da die meisten der vorhandenen Riten zudem im weitesten Sinne exorzistischen Charakter haben, ist es schwierig, alle Aussagen der Katechismen an der entsprechenden Stelle einzuordnen.

Viele Autoren umschreiben zunächst die Form dieses Ritus und geben an, was er bewirken soll. Dazu heißt es bei Gropper: "...adhibetur exorcismus qui verbo et exufflatione peragitur, ut spiritus immundus a baptizando expellatur".[1299] Neben dem Beschwören und Anblasen wird zuweilen als weiteres Element das Kreuzzeichen genannt.[1300] Nausea schreibt dagegen: "Est enim, exorcizare, nihil aliud, quam per divina verba spiritum immundum adiurando expellere".[1301] Auf den tieferen Grund dieser zeichenhaften Handlung sind wir schon weiter oben eingegangen: Der Teufel hat im Menschen seinen Platz eingenommen und soll nun dem Heiligen Geist weichen.[1302]

Mehrere Autoren weisen auf das Alter dieser Zeremonie hin. Helding führt sie auf Christus selbst zurück, der nach Ausweis der Evangelien "mit den bößen geystern gehandelt...Also hat er auch den jüngern befelch und gewalt geben, das sie dem bößen feind gebieteten auch außtreiben sölten...". Diese Kraft währt nun auch in der Kirche, fährt der Autor fort.[1303]

Nausea macht darauf aufmerksam, daß es den Stand der Exorzisten schon bei den Juden gab und daß in der Apostelgeschichte von Beschwörungen der Apostel berichtet wird.[1304] Lorichius zählt eine ganze Reihe von Kirchenvätern als Zeugen dafür auf, daß dieser Ritus schon sehr alt ist.[1305] Helding bietet seinen Zuhörern gleichsam eine Kostprobe der "viel ernsten, dapffern worten", mit denen der böse Feind "betrawet [wird] , und im gebotten, das er von diesem menschen weichen, und dem waren lebendigen Gott, und Jesu Christo seinem Son, und dem heiligen Geyst stat und ehr geben sol".[1306] Der folgende Text verbindet die beiden Orationen "Ergo maledicte"[1307] und "Exorcizo te immunde"[1308] zu einer Einheit: "Dann du solt wissen, du verfluchter Teuffel, das unser Herr Jesus Christus diesen menschen jetzund zu seinen genaden auffgenomen und zum segen seines heiligen Tauffs auß der gaben des heiligen Geysts berüfft hat. Darumb solt du leidiger verfluchter Teuffel nimmermehr diesen menschen angreiffen und verletzen dürffen, der jetzund das zeichen Christi an seine stirn nimpt. Darumb so beschwere ich dich du unreiner geyst, im Namen des Vatters, des Sons, und heiligen Geysts, das du von diesem menschen ablassen solt, dann der gebeut es dir, der mit truckenen füssen auff dem Meer gewandert, unnd Petrum, als er sincken wolt, mit seiner hand erhalten hat, Jesus Christus unser Herr".[1309]

Nausea betont die Notwendigkeit dieser Zeremonie für die Menschen und schreibt dann: "Vides ergo quatenus nunc apostatae et schismatici baptizandis parvulis incommodant".[1310]

Spital überschreibt den auf die Darstellung der Exorzismen folgenden Paragraphen mit dem Titel "Übergaben und Schlußexorzismus".[1311] Mit dem Terminus "Übergaben" will er andeuten, daß an dieser Stelle früher die Evangelien, das Symbolum und das Herrengebet den Täuflingen anvertraut wurden. Im Laufe der Zeit war aus der Übergabe die Verlesung eines Evangelienabschnittes und die Rezitation der beiden Formulare geworden.[1312] Hatte man früher bei der Übergabe die Initien der vier Evangelien gelesen, so erwies sich dies bei dem durchgehenden Taufordo als zu lang. Man wählte daher zunächst Mt 11, 25-30, später im Hinblick auf die Kindertaufe Mt 19,13-15 bzw. Mk 10,13-16.[1313]

Gropper und Helding nennen die Evangelienlesung. Während Gropper im Enchiridion am Rande Mt 19[1314] und in der Institutio Mk 10[1315] notiert, macht Helding[1316] keine Stellenangabe. Aus der indirekten Umschreibung ergibt sich jedoch, daß er von Mk 10 ausgeht.[1317]

Direkt an das "Kinderevangelium" schließt sich die Rezitation des Symbolum und des Vaterunser. Dabei legen nach Gropper die Paten den Kindern die Hände auf.[1318] In beiden Büchern heißt es bei Gropper "recitant".[1319] Dagegen schreibt Helding: "...werden als dan die umbstender vermant, das sie auch zu trost und heil dem kindlein, das man täuffen wil, ein Pater noster unnd Ave Maria sprechen wöllen".[1320] Hier ist der Endstand der Entwicklung, die Spital schildert,[1321] erreicht: Das Ave wird dem Paternoster angehängt, das Credo geht verloren und die einstige Übergabe wird als Fürbittgebet verstanden.[1322]

Gropper fügt eine interessante Notiz an die Rezitation des Symbolum und Paternoster: "...quod est initium eius actus, qui a patribus Apertio aurium dicitur, et feria. IIII. post Dominicam Laetare olim in Ecclesia gerebatur": Durch diese Handlung sollten die Täuflinge darauf vorbereitet werden, die Geheimnisse des Evangeliums zu vernehmen und das Symbolum zu empfangen, und damit den Schutz der sie gebährenden Kirche gegen das Gift der Schlange. Die Einweihung durch den Glauben und Belehrung durch das Herrengebet macht sie fähig, Gott im Geist und in der Wahrheit als Vater anzurufen, "ut in eis compleatur, quod scriptum est: Omnis quicunque invocaverit nomen Domini salvus erit" (Joel 2,32; Röm 10,13).[1323]

An die "Übergabe" schließt sich bei Gropper direkt die P a t e n e r m a h n u n g an.[1324] Gropper schreibt: "Hoc facto sacerdos admonet Susceptores, ut filios, quos ex Baptismo suscipient, doceant et castigent, ut semper cum Domino vivant".[1325] Im Enchiridion finden sich hier die Ausführungen über das Patenamt, sie enden: "...ante omnia vero, symbolum et orationem dominicam edoceant".[1326] Die Patenermahnung erwähnen auch Helding und Fabri, aber erst unmittelbar vor der Taufe. Nach Helding fragt der Priester: "Vis puerum levare de fonte sacro: et professos, officii sui admonet, ut meminerint se fideiussores apud Deum fieri pro his, quos de fonte sacro suscipiunt".[1327] Nun folgen wie bei Gropper die Erwägungen über das Patenamt. Ähnlich verhält es sich bei Fabri.[1328]

Den von Spital angeführten Schlußexorzismus[1329] bringt an dieser Stelle nur Gropper in seiner Institutio. Er betont eigens das "postremo" dieser Handlung.[1330] In einem geschichtlichen Rekurs fügt er hinzu: "...quod olim fiebat in sabbato S. Paschae quando Baptizabantur Catechumeni, reddito Symbolo et oratione Dominica, agiturque eiusmodi adiuratione in Ecclesia...".[1331]

In der Taufliturgie folgt der E f f e t a - R i t u s mit der Speichelsalbung und die Einführung in die Kirche.[1332] Die Bestreichung mit Speichel wird wiederum von sehr vielen Autoren geschildert. Stellvertretend für andere sei Gropper hier zitiert: "Deinde illinitur sputum naribus et auribus, exemplo Christi, qui prius caeci nati oculos luto e sputo facto sublinivit, et sic ad aquas Siloe misit, Illinitio vocationem ad gratiam baptismi significat, unctus nondum videt, sed mittitur ut lavet ad aquas Siloe.i. ut baptizetur in misso, id est Christo, id enim Siloe significat. Et dicitur ei verbum Evangelicum, quod Iesus, quando mutum et surdum sanavit,...dixit: Ephphetha, quod est adaperire, verbum sane sacramento conveniens".[1333] Diese Handlung soll den Täuflingen deutlich machen, fährt Gropper unter Anlehnung an Ambrosius[1334] fort, "ut aperiantur ipsis nares ad odorem notionis dei et vitae aeternae capiendum, quo baptizati dicant: Bonus odor Christi sumus [2 Kor 2,15], utque aperiantur eius aures ad audiendum verbum et mandata dei".[1335] Schöpper bietet eine etwas abweichende Erklärung: "Mox aures naresque Baptizandi sputo illinuntur, ut doceatur audiendum sibi esse deinceps Verbum Dei, inque solum Deum oblectationem voluptatemque suam omnem collocandam, minime vero sectandas saeculi huius aut carnis delitias".[1336]

Obwohl Christus die Zunge des Stummen gelöst hat, fehlt zuweilen im Taufritus die Berührung der Zunge. Lorichius versucht darauf eine Antwort zu geben: "Porro quare nares potius quam os illiniantur", Ambrosius docet,[1337] ...Propter gloriam, inquit, muneris et operis os non tangit episcopus sed nares, ut bonum odorem accipiant pietatis aeternae".[1338] Während Ambrosius als Grund für die Auslassung der Mundsalbung die "Frauen" nennt - es dürfte sich um einen Schicklichkeitsgrund handeln -,[1339] bietet Lorichius eine andere Erklärung: "Munus est sacramentum corporis dominici. Opus est praedicatio nominis Domini, quorum neutrum creditur homini, nisi baptizatus fuerit. Os ergo cui tanti muneris et operis dignitas convenit, saliva non tangitur, ad ostenendum quod tantum officium praecedere debeat odor bonae famae".[1340]

Die in den bisher zitierten Katechismen abgelehnte Mundsalbung scheint der Trierer Liber vorauszusetzen. Dort wird zunächst auf das Beispiel Christi verwiesen, dann heißt es: "Itidem baptizatus linguam habere debet expeditam ad confitendum nomini domini, non ad stultiloquium aut obtrectationem, aures ad audiendum verbum Dei semper apertas, non ad fabulas aut alia nocentiora".[1341] Spital hat in seinen Quellen sowohl ein Verbot wie auch die Vorschrift der Mundsalbung festgestellt.[1342]

Während alle anderen Autoren nur Speichel als "Materie" dieser Handlung erwähnen, sagt Helding, es werde ein "teyg auß staub und speichen gemacht, nach dem Exempel Christi".[1343] Er fordert wiederum "die Umbstender" auf, für das Kind zu beten: "Ach Almechtiger Gott, begeuß diese deine newe creatur mit deinen Göttlichen genaden, besser im sein sinn, das er lieber höre, was zu deiner ehr unnd seiner seligkeit dienet, dan die uppige leichtfertigkeit der welt. Thue im sein oren uff zu deinen heiligen Gebotten, das er dein heiliges wort ohn verdruß hören, und in williger gehorsam volbringen möge, damit dein heiliger name durch in verehrt werde hie auff erden, und viel ander menschen durch das fürbildt seines Göttlichen wandels, zum guten geruch deines heiligen glaubens, und zu deiner erkantniß gezogen werden".[1344]

Auf die im Verlauf des Taufritus nun stattfindende E i n f ü h r u n g   d e s   T ä u f l i n g s   i n   d e n   K i r c h e n r a u m   sind wir z. T. schon weiter oben zu sprechen gekommen.[1345] Über das dort Angeführte hinaus heißt es bei Nausea: "Quibus hac serie secundum ecclesiae consuetudinem peractis, sacerdos puerum manu consuetudinem peractis, sacerdos puerum manu accipiens, templum ingreditur, et dicit: Ingredere in templum domini, ut habeas vitam aeternam etc."[1346] Gropper[1347] und Helding[1348] geben an, die Taufliturgie werde nun am Taufbrunnen weiter vollzogen.

342.3 Unmittelbare Taufvorbereitung

Mit den nun folgenden Elementen: Abschwörung, Glaubensbekenntnis und Salbung mit dem Katechumenenöl "treten wir in das eigentliche Kernritual der Taufe ein".[1349] Davor schaltet Gropper die F r a g e   n a c h   d e m   N a m e n   ein. Nausea läßt ihn während der Taufe erfragen. Fabri erwähnt diese Frage zu Beginn, wie auch Gropper in seiner Institutio. Dieser Autor schreibt im Enchiridion: "In primis quaeritur de nomine infantis, Nam vetustissimo ecclesiae more ante baptismum, baptizandi nomen suum dant...".[1350] Einzelne Autoren weisen auf das Alter dieses Brauches hin.[1351]

Für den Trierer Liber ist die Erwähnung des Namens die Gelegenheit, über die "militia Christi" zu sprechen.[1352] Nausea macht auf die Würde des Namens aufmerksam. In seiner Argumentation greift er einige Sätze von Durandus[1353] auf und schreibt: "Interim dum haec ante et in baptismo geruntur, a patrino nomen vel a parentibus imponitur puero: nomen, inquam, non ridiculum, nec cuiuspiam pagani infidelisve, sed potius alicuius sancti et Christiani, quem puer factus adultus, tam nomine quam exemplo referat et sequatur, illiusque fide et conversatione imitator efficiatur, quemadmodum **Paulus** hortatur suos, dicens: "Rogo vos, imitatores mei estote, sicut et ego Christi."[1354] Contra eos, qui divorum contemptores, negant in divo quopiam Christum non sequi posse". Im folgenden vertritt er die Auffassung, der Brauch könnte von den Juden stammen, die bei der Beschneidung die Namensgebung vornahmen. Das erste Beispiel dafür sei Abraham gewesen.[1355]

Die A b s c h w ö r u n g wird von einigen Autoren direkt mit dem Glaubensbekenntnis verbunden,[1356] während Lorichius[1357] und Helding[1358] lange Ausführungen an die Abschwörung anhängen.

Gropper schreibt in seiner Institutio: Die Täuflinge schwören dem Satan, seinen Werken und dem Pomp ab, "ut declarent se libera voluntate exire de potestate Sathanae in regnum Christi", ihm wollen sie dann anhängen und dienen.[1359] In seinem Enchiridion füllt er die Aussagen mehr auf: "Reddito nomine, baptizandus ter abrenuntiat, Nam interrogatus, Abrenuntias Satanae? Respondet: Abrenuntio. Et omnibus operibus eius? Respondet: Abrenuntio. Et omnibus pompis eius, omni vanitati et gloriae seculi, fastui, luxui, voluptatibus, breviter omnibus vitiis? Respondet: Abrenuntio".[1360] Die Erweiterung der dritten Frage kommt in keinem der Ritualien vor, sie dürfte also hier von Gropper zur Erläuterung des Begriffes "pompa" angefügt worden sein.[1361] Auch Lorichius erläutert diesen Begriff. Er zitiert dafür u. a. Ambrosius.[1362] Es fallen darunter z. B. Theater und Spiele, die Beobachtung bestimmter Tage und Weissagungen.[1363] Es schließt sich bei ihm ein längerer Abschnitt über die "mortificatio" an. Dieses Thema wurde weiter oben schon besprochen.[1364]

Während Lorichius für die Erklärung des Pompes die Väter heranzieht und seine Ausführungen dadurch zuweilen etwas schwerfällig werden, bemüht sich Helding in der Predigt um eine sehr konkrete und verständliche Sprache. Er mahnt zunächst, daß man sich immer an die Abschwörung erinnern soll, das gehöre zu unserem Bund mit Gott; "Wolan, unser büntnis steht alle in eim wort: Abrenuncio Satanae".[1365] Dann sagt er: "Es ist wol etwas weitleuftig, aber doch wol bekant bey den Christen, was des Teuffels Pomp und werck seind, hoch brangen bey im selbst, eygennützig sein, und mit des andern beschwert nach gut stellen, das selbige verbrassen und verschwenden unnützlich...zum Almosen oder andern Göttlichen gebreuchen immerdar kargen...gegen den dürfftigen unmilt sein, wie es gemeyniglich jetzt in der welt geht, ist des Teuffels gebreng. Stoltz sein und andere verachten, und underdrücken, ist des Teuffels gebreng, unreines, wüst leben füren, fressen, sauffen, stelen, neiden, tödten, ubels nachreden, secten anstifften, liegen, betriegen, seind des Teuffels werck. Und in summa, alles was da sünde und unrecht ist, des ist der Teuffel ein Meister und anstiffter, und den selbigen wercken haben wir alle abgeschworen im Tauff".[1366]

Es folgt bei ihm ebenfalls ein Abschnitt über die Abtötung. Da wir in der Taufe rein geworden sind, fährt er fort, müssen wir darauf achten, "Das uns das heil des Tauffs nit in ein grösser verderbniß gewent werde. Dann je grösser genaden Gottes wir entpfahen, je schwerer zorn und straff Gottes uber uns felt, wan wir nach den entpfangnen genaden wider sündigen, und nach der reinigung uns wider bewüsten".[1367] Um seinen Zuhörern diesen Gedanken noch eindringlicher vor Augen zu stellen, greift er wieder zu einem Vergleich: Ein Maler hat viele Tafeln in seiner Werkstatt stehen. Zerbricht ihm eine, die noch unbearbeitet ist, so ist das nicht weiter schlimm. "Wan er aber sein arbeit an die taffel gelegt hat, und hat sie mit allem fleiß gemalet, und mit köstlichen farben außgestrichen, und sie wird im als dan wider verwüst, da geht es im zu hertzen, da zürnet er". Die Menschen auf Erden sind solche Tafeln, erklärt Helding sein Gleichnis. "Türcken und Heyden und ungläubigen, sein noch rauhe tafeln, darin nichts gemalt ist". Sie haben von Gott außer dem Leben nicht viel empfangen. "Darumb so zürnt auch Gott langsamer uber ire sünde, er kan inen die straffe wol borgen, biß in jene welt, da dan sölche lere, unnütze taffeln im feuer verbrennen werden. Wir Christen aber seind die gemalte tafeln...". Denn Gott hat uns über das Leben hinaus alles gegeben. Wenn wir seine Gaben nicht in der rechten Weise gebrauchen, werden uns die Heiden in Gottes Gericht verdammen. Der Autor will aber niemanden mutlos machen, sagt er, denn "Gott wartet alle zeit auff unser bekerung, auch nach dem Tauff. Aber deßhalben habe ich diese erinnerung gethon von der Tauffgelöbt, wer die reinigkeit, die im Gott im Tauff geben hat, nit erhalten het, sonder mit newen sünden wider bewüst, der bedencke, wo von und wohin er gefallen sey, und thu buß".[1368] In weitaus kürzerer Form mahnt Gropper mit Ambrosius:[1369] "Debet ergo baptizatus tota vita esse memor sermonis sui et nunquam committere ut sibi excidat suae series cautionis. Per verbi enim illius renuntiationem quae in baptismo fit, recordationem, diabolicas incantationes, fastum, voluptates, breviter, omnia peccata facile vincemus".[1370]

Bei Nausea fällt wieder die punktuelle Sicht auf, mit der er die einzelnen Elemente der Taufliturgie betrachtet: "...atque sacerdos quaerit ab eodem baptizando, si abrenunciat diabolo..., ut primum respuat errorem, sicque ad veritatem possit appropinquare...".[1371] Man kann den Eindruck gewinnen, der Täufling stände nun, da er dem Teufel abgeschworen hat,[1372] zunächst einmal im leeren Raum, weil er sich ja der Wahrheit erst n ä - h e r n kann. Nausea ergänzt dann: "Quod sane facto opus est, quum nemo possit aeque duobus inservire dominis, nec sit participatio iustitiae cum iniquitate, nec aliqua luci societas cum tenebris, nec quicquam conveniat Christo cum Belial".[1373]

Fabri verbindet die Abschwörung und das Glaubensbekenntnis. Er stellt die Frage: "Warumb widersagt der, so getaufft soll werden, dem Teufel, und allen seinen wercken und pomp, auch wirdt von ihm erfordert die bekennung des Christlichen glaubens?" Die Antwort lautet: "Daß der getaufft bedenck durch sein gantz leben und in allen seinen wercken, daß er Christo ergeben sey, und zu ihm als zu seinem Herrn, geschworen hab, darumb soll er sich dester fleißiger hüten vor sünden, daß er nit thu wider sein gelübd und zusagen seinem Herren, daß er auch all sein hoffnung und hilff suche in aller anfechtung bey seinem Herrn, zu dem soll er sich allain halten und sich bey ihm lassen finden, im leben und in seinem sterben".[1374] Auf Groppers Hinweise zu diesem Thema sind wir oben[1375] schon eingegangen. Er kommt in seinen Werken häufig auf die Abschwörung zurück.[1376]

Die normalerweise auf die Abschwörung folgenden G l a u b e n s f r a g e n werden nicht so ausführlich behandelt wie das vorausgehende Element. Das mag seinen Grund darin haben, daß die Katechismen über dieses Thema schon beim Glaubensbekenntnis gesprochen haben. Gropper verweist in einer Marginalie ausdrücklich darauf.[1377]

Bei Erasmus findet sich die geschichtliche Reminiszenz, die Katechumenen hätten früher das Symbolum öffentlich rezitiert, bevor sie mit dem heilbringenden Wasser benetzt worden seien.[1378] Lorichius bietet eine kleine Entstehungsgeschichte dieser Fragen. Mit Durandus[1379] bzw. dem Decretum Gratiani[1380] sagt er, sie gingen auf Christus selbst zurück. Er habe seinen Jüngern den Auftrag gegeben, die Menschen zu belehren und zu taufen (Mt 28,19).[1381] Lorichius fährt fort, die Frage nach der Kirche entstamme der apostolischen Überlieferung und sei dem Glaubensbekenntnis entnommen.[1382]

Gropper führt hier mit seinen Quellen weiter aus, die Frage: "Credis sanctam ecclesiam, remissionem peccatorum, carnis resurrectionem, et vitam aeternam post mortem" bedeute, daß wir nicht an die Kirche glauben, "sed ut in ecclesia sancta conversantes, in deum credamus, Nam ecclesia propterea sancta et catholica est, quia recte creditur in deum".[1383] Interessant ist hier, daß Gropper diesen Teil "Catechesis.i. inquisitio de fide" nennt.[1384]

In seiner Institutio schreibt er: "Profitentur fidem Catholicam et Apostolicam, ut significent se iurare in verba redemptoris, sacrisque omnibus divinitus traditis adsentiri".[1385] Es geht ihm also um das volle Ja zur katholischen Kirche. Nausea nutzt die Tatsache, daß hier die Paten anstelle der Kinder den Glauben bekennen, zu einem eigenen Kapitel, das er überschreibt: "Infantes recte fide aliena baptizari, contra Anabaptistas".[1386] Der Inhalt dieses Kapitels wurde schon weiter oben wiedergegeben.[1387]

In seiner ersten Reihe der Taufzeremonienerklärung geht Helding nur obiter auf das Glaubensbekenntnis ein.[1388] In der zweiten Predigt sagt er: "Darnach begert man von im ein bekäntnis und bericht des heiligen Christen glaubens: Credis in Deum, Glaubstu in Gott Vatter, schöpffer Himels und der Erden? Und er bekent, und spricht: Ich glaube. Auff diese abschwerung, gelöbt und bekantnis, gibt man im als dan das genadenreich geheimnis Gottes, den heiligen Tauff...".[1389]

Nach den Glaubensfragen folgt in den meisten Ritualien die S a l b u n g mit dem K a t e c h u m e n e n ö l , einige Bücher legen sie zwischen Absage und Zusage.[1390] Diese Verschiedenheit findet sich auch in den Katechismen. während die Stellung bei Lorichius und im Trierer Liber nicht auszumachen ist. findet sie sich in der Institutio Groppers, in der Summa Schöppers, bei Helding und Fabri nach dem Glaubensbekenntnis. Gropper (Enchiridion) und Nausea setzen sie zwischen Abschwörung und Glaubensfrage.

Mehr als bei anderen Elementen fällt auf, daß die Autoren sich auf die gleichen Kirchenväter als Zeugen berufen. Lorichius und andere deuten diese Salbung, wie oben schon angeführt wurde,[1391] im Anschluß an Ambrosius als Vorbereitung auf die "militia Christi". Einen anderen Zeugen dieses Deutungsstranges nennt Fabri,[1392] indem er auf Chrysostomus hinweist.[1393]

Es folgt ein Augustinus zugeschriebenes Zitat:[1394] "Ungimur pectore et scapulis, quoniam fides mente concipitur, et opere perficitur".[1395] Aus dem Decretum Gratiani[1396] übernimmt Gropper eine etwas ausführlichere Erklärung dieser Salbung. Helding gibt am Rande an, daß sie von Hrabanus[1397] stammt.[1398] In etwas anderer Form ist sie auch bei Durandus zu finden.[1399] Bei Gropper heißt es: "Ungitur pectus, ut significetur hoc pectus consecrari Christo, et mentem in sanctae trinitatis fide confortari, in qua amodo nullas reliquias latentis inimici residere oporteat. Ungitur inter scapulas, ut significetur, baptizandum per gratiam undique muniri ad bona opera facienda, et ad portandum onus domini fortitudinem accipere...".[1400]

Der Grundtenor all dieser Aussagen ist also, daß der Täufling in seinem Leben als Christ streiten muß. Schöpper faßt diesen

Gedanken in die Worte: Der Kandidat wird an den Schultern und auf der Brust gesalbt, "ut meminerit luctandum sibi esse iam contra ipsum Sathanam et Mundum, utque ad orthodoxae fidei confessionem ac bonorum operum executionem virtute divina roboretur".[1401]

In seiner Institutio bringt Gropper das Katechumenenöl mit dem Heiligen Geist in Verbindung, "qui oleo significatur".[1402] Er zitiert dann zwar auch die Deutung des Ambrosius, aber er verwischt insgesamt etwas den Unterschied zur Salbung mit dem Chrisma.

Diese Beobachtung ist auch dort zu machen, wo die Autoren das Alter dieser Zeremonien "beweisen" wollen. Fabri führt etwa neben dem Hinweis auf Chrysostomus zwei Augustinusstellen an,[1403] die beide nicht von der Salbung mit dem Katechumenenöl handeln, sondern vom Chrisma. Ebenso ist es bei den von Gropper[1404] und Helding[1405] erwähnten "canones Clementis ac Fabiani pontificum". Darauf wird weiter unten einzugehen sein.[1406]

Als einziger Autor nennt Helding die Begleitformel zu dieser Salbung: "Ich salb dich mit dem Ole des heils in Christo Jesu unserem Herrn".[1407] Daß der Bischof dieses Öl weiht, berichtet Gropper.[1408] Die bei einer Nottaufe oder einer Taufe durch Ketzer nicht vollzogenen Salbungen müssen nachgeholt werden, fordert Helding in der Institutio.[1409]

In seiner Institutio erwähnt Gropper, daß an dieser Stelle früher das Taufwasser geweiht worden sei. Aus diesem Grunde schiebt er die Beschreibung hier ein.[1410] Sie soll weiter unten behandelt werden.

342.4 Taufakt

Vor den eigentlichen Taufakt schalten die Ritualien die "T a u f f r a g e".[1411] Diese wird von Gropper und Helding in ihren Werken angeführt. Gropper schreibt: "Proindeque interrogatur: Vis baptizari? Et respondetur. Volo. Nemo enim salvatur invitus, sed volens, ut integra sit forma iustitiae. Sicut enim homo propria arbitrii libertate serpenti obediens periit, sic vocante se gratia dei, propria mentis conversione salvatur".[1412] Er greift hier einen Text aus dem Decretum Gratiani[1413] auf. Helding weist darauf hin, diese Frage habe den Sinn: "ad innuendum, neminem ad Baptismi mysterium suscipiendum vi cogi debere".[1414]

Während hier also mehr die Freiwilligkeit in den Vordergrund gestellt wird, klingt in seinen Katechismuspredigten eher die Frage nach der Intention durch.[1415] Dort erklärt er: "Doch so last man in noch nit unerforschet zum Tauff kommen, sonder da gebraucht man erst ein grossen ernst mit im, und fragt in, ob es auch sein beger und will sey, das er getaufft werde".[1416] Die von einigen Ritualien an dieser Stelle eingefügte Frage nach einer eventuell vorangegangenen Nottaufe[1417] findet sich in Groppers Institutio.[1418] Die dann angeführte Formel für die bedingungsweise Spendung der Taufe wurde weiter oben schon besprochen.[1419]

Die von Spital konstatierte Unterschiedlichkeit im Äußeren des T a u f a k t e s [1420] begegnet uns auch in den Katechismen. Jedoch wird man nur sehr vorsichtig auf die jeweilige Praxis rückschließen dürfen, da oft auch aus älteren Quellen zitiert wird.

Während einige Autoren die Form des Untertauchens oder des Begießens ohne Kommentar nebeneinander referieren, geben andere einer der beiden Formen die Präferenz. Zu der ersten Gruppe gehört z.B. Gropper. Er schreibt in seinem Enchiridion: "Ter vero infans vel immergitur vel tingitur aqua baptismatis".[1421] Auch Helding nennt beide Formen nebeneinander. Er sagt jedoch "aspergitur"[1422] bzw. "mit dem Taufwasser besprenget"[1423] anstatt "tingitur". Schöpper gibt in seiner Summa ausdrücklich der "mersio" den Vorrang, da sie seiner Meinung nach deutlicher die Zeichenhaftigkeit der Taufe, das Sterben und Auferstehen, zum Ausdruck bringe.[1424] Nausea spricht zunächst von der "tinctio". In der Beschreibung des Taufvollzugs heißt es dann vom Priester: "mergit" bzw. "immergit".[1425]

Er weist auf den unterschiedlichen Brauch hin: "Ita baptizandi corpus immergebatur antiquitus: nunc capitis ablutio satis esse decernitur". Wie einige Väter bezeugen, wurde der Täufling auch dreimal untergetaucht. Für diese Form habe er sich in seiner Erklärung entschieden.[1426] Ähnlich ist der Befund auch in Groppers Institutio. Für den Taufakt gibt er an: "Deinde fit Baptizatio sive intinctio, trina immersione...". Etwas später meint er, das dreimalige Untertauchen sei nicht notwendig, es genüge, wenn man es einmal tue. "Immo nec immersio prorsus est necessaria, sed sola sufficit aquae salutaris aspersio, ubi plena fide et dantis et accipientis accipitur, quod divinis muneribus hauritur. Et apud Ezechielem de Baptismo vaticinantem, Dominus ait. Et aspergam vos aqua munda" (Ez 36,25).[1427]

Für das dreimalige "mergere" bzw. "tingere" führt Lorichius eine ganze Reihe von Zeugen an, um zu beweisen: "Ecclesiae item ritus est primitivae".[1428] Grundsätzlich hält er wohl beide Formen für möglich, aber er reagiert heftig darauf, daß das Übergießen von einigen Leuten verworfen wurde. "Quod aliqui contendunt formam baptismi non recte observari, quando pueri perfunduntur aqua baptismatis, quod ratio germanici vocabuli teuffen, significet immersionem. Atqui vocabulum $\beta\acute{\alpha}\pi\tau\omega$ active significat tingo, atque $\beta\alpha\pi\tau\acute{\iota}\zeta\omega$ activum mergo significat. Non probo ergo qui superstitiose contendunt baptizandos mergi oportere". Die Kirche habe in diesem Punkte nichts festgelegt, "nam uterque modus in Ecclesia est receptus". Man solle sich also, so schließt er seine Argumentation ab, vor neuen Formen des Aberglaubens hüten.[1429] Dietenberger könnte auf diesen Sachverhalt anspielen, wenn er von der "gentztauffe" warnt.[1430] Fabri schließlich erwähnt nur eine Form: "Das Kind soll entblößt werden, und der Priester soll es besprentzen mit Tauffwasser...".[1431]

Die Autoren können sich für ihre verschiedenen Angaben auf Durandus[1432] und das Decretum Gratiani[1433] stützen; dort werden diese Fragen lang und breit erörtert.

Die Ausdeutung dieses zentralen Aktes der Taufhandlung wurde weiter oben schon kurz angedeutet.[1434] Mehrere Autoren geben nach dem Decretum Gratiani[1435] ein angebliches Augustinuszitat wieder. Gropper zitiert es folgendermaßen: "Baptizamur enim in patrem et filium et spiritum sanctum, ad singula nomina, ad singulas personas tingimur, ut aequalitas, eademque personarum potestas ac maiestas declaretur, ut trinitatis unum appareat sacramentum. Tertio quoque repetita immersio vel tinctio, typum triduanae domini sepulturae exprimit, per quam Christo consepulti sumus in baptismo et cum Christo resurreximus in fide, ut a peccatis abluti, in sanctitate virtutum vivamus, imitando Christum".[1436] Auch Nausea macht auf diese beiden Aspekte aufmerksam. Der Getaufte wird Eigentum der Dreifaltigkeit und aufs engste mit dem Schicksal Christi verbunden.

Die Kreuzform, in der die Taufe gespendet werden soll,[1437] "admonet domini nostri Iesu Christi crucifixionem. ad quam baptizamur omnes, ut et ipsi post baptismum semper nostram carnem carnisque desideria, Paulo monitore,[1438] crucifigamus: crucemque nostram patienter tollentes...feramus, alioqui indigni baptismo futuri".[1439] Er kommt dann auf das "Mit-Christus" zu sprechen.[1440]

Nausea erwähnt als einziger Autor eine sehr komplizierte T a u f f o r m , die von Spital[1441] als "eine geradezu artistische Leistung" apostrophiert wird. Bei Nausea heißt es in der Predigt: "...ad baptismum deinde procedit sacerdos. Cuius formam, quoad tinctionem servaturus, accipit ipse puerum per latera: et versa ad aquam facie, directoque ad orientem capite, semel ipsum primo mergit, dicens: Ego baptizo te in nomine patris. Secundo, capite ad aquilonem verso, eundem immergit, dicens: Et filii, Tertio denique, capite ad austrum verso, dicit: Et spiritus sancti. Ita nimirum, ut baptizando fiat crux".[1442] Gropper könnte diese Form andeuten, wenn er schreibt: "Baptisma quoque per crucem datur".[1443] Die Taufformel wurde in anderem Zusammenhang schon weiter oben behandelt.[1444]

EXKURS: Zur Verwendung der deutschen Sprache bei Taufspendungen

Wie wir oben sahen,[1445] gibt Helding in seinem Catechismus die Glaubensfrage zunächst in lateinischer Sprache wieder und hängt daran sofort die deutsche Übersetzung. Spital schließt aus dem ihm vorliegenden Material, daß die Fragen an den Täufling bzw. den Paten "praktisch wohl immer in der Muttersprache gestellt worden sind".[1446] Es gab jedoch in der ersten Hälfte des 16. Jahrhunderts wohl auch andere Fälle. Dies wird deutlich aus einer heftigen Reaktion des Lorichius in Bezug auf unsere Fragestellung. In seiner Institutio schreibt er zunächst: "Hic referre non puto qua lingua quis baptizetur, germanica scilicet, latina, graeca sive hebraica".[1447] Wenn man schon, wie "Theologen" annehmen, für die Namen der göttlichen Personen in der Taufformel Umschreibungen gebrauchen kann,[1448] folgert er, "unde satis mirari non possum, quare haereseos damnent eos, qui germanice baptizant". Aus diesen Formulierungen läßt sich auf einen recht heftigen Streit schließen. Aber es geht nicht einmal um die Verwendung der deutschen Sprache bei der ganzen Taufhandlung, wie man zunächst vermuten könnte, Lorichius meint nämlich, er wolle keinen Hehl daraus machen, daß es ihm lachhaft erscheint - er will keinen stärkeren Ausdruck gebrauchen -, wenn die Taufspender die Paten, die z. T. Analphabeten sind, in lateinischer Sprache fragen, ob sie glauben, und nicht in der Muttersprache, an wen, wem, bzw. was zu glauben ist.

Für ähnlich lächerlich hält er es, wenn die Paten oder die Getauften selbst nicht in der Muttersprache ausdrücken können, wem sie widersagen. Dann kommt es zu einer "Generalabrechnung" mit bestimmten katholischen Theologen: "Maximam hic videmus invidentiam imo haeresin foedißimam theologorum nostratium, quorum honoris caussa hic nomina conticere volo, quod pueros germanice baptizatos rebaptizarunt. Dedissent honorem sancto nomini, Nunc anabaptistas haereseos culpant, quorum errori non multum sunt absimiles, imo dum inepto liventique studio errori occurrere satagunt, quodammodo eius erroris autores fiunt". Er verstärkt seine Aussage noch, indem er an den Rand schreibt: "Germanice baptizatos rebaptizare haeresis est". Im folgenden trägt er dann seine persönliche Meinung vor: Abschwörung und Glaubensbekenntnis sollten in der Muttersprache sein, "ut baptizatus audiat, cui sese devoveat dedatque, et cui renuntians bellum indicat, quemque dominum quemque hostem habeat". Mit dieser Forderung liegt er ohnehin auf der Linie, die weithin vertreten wurde. Aus seelsorglichen Gründen geht er allerdings noch einen Schritt weiter und wünscht die Verwendung der deutschen Sprache auch bei der Taufformel selbst, "ut et laici in neceßitate poßint baptizare, simul formam et verba baptismatis didicerint, et ut quisque subinde audiat et admoneatur ut sit baptizatus...".[1449] Demgegenüber stellt Soto in seinem Compendium unter der Überschrift: "Was ist bey dem gebrauch der Sacrament sonderlich zu glauben?" die Forderung auf: "Wir glauben Erstlich, daß in der lateinischen kirchen die Sacrament mit lateinischen worten ordenlich volbracht werden".[1450]

Mit dieser Stellungnahme war natürlich das Problem, das Lorichius angeschnitten hatte, nicht gelöst. Seit der Verdeutschung der Taufliturgie durch Luther 1523 stand ein "handliches" Formular zur Verfügung, das auch von katholischen Priestern benutzt wurde. Dies bezeugt der Bautzener Domdechant Johann Leisentrit im Vorwort zu seinem deutschen Taufrituale von 1585; es war erstmals 1562 erschienen. Nach ihm wurden in Bautzen und in der Lausitz 40 Jahre lang alle Kinder nach Luthers Taufbüchlein getauft.[1451]

In den ersten Jahrzehnten nach der Reformation wurde die "deutsche" Taufe in mancher Hinsicht geradezu zu einem Merkmal der Neuerungsfreudigkeit, der "Modernität" und zu einem Unterscheidungszeichen. Ein paar zufällige Funde mögen dies belegen. Bei genauerer Befragung der Literatur ließe sich die These sicher erhärten. Der Kardinal von Augsburg hatte für sein Gebiet die Spendung der Taufe in der Landessprache verboten. Eltern etwa aus Dinkelsbühl ließen nun ihre Kinder nach Crailsheim bringen und dort deutsch taufen. Crailsheim hatte schon 1522 die Reformation angenommen.[1452] Ein Frankfurter Bürger wurde vom Stadtrat mit einer hohen Geldbuße belegt, weil er sein Kind außerhalb der Stadt im katholisch gebliebenen Höchst hatte taufen lassen.[1453] Es kam zu Landesverweisen, wenn sich Untertanen außerhalb des Hoheitsbereiches ihres Wohnortes um die "deutsche" Taufe ihrer Kinder bemühten.[1454] Öfters finden sich Berichte, daß Priester "deutsch" tauften.[1455]

Aus der Zeit, die über unseren Untersuchungsraum hinausgeht, ist der Landtag zu Ingolstadt aus dem Jahre 1563 für unsere Frage interessant. Dort baten die Stände den Herzog um Erlaubnis, daß in Bayern die Taufe in deutscher Sprache gespendet werden dürfe, da viele Eltern sich weigern würden, ihre Kinder lateinisch taufen zu lassen. Die Antwort des Herzogs war im ganzen negativ. Er versprach nur, er werde dafür sorgen, daß die Laien über die Spendung der Taufe genau unterrichtet werden sollten.[1456] Auf dem im gleichen Jahr stattfindenden Salzburger Provinzialkonzil wurde zur gleichen Frage auf das 1557 herausgegebene Rituale verwiesen,[1457] in der der deutschen Sprache im Vergleich zu anderen Ritualien ein größerer Anteil eingeräumt ist.[1458] In Wien wurde nach einem Zeugnis aus dem Jahre 1568 häufig die Spendung der Taufe in deutscher Sprache verlangt.[1459]

Einen mehr offiziellen Charakter gewann die Spendung in deutscher Sprache im Gebiet der Abtei Fulda. Georg Witzel hatte in seinem schon angeführten Reformgutachten für Abt Philipp Schenk zu Schweinsberg[1460] zur Frage der Sprache eine ähnliche Haltung bezogen, wie Lorichius sie in seiner Institutio eingenommen hatte: Im letzten sei dieses Problem unerheblich, um der Teilnehmer an der Tauffeier willen sei aber die Muttersprache vorzuziehen.[1461] In der im gleichen Jahr 1542 erlassenen Reformordnung des Abtes wurde die Sprache freigegeben.[1462] Zu den möglicherweise in dem Gebiet verwandten Formularen aus Büchern, in denen Witzel von ihm selbst übersetzte Taufriten veröffentlichte, finden sich Ausführungen bei Spital.[1463] Er berichtet ebenfalls über den Einfluß Witzels auf das Mainzer Rituale von 1551.[1464]

Witzel wurde gerade wegen dieser Bestrebungen von Johannes Eck verurteilt und in Rom denunziert.[1465] Ein direkter Nachfolger Witzels wurde Leisentrit in Bautzen. Sein schon erwähntes Taufrituale von 1562 erlebte insgesamt 6 Auflagen.[1466] Josef Gülden druckt in seinem Werk über Leisentrits pastoralliturgische Schriften den deutschen Taufritus ab[1467] und kommentiert ihn.[1468] Auch Leisentrit wurde u. a. wegen der deutschen Sprache bei der Spendung der Sakramente von Katholiken angefeindet.[1469]

342.5 Entfaltende Riten

Auf den Taufakt folgt im Rahmen der Taufhandlung sofort die S a l b u n g   m i t   C h r i s m a.[1470] Sie wird in den meisten Katechismen erwähnt und von vielen auch gedeutet.

Gropper schreibt: "Post baptismum, baptizatus inungitur chrismate, sed in vertice".[1471] In dieser Form findet sich die Angabe fast bei allen Autoren. Das nur bei Gropper vorkommende "sed" will diese Salbung absetzen von der mit Katechumenenöl, die auf der Brust und zwischen den Schultern ausgeführt wird. Nausea hebt dies mit Durandus[1472] hervor, indem er zu "in vertice" hinzufügt: "summitate videlicet capitis".[1473]

Die zur Salbung gehörende Begleitformel[1474] wird von einigen Katechismen im Rahmen eines Ambrosiuszitates[1475] in fast wörtlicher Form wiedergegeben. Lorichius etwa schreibt: "Memento quid tibi dixerit, Deus..., pater omnipotens, qui te regeneravit ex aqua et spiritu sancto, conceßitque tibi peccata tua, ipse te ungat in vitam aeternam". Er fährt dann mit seiner Quelle fort: "Noli ergo hanc vitam illi anteferre". Wenn also irgendein Feind sich erhebt und dir den Glauben nehmen will, wenn der Tod droht, "vide quid eligas. Noli negligere illud in quo non es unctus, sed elige in quo es unctus, ut vitam aeternam vitae praeferas temporali...".[1476]

Die Deutung dieser zeichenhaften Handlung durch die Autoren wurde im wesentlichen bei der Behandlung der einzelnen Taufwirkungen schon wiedergegeben. Sie soll hier daher nur summarisch angedeutet werden. Die Verwendung des Chrisma erinnert an den

Heiligen Geist.[1477] Die Scheitelsalbung ist ein Hinweis auf die "Einleibung" in Christus, der unser Haupt ist,[1478] unter dem wir Kriegsdienst leisten müssen[1479] und der uns zu Priestern und Königen berufen hat.[1480] Die Salbung will uns ermahnen, daß wir "zum ewigen leben gesalbt und bezeychnet" sind.[1481] Auch die Linie, die Nausea zur Taufe Christi zieht, wurde schon erwähnt.[1482]

Lorichius und Helding weisen auf das hohe Alter der Salbungen hin. In seinem Catechismus nennt Helding den Grund für diesen Exkurs: "Hie mus ich das Chrysam und Ole wider die spötter und Secten verteidigen...".[1483] Ein Zeuge für die Ablehnung des Chrisma und anderer Taufzeremonien ist etwa Butzer. Er schreibt 1524: Sie seien von Menschen erfunden und ohne Begründung in Gottes Wort, außerdem seien sie Anlaß zu Aberglauben. Da mit dem Chrisma überdies viel Mißbrauch getrieben worden sei, würden die Kinder nun ohne diesen Pomp getauft.[1484]

Helding führt als biblische Grundlage für den Gebrauch des Öles Mk 6,13 und Jak 5,14 an. Neben einer ganzen Reihe von Vätern - er zählt ohne nähere Angaben Dionysius, Clemens, Hieronymus und Augustinus auf - ist ihm Papst Fabian ein Zeuge für die frühe Verwendung des Chrismas.[1485] Lorichius geht ausführlicher auf diesen Papst[1486] ein: "...Papa Fabianus circa annum Domini 242. statuit, ut singulis annis in anniversario die coenae Domini consecratione renovetur, et quicquid ab anno praeterito eiusmodi olei reliquum fuerit, in sacra aede igne absumatur".[1487] Helding folgert aus der starken Bezeugung durch die Väter: "Hanc autem sacrae unctionis vetustatem, hunc totius Ecclesiae Catholicae perpetuum consensum, haec tot sanctissimorum et doctissimorum virorum et Martyrum testimonia, fidelibus consyderanda ob id proponi debent, ut ea consyderatione contra derisum quorundam Novatorum sese consolantes, salutarem antiquitatem in unitate sanctae Ecclesiae summa cum veneratione retineant".[1488] Lorichius hat in seiner Institutio eines dieser Schimpfwörter, mit denen die Salbungen lächerlich gemacht wurden, festgehalten. Man nannte sie verächtlich "Wagenschmiere" ("axungia"). Der Autor schreibt: "Viderint ergo cuius partis sint, ...qui consuetudinem ungendi...tanquam rem vanam blasphemis verbis axungiam vocant, imo etiam abiiciunt damnantque. Sed nihil proficiunt, Nam quod ipsi in suam perniciem rident, Ecclesia in mysterium salutis magna custodit veneratione. Salutarem esse eum ungendi ritum constat, quia baptismatis mysteria refert baptizatis".[1489] Auch Helding wendet sich gegen die Spötter und macht sie auf die Folgen aufmerksam: "**Pfu** des frevels, wan es gilt ein jede Creatur verspotten, wie sie an ir selbst ist, und man wil sie nit achten, wie sie durch das gebet und Gottes wort werden kan, so werden zu letzt die Secten auch daran geraten, das sie das wasser im Tauff, und den Wein und Brot auff dem Altar verlachen und schumpfieren werden, und es fehlt leider bey etlichen itzundt nit viel. Wolan, wir halten inen für ire böße neuler, den gebrauch der gantzen Christenheit, und sprechen. Lieber Secten meyster spott und schilt so lang du wilt, wir halten es lieber mit der gemeynen Christenheit, und werden von dir gescholten, dan das wirs mit dir halten, und uns von der gantzen Christenheit abreissen sölten".[1490]

Im Verlauf der Taufhandlung folgt auf die Salbung mit Chrisma die A n l e g u n g   d e s   w e i ß e n   K l e i d e s . Spital weist darauf hin, daß ursprünglich zunächst sofort nach der Taufe das weiße Kleid angelegt und nach der Salbung eine Stirnbinde ums Haupt gewunden wurde. Die Unterschiede seien im Laufe der Zeit verwischt worden. Er konstatiert eine "Unsicherheit" für seine Quellen.[1491] In Mainz kennt man nach den Untersuchungen Reifenbergs nur die "cappa", die Taufhaube, die der Priester nach der Salbung übergibt. Im Rituale von 1599 findet sich der Hinweis, daß man statt der "cappa" ein "linteolum" verwenden kann.[1492]

Die "Unsicherheit" zeigt sich auch in einigen Katechismen. Während Clichtoveus,[1493] Lorichius,[1494] Gropper[1495] und der Trierer Liber[1496] nur das Taufkleid erwähnen, sprechen Helding[1497] und Schöpper von dem "weiß kleid oder hauben" bzw. der "vestis seu vitta".[1498] Nausea unterscheidet dagegen zwischen der "candida vestis" und der "rotunda mitra in capita".[1499] Er zitiert an dieser Stelle offenbar Durandus,[1500] so bleibt unklar, ob Nausea die tatsächliche Praxis beschreibt. Hinzu kommt, daß die Begleitformel z. T. auch dann den Terminus "vestis" gebraucht, wenn tatsächlich die "cappa" überreicht wird.[1501]

Als Begleitformel zitiert Gropper: "Accipe vestem candidam sanctam et immaculatam, quam perferas sine macula ante tribunal Christi, ut habeas vitam aeternam".[1502]

Die Deutung des weißen Kleides wurde zum größten Teil schon weiter oben wiedergegeben.[1503] Sie schließt sich eng an das "immaculata" der Begleitformel an. Nausea bringt darüber hinaus einen Vergleich mit der Verklärung Christi: Wie damals Christi Kleider dem Glanz der Sonne glichen, so erinnern heute die weissen Kleider an die Auferstehung und Verklärung der Getauften am Jüngsten Tag. Ein weiterer Deutungsstrang ist ihm mit Durandus[1504] der Hinweis auf das gemeinsame Priestertum.[1505]

Lorichius[1506] und Gropper[1507] erinnern an dieser Stelle an den alten Brauch, daß die Neugetauften eine Woche lang ihre weißen Kleider trugen.

Helding schreibt sowohl im Catechismus[1508] wie auch in der Institutio,[1509] die Übergabe des Taufkleides sei das letzte Element der Taufhandlung. Nur Nausea,[1510] der Trierer Liber[1511] und Gropper in seiner Institutio[1512] erwähnen die **Ü b e r r e i - c h u n g   d e r   b r e n n e n d e n   K e r z e** . Die seltene Erwähnung der Kerze in den Katechismen entspricht im wesentlichen der Beobachtung Spitals in den Ritualien: "Der Brauch findet sich in unserem Raum bei weitem nicht überall...".[1513] Im Mainzer Raum erwähnen erst die Ritualien des 19. Jahrhunderts diesen Brauch als Möglichkeit.[1514]

Nausea zitiert und erweitert, wie wir schon notiert haben,[1515] die Begleitformel. Der Trierer Liber erinnert an die Knechte, die ihren Herrn mit gegürteten Lenden und brennenden Lampen erwarten (Lk 12,35) und an das Wort des Herrn, daß unsere guten Werke vor den Menschen leuchten sollen (Mt 5,16).[1516] Nach Gropper bedeutet die brennende Kerze das Licht der evangelischen

Lehre, "sicut scriptum est: Lucerna pedibus meis verbum tuum, et lumen semitis meis. quod dum syncera mente et iugi meditatione amplectimur ac tenemus, fit ut et ipsi intus...toti luceamus, et proximis nostris operibus veritate, omnem frigentem hypocrisin fugante, praeluceamus. Quo demum modo Baptismum nostrum custodimus, quare et sacerdos dicit: Accipe lampadem ardentem, custodi Baptismum tuum".[1517]

Als letztes bzw. vorletztes Element der feierlichen Taufspendung erwähnen einige Ritualien der von Spital untersuchten Periode noch die D a r r e i c h u n g d e s A b l u t i o n s - w e i n e s.[1518] Es handelt sich hier um den Ersatz der Taufeucharistie, die zusammen mit der Firmung die volle Eingliederung in die Kirche bedeutete. Erasmus berichtet, daß früher den Kindern sofort nach der Taufe der Leib und das Blut des Herrn gereicht wurde. "Ea consuetudo mutata est: et fortassis expediret mutari consuetudinem quarundam regionum, in quibus infantibus datur confirmatio".[1519] Er gibt leider nicht an, welche Gegenden er meint. Er könnte an die Ostkirche, aber auch an Spanien und Portugal denken, dort hat sich der alte Brauch der Säuglingsfirmung z. T. bis heute erhalten.[1520]

Schöpper schreibt in seiner Summa: "Postremo autem datur Baptizato (infanti scilicet) corporis sanguinisque Dominici ablutio, ad significandum, quod quoscurque ille effectus in Baptismo consecutus est, ii vi et efficacia mortis Christi ei contigerint. per hanc enim efficax est Baptismus".[1521] Die Darreichung ist ihm also ein Verweis auf das Heilsgeschehen in Christus. Gropper betont in seiner Institutio mehr die Gabe, also die Eucharistie. Bei ihm heißt es: "A Baptismo, veteris Ecclesiae more, Missae sacrum celebrandum erit, in quo Susceptores pro baptizato offerre debent ad altare, et Sacerdos in Canone pro recens renato orationem fundere".[1522] Er nennt dann ebenfalls den Brauch, daß erwachsene Getaufte unter beiden Gestalten kommunizieren. Kindern, sagt er, wird nur etwas "ex vino ablutionis (ut vocant) sanguinis Christi, ex calice in os missum". Klang bis hier noch etwas von der Vollendung der Initiation durch die

Eucharistie durch, so wird dieser Gedanke doch sehr abgeschwächt, wenn Gropper fortfährt: "...ut Sacramentum hoc, sicut reliqua, Synaxi compleatur". Völlig gerät jedoch die Dreiheit der Initiationssakramente aus dem Blick, wenn er mit Pseudo-Dionysius[1523] hinzufügt: "Synaxis...est Sacramentorum omnium confirmatio, ut neque fere fas sit, sacerdotalis muneris mysterium aliquod peragi, nisi divinum Eucharistiae augustissimumque Sacramentum id compleat".[1524]

Den alten Brauch der Darreichung von Milch und Honig[1525] erwähnt nur Lorichius in seiner Institutio.[1526] Er hat ihn bei Tertullian[1527] und Hieronymus[1528] gefunden. Der Autor beschreibt den Ritus und erklärt: "Haec praegustatio lactis et mellis habet quidem sanctam et salutarem significationem, sed postquam quotidiani baptismi mos irrepsit, hoc est, postquam coeptum est in Ecclesia quotidie baptizare, sacramentum hoc infantiae et concordiae cessavit". Er hält die Abschaffung für gut, da bei einer Taufe etwa im tiefsten Winter die (kalte) Milch für die Säuglinge gefährlich wäre. Er hat diesen Ritus erwähnt, bemerkt er, um auf die Zeichenhaftigkeit aller Elemente der Taufhandlung aufmerksam zu machen. Die Beziehung von Milch und Honig zur Taufeucharistie nennt er nicht.

35 Das Taufgedächtnis

Soll die Taufe das Grunddatum des christlichen Lebens bleiben, bedarf es der ständigen Erinnerung an den einmal vollzogenen Vorgang. Diese Erinnerung oder das Gedächtnis kann in gemeinschaftlicher oder privater Form geschehen. Balthasar Fischer ist in einigen Studien diesen Formen nachgegangen.[1529] In den von uns befragten Quellen finden sich nicht sehr viele Spuren bleibender Tauffrömmigkeit. Es handelt sich einmal um die Beschreibung und Deutung der Osterliturgie, der "immanenten Tauferinnerung", wie Fischer sie genannt hat.[1530] In diesem Zusammenhang soll die Taufwasserweihe mitbehandelt werden. Von zwei Autoren wird auch die Sondervesper der Osteroktav erwähnt, während der man u. a. in feierlicher Prozession zum Taufbrunnen zog. Mehrmals wird hingewiesen auf die sonntägliche Tauferinnerung. Daneben mahnen einige Katechismen ihre Leser, sich privat der eigenen Taufe zu erinnern und die Taufversprechen zu erneuern.

351   Gemeinschaftliche Tauferinnerung
351.1   Die Osterfeier als immanente Tauferinnerung
351.11 Die Ölweihe am Gründonnerstag und der Karsamstag mit der Taufwasserweihe

In dem 6. Buch seiner Katechismuspredigten befaßt sich Nausea ausführlich mit der Feier des Kirchenjahres und den gebräuchlichen Zeremonien. Im Zusammenhang mit dem Gründonnerstag schildert er die Weihe der Öle. Zunächst nennt er das Krankenöl, dann das Chrisma und das Katechumenenöl.

Das zweite Öl, das geweiht wird, sagt er, "est ac dicitur oleum Chrismatis". Wie die Schrift bezeugt, wurden damit die Könige gesalbt. Unter Berufung auf die kirchliche Überlieferung schreibt er, ohne die Quelle zu nennen, Papst Fabian[1531] die Vorschrift der jährlichen Ölweihe zu. Er fährt fort, mit dem Chrisam werden nun alle Getauften gesalbt "unde quoque et a Christo Iesu uncto, Christiani et Christi appellati sunt. Cepit autem hoc ipsum oleum nomen chrismatis et pacis". Er weist dann auf das Friedenssymbol des Ölbaumes hin und zieht die Linie bis zur Taufe weiter. Ein Ölzweig diente Gesandten als Beweis "constitutae pacis et concordiae". Die Taube, die Noach aus der Arche fliegen ließ, kam zurück mit einem Ölzweig als Zeichen des Friedens zwischen Gott und den Menschen.[1532] So haben auch wir "chrismatis oleo peruncti, baptismoque per fidem Christiani facti", Frieden mit Gott. Vorher waren wir wegen der Sünde (Eph 2,14 f.) in Ungnade.

An dritter Stelle wird am Gründonnerstag das Katechumenenöl geweiht. Auch hier greift Nausea zunächst auf die natürliche Symbolhaftigkeit zurück: "Sicut autem oleum etiam pabulum est, quo lumen pascitur ac incensum conservatur",[1533] so müssen die Katechumenen, die mit dem Öl gesalbt werden, Glauben an Christus haben.[1534]

Für die Teilnehmer an der Ölweihe kann also die Feier zu einer Tauferinnerung werden. Bei der Beschreibung des Tabernakels erwähnt Nausea übrigens, daß dort neben der Eucharistie auch das Krankenöl und das Chrisma aufbewahrt werden.[1535]

Im 32. Kapitel des 6. Buches geht er dann auf die Zeremonien des "sabbatum Paschae" ein. Zunächst weist er darauf hin, daß an diesem Tag eigentlich keine Eucharistie gefeiert wird wegen Christi Tod und der Flucht der Jünger. "Ipsum vero sacrificium Missae, quod tum peragitur, noctis est dominicae resurrectionis, prout eius ostendunt Collectae et orationes, quemadmodum temporibus adhuc Apostolorum in nocte peractum fuisse perhibent". Schlechte und perverse Menschen hätten mit wenig ehrbaren Handlungen eine Feier zur Nachtzeit unmöglich gemacht. So kam man von der Nachtfeier ab, "peragaretur multis annis hoc ipsum divinum officium in die sabbati Paschae...".[1536] Nausea zitiert hier Durandus.[1537] Der Autor hält diese Verlegung aus dem - für uns heute schwer nachvollziehbaren - Grunde für gut: "...quia Catechumeni, quorum est idipsum officium, sepulti cum Christo per Baptismum resurgant cum ipso".[1538] Auch dieser Passus ist von Durandus[1539] übernommen.

Nach der Messe am Vormittag folgt als "secunda Caeremonium"

bald nach Mitternacht die Erhebung des "Corpus dominicum" aus dem Heiligen Grab.[1540] In feierlicher Prozession zieht man "de porta ad portam templi..., quam brevissimae sequuntur matutinae preces".[1541]

Nausea erklärt diese Zeremonie ebenso wie die anderen. Soweit sich kein Taufbezug ergibt, sollen die einzelnen Elemente der Feier nur angeführt werden. Es folgt die Segnung der Kerze und das Schlagen des Feuers aus einem Stein. Zu diesem Feuer zieht die Gemeinde in feierlicher Prozession. "Per quod significatur nos Christianos in passione eius, per quem spiritum sanctum accipimus, esse lotos et mundatos".[1542]

Nach den Lektionen, der "sechsten Zeremonie", "fit processio ad baptismum". An der Spitze wird die Kerze getragen, es folgen Priester und Scholastiker in Alben. Diese Prozession, sagt er, versinnbilde den Zug der Israeliten zum Roten Meer. Wie damals Mose vom Feuer der Säule erleuchtet den Israeliten bis zum Roten Meer vorausging,[1543] "ita Christus, qui per Caereum quoque significatur,[1544] processit Neophitos, qui significantur per sacerdotes...ad Baptismum et baptizatos usque ad terram promissionis". Früher wurden, bemerkt der Autor, Taufbewerber nur zur Oster- und Pfingstzeit getauft. Er hält dies für richtig, da in der Taufe Tod und Auferstehung nachvollzogen werden und Gottes Geist auf den Täufling herabkommt.

Die folgende Taufwasserweihe gliedert Nausea wie Durandus[1545] in sechs Zeremonien. Während Durandus die Einzelheiten sehr breit erklärt, faßt sich Nausea bewußt kurz.

Zunächst betet der Priester. In der Oration wird der Schöpfung und der Sintflut gedacht. "Precatur autem ad deum, ut ipsa baptismatis aqua eius divinae maiestatis imperio sumat unigeniti sui gratiam de spiritu sancto".[1546]

Als nächstes berührt der Priester das Wasser dreimal mit seiner Hand. Er teilt es in Form eines Kreuzes, um zu bezeichnen, "Aquam foecundari spiritu sancto". Die zweite Berührung hat exorzisitschen Charakter.[1547] Beim dritten Mal teilt der Priester das Wasser in vier Teile und zählt dabei in anamnetischer Form

10 'Wasserwunder' auf, je 5 aus dem Alten und Neuen Testament, "quibus...expressus est Baptismus et eius virtus et efficacia". Die vier Teile des Wassers sollen darauf hinweisen, daß die Gnade der Taufe in die vier Teile der Erde gelangt ist.

An dritter Stelle singt der Priester dreimal in steigender Tonhöhe, "quo significat celsitudinem tanti mysterii, videlicet Baptismatis". Wie Gott einst durch Wasser Heil gewirkt habe, so möge er nun das Taufwasser gemäß der Weissagung des Propheten (Ez 36,25) und der Verheißung seines Sohnes (Mk 16,16) für die Reinigung im Geiste fruchtbar machen.

Die vierte Zeremonie besteht darin, daß der Priester die Osterkerze in das Wasser senkt. Dies wird als Hinweis auf die Taufe Christi verstanden:[1548] Christus hat das Wort geheiligt und Gottes Geist kam auf ihn herab.

Danach haucht der Priester dreimal auf das Wasser. Damit soll nach Nausea angedeutet werden, daß der Heilige Geist seine Wirsamkeit in den Täuflingen entfaltet. Er vertreibt den bösen Geist aus ihnen, "ornat virtutibus et praemio coronat aeterno".

Zuletzt bezeichnet der Zelebrant das Wasser wiederum mit dem Kreuz und vertreibt so den Teufel endgültig. Er schüttet etwas Chrisma in das Wasser, "quod subindicat, baptizatos uti veram ecclesiam, Christo, tamquam suo sponso, coniungi et uniri". Nausea zitiert an dieser Stelle Eph 5, 25 f. und wiederholt die Aussage, daß die Getauften von der Salbung mit Chrisma her Christen genannt werden.[1549]

Auch Schöpper beschreibt in seiner Summa die Feier der 'Osternacht'. Er geht nicht auf die Frage ein, wann diese gehalten wird. Er spricht von vier Zeremonien, "quae sane...nobis huius gaudii causam...exprimunt".

Zunächst wird aus dem Stein Feuer geschlagen, dann die Osterkerze gesegnet und inzensiert. Es folgt eine Prozession mit zwei Fahnen,[1550] die nach Schöpper den doppelten Sieg Christi in Tod und Auferstehung symbolisieren, "qua inquam duos tyrannicissimos generis humani hostes, Mortem nempe et Infernum, seu Peccatum ac Satanam, potenter devicit".[1551] Als letzte der vier Zeremonien nennt er die Taufwasserweihe. In ihr komme zum Ausdruck, sagt er, daß die Wirksamkeit der Taufe ganz von der Auferstehung Christi abhänge. Sie und die Gabe des Geistes seien der Grund zu der lebendigen Hoffnung in der Wiedergeburt.[1552] An dieser Stelle geht er also nur auf den eigentlichen Sinn ein, die Handlung selber hat er im Zusammenhang der Taufe beschrieben. Sie soll nun mit den Ausführungen der anderen Autoren behandelt werden.

Die Tatsache, daß das Taufwasser geweiht sein soll, findet sich in sehr vielen Katechismen vermerkt.[1553] Fabri schreibt etwa: "Das Taufwasser soll gesegnet sein durch das gebet und salbung des Crysams, daß wir erkennen, das wasser nit solche krafft zu haben, aus ihm selbs, zu rainigung der sünd, sonder aus der krafft Gottes".[1554] Es geht also darum, daß wir "hinter" dem Wasser Gottes Wirken sehen, daß dem Wasser nicht eine Kraft zugeschrieben wird, die ihm nicht zukommt. Die Beimischung des Chrisma soll an die Wirkung des Heiligen Geistes in der Taufe erinnern.[1555]

Sehr starken Wert legen einige Autoren auf den Nachweis, daß der Brauch der Taufwasserweihe ein "ritus Ecclesiae matricis" ist, wie Lorichius im Anschluß an das Decretum Gratiani[1556] sagt.[1557] Öfters wird auf die schon weiter oben[1558] angeführte angebliche Bestimmung des Papstes Viktor I. hingewiesen. Daneben nennt etwa Helding in seiner Institutio Cyprian[1559] und Ambrosius[1560] als Zeugen. Gropper weist in seiner Institutio auf Hieronymus[1561] und auf Ambrosius[1562] hin. Er erwähnt neben Nausea als einziger die Verwendung der Osterkerze bei der Taufwasserweihe. Dabei erinnert er an die Wolke, die dem Volk Israel bei dem Auszug aus Ägypten vorauszog, "quae transeuntibus interdiu velamento fuit, et noctu syderei splendoris vicem supplevit". Er zitiert dann 1 Kor 10,1f., die paulinische Taufdeutung dieses Zuges.[1563]

Helding spricht in der Predigt ausführlich über die Bedeutung der Taufwasserweihe. Er hält sich dabei an das, was weiter oben von den anderen Autoren angeführt wurde. Er sagt von dem Gebet über das Wasser: Die Kirche "bitt mit sölchen geschickten,

hertzlichen worten, das man darin wol spürt, was für ein geyst
bey den alten Vättern gewest ist, die diese Kirchenordnung gemacht haben. So lieblich, ernst, und einbrünstig gehn die wort,
das wol gut were, alle Christen kündten also beim Tauff beten,
so offt man täuffen wolt. Die wort sein sehr lang", räumt er ein,
deshalb gibt er den Inhalt in eigenen Worten wieder. Die Handlung wird vollzogen, schließt er seine Ausführungen, "mit vielen
andern schönen worten und heilsamen gebräuchen, die ich nit alle
erzelen kan. ...Wer kan es da der Kirchen Gottes der gemeynen
Christenheit verargen, das sie bey diesem grossen werck, beim
Tauff, Gott seiner verheissung so hertzlich erinnert, und so mit
ernsten worten bitt umb die hohen gaben und genaden, die wir
beim Tauff süchen, nach der verheissung Christi unsers
Herrn".[1564] Es fällt bei Helding vor allem auf, daß er den Anamnese-Charakter der Weihe so stark in den Vordergrund stellt. Er
nennt den Grund, warum er sich so ausführlich mit dieser Zeremonie befaßt hat: "...warumb wölten wir dan ein unnötige newerung annemen, und uns nit viel mehr der gantzen Christenheit
gleichförmig halten, in dem das doch an im selbst gut und heilsam ist?".[1565] Ähnlich schließt auch Nausea seine Beschreibung
der Osternachtsliturgie: "Ex quibus omnibus fit modo perspicuum,
quam non probe Haeretici et Schismatici nonnulli eiusmodi Caeremonias negligunt, et ex ecclesia sublatas volunt, sicut omnia
ferme, quae pietatem promovent et devotionem".[1566]

351.12 Die Osteroktav mit der Sondervesper und die Osterzeit

Schöpper macht nach der Feier der Osternacht in seiner Schilderung der Zeremonien einen Einschnitt und setzt damit den
Ostersonntag ab. An ihm gebe es, sagt er, sechs bedeutsame Handlungen: Das Kreuz wird erneut aus dem Grab gehoben; es folgt
eine "processio secretior"; drei Priester besuchen das leere
Grab; in einer feierlichen Prozession werden das Kreuz und die
beiden schon genannten Fahnen mitgeführt, "interim aqua Baptismali populus aspergitur"; schließlich findet in der Vesper eine
Prozession zum Taufbrunnen statt.[1567]

Von diesen sechs Zeremonien interessieren in unserem Zusammenhang besonders die beiden letzten. Unter der Randnummer 5 schreibt Schöpper: "At aquae Baptismalis aspersio adhibetur, ut meminerimus suscepti Baptismi...". Er benutzt diese Gelegenheit, um seinen Zuhörern in knapper, sehr gedrängter Form die wesentlichen Punkte der Tauflehre ins Gedächtnis zu rufen. Dabei macht er auf die Konsequenzen für das christliche Leben aufmerksam. Wir haben, sagt er, dem Teufel entsagt und uns Gott durch ein ewiges Versprechen verbunden. Wir haben die Vergebung aller Sünden erlangt, "iusque adoptionis filiorum Dei, ac Spiritum sanctum salutis nostrae arrhabonem" (2 Kor 1,22). Die Taufe hängt allein vom Tod und der Auferstehung unseres Herrn Jesus Christus, von seinem Wort und dem Wirken des Heiligen Geistes ab. Sie ermahnt uns schließlich, "nos...et peccatis mori et in vitae novitate ambulare iugiter" (Röm 6,4).[1568]

Ebenso kurz geht Schöpper auf die Sonderheiten der Ostervesper ein. Er erklärt, die Prozession zum Taufbrunnen und die Psalmen, die dort gesungen werden, ermuntere alle Getauften zu Lob und Dank. Wir werden daran erinnert, "quod scilicet dux noster Christus, in hoc mystico mari rubro, Pharaonem ac omnem exercitum eius, Diabolum inquam et peccata omnia, submerserit, nosque adseruit aeternum: ut proin et nobis merito cum Mose ac populo Israelitico dicendum sit, Cantemus Domino. gloriose enim magnificatus est. equum et ascensorem deiecit in mare, etc. Exo. 15.".[1569]

Bei Nausea findet sich bei der Beschreibung der Ostermesse kein direkter Taufbezug. Er weist auf die früheren Bräuche der Osteroktav, der "septimana in albis", hin. Er sagt, die "Neophiti, id est, noviter ad fidem conversi et quasi novum germen virtute Baptismi plantati" hätten die weißen Kleider sieben Tage lang getragen. Das sei ein Hinweis gewesen auf die Taufunschuld, die man unversehrt bewahren müsse. Das Tragen der Kleider von Samstag zu Samstag und die Siebenzahl veranlaßt ihn, einen sicher patristischen Gedanken[1570] aufzugreifen, der sich in verkürzter Form auch bei Durandus[1571] findet. Diejenigen, die das

Taufgeschenk rein bewahrt haben, "...de Sabbato temporario transituri sint, depositis corporibus, ad Sabbatum aeternitatis. Atque ob id baptizati vestes eiusmodi candidas exuebantur in alio Sabbato, quoniam animae illorum de corpore exeuntes, Sabbatum, id est, requiem sint inventurae, si vestes eorum fuerint albae conservatae".[1572] Der eschatologische Bezug des weißen Kleides, der sich bei allen Autoren findet, die im Rahmen der Taufhandlung dieses gottesdienstliche Element aufgreifen,[1573] wird hier also verstärkt wiedergegeben.

Nausea geht dann zur Schilderung und Deutung der österlichen Sondervesper über. Seine Ausführungen sind wesentlich breiter als die Schöppers. Er hält sich sehr stark an Durandus.[1574] Er weist zunächst darauf hin, daß das Taufwasser in der Pfingstvigil "benedicitur, sanctificatur et consecratur" und der Taufbrunnen "processionaliter per totam Paschalem septimanam visitatur sub officio vespertino". Die Ostervesper, sagt er, wird nicht mit dem normalen Invitatorium begonnen, "ad designandum, quod in vita futura, quam nobis baptizatis operata est Christi resurrectio, non indigebimus adiutorio, quum futuri simus in gratia et gloria perpetua, et in eo quidem loco, ubi non est, quod nobis ultra possit insidiari, quandoquidem nec inibi sit fames, nec sitis, nec dolor, nec mors, nec aestas, nec frigus, utpote a quibus ipse deus omnem ab oculis nostris lachrymam sit abstersurus...".[1575] Der Gedanke, daß dies alles in dem fehlenden "Deus in auditorium..." zum Ausdruck kommen soll, liegt vielleicht ein wenig fern, aber er besticht dennoch in seinem stark eschatologisch-tröstenden Zug.

Die Vesper wird mit dem "Kyrie eleison" eröffnet, wie die Messe des Karsamstags. Nausea deutet diesen Ruf als "vox...et exultationis et devotae precationis". Mit ihm dankt die Kirche in geistlicher Freude für die Neugetauften und bittet Gott, er möge sie in der Neuheit des Lebens bewahren. Sympathisch ist hier, daß die Neuchristen als Geschenk an die Kirche gesehen werden und daß die Verantwortung der Gemeinschaft für sie zum Ausdruck gebracht wird.

In der Vesper werden, fährt der Prediger fort, zunächst nur drei Psalmen unter der einen Antiphon "Alleluja" gesungen. Die Dreizahl erinnere an die Dreifaltigkeit, unter deren Anrufung das Sakrament gespendet werde. Sie verweise auch auf den dritten Tag, an dem Christus auferstanden sei.

Nach dem dritten Psalm zieht man dann während der ganzen Oktav zum Taufbrunnen. Diese Prozession soll den Dank der Kirche für die Neugetauften zum Ausdruck bringen und den Jubel über das Geschenk der sieben Gaben des Heiligen Geistes. Aus diesen Gründen singe man auch am Taufbrunnen die Psalmen 112 (Laudate pueri...) und 113 (In exitu...). Beim zweiten Psalm verweist Nausea auf den Zug durch das Rote Meer, der nach Paulus (1 Kor 10,1 f.) ein Vorbild der Taufe war.[1576]

Nausea hält sich bei seiner Beschreibung der österlichen Sondervesper ziemlich genau an seine Vorlage bei Durandus. Er greift allerdings nicht einfach auf das geschichtliche Material zurück, sondern gibt die ihm wichtig erscheinenden Elemente dieser Feier wieder, wie sie zu seiner Zeit in Mainz gehalten wurde. Das ergibt sich aus einem Vergleich seiner Darstellung mit den Ergebnissen der Studien von H. Reifenberg über die Mainzer Ritualien.[1577]

Im Zusammenhang mit der Taufwasserweihe am Samstag vor Pfingsten kommen sowohl Nausea[1578] wie auch Schöpper[1579] wiederum auf die Taufe zu sprechen. Beide betonen die Bedeutung des Heiligen Geistes für die Taufe.

351.12 Andere Formen gemeinschaftlicher Tauferinnerung

Die Weihwasserweihe und -austeilung vor dem sonntäglichen Hochamt[1580] wird von einzelnen Autoren als direkte Tauferinnerung angesprochen. So schreibt Gropper: Die Kirche "besprengt auch das volck mit weihewasser, so durch das wort und anruffung gottes mit zeichnung des heiligen creutz geheiliget wirt, sonderlich uff alle Sontage, uff daß das volck dardurch ermant werde seyner Tauffe, und der verheissung alda geschehen, und der bundtnus mit Gott durch Christum eingangen, in deme die getäufften domals ufferstandnen sein in ein new leben, und uff daß es durch solche erinnerung erneuwert werde im geist seines gemüets, durch reuwe des alten lebens, so in der Tauff abgelegt worden ist".[1581] In seiner Institutio findet sich ein fast wörtlich identischer Text, der in seinem letzten Teil etwas eindringlicher klingt: "...utque ea rememoratione renovetur...".[1582]

Bei der Sonntagsheiligung kommt Helding auf unser Thema zu sprechen: "Erstlich wan wir zusamen kommen, so sprengt uns die Kirch mit dem geweyheten wasser, und erinnert uns mit dieser sprengung unsers Tauffs, das wir alle in Christo unserem Herrn getaufft seind".[1583] Er bietet im folgenden eine knappe Tauftheologie und fährt dann fort: Es ist so, als ob die Kirche uns durch dieses Zeichen zurufen wollte: "Lieben kinder, bedencket wer ir seind, unnd was ewer beruffung sey. Ir gehöret nit in diese welt, ir habt die welt mit aller irer Pompen abgeschworen im Tauff, ir seid mit Christo ewerem HERRN geyst'ich gestorben im Tauff...". Der alte Mensch, fährt Helding fort, darf also nicht mehr in uns leben. Wir müssen vielmehr im neuen Leben Fortschritte machen. Falls uns die Welt in den vergangenen Tagen "wider ergriffen unnd eingewickelt hett in ire gescheft", sollten wir uns auf den Wandel des neuen Menschen besinnen.[1584] Nausea bringt einen ähnlichen Gedankengang, jedoch spricht er nicht von einer "offiziellen" Besprengung.[1585]

Der Autor kommt bei der Beerdigung auf die Taufe zurück. Für ihn gewinnt die Besprengung des Leichnams mit Weihwasser indirekt die Dimension einer gemeinschaftlichen Tauferinnerung. In seiner Predigt erklärt er: "...defunctus una cum sepulchro conspergitur aqua benedicta. Id quod expedit, significat et monet". Es bewirkt nach ihm, daß durch den Gebrauch des Wassers die bösen Geister fliehen. "Significat, quod defunctus in fide baptismi quem aqua designat, mortem obierit, in eaque solum se salvum fieri crediderit. Admonet, ut deum quoque precemur, quatenus baptismus in defuncto non pereat, sed animam ipsius per eundem rore coelesti perfundere dignetur...".[1586] Wenn hier auch nicht ausdrücklich der Bezug auf die zum Begräbnis Versammelten deutlich gemacht wird, so ist es doch in dieser Situation wohl fast von selbst gegeben. Gerade im Angesicht auch des eigenen Todes wird die Hoffnung aus der Taufe angesprochen.

352   Privates Taufgedenken

352.1 Tauferinnerung durch äußere Zeichen

Von den in Fischers Arbeit über die private Tauferinnerung erwähnten "Taufandenken"[1587] findet sich nur in Heldings Catechismus eine Spur. Im Vorwort spricht der Autor die Paten an: Sie hätten den Kindern zur Taufe geholfen und für sie versprochen, so seien sie nun in deren Schuld. Zu unserem Thema sagt er dann: "Gläubt nit, das ir ewer sach mit dem Gottenbeuttel und Kindbetschlamb[1588] verrichtet habt...".[1589] Helding kennt also die weitverbreitete Sitte, daß der Pate seinem Patenkind bei der Taufe Geld gibt.[1590] Er mahnt, es nicht dabei zu belassen, sondern vor allem für das geistliche Wohl Sorge zu tragen.

Die von Fischer erwähnten "sekundären Formen" der privaten Tauferinnerung[1591] finden sich in unseren Katechismen öfter. Am häufigsten erscheint der Taufbezug im Zusammenhang mit dem Gebrauch des Weihwassers. In seiner Zusammenstellung der kirchlichen Zeremonien und Gebräuche stellt Witzel im Catechismus die Frage: "Was ist das Weyhewasser und Saltz?" In der Antwort heißt es: Das Wasser mahne uns an die Taufe, durch die uns die Sünden vergeben sind und wir Glieder der Kirche wurden. Auf die Taufe sollen wir "mit der newigkeyt des wandels...antworten".[1592] In den Ausführungen zum Salz findet sich kein Taufbezug. Nausea weist darauf hin, daß der Gebrauch des Weihwassers keine Wiedertaufe bedeute. Ohne Taufe, erklärt er, wären wir keine Christen. Im Gedenken an sie könnten wir die Angriffe des Teufels abwehren.[1593]

Auf der Linie, die Witzel aufgezeigt hat, liegen auch die Gedanken, die Schöpper[1594] und Helding in seiner Institutio darlegen. Letzterer behandelt beim ersten Gebot des Dekalogs u. a. die geweihten Sachen, darunter das Weihwasser und das geweihte Salz: "Significationem autem pulcherrimam, et ad exercitum pietatis accommodatissimam, habent". Das Wasser ist Symbol für unsere Wiedergeburt. Sein Gebrauch erinnert uns, daß wir in der Zahl derer sind, die Christus ihren Namen gegeben haben. Die Kirche möchte, daß der Mensch, der sich mit Wasser besprengt, daran denkt, daß er der Welt abgeschworen hat. Sie sagt uns gleichsam: Im Wasser sind der Teufel und der alte Mensch unterdrückt. Laß dich nicht wieder fangen. Helding schließt noch einen weiteren Gedanken an: Wer einmal das Taufwasser "verkostet" hat, braucht nicht mehr zu dürsten. "Conspergens ergo corpus suum aqua consecrata, demonstrat spiritalem sitim suam: et suspirans ad Deum, intus animam suam potari illa aqua desiderat, quae fiat in eo fons aquae vivae, salientis in vitam aeternam" (Jo 4,14).[1595]

Während er beim Salz nicht auf die Taufe eingeht, heißt es dazu bei Gropper in der Institutio: "Sal quoque porrigit [ecclesia] consecratum, ut meminerimus nos iniqitatum foeteribus, quos in baptismate posuimus, tota deinceps vita carere...".[1596]

Auf die Bedeutung des Kreuzzeichens in der Verbindung mit der Tauferinnerung wurde schon weiter oben hingewiesen.[1597]

352.2 Tauferinnerung im täglichen Leben

In seinem Catechismus Puerorum läßt Monheim den "Lehrer" fragen, was dem "Schüler" seine Taufversprechen nützen, wenn sie ihm in den Sinn kommen. Dieser antwortet: "Ad hoc prosunt, ut me qualem vitam degere, quid Christo praestare debeam, admoneant: quod si aliquando me promissis non stetisse comperio, mox Dei in Christo misericordiam imploro, ut mihi gratiam periurii faciat, et posthac ut promissa bona fide servare possim, per spiritum Christi concedat".[1598] In dieser Stelle mag sich niedergeschlagen haben, daß der eigentliche Autor des Buches, Christof Hegendorf, von der Reformation herkommt. Man würde bei der Formulierung eigentlich einen Rekurs auf das Bußsakrament erwarten.

Demgegenüber deutet Gropper die Erinnerung an die Abschwörung "vorbeugend". Im Anschluß an Ambrosius[1599] mahnt er die

Getauften, daß sie ihr ganzes Leben an die Abschwörung denken. "Per verbi enim illius renuntiationem quae in baptismo fit, recordationem, diabolicas incantationes, fastum, voluptates, breviter, omnia peccata facile vincemus".[1600] Wenn also der Teufel lockt und der Hochmut droht, gilt es an das "Ich widersage" zu denken. Auch bei Clichtoveus[1601] findet sich eine ähnliche Mahnung.

Helding belehrt seine Gläubigen, sie sollten die Taufformel kennen, damit sie in einem Notfall die Taufe spenden könnten. Als zweiten Grund nennt er den Trost; weiter oben[1602] wurde ein Teil des Textes schon angeführt. In unserem Zusammenhang soll der volle Wortlaut gebracht werden: "Zum trost sol ein jeder Christ auch diese wort eygentlich behalten, uff das er wider allen grimmigen anlauff und gefährliche versüchung des bößen feinds, sich selbs erinnern möge, in wem unnd auff wen, ja in weß krafft und namen er getäufft worden sey, unnd möge durch diese tröstung alle anfechtung des feinds gewaltiglich zu rück treiben und verachten, in dem und durch den er getäufft ist".[1603]

In gewissem Sinne müßte man eigentlich den ganzen Katechismus ein Stück Tauferinnerung nennen. Das Buch bzw. der Unterricht in dem Stoff, den es bietet, will ja nichts anderes als das Geschenk, das der Mensch in der Taufe empfangen hat, das Christ-Sein, entfalten. In diesem Sinn klagt Witzel im Vorwort zu seinem Catechismus: "Warumb lest man dye getaufften Jugent also ubel geraten, und der gantzen Tauff hynfurt widder achten noch gedencken?" Er gibt aber auch das Ziel an: "Wöllen wir gute Christen haben, die Gott und yhre Tauff ehren, so müssen wir sie warlich iung darzu ziehen. Und yhnen, wenn sie tzu verstande komen, yhre empfangne Tauff, also fürhalten, mitt Gotsfurcht und ernst, das sie tzeitlich wissen, was und wie mit yhnen für angesicht der kyrchen gehandelt sey, und was yhnen drauff stehe, weil sölche vota aldo geschehen sein".[1604]

ANMERKUNGEN ZU ABSCHNITT 3

1 Vgl. Kretschmar, Geschichte 8.
2 In anderen Werken führt er die Taufe ausdrücklich auf Christus zurück; vgl. Payne 155 f.
3 Soto, Libri tres 9v; Compendium (Moufang, KK 328). Diese Aussage findet sich auch bei anderen Autoren; vgl. etwa Clichtoveus, Sermones 44 v.
4 Institutio 53 v.
5 Ebda 56 v.
6 Gropper, Capita (Moufang, KK 273).
7 Dietenberger, Catechismus (Moufang, KK 79). Als Randbemerkung ist dort Mt 23 angegeben. Aus dem Text selber ergibt sich, daß es sich dabei um einen Druckfehler handelt.
8 Schöpper, Catechismus A 2v.
9 Nausea, Catechismus 22v.
10 Helding, Institutio 144v; Schöpper, Summa 109v.
11 Institutio 144v.
12 Witzel, Catechismus X 3r; Fabri, Catechismus (Moufang, KK 448). Fabri stellt allerdings dann die Frage: "Warumb hat Christus den Tauff eingesetzt?"; ebda 449.
13 Sermones 45v. - Diese Frage war in der Scholastik viel diskutiert worden. Ein kurzer Überblick dazu findet sich bei Auer, J., Die Sakramente der Kirche (= Kleine katholische Dogmatik VII) Regensburg 1972, 29 f.
14 Catechismus 171r
15 Catechismus E 3r/v.
16 Catechismus 22v.
17 Sermones 45v.
18 Catechismus 265r; vgl. Durandus, Rationale VI, c. 82,10.
19 Underrichtung E 4r/v.
20 Lorichius, Institutio 58v; vgl. Clichtoveus, Sermones 46r.
21 Helding, Catechismus 160v.
22 Clichtoveus, Sermones 46r; Nausea, Catechismus 265r.
23 Clichtoveus, Sermones 46r; Gropper, Enchiridion 77r; Nausea, Catechismus 26v/27r.
24 Helding, Institutio 145v.
25 Ders., Catechismus 160v.
26 Institutio 58v; er weist an dieser Stelle auch auf die äußere Erscheinungsform des Heiligen Geistes hin. Die Taube als reines und friedliches Tier versinnbildet für ihn den Geist der Sanftmut und Reinheit.

27 Catechismus 22v; er sieht in dieser Taufe die "Prophezeiung" von Ps 28,3 verwirklicht: "Vox Domini super aquas...".

28 Vgl. Clichtoveus, Sermones 46r. In seiner Taufpredigt verbindet Clichtoveus ausdrücklich die Taufwirkungen mit den Erscheinungen bei der Taufe Jesu.

29 Vgl. Lorichius, Institutio 58v.

30 Vgl. Helding, Catechismus 160v.

31 BSLK 695; vgl. Ferel, Gepredigte Taufe 153 - 191.

32 Catechismus X 2v; vgl. Lorichius, Institutio 53v.

33 Catechismus X 3r.

34 Ebda X 3v; vgl. Lorichius, Institutio 53v/54r. Lorichius setzt sich mit der Meinung auseinander, es seien bei der Johannestaufe nur die Leiber gewaschen worden. Er meint dagegen, aufgrund von Lk 3 ließe sich nachweisen, daß wirklich die Sünden vergeben wurden.

35 Helding, Institutio 155v/156r. Helding erwähnt noch, daß sie eher eine Bußtaufe war und der künftigen Vergebung diente.

36 Nausea, Catechismus 1v.

37 Helding, Institutio 156r.

38 Lorichius, Institutio 53 v/54r; er schreibt, es gebe auch andere Meinungen, er wolle sich an die Väter halten und damit eine mittlere Linie einnehmen. Es gehe ihm nur darum, zu zeigen, daß die Taufe alle Sünden nachlasse.

39 Witzel, Catechismus X 4r.

40 Nausea, Catechismus 20r.

41 Institutio 53v.

42 Am deutlichsten ist das bei Helding, Catechismus 165v und Institutio 146r. - Vgl. zum Ganzen auch Durandus, Rationale VI, c.82. Auf nähere Einzelheiten wird im Zusammenhang mit den Taufzeremonien einzugehen sein.

43 Catechismus X 4r.

44 Catechismus 165v und Institutio 146r.

45 Catechismus 264v.

46 Institutio 655.

47 Sermones 46r. - Vgl. Durandus, Rationale VI, c.81, 10.-11.

48 Enchiridion 79v, vgl. 121r.

49 Catechismus 23v. Er fügt hinzu, eine längere Erörterung widerspräche dem Zweck eines Katechismus.

50 Catechismus 165v und Institutio 146r.

51 Catechismus Y 2r; vgl. ders., Newer Catechismus (Moufang, KK

522). Vgl. auch Christian von Honnef, Underrichtung E 3v; hier wird ebenfalls verwiesen, gleichzeitig aber eine Paraphrase der entsprechenden Stelle angeführt.

52 De mysteriis 3,10f.; CSEL 73,93.

53 Institutio 53r. Etwas später kommt er noch einmal auf die Taube zu sprechen Sie hat das Ende des Sturmes angezeigt, nachdem die Welt durch Schiffbruch untergegangen war. Die Mahnung dieser Geschichte zeige uns, daß man nie verzweifeln soll. Wie damals durch Strafe die Rettung kam, so erlangen wir sie jetzt durch die Gnade und Verzeihung des Erlösers; ebda 58v.

54 Catechismus 26v/27r.

55 Ebda 239v/240r; hier erklärt er die Ölweihe am Gründonnerstag. Im Verlauf des 6. Buches kommt Nausea bei der Deutung der Taufwasserweihe am Karsamstag noch einmal auf die Sintflut zu sprechen. In ihr ist die Taufe vorgebildet.

56 23r.

57 Vgl. Dietenberger, Catechismus (Moufang, KK 26); Schöpper, Summa 82v (=M 2v); Maltitz, Lere (Moufang, KK 162); vgl. zum letzteren Lobeck 105f.

58 Sermones 46r.

59 Ep. 69,15; CSEL 3,2,764.

60 Enchiridion 80r; vgl. ebda 83v, 84r, 204v. Bei Helding, Institutio 146r/v finden sich diese Ausführungen z. T. in wörtlicher Übereinstimmung. Er gibt jedenfalls Cyprian als Quelle an; vgl. Danielou, Liturgie 101.

61 Vgl. Witzel, Catechismus Y 2r; Lorichius, Institutio 52v/53r; Christian von Honnef, Underrichtung E 3v; Gropper, Capita (Moufang, KK 311).

62 648f. Gropper gibt hier keinen Gewährsmann aus der patristischen Zeit an. Danielou, Liturgie 100f. führt einen Text von Cyrill von Jerusalem an, in dem ähnliche Motive anklingen. - Zur lichten Wolke vgl. Liber 3r. Siehe dazu auch Durandus, Rationale VI,c. 81, 10.-11.

63 Catechismus 269r; vgl. Durandus, Rationale VI, c.89,10f.

64 Summa 188r.

65 3r.

66 Summa 112r.

67 Catechismus (Moufang, KK 450).

68 Vgl. Clichtoveus, Sermones 46r; Christian von Honnef, Underrichtung E 3v/4r.

69 Catechismus 165v.

70 Catechismus Y 2r.

71 Underrichtung E 4v; er gibt wegen der noch fehlenden Verseinteilung keine genaueren Stellenangaben an. Bei Jes 38 ist es Vers 17. Welchen Vers er bei Ps 38 meint, läßt sich nicht genau eruieren, es könnte Vers 9 sein.

72 Catechismus 165v; vgl. ders., Institutio 146v/147r, dort fügt er jeweils kurz die entsprechenden Zitate an und ergänzt um Jes 12.

73 Vgl. Christian von Honnef, Underrichtung E 4r; Gropper, Enchiridion 82r; Nausea, Catechismus 23v; Helding, Catechismus 165v und ders., Institutio 147r.

74 Nausea, Catechismus 275v, vgl. 284v; Helding, Institutio 147r.

75 Institutio 649.

76 Christian von Honnef, Underrichtung E 4r; Gropper, Enchiridion 82r; Helding, Catechismus 165v und Institutio 147r. Helding erwähnt in der Institutio nach Sach 12,10, die Ausgießung des Geistes. Im Pfingstfest sieht er diese Verheißung erfüllt. Vgl. auch Fabri, Catechismus (Moufang, KK 449).

77 Explanatio 156.

78 Ohne die scharfe Spitze steht ein ähnlicher Satz bei Maltitz im gleichen Zusammenhang; Lere (Moufang, KK 217).

79 Explanatio 170; vgl. Payne 158 und 161.

80 Underrichtung E 4r; er verweist dabei auf Gal 5,6.

81 Sermones 46 r.

82 Catechismus 24r.

83 Institutio 150v.

84 Er gibt hier als Quelle an: "lib. quaestionum quaestione 38" Es müßte sich um das Werk: Quaestiones ad Antiochum ducem, qu. 38 (PG 28,621f.) handeln. Dort redet Athanasius von der Beschneidung. Das Zitat findet sich dort allerdings nicht.

85 Institutio 53r.

86 Enchiridion 79r.

87 Institutio 150r.

88 Lorichius, Institutio 53r.

89 Gropper, Enchiridion 79r; Helding, Institutio 150r/v.

90 Nausea, Catechismus 21r; Liber 3r und Helding, Catechismus 3v.

91 Enchiridion 49r.

92 Gropper, Enchiridion 49r; vgl. Nausea, Catechismus 26r; Soto, Libri tres 62r; Schöpper, Summa 112r; Helding, Catechismus 3v und Institutio 150v und Fabri, Catechismus (Moufang, KK 451).

93 Sermones 45r.

94 "Quoniam veteris legis atque Mosaicae sacramenta, gratiam quidem significabant, et promittebant, in nova lege conferendam, sed illam non conferebant sua virtute"; ebda.

95 Ebda 46r; ähnlich bei Christian von Honnef, Underrichtung E 4r und Helding, Institutio 146r.

96 Contra Faustum 19,1,13; CSEL 25,1,196f., 510-512, 512-514.

97 Enchiridion 77v.

98 Contra Faustum 19,13; CSEL 25,1,510.

99 Enchiridion 77v.

100 Ebda 79r/v u. ö. Diese Terminologie findet sich auch bei Lorichius, Institutio 53r; Schöpper, Summa 112r; Liber 3r und Helding, Institutio 146r.

101 Siehe den vorigen Abschnitt. Zur Frage der alttestamentlichen Sakramente bei Gropper vgl. Braunisch, Rechtfertigung 285-288.

102 Catechismus 20r.

103 Vgl. ebda 24r.

104 Catechismus (Moufang, KK 542).

105 Vgl. etwa Gropper, Enchiridion 78v.

106 Institutum E 4v bzw. E 4r. Vgl. Vincius, Primordia A 5r/v, er spricht von den "sacrae undae".

107 Sermones 45v.

108 Vgl. etwa Witzel, Quaestiones 22v, 23v und Contarini, Catechesis (Moufang, KK 542).

109 Sermones 45v; vgl. oben den Abschnitt 311.2.

110 Catechismus 22r. Ein paar Zeilen später wiederholt er diesen Gedanken: "Instituit [Christus] ...in aqua, ne quis inopum vel etiam divitum a suscipiendo excursari posset, tanquam a re difficili, quum fortassis alioqui propter difficultatem periclitari possent".

111 Sermones 45v; vgl. dazu Liber 2v; "Quid enim communius aqua, pane, vino et oleo, quorum usus quotidianus est?" Für diese unterschiedliche Aussage spielen wohl lokale Vorgegebenheiten eine Rolle.

112 Catechismus 22r; vgl. Clichtoveus, Sermones 45v.

113 Sermones 45v; vgl. Gropper, Enchiridion 79v; Lorichius, Institutio 58r; Nausea, Catechismus 241v; Schöpper, Summa 118v (108v); Helding, Catechismus 165v/166r und ders., Brevis Institutio (Moufang, KK 394).

114 Helding, Institutio 145v; vgl. ders., Brevis Institutio (Moufang, KK 394); Lorichius, Institutio 56v.

115 Vgl. oben den Abschnitt 311.4.

116 Institutio 146r; vgl. ders., Catechismus 165r.

117 Catechismus 22r.

118 Institutio 51v.

119 Catechismus 145r.

120 Explanatio 170.

121 ebda 162.

122 Catechismus B 1v.

123 Enchiridion 80r; vgl. ders., Capita (Moufang, KK 309), dort heißt es, durch die Beifügung des Chrisam sei das Taufwasser kein gewöhliches Wasser mehr, "sonder daß mehe das wasser zuvor durch den heiligen geist geweschen und gereiniget werde, uff daß es die menschen vort geistlich abweschen möge"; vgl. auch ders., Institutio 654/655.

124 Catechismus 22r.

125 Ebda.

126 BSLK 694; vgl. oben den Abschnitt 141.11.

127 Catechismus 22r/v.

128 Catechismus 174v/175r.

129 Vgl. etwa Gropper, Capita (Moufang, KK 200), er meint, die Anrufung der Dreifaltigkeit über den Täufling in der Taufformel sei nicht weniger kräftig. Bei Nausea fällt auf, daß er in dem Kapitel über das konsekrierte Wasser wie im ganzen Tauftraktat nicht auf diesen Notfall eingeht. Er erwähnt ihn erst bei der Firmung, als er erklärt, daß das Chrisam zur Firmung unbedingt erforderlich sei; Nausea, Catechismus 27v. Ebenfalls bei der Firmung findet sich dieser Hinweis bei Clichtoveus, Sermones 46v; er spricht an anderer Stelle in seinen Predigten nicht ausdrücklich über die Weihe des Taufwassers.

130 Helding, Catechismus 175v; vgl. Lorichius, Institutio 58r; Gropper, Enchiridion 80r: "...quod Victor Romanus pontifex qui circa annum CXC vixit, decrevit, quo decreto primitivae ecclesiae consuetudo aperte comprobatur". - Diese Angabe findet sich im Decretum Gratiani: D 3 c 22 de cons; ebenso bei Durandus, Rationale VI, c.83,2; Duchesne, Liber Pontificalis 60f. und 137; PL 130, 122; Mansi 1,700f. - Amann (Art. Victor I, in: DThC 15,2,2863) nennt die Zurückführung auf Viktor eine Vorwegnahme. Enßlin (Art. Victor I., in: Pauly/Wissowa, Realencyklopädie 2,16, Stuttgart 1958, 2068) schreibt, der entsprechende Brief, in dem diese Angabe gemacht wird, werde Viktor fälschlicherweise zugeschrieben. - Auf die Taufwasserweihe gehen wir weiter unten ein; vgl. den Abschnitt 351.11.

131 Catechismus 167r; vgl. Lorichius, Institutio 57v, er fordert u. a. wegen der Nottaufen den Gebrauch der Muttersprache bei

der Taufspendung.

132 Vgl. oben S. 15.

133 Explanatio 169.

134 Etwa bei Gropper, Enchiridion 78v.

135 Soto, Compendium (Moufang, KK 328); Liber 2v.

136 Witzel, Quaestiones 23v.

137 Witzel, Examen A 4r.

138 Vgl. Monheim, Catechismus Puerorum (Reu 1,3,2,3,1406); Witzel, Catechismus X 2v; Contarini, Catechesis (Moufang, KK 542); Gropper, Capita (Moufang, KK 273) und Schöpper, Catechismus A 2v.

139 Libri tres 57r.

140 Enchiridion 78v und 81v.

141 Sermones 45r.

142 Ebda 45v.

143 Institutio 57v. Er zitiert hier Durandus, Rationale VI, c.83,30.

144 Witzel, Catechismus X 2r/v macht keine näheren Angaben. Er dürfte sich hier auf "Adversus Haereses" berufen.

145 Institutio 51r. Seine Quelle ist dabei Durandus, Rationale VI, c.83,27-31.

146 Hier meint er den Plural, wie sich aus seiner Institutio 149r: "...non in nominibus..." ergibt.

147 Catechismus 167r; vgl. Lorichius, Institutio 56v; Gropper, Enchiridion 81v.

148 Catechismus X 2r/v.

149 Institutio 57r; vgl. Liber 17r.

150 Catechismus 20v.

151 Institutio 149r.

152 Siehe oben den Abschnitt 312.21.

153 Institutio 149r.

154 Ebda 149v.

155 Witzel, Catechismus X 2v.

156 Catechismus (Moufang, KK 80).

157 Institutio 51v/52r.

158 Enchiridion 77v und 78v.

159 Catechismus 159r/v.

160 Summa 109r/v.

161 Lorichius gebraucht hier das Wort "synaxis"; Institutio 51v.

162 Catechismus 22v/23r.

163 Vgl. oben den Abschnitt 312.3. Eine Ausnahme bildet das Institutum des Erasmus. Bei Vincius, Primordia A 5r/v ist der Sachverhalt umschrieben: "Quae fides in baptismate vegetet infantes.
In sacris aliena fides baptismatos undis Te commendavit per pia vota Deo." und "...Iurastique tacens in sacra verba Dei".

164 Catechismus A 2r/v; vgl. Nausea, Catechismus 21v und 23v.

165 Witzel, Catechismus H 1r, J 2r und X 2v; ders., Quaestiones 22v; Dietenberger, Catechismus (Moufang, KK 63); Schöpper, Catechismus A 2v.

166 Catechismus 165r.

167 Gropper, Enchiridion 77v/78r; vgl. Braunisch, Rechtfertigung 290-292.

168 Institutio 51v; vgl. Gropper, Enchiridion 77r.

169 Vgl. ebda.

170 Gropper, Enchiridion 77r.

171 Catechismus 165r; vgl. ders., Institutio 145v.

172 Catechismus 165r.

173 "...detrahe verbum, et quid est aqua, nisi aqua... Unde ista tanta virtus aquae ut corpus tingat et cor abluat, nisi faciente verbo?"; Enchiridion 78v.

174 Ebda. Auch Luther führt diese Augustinusstelle an; vgl. oben S.21. Dort findet sich auch die Quellenangabe. Schöpper, Summa 109v führt dieses Wort ebenfalls an. Zu Gropper siehe Braunisch, Rechtfertigung 290-292.

175 Helding, Institutio 145v.

176 Schöpper, Summa 109r; vgl. Dietenberger, Catechismus (Moufang, KK 80).

177 Vgl. Gropper, Enchiridion 77r, vgl. 78v.

178 Ebda 78v.

179 Nausea, Catechismus 22r; Schöpper, Catechismus A 2v.

180 Schöpper, Summa 109r. Daß hier das Wort und nicht die Taufwasserweihe gemeint ist, ergibt sich aus dem Zusammenhang.

181 Catechismus (Moufang, KK 80).

182 Enchiridion 78v; vgl. Braunisch, Rechtfertigung 295.

183 Helding, Institutio 152r; vgl. ders., Catechismus 170r/v; dazu Feifel, Grundzüge 147; Clichtoveus, Sermones 45r.

184 "Baptismus flaminis, hoc est, Spiritus sancti...", Helding, Institutio 152r; vgl. Clichtoveus, Sermones 45r.

185 Helding, Institutio 152r.
186 Ebda.
187 Sermones 45r.
188 Catechismus A 3r.
189 Clichtoveus, Sermones 45r; vgl. Helding, Institutio 152v.
190 Clichtoveus, Sermones 45r/v.
191 Institutio 152v.
192 Epistola ad Fortunatum de exhortatione martyrii, Praefatio 4; PL 4,654.
193 Institutio 152v. Helding fährt dann fort, noch glücklicher seien die, die nach der Wiedergeburt in der Wassertaufe die Bluttaufe empfingen.
194 Gropper, Enchiridion 77v, vgl. 73r, dort billigt er einem Getauften, der nicht in der Einheit der Kirche steht, das ewige Heil nicht zu; vgl. Braunisch, Rechtfertigung 274.
195 Soto, Libri tres 10r; ders., Catechismus (Moufang, KK 331).
196 Nausea, Catechismus 13v.
197 "...in forma Ecclesiae a quocunque rite collatum...", DS 802. - Zu dieser Frage vgl. Neunheuser, Taufe 44-47; Finkenzeller, F., Art. Ketzertaufe, in: LThK 6,131-133.
198 Etwa bei Erasmus und Lorichius ist dies der Fall.
199 Nausea, Catechismus 23r; Helding, Catechismus 196v, er macht diese Aussage bei der Behandlung des Bußsakramentes; Liber 2v und D 1v, die zweite Stelle zieht einen Vergleich mit der Priesterweihe. In diesem Kontext findet sich die Angabe auch bei Gropper, Capita (Moufang, KK 282); ders., Institutio 154. Interessanterweise wird hier die Firmung nicht mitgenannt. Dies geschieht bei Soto, Catechismus (Moufang, KK 350), der aber die Priesterweihe nicht erwähnt. Contarini, Catechesis (Moufang, KK 545), zählt alle drei Sakramente auf und dazu noch die konsekrierten Gestalten der Eucharistie.
200 Catechesis (Moufang, KK 549).
201 Catechismus (Moufang, KK 330).
202 Sermones 45v.
203 Enchiridion 191r, er macht ebenfalls auf den Charakter der Priesterweihe aufmerksam.
204 Catechismus (Moufang, KK 89).
205 Ebda 86; vgl. Monheim, Explanatio N 3v.
206 Enchiridion 119v/120r; vgl. Clichtoveus, Sermones 45v.
207 Institutio 148v; vgl. die Bestimmungen des Mainzer Provinzialkonzils: Constitutiones 4v. - Zur Frage der Sünden nach der Taufe vgl. unten den Abschnitt 323.3.

208 Sermones 45v; vgl. Vincius, Primordiae A 5r; ebda A 5v heißt es: "Capitale nefas est Baptismum iterare, conspurcat vim et decus".

209 Sermones 45v; vgl. Monheim, Explanatio N 3r/v; Witzel, Catechismus X 2r und Cc 1v.

210 Institutio 148v.

211 Institutio 57v. Der Text findet sich unten bei dem Exkurs zur Taufspendung in deutscher Sprache, nach Abschnitt 342.4.

212 Vgl. oben den Abschnitt 312.11.

213 Catechismus 169v.

214 3r.

215 Summa 91r (M 3r).

216 Ebda 82v (M 2v); vgl. Soto, Libri tres 86v.

217 Sermones 45r.

218 Explanatio 165; vgl. Clichtoveus, Sermones 46r.

219 Catechismus (Moufang, KK 463f.).

220 Institutio 85r; vgl. Glade, Winfried, Unsere Sorge für die Kranken: verbum svd 15,1974, 238-256, hier 242f.

221 Libri tres 10r.

222 Explanatio 165.

223 Ebda 168.

224 Vgl. Soto, Compendium (Moufang, KK 330); Helding, Institutio 151r/v, er wendet sich direkt gegen die Wiedertäufer: "Cesset itaque Anabaptistarum impia crudelitas, et crudelis impietas, Infantes a Baptismo repellere..."; "Ne velit [Christus] ergo crudelis Anabaptista perditionem infantium...". "Desiste, Crudelis, impedire parvulos a gratia Domini...".

225 Vgl. Liber 2v; Dietenberger, Catechismus (Moufang, KK 84f.); Witzel, Catechismus A 4v.

226 Summa 112r/v.

227 Sermones 45r, 46v und 53r.

228 Nausea, Catechismus 27v.

229 Vgl. oben den Abschnitt 312.12.

230 Vgl. Fabri, Catechismus (Moufang, KK 451). Über diese Frage wird weiter unten noch ausführlich zu handeln sein.

231 Vgl. Clichtoveus, Sermones 53r. Auch auf dieses Problem wird weiter unten einzugehen sein.

232 Sermones 45v.

233 Vgl. etwa Gropper, Enchiridion 77v.

234 Catechismus (Moufang, KK 80).

235 Vgl. oben den Abschnitt 312.4.

236 Vgl. die Definition der Sakramente etwa bei Gropper, Enchiridion 76v: "...sensibilia signa invisibilis gratiae dei"; in dieser oder einer gefüllteren Form findet sich diese Umschreibung in allen Katechismen, die sich eingehender mit den Sakramenten allgemein befassen.

237 Institutio 38r.

238 Vgl. Gropper, Capita (Moufang, KK 247); Liber 2r.

239 Lorichius, Institutio 17v; vgl. Gropper, Institutio 437.

240 Edictum 5v.

241 Dietenberger, Catechismus (Moufang, KK 15); Maltitz, Lere (Moufang, KK 140) u. a.

242 2r: "...ut posset ab integritate et innocentia sua deficere...".

243 Ebda.

244 Enchiridion 73v.

245 Ebda 56r.

246 Maltitz, Lere (Moufang, KK 140); vgl. Witzel, Belehrung (Moufang, KK 108).

247 Schöpper, Summa 76v.

248 Gropper, Enchiridion 76v.

249 Erasmus, Explanatio 8.

250 Gropper, Enchiridion 49r.

251 Helding, Brevis Institutio (Moufang, KK 368).

252 Gropper, Enchiridion 255r; vgl. Fabri, Catechismus (Moufang, KK 426).

253 Vgl. Witzel, Catechismus V 3r. Während stellvertretend für die ersten Eltern meist Adam genannt wird, schreibt Gropper in seiner Auslegung des Ave Maria den Sündenfall der Eva zu, um sie so von Maria abzuheben: Capita (Moufang, KK 263f.); vgl. Erasmus, Explanatio 83

254 Catechismus 11r.

255 Enchiridion 49v; vgl. Braunisch, Rechtfertigung 118-126.

256 Explanatio 75, vgl. 79f.: "Dominus in se recepit non solum veritatem humanae naturae, verum etiam incommoda, quae naturam prolapsam comitantur, exceptis iis, quae vel non congruunt dignitatis personae, quae simul erat et Deus et homo, vel excludunt, ut modo dicebam, gratiae plenitudinem". Dazu gehören u. a. der Irrtum und die Unwissenheit.

257 Enchiridion 76v, 255r; vgl. Erasmus, Explanatio 8.

258 Enchiridion 254v.

259 Edictum 6v.

260 Institutio 27v.

261 Catechismus 216r, vgl. 8v; Clichtoveus, Sermones 27v.

262 Vgl. etwa Monheim, Explanatio M 1r: "Eramus [ante baptismum] servi peccati, infeliciter geniti ex Adam, eramus filii Satanae". Besonders stark wird dieser Gedanke betont von Clichtoveus, Gropper (Enchiridion) und Nausea.

263 Vgl. Monheim, Explanatio M 1r.

264 Dietenberger, Catechismus (Moufang, KK 5); vgl. auch Gropper, Enchiridion 229r; Schöpper, Catechismus A 6r u. a.

265 Vgl. etwa Maltitz, Lere (Moufang, KK 141) u. a.

266 Monheim, Catechismus Puerorum (Reu 1,3,2,3,1406); vgl. Gropper, Capita (Moufang, KK 248); Vincius, Primordia A 3r.

267 Monheim, Explanatio M 1r.

268 Lorichius, Institutio 27v.

269 Schöpper, Summa 76v; vgl. Vincius, Primordia A 3r.

270 Catechismus X 3v; vgl. Gropper, Enchiridion 79v.

271 Enchiridion 251r.

272 Catechismus (Moufang, KK 85).

273 Quaestiones 22v/23r.

274 Gropper, Institutio 23.

275 Ebda 117f.

276 Enchiridion 76v.

277 Schöpper, Summa 76v.

278 Zur Auffassung Luthers vgl. oben den Abschnitt 141.12.

279 Quaestiones 4r.

280 Libri tres 61r.

281 Catechismus (Moufang, KK 331).

282 Von Christus betont diese in unserem Zusammenhang Erasmus, Explanatio 75; von Maria Gropper, Capita (Moufang, KK 261).

283 Monheim, Catechismus Puerorum (Reu 1,3,2,3,1406).

284 Monheim, Rudimenta A 6v.

285 Dietenberger, Catechismus (Moufang, KK 80).

286 S. o. S. 140.

287 Libri tres 61r.

288 Institutio 27v.

289 Explanatio 168; s. o. S. 138.

290 Catechismus 24r.

291 Institutio 28r.

292 2r.

293 Dietenberger, Catechismus (Moufang, KK 80).

294 Helding, Catechismus 173r.

295 Archinto, Edictum 6v.

296 Etwa bei Lorichius, Institutio 53r.

297 Clichtoveus, Sermones 46r; Helding, Catechismus 164r.

298 Lorichius, Institutio 56v.

299 Witzel, Quaestiones 7v.

300 Catechismus Puerorum (Reu 1,3,2,3,1406). - Vgl. dazu den Abschnitt 322.41.

301 Catechismus X 3v.

302 So etwa bei Erasmus, Explanatio 144.

303 Vgl. Christian von Honnef, Underrichtung E 4v.

304 Vgl. etwa Monheim, Explanatio N 1v.

305 Gropper, Institutio 442.

306 Catechismus (Moufang, KK 81). Mit dem "Hervorkriechen" greift Dietenberger wohl ein Bild aus Luthers Großem Katechismus auf, allerdings wandelt er es ab. Bei Luther heißt es: "Darümb gehet der alte Mensch in seiner Natur unaufgehalten [lebt sich aus], wo man nicht durch der Taufe Kraft wehret und dämpfet, wiederümb, wo Christen sind worden, nimmpt er täglich abe, solang bis er gar untergehet. Das heißet recht in die Taufe gekrochen und täglich wieder erfürkommen"; BSLK 705.

307 Enchiridion 82r.

308 Catechismus 21v/22r.

309 Ebda 24r.

310 Archinto, Edictum 18r, 19r; Gropper, Capita (Moufang, KK 301).

311 Catechismus 97r, 161v; vgl. Gropper, Enchiridion 79v.

312 Helding, Brevis Institutio (Moufang, KK 394).

313 Explanatio 144.

314 Explanatio N 1v.

315 Underrichtung E 4v; vgl. Gropper, Enchiridion 82r; Schöpper, Catechismus A 2r.

316 Institutio 111f., vgl. 537f. und 592f.

317 Vgl. ebda 442; Helding, Institutio 154v.

318 Catechismus Puerorum (Reu 1,3,2,3,1411).

319 Vgl. Lorichius, Institutio 51v und 53r; Archinto, Edictum 6v und Soto, Libri tres 86v.

320 Lorichius, Institutio 56v; Dietenberger, Catechismus (Moufang, KK 84); Maltitz, Lere (Moufang, KK 168).

321 Clichtoveus, Sermones 46r/v; Dietenberger, Catechismus (Moufang, KK 84); Soto, Compendium (Moufang, KK 317); Schöpper, Summa 110v. Clichtoveus weist darauf hin, daß das weiße Kleid, das dem Täufling überreicht wird, ein Sinnbild für diese Unschuld ist.

322 Clichtoveus, Sermones 46r.

323 Gropper, Enchiridion 55r, 73v.

324 Vgl. De carnis resurrectione 57; CSEL 47,118.

325 Gropper, Enchiridion 82r; Lorichius, Institutio 58r, 59r. Vgl. Stadler-Labhart, V., Freilassung und Taufe in ihren Berührungspunkten, in: Elsener, F., und Ruoff, W. H. (Hrsg.), Festschrift Karl Friedrich Bader, Zürich - Köln 1965, 455-468.

326 Gropper, Capita (Moufang, KK 250); ders., Institutio 13; Schöpper, Summa 127r.

327 Lorichius, Institutio 56v.

328 Dietenberger, Catechismus (Moufang, KK 63 und 79); Schöpper, Catechismus A 2r/v, B 5r und D 1v.

329 Clichtoveus, Sermones 46r; Lorichius, Institutio 53v; Gropper, Capita (Moufang, KK 274); ders., Institutio 109f.; Schöpper, Summa 118 (108)r/v.

330 Schöpper, Summa 118 (108) v; vgl. Fabri, Catechismus (Moufang, KK 449).

331 Clichtoveus, Sermones 46r/v; hier wird auf die Heilung des syrischen Hauptmanns Naaman verwiesen.

332 Ebda; Clichtoveus weist in diesem Zusammenhang auf die Heilung des Blindgeborenen im Evangelium (Jo 9) hin; vgl. Soto, Compendium (Moufang, KK 323).

333 Catechismus 163r/v.

334 Ebda 185r.

335 Ebda 164r.

336 Institutio 144v, 153r und 153v.

337 Primordia B 2r.

338 Sermones 24r.

339 Enchiridion 49r. Das Stichwort "Christ" taucht bei Dieten-

berger, Catechismus (Moufang, KK 81) und bei Helding, Institutio 59v auf.

340 Gropper, Enchiridion 83v; Clichtoveus, Sermones 46v.

341 Vgl. Helding, Catechismus 184r.

342 Clichtoveus, Sermones 46v; Helding, Catechismus 185r.

343 Vgl. Monheim, Catechismus Puerorum (Reu 1,3,2,3,1412). Monheim antwortet hier auf die Frage, warum Christus die Eucharistie eingesetzt hat: "Principio, ut novus ille homo, qui per baptismum renatus est, coelesti hoc cibo et potu verae vitae reficiatur, alatur et roburetur. Sicut enim per baptismum renascimur, ita per sacramentum corporis et sanguinis pascimur...". Vgl. Soto, Libri tres 9v.

344 Vgl. unten den Abschnitt 332.3.

345 Helding, Institutio 154r/v; vgl. zum letzten Gedanken Gropper, Enchiridion 82r; Monheim, Catechismus Puerorum (Reu 1,3,2,3,1406).

346 Vgl. oben den Abschnitt 24.

347 Eccl 10,15.

348 Sermones 45r.

349 Vgl. etwa den Abschnitt 312 zu Materie und Form der Taufe.

350 Nausea, Catechismus 22v/23r.

351 Schöpper, Catechismus A 2v.

352 Schöpper, Summa 110r.

353 Helding, Catechismus 14v.

354 Jacob, P., Art. Bund, IV. Föderaltheologie, in: [3]RGG 1, 1519. - Zum Bundesgedanken in der Reformationszeit vgl. auch Kretschmar, Taufgottesdienst 398-400.

355 Vgl. Lang, A., Der Evangelienkommentar Martin Butzers und die Grundzüge seiner Theologie (= Studien zur Geschichte der Theologie und der Kirche, II, 2) Leipzig 1900, 229.

356 Vgl. oben S. 122 f.

357 Institutio 53r.

358 Ebda 53v.

359 Ebda 53r.

360 Ebda 53v/54r.

361 Ebda 54r.

362 Ebda 59r.

363 Catechismus (Moufang, KK 80).

364 Enchiridion 78v/79r.

365 Catechismus 167v; ders., Institutio 149v.

366 Lorichius, Institutio 52v und Gropper, Enchiridion 78v/79r.

367 Catechismus 168r, 169v.

368 Ebda 167v.

369 Ebda 169v.

370 Ebda 179v.

371 Siehe unten den Abschnitt 332.3.

372 Lorichius, Institutio 53v; Gropper, Enchiridion 79r; Helding, Institutio 150v.

373 Capita (Moufang, KK 300).

374 Edictum 8v.

375 Summa 109v/110r. Der zitierte lateinische Text findet sich fast wörtlich bei Gropper, Enchiridion 78v.

376 Summa 110r.

377 Enchiridion 78v.

378 Clichtoveus, Sermones 46r; vgl. Monheim, Rudimenta A 6r; Witzel, Instructio (Moufang, KK 123); Fabri, Catechismus (Moufang, KK 421).

379 Clichtoveus, Sermones 46r; Dietenberger, Catechismus (Moufang, KK 63).

380 Gropper, Enchiridion 51r.

381 Explanatio 73; vgl. dazu Padberg, Erasmus 90f. und Gebhardt, Stellung 82.

382 Monheim, Explanatio M 2v.

383 Enchiridion 81r, 229r; vgl. ders., Capita (Moufang, KK 254).

384 Monheim, Explanatio M 1r; ders., Rudimenta A 6r; Gropper, Enchiridion 229r.

385 Monheim, Explanatio A 6r.

386 Gropper, Enchiridion 229r.

387 Ebda.

388 Liber 22r; Gropper, Enchiridion 83r; vgl. 229r, dort weist Gropper darauf hin, daß die Juden im Alten Bund Gott nicht als "Vater" gekannt hätten.

389 Gropper, Enchiridion 83r; ders., Capita (Moufang, KK 274); ders., Institutio 109; Contarini, Catechesis (Moufang, KK 541f.), er verweist auf Gal 3; Nausea, Catechismus 7r; Helding, Catechismus 168v; ders., Institutio 153r u. ö. - Die Ausführungen stehen meist bei der Erklärung des Pater noster; vgl. dazu Kretschmar, Geschichte 16: "Es scheint ein Stück schon der ältesten Taufliturgie zu sein, daß erst der

Getaufte Gott "Vater" nennen kann und sein "Abba"-Ruf nimmt offenbar die besondere Gebetssprache Jesu bis in den aramäischen Wortlaut hinein auf. Paulus bezeugt bereits diesen Brauch (Gal 4,4f.; Röm 8,15; vgl. Petr 1,17) und noch lange war das Vaterunser das erste Gebet der Täuflinge in der Gemeinschaft der Kirche".

390 Libri tres 80r.

391 Gropper, Enchiridion 83r; Helding, Catechismus 168v; ders., Institutio 148r.

392 Institutio 110; vgl. Fabri, Catechismus (Moufang, KK 449).

393 Catechismus Puerorum (Reu 1,3,2,3,1407).

394 Institutio 54r; vgl. Gropper, Institutio 4 und 8; Nausea, Catechismus 7r.

395 Explanatio M 1r; vgl. Gropper, Enchiridion 229r.

396 Lere (Moufang, KK 147).

397 Catechismus B 4v.

398 Catechismus 158v/159r; vgl. 24v.

399 Institutio 39v.

400 Catechismus F 3r.

401 Schöpper, Catechismus A 5v; ders., Summa 188r. Er schreibt, daß sich der Christ daran bei der Austeilung des Taufwassers am Ostertag erinnern solle.

402 Libri tres 35r.

403 Catechismus 164r.

404 Catechismus D 1v; vgl. Clichtoveus, Sermones 1r.

405 Kretschmar, Geschichte 16.

406 Vgl. oben den Abschnitt 311.2.

407 Vgl. Rahner, Symbole 117-235

408 Enchiridion 77r; vgl. Helding, Institutio 146v.

409 Vgl. Enchiridion 76r; siehe oben den Abschnitt 311.47.

410 Ebda 77v.

411 Helding, Institutio 143r.

412 Erasmus, Explanatio 29.

413 Institutum E 4v.   414 Explanatio 29.

415 Sermones 25v; vgl. 45v dort bringt er den gleichen Gedanken in Verbindung mit dem Verbot der Wiederholung der Taufe.

416 Catechismus 20r.

417 Ebda 24r/v.

418 Libri tres 11r.

419 Summa 111v.

420 Ebda 187r; vgl. 189r zur Weihe des Taufwassers in der Vigilmesse von Pfingsten: "...ob id consecratum est Baptisma ut omnem eius vim a Christi resurrectione dependere...".

421 Ebda 188r.

422 Catechismus 166v.

423 Ebda 168r.

424 Ebda 173r.

425 Ebda 175r.

426 Monheim, Catechismus Puerorum (Reu 1,3,2,3,1407); vgl. Soto, Libri tres 87r.

427 Monheim, Catechismus Puerorum (Reu 1,3,2,3,1406); Clichtoveus, Sermones 24r; Schöpper, Summa 82r (M2r), 189v/190r; Helding, Brevis Institutio (Moufang, KK 367f.).

428 Gropper, Enchiridion 56r; vgl. Helding, Institutio 119v.

429 Helding, Catechismus 23r; vgl. 29r.

430 Ebda 179v/180r.

431 Compendium (Moufang, KK 331, vgl. 337); in einem Gebet dankt der Verfasser Gott, daß er seinen Sohn gesandt hat und dieser die Verheißung mit seinem für uns vergossenen Blute bestätigte.

432 Rudimenta A 6v.

433 Edictum 5v.

434 Institutio 151v.

435 Enchiridion 117r; vgl. Kötter 146.

436 Institutio 43r; vgl. Gropper, Institutio 540.

437 Institutio 538; vgl. Witzel, Quaestiones 7r/v; Archinto, Edictum 8r/v.

438 Institutio 592.

439 Ebda 442.

440 Institutio 149v.

441 Gropper, Enchiridion 79r; vgl. oben den Abschnitt 322.1.

442 Ebda 56r.

443 Schöpper, Summa 110v/111r.

444 Ebda 186v/187r.

445 Ebda 188r; vgl. die Abschnitte 311.42 und 351.12.

446 Catechismus Puerorum (Reu 1,3,2,3,1407).

447 Sermones 45r.

448 Ebda 24r/v, verwiesen wird dabei auf Eph 5; vgl. Witzel, Catechismus H 2r; Soto, Libri tres 86v; Schöpper, Summa 82r (M2r).

449 Sermones 44r/v.

450 Institutio 443.

451 Catechismus Puerorum (Reu 1,3,2,3,1407).

452 Ebda 1406; vgl. ders., Explanatio N 1v.

453 Catechismus Puerorum (Reu 1,3,2,3,1408).

454 Ebda 1406.

455 Nausea, Catechismus 264v.

456 Schöpper, Summa 187r.

457 Contarini, Catechesis (Moufang, KK 542).

458 Ebda 547.

459 Catechismus 4r.

460 Erasmus, Explanatio 170.

461 Catechismus X 4v.

462 Schöpper, Summa 83v.

463 Helding, Catechismus 171r.

464 Explanatio 14.

465 Catechismus (Moufang, KK 83); vgl. Mitterhöfer 73.

466 Explanatio N 2r und N 3v.

467 Belerung (Moufang, KK 132).

468 Catechesis (Moufang, KK 547).

469 Lere (Moufang, KK 148).

470 Libri tres 66r.

471 Catechismus 47r, 165v/166r und 173r; vgl. dazu Feifel, Grundzüge 105 und 145; Mitterhöfer 73.

472 Rudimenta A 8v.

473 Catechismus G 3v; zu Röm 6 siehe ebda Y 1r/v.

474 Enchiridion 83r.

475 Institutio 52v/53r.

476 Ebda 53r; vgl. Gropper, Enchiridion 79v. Bei Helding, Institutio 147v ist die "sensibilis similitudo" des Wassers ein Hinweis auf das Mit-Begraben-Werden und das Mit-Auferstehen.

477 De sacramentis 2,7,20; CSEL 73,34.

478 Institutio 57r; vgl. Gropper, Enchiridion 81v; ders.,

Institutio 11 und 656 (II); Nausea, Catechismus 26v, 264r. Die zweite Stelle findet sich bei der Beschreibung der Karsamstagliturgie. Er sagt dort: Die Katechumenen werden mit Christus durch die Taufe begraben und stehen mit ihm auf. Vgl. Durandus, Rationale VI, c.83,2.

479 Institutio 541f.

480 Ebda 538.

481 Ebda 11; vgl. ders., Enchiridion 81v.

482 Archinto, Edictum 18r; Gropper, Capita (Moufang, KK 273); ders., Institutio 443.

483 Catechismus (Moufang, KK 85f.).

484 Edictum 18r.

485 Vgl. den Abschnitt 332.34.

486 Catechismus V 3v.

487 Enchiridion 77v; vgl. Lorichius, Institutio 51v; Fabri, Catechismus (Moufang, KK 448).

488 Gropper, Institutio 121.

489 So etwa Jo 3,5 bei Clichtoveus, Sermones 46r; Dietenberger, Catechismus (Moufang, KK 63); Helding, Catechismus 164r und Tit 3,5; bei Monheim, Catechismus Puerorum (Reu 1,3,2,3, 1406); ders., Explanatio N 1v; vgl. Helding, Institutio 59r.

490 Witzel, Catechismus J 2r; Gropper, Enchiridion 57v; vgl. ders., Institutio 9,11,442; Schöpper, Catechismus A 2v; Helding, Catechismus 223r.

491 Capita (Moufang, KK 275).

492 Ebda 313.

493 Summa 189r; vgl. dazu das schon angeführte und in der Überschrift verwandte Zitat von Monheim.

494 Ebda 69r; vgl. ders., Catechismus A 7r; Gropper, Capita (Moufang, KK 249, 273).

495 Institutio 149r.

496 Catechismus 275v; vgl. Fabri, Catechismus (Moufang, KK 449): "Auch wirdt in uns gossen der heylig Geyst mit seinen gnaden, durch die wir wider ernewert und wider geboren werden in newe menschen, werden mit i h m vergraben, zu der aufferstendtnuß in das ewig leben". Ob es sich bei dem in diesem Zusammenhang überraschenden "mit ihm vergraben" - es kann sich im Satz nur auf den Geist beziehen - um einen Druckfehler handelt?

497 Catechismus Puerorum (Reu 1,3,2,3,1406).

498 Catechismus 24r, 26v, 27r; vgl. Helding, Catechismus 168r, 169r, 173r; ders., Brevis Institutio (Moufang, KK 395); Schöpper, Summa 110v.

499 Institutio E 4r.

500 Sermones 44v.

501 Ebda 46r; vgl. auch Witzel, Catechismus V 3r; Gropper, Capita (Moufang, KK 275); Nausea, Catechismus 275v.

502 Institutio 59r; vgl. Helding, Brevis Institutio (Moufang, KK 398).

503 Catechismus (Moufang, KK 84).

504 Catechismus 22r.

505 Catechismus 15v; vgl. ders., Institutio 47r.

506 Institutio 148r.

507 Summa 115r/v; vgl. ders., Catechismus B 8v; Helding, Institutio 160v; ders., Brevis Institutio (Moufang, KK 397); Gropper, Institutio 125.

508 A 7r.

509 Ders., Summa 82v (M 2v).

510 Quaestiones 22v.

511 Vgl. etwa Maltitz, Lere (Moufang, KK 159). Siehe dazu Lobeck 105.

512 Vgl. dazu oben den Abschnitt 312.1 über die Materie der Taufe und unten 351.11 die Ausführungen zur Taufwasserweihe.

513 Clichtoveus, Sermones 45v; vgl. Schöpper, Catechismus A 2v.

514 Gropper zitiert hier D 4 c 62 de cons; bzw. Durandus, Rationale VI, c.83,7; vgl. unten den Abschnitt 342.2.

515 Enchiridion 80r; vgl. auch Helding, Institutio 157r; Fabri, Catechismus (Moufang, KK 452); Schöpper, Summa 110v.

516 Catechismus 25r, 265r.

517 Ebda 25r/v. Nausea sieht die Taufe wohl zu punktuell, nicht als ein Gesamtgeschehen. Vgl. dazu unten den Abschnitt 342.3 zur Abschwörung.

518 Ebda 265r.

519 Ebda 264v; vgl. Durandus, Rationale VI, c. 82,4.

520 Institutio 146v.

521 Explanatio 16.

522 Ebda 14.

523 Ebda 198; vgl. Dietenberger, Catechismus (Moufang, KK 25); Fabri, Catechismus (Moufang, KK 454).

524 Institutio 159r; vgl. Fabri, Catechismus (Moufang, KK 453).

525 Catechismus 16v; vgl. Fabri, Catechismus (Moufang, KK 424).

526 Vgl. Maltitz, Lere (Moufang, KK 168).

527 Sermones 46r.

528 Catechismus A 7r.

529 Vgl. Dietenberger, Catechismus (Moufang, KK 85); Nausea, Catechismus 269r, er deutet die Prozession zum Taufbrunnen in der Ostervesper als Dank für die Neophyten, weil sie in der Taufe die sieben Gaben des Heiligen Geistes empfingen; Archinto, Edictum 18r.

530 So etwa Monheim, Catechismus Puerorum (Reu 1,3,2,3,1397); Gropper, Capita (Moufang, KK 313) u. a.

531 Institutio 51v.

532 Edictum 17v; vgl. auch Fabri, Catechismus (Moufang, KK 424).

533 Enchiridion 78r.

534 Catechismus (Moufang, KK 424).

535 Catechismus (Moufang, KK 26).

536 Vgl. Erasmus, Explanatio 12; Lorichius, Institutio 51v; Clichtoveus, Sermones 46r.

537 Catechismus H 1r; vgl. Helding, Catechismus 16r.

538 Explanatio 12; vgl. Monheim, Rudimenta A 7v; ders., Catechismus Puerorum (Reu 1,3,2,3,1397); Lorichius, Institutio 51v; Gropper, Enchiridion 78r.

539 S. u. den Abschnitt 323.2.

540 Catechismus 168r/v; vgl. ders., Institutio 150r.

541 Enchiridion 64v.

542 Brevis Institutio (Moufang, KK 379, 395).

543 Catechismus 169r; vgl. ders., Institutio 73r/v; Gropper, Capita (Moufang, KK 300).

544 Sermones 46r; vgl. Nausea, Catechismus 265r.

545 Institutio 541.

546 Institutum E 5r.

547 Catechismus Puerorum (Reu 1,3,2,3,1397).

548 Ders., Rudimenta A 7v.

549 Institutio 53r und 58v.

550 Catechismus 16r.

551 Institutio 153r.

552 Catechismus H 1r; vgl. Erasmus, Explanatio 14.

553 Summa 188r.

554 Catechismus 265r und 275v; vgl. Schöpper A 7r.

555 Contarini, Catechesis (Moufang, KK 543); Gropper, Institutio 599 (589).

556 Edictum 18r.

557 Institutio 443 und 646 f.; vgl. ders., Enchiridion 80v.

558 Catechismus A 7r.

559 Institutio 48r.

560 Enchiridion 82v; vgl. Contarini, Catechesis (Moufang, KK 542).

561 Catechesis (Moufang, KK 341f.).

562 Institutio 123.

563 S. o. den Abschnitt 141.15.

564 Catechismus X 4r/v.

565 Institutio 154v.

566 Explanatio 37.

567 Sermones 25v.

568 Catechismus X 4r.

569 Catechismus 23r.

570 Catechismus D 1v.

571 Gropper, Capita (Moufang, KK 273); ders., Institutio 108f. und Helding, Brevis Institutio (Moufang, KK 395).

572 Sermones 46r.

573 Institutum E 4r.

574 Witzel, Belehrung (Moufang, KK 124).

575 Catechismus Puerorum (Reu 1,3,2,3,1406f.); ders., Explanatio N 3v; ders., Rudimenta A 8r, hier schreibt er, die Sündenvergebung gebe es durch die Taufe.

576 Underrichtung E 3v.

577 Catechismus A 2v. In der Ausgabe des Werkes: Antwerpen 1554, A 3v/4r behandelt eine zusätzliche Frage die "fremde Sünde", durch die die Kinder der Verurteilung unterworfen sind.

578 So etwa bei Erasmus, Explanatio 164; Gropper, Institutio 108f. Es finden sich noch eine ganze Reihe anderer Adjektive, z. B. "aktuelle", "getane", "eigene" usw., alle machen deutlich, daß es sich dabei um Sünden von Erwachsenen handelt.

579 Sermones 46r.

580 Nausea, Catechismus 24r; Helding, Catechismus 222r.

581 Institutio 51v.

582 Catechismus 29r; vgl. ders., Institutio 144r.

583 Vgl. Gropper, Enchiridion 78r; Soto, Catechismus (Moufang, KK 331); Schöpper, Catechismus A 7r.

584 Sermones 25v.

585 Ebda 46r.

586 Ebda.

587 Institutio 52v.

588 Enchiridion 158v.

589 Ebda 82r/v, 115r und 253r.

590 Rechtfertigung 127. Zur Frage der Konkupiszenz vgl. den Abschnitt 323.3.

591 443, 524 und 541.

592 Edictum 18r und 24v/25r.

593 Catechismus 164r.

594 Catechismus (Moufang, KK 84).

595 Explanatio 164.

596 Ebda 166.

597 Ebda 169f; vgl. auch Christian von Honnef, Underrichtung C 5v: Durch Christus ist die Sündenvergebung in die Welt gekommen, sie ist noch vollkommen vorhanden.

598 Catechismus Puerorum (Reu 1,3,2,3,1406).

599 Ders., Explanatio N 3v.

600 Catechismus X 4v/5r.

601 Ebda Y 1r; vgl. ders., Quaestiones 22v; Gropper, Enchiridion 82r; Schöpper, Summa 110v.

602 Catechismus Y 1r; vgl. Gropper, Enchiridion 82r; er fügt hinzu: Wir sterben, indem wir siegen durch Gott in Jesus Christus; vgl. Helding, Catechismus 173r/v.

603 Catechismus Y 1v.

604 Ebda.

605 Catechismus (Moufang, KK 83).

606 Institutio 147v; ders., Brevis Institutio (Moufang, KK 394).

607 Brevis Institutio (Moufang, KK 381).

608 Sermones 46r.

609 Institutio 56v.

610 Vgl. Gropper, Enchiridion 73v; Nausea, Catechismus 23r; Helding, Institutio 149v und 153r.

611 Vgl. Gropper, Institutio 119; Archinto, Edictum 18r.

612 Sermones 46r.

613 Catechismus X 4v.
614 Enchiridion 115r; vgl. Koep, Buch 55-61.
615 Sermones 45v.
616 Ebda 46r; vgl. Witzel, Catechismus V 3r und Y 3v.
617 Quaestiones B 8v.
618 Catechismus (Moufang, KK 21).
619 Ebda 80f.
620 Ebda 85.
621 Enchiridion 79v, 223r; vgl. ders., Institutio 443 und 541.
622 Catechismus 22r.
623 Catechismus 159v, vgl. 161r.
624 Enchiridion 82r.
625 Nausea, Catechismus 268v.
626 Capita (Moufang, KK 301).   627 Edictum 18r.
628 Libri tres 9v.
629 Institutio 52v.
630 Ebda 149v.
631 Ebda 150r.
632 Catechismus 23v.
633 Summa 118v (108v)/109r.
634 Lere (Moufang, KK 168).
635 Ebda 144.
636 Ebda 168, vgl. 169f. und 185; siehe dazu auch Lobeck 101f. Lobeck bemängelt ein Fehlen der "Tiefe des reformatorischen Sündenverständnisses", gesteht dem Verfasser aber zu, daß er "die Rechtfertigung ganz in lutherischer Weise" beschreibt. Zum rechten Verständnis der oben zitierten Ausführungen muß man die Situation berücksichtigen, in der dieser Katechismus geschrieben wurde; vgl. oben den Abschnitt 2/10.
637 Sermones 46r; vgl. Dietenberger, Catechismus (Moufang, KK 21 und 86); Christian von Honnef, Underrichtung E 3v; Helding, Catechismus 165v, 179v; ders., Institutio 146r; ders., Brevis Institutio (Moufang, KK 381).
638 Summa 188r.
639 Ebda 110v/111r.
640 Enchiridion 79v; vgl. Nausea, Catechismus 241f.
641 Vgl. oben den Abschnitt 141.15.

642 Institutio 156v; vgl. Fabri, Catechismus (Moufang, KK 450).

643 Enchiridion 121r; vgl. Schöpper, Summa 120r.

644 Institutum E 4r; s.o.S. 165.

645 Erasmus, Explanatio 29; Gropper, Institutio 18; Soto, Libri tres 86v; ders., Compendium (Moufang, KK 327); Fabri, Catechismus (Moufang, KK 425).

646 So etwa bei Witzel, Catechismus H 3r und Helding, Catechismus 29r; vgl. ders., Institutio 52r.

647 Enchiridion 73r.

648 Vgl. auch Monheim, Rudimenta A 8r.

649 Enchiridion 73v.

650 Catechismus 13v. In diesen Satz hat er allerdings ein wenig zu viel hineingepackt. Wie man "in der Kirche" etwa die Begierdetaufe empfangen kann, erklärt er nicht weiter.

651 Summa 82v (M 2v).

652 Ebda 91r (M 3v). Der Text wird oben in anderem Zusammenhang schon wörtlich angeführt; s.S. 137.

653 Institutio 55r.

654 Brevis Institutio (Moufang, KK 396); vgl. Gropper, Enchiridion 80v; ders., Institutio 646.

655 Catechismus Puerorum (Reu 1,3,2,3,1410).

656 Vgl. auch Nausea, Catechismus 26r.

657 Gropper, Enchiridion 82r und Soto, Libri tres 86v.

658 Catechismus Puerorum (Reu 1,3,2,3,1398).

659 Institutio 154r.

660 So etwa Erasmus in seinen beiden Werken, Schöpper in seinem Katechismus u. a.

661 So z. B. spricht Helding, Brevis Institutio (Moufang, KK 368) von der Sünde Adams, die uns der ersten Gerechtigkeit "entblöst, und durch die reytzende begirlichkeyt zu allem bösen verkeret". Soto bittet in einem Gebet Gott um Hilfe "wider alle belustige anraitzung der sünd"; Compendium (Moufang, KK 323, vgl. 336).

662 Catechismus Puerorum (Reu 1,3,2,3,1407). Er verweist im folgenden auf Röm 8,1.

663 Ders., Explanatio M 3r.

664 Enchiridion 82v, vgl. 59r u. ö.

665 Ebda 82v, zitiert wird hier Ps 31,2.

666 Ebda. Am Rande führt Gropper an "Roma. 3-Roma. 7-Roma.8", im Text zitiert er eine Zusammenfassung von Röm 7,16f.

667 Ebda 83v.

668 Examen B 8v.

669 Institutio 28r.

670 So etwa Dietenberger, Catechismus (Moufang, KK 84-86) u. a.

671 Enchiridion 82v, vgl. 83v, 115r u. ö. Zu Groppers Auffassungen vgl. Braunisch, Rechtfertigung 94-98, 126-128, 133, 370f. und 403; Lipgens, Gropper, 94f. - Vgl. auch Clichtoveus, Sermones 45v; Liber 3v; Helding, Institutio 154r.

672 594f.

673 Vgl. Lorichius, Institutio 54r; Gropper, Institutio 112 u. ö.; Schöpper, Summa 56r; Fabri, Catechismus (Moufang, KK 450).

674 Institutio 154r.

675 Sermones 45v; vgl. Lorichius, Institutio 54r u. a.

676 Catechismus (Moufang, KK 85).

677 Gropper, Enchiridion 82v.

678 Catechismus (Moufang, KK 84); vgl. Maltitz, Lere (Moufang, KK 240f.); Helding, Catechismus 15v, 29r; ders., Institutio 154r.

679 3r.

680 Catechismus (Moufang, KK 86).

681 Lere (Moufang, KK 144).

682 Ebda 146; vgl. dazu Lobeck 102f.

683 Gropper, Enchiridion 82v, vgl. 158v.

684 Vgl. Schöpper, Summa 56r; Helding, Institutio 140v/141r.

685 Gropper, Enchiridion 115v; Archinto, Edictum 20r.

686 Gropper, Enchiridion 236r; vgl. auch 82v.

687 Fabri, Catechismus (Moufang, KK 450).

688 Archinto, Edictum 18v.

689 Ebda.

690 Helding, Catechismus 165v; ders., Institutio 154r; vgl. Gropper, Enchiridion 83r.

691 Institutio 594.

692 Edictum 18r.

693 Catechismus (Moufang, KK 450).

694 Institutio 154v.

695 Lere (Moufang, KK 177).

696 Vgl. oben den Abschnitt 141.15.

697 Direkt von der "Notwendigkeit" der Buße bei Sünden nach der Taufe sprechen Clichtoveus, Sermones 48v, Dietenberger, Catechismus (Moufang, KK 94), Soto, Libri tres 10r und Fabri, Catechismus (Moufang, KK 456).

698 Capita (Moufang, KK 280).

699 Catechismus (Moufang, KK 19, vgl. 20f.).

700 Institutio 178v; vgl. Gropper, Capita (Moufang, KK 280).

701 Enchiridion 119v.

702 Capita (Moufang, KK 280); vgl. ders., Institutio 148.

703 Enchiridion 244r/v.

704 Institutio 594.

705 Dietenberger, Catechismus (Moufang, KK 94); Gropper, Enchiridion 73v, 115r, 121r; ders., Institutio 149; Schöpper, Summa 120r; vgl. Contarini, Catechesis (Moufang, KK 547). - Siehe oben den Abschnitt 141.15.

706 Institutio 153v; vgl. 144r/v; ders., Catechismus 168r. Auch bei Witzel, Catechismus Y 1r klingt dieser Gedanke schwach an.

707 Institutio 153v/154r.

708 Vgl. oben den Abschnitt 11.

709 Vgl. etwa die Sakramentsdefinition bei Lorichius, Institutio 51v: "Sacramentum est invisibilis gratiae visibilis forma". Er gibt an, diese Formel finde sich bei Augustinus, De doctrina christiana. Diese Angabe ist in dieser Form nicht richtig. G. van Roo (De sacramentis in genere, Rom ^{2}1960,39) schreibt dazu: "Ipsa formula non invenitur apud Augustinum. Concordat tamen cum doctrina ejus et gaudet auctoritate ejus".

710 Sermones 44 v

711 Ebda 45r.   712 Ebda 46 r.

713 Catechismus X 4v.

714 Catechesis (Moufang, KK 542).

715 Catechismus 26v.

716 Ebda 275v, vgl. 25r.

717 Edictum 17v. "Zur rechtfertigenden Gnade" vgl. auch Monheim, Explanatio N 1v.

718 Vgl. Helding, Institutio 150r; Fabri, Catechismus (Moufang, KK 448).

719 Vgl. Clichtoveus, Sermones 45v.

720 Catechismus (Moufang, KK 4,84).

721 Explanatio 169.

722 Soto, Compendium (Moufang, KK 328), ders., Libri tres 9v; Helding, Brevis Institutio (Moufang, KK 397); vgl. Dietenberger, Catechismus (Moufang, KK 86); Liber 4r.

723 Compendium (Moufang, KK 318).

724 Enchiridion 81r.

725 Vgl. Erasmus, Institutum E 4v; Witzel, Catechismus Y 1r; Soto, Libri tres 9v; Helding, Catechismus 165r; Fabri, Catechismus (Moufang, KK 448f.).

726 Catechismus 23v, vgl. 23r.

727 Compendium (Moufang, KK 321); ders., Libri tres 11r.

728 Vgl. ebda. 729 Catechismus (Moufang, KK 450).

730 Catechismus (Moufang, KK 85); vgl. Clichtoveus, Sermones 45v; Archinto, Edictum 6v.

731 Catechismus 15v; ders., Institutio 73r/v; ders., Brevis Institutio (Moufang, KK 395).

732 Vgl. unten den Abschnitt 332.32.

733 S. unten den Abschnitt 332.22.

734 Sermones 44v.

735 Catechismus (Moufang, KK 7); vgl. Gropper, Capita (Moufang, KK 300).

736 Ebda 86f.

737 Capita (Moufang, KK 313).

738 Catechesis (Moufang, KK 541).

739 Catechismus A 4v.

740 218v. Zum Glaubensbegriff Groppers vgl. Braunisch, Rechtfertigung 313-315.

741 Edictum 15v/16r.

742 Ebda; vgl. Nausea, Catechismus 25v.

743 Compendium (Moufang, KK 321).

744 Ebda 334.

745 Explanatio 42; vgl. Gropper, Enchiridion 242v.

746 Brevis Institutio (Moufang, KK 414).

747 Catechismus (Moufang, KK 85).

748 Catechismus 23r; vgl. ders., Institutio 119v; Gropper, Enchiridion 79v; Contarini, Catechesis (Moufang, KK 547f.); Schöpper, Summa 111r.

749 Catechismus 168r, hier verweist er am Rand auf Eph 2, im Text zitiert er allerdings Gal 3,27.

750 Catechesis (Moufang, KK 541); vgl. Maltitz, Lere (Moufang, KK 146); Liber 2v.

751 Capita (Moufang, KK 300); vgl. ders., Enchiridion 82r; ders., Institutio 657 (II); Lorichius, Institutio 56v; Schöpper, Summa 111r; Helding, Institutio 159r; ders., Brevis Institutio (Moufang, KK 397).

752 Edictum 6r.

753 Catechismus 173r.

754 Ders., Institutio 156v.

755 Lere (Moufang, KK 225).

756 Hier gibt Erasmus eine falsche Quelle an, der Text findet sich 2 Kor 11,2.

757 Explanatio 15.

758 Ebda.

759 Enchiridion 209r; vgl. 300r; vgl. Nausea, Catechismus 265r.

760 Catechismus A 2r; vgl. Schöpper, Catechismus B 4v; Helding, Catechismus 9v.

761 Catechismus Y 2r; vgl. Dietenberger, Catechismus (Moufang, KK 80).

762 Libri tres 9r.

763 Compendium (Moufang, KK 328).

764 Catechismus 269r.

765 Brevis Institutio (Moufang, KK 396).

766 Enchiridion 56r; vgl. Dietenberger, Catechismus (Moufang, KK 80); Fabri, Catechismus (Moufang, KK 449).

767 Catechismus 173r, 175r.

768 Catechismus 1r.

769 Ebda 3v; vgl. 239v/240r, 265r; so auch: Helding, Brevis Institutio (Moufang, KK 397) und Schöpper, Summa 111r.

770 Catechismus 4r.

771 Ebda 24v.

772 Vgl. Monheim, Rudimenta A 7v; Witzel, Quaestiones 12r/v. Sie bezeichnen die Kirche als die Braut Christi.

773 Sermones 24r.

774 Explanatio M 1r; vgl. Dietenberger, Catechismus (Moufang, KK 26,28f).

775 Explanatio N 3r.

776 Vgl. Witzel, Catechismus Cc 1v; ders., Quaestiones 23r; Maltitz, Lere (Moufang, KK 159, 161); Nausea, Catechismus

22r, 24v; Helding, Institutio 160r.

777 Catechismus (Moufang, KK 79).

778 Vgl. Gropper, Enchiridion 78v; 80v; Liber 2v; Helding, Catechismus 163r; ders., Institutio 144r; ders., Brevis Institutio (Moufang, KK 394).

779 Libri tres 86v.

780 Enchiridion 79r.

781 Explanatio 5.

782 Ebda 145.

783 Rudimenta A 7v/8r.

784 Catechismus A 2r.

785 Ders., Quaestiones 12r/v. Fast wörtlich findet sich dieser Text auch bei Schöpper, Catechismus D 2r.

786 Enchiridion 49r.

787 Ebda 65r; vgl. Schöpper, Catechismus D 2r; ders., Summa 89r; Helding, Catechismus 22v.

788 Compendium (Moufang, KK 326).

789 Vgl. Catechismus 199v.

790 Sermones 24r.

791 Vgl. etwa Soto, Libri tres 89v; Fabri, Catechismus (Moufang, KK 425).

792 Catechismus Y 2r; vgl. Dietenberger, Catechismus (Moufang, KK 80).

793 Examen A 4r/v.

794 Catechismus 24v.

795 S. o. den Abschnitt 323.13.

796 Enchiridion 65/v. Interessant ist, daß er hier die Juden nicht eigens erwähnt.

797 132.

798 Institutio 57r.

799 Ebda 50v/51r, er wendet hier sein Prinzip auf die einzelnen Sakramente an. Dabei findet sich auch der oben zitierte Text fast wörtlich.

800 Quaestiones 23r; vgl. Monheim, Explanatio N 3r; Gropper, Enchiridion 73r, 79v; Schöpper, Summa 82v (M2v); Helding, Catechismus 165v; Fabri, Catechismus (Moufang, KK 425).

801 Catechismus (Moufang, KK 26).

802 Sermones 24r.

803 Catechismus 164r; vgl. Vincius, Primordia B2r.

804 Compendium (Moufang, KK 345). Soto greift hier ein von den Vätern viel gebrauchtes Bild auf; vgl. etwa Clemens von Alexandrien, Paidagogos I,6,42; GCS Clemens I,115.

805 Enchiridion 80v.

806 Primordia D 5r. Er zitiert ohne es anzugeben Cyprian, Epistola 74,7; CSEL 3,2,804.

807 Monheim, Rudimenta A 8r.

808 Dietenberger, Catechismus (Moufang, KK 28f.).

809 Institutio 59r; vgl. Maltitz, Lere (Moufang, KK 193); Nausea, Catechismus 24v.

810 Siehe das Kapitel über die Kindertaufe, unten den Abschnitt 332.2.

811 Vgl. oben den Abschnitt 11.

812 Vgl. Schott, E., Art. Character sacramentalis, in: [3]RGG 1, 1641f.

813 Vgl. oben den Abschnitt 141.12.

814 Enchiridion 83r.

815 Ebda 191r.

816 2v/3r; vgl. Contarini, Catechesis (Moufang, KK 541f.).

817 Sermones 45v.

818 Vgl. Lorichius, Institutio 60r; Dietenberger, Catechismus (Moufang, KK 79f.); Fabri, Catechismus (Moufang, KK 449); Helding, Catechismus 168r, 169v, für ihn ist die Taufe das "Bundeszeichen".

819 De Paenitentia 6,16; CSEL 76,156.

820 Catechismus Y 2r; vgl. ders., Examen A 4r/v.

821 Libri tres 57r; vgl. Erasmus, Explanatio 14.

822 Catechismus (Moufang, KK 80). Fast wörtlich findet sich dieser Text bei Fabri, Catechismus (Moufang, KK 449).

823 Stenzel, Taufe 40.

824 Koep, Buch 94; dort finden sich auch weitergehende Verweise.

825 Enchiridion 84r.

826 Catechismus Puerorum (Reu 1,3,2,3,1407).

827 Explanatio 16; vgl. Padberg, Erasmus 135.

828 Explanatio 17.

829 Compendium (Moufang, KK 322); siehe dazu Merk 21; vgl. Fabri, Catechismus (Moufang, KK 454).

830 Enchiridion 80v. Fast wörtlich findet sich dieser Passus auch bei Schöpper, Summa 111r, vgl. 117v.

831 Institutio 647; vgl. ders., Enchiridion 81r; Monheim, Catechismus Puerorum (Reu 1,3,2,3,1407); Helding, Institutio 149v; ders., Brevis Institutio (Moufang, KK 398).

832 A 4r.

833 De sacramentis 2,7,24; CSEL 73,36; vgl. unter den Abschnitt 342.3.

834 Catechismus 178r; vgl. ders., Brevis Institutio (Moufang, KK 397); Gropper, Enchiridion 81v; ders., Institutio 654; Fabri, Catechismus (Moufang, KK 453); Schöpper, Summa 111r/v.

835 Vgl. oben den Abschnitt 326.11.

836 Institutio 56v. Dieser Text findet sich fast wörtlich auch bei Gropper, Enchiridion 82r.

837 Catechismus Puerorum (Reu 1,3,2,3,1408f.); vgl. Erasmus, Explanatio 74f.

838 Explanatio 74f.

839 Rudimenta A 8v; vgl. Erasmus, Explanatio 18.

840 Etwa Dietenberger und Soto.

841 Edictum 32v; vgl. Clichtoveus, Sermones 49v.

842 Als Stelle gibt er hier "Apoca XVI." an.

843 De civitate Dei 20,10; CSEL 40,2,455.

844 Dialogus contra Luciferanos 4; PL 23,158.

845 Gropper gibt als Belegstelle "Exodi, 14" an.

846 Enchiridion 189r - 190r; vgl. dazu Braunisch, Rechtfertigung 244,246f.; Varrentrapp, Art. Gropper, in: [3]RE 7,191, er schreibt über das Enchiridion: "...er [Gropper] verwirft die verderbliche Lehre vom allgemeinen Priestertum der Laien...".

847 Enchiridion 189v.

848 Die Stelle findet sich im Decretum Gratiani: D 4c 91 de cons.

849 Institutio 159v.

850 Ebda 214r/v, 220v, 221r/v.

851 Summa 147v/148r.

852 Institutio 49v.

853 Gropper, Institutio 657.

854 Catechismus (Moufang, KK 454).

855 A 4v/ B 1r.

856 Ebda C 4r.

857 Catechesis (Moufang, KK 551).

858 Ebda 552.

859 Catechismus 272v/273r, 275r; vgl. dazu Feifel, Grundzüge 101,227-231.

860 Catechismus 27r; vgl. Durandus, Rationale VI, c.83,15. Siehe dazu die etwas unklare Aussage bei Kötter 178, Anm. 262.

861 647 (II).

862 24r; vgl. Cardauns, Geschichte 12f. Dort heißt es unter Berufung auf die Quaestiones fälschlich: "...ein Unterschied zwischen Priester- und Laientum im Sinne der katholischen Kirche ist ihm fremd".

863 Summa 147v/148r; s. o. S. 192.

864 Ebda 20r/v.

865 S. o. S. 184.

866 Sermones 45r.

867 Catechismus 21v.

868 Catechismus 168v.

869 Ebda 224v; vgl. Feifel, Grundzüge 105.

870 157v; vgl. dazu unten den Abschnitt 342.2 zur Speichelzeremonie.

871 Moufang, KK 313.

872 3r; vgl. ders., Institutio 237r; ders., Brevis Institutio (Moufang, KK 398).

873 Catechismus 15v; vgl. ders., Institutio 47r, 145v, 148r, 160v.

874 Catechismus 164r; vgl. ders., Brevis Institutio (Moufang, KK 394f.).

875 Catechismus 164v; vgl. ders., Institutio 59r.

876 Catechismus 222r, vgl. 270r. Zu diesen Aussagen Heldings vgl. Feifel, Grundzüge 80 und 145.

877 Catechismus A 7r.

878 Ebda A 2v; vgl. ders., Summa 110r/110v.

879 Summa 113v.

880 Explanatio N 1v; vgl. Lorichius, Institutio 53r, als Beleg gibt er Gal 3 an.

881 Catechismus (Moufang, KK 5, vgl. 7); vgl. auch Fabri, Catechismus (Moufang, KK 449).

882 Catechismus (Moufang, KK 84, vgl. 86).

883 Enchiridion 84r.

884 Ebda 183r.

885 Sermones 46r. Dieser letzte Hinweis findet sich auch bei Lorichius, Institutio 58v; Nausea, Catechismus 22v; Helding, Catechismus 160v.

886 110f., 326.

887 Vgl. den Abschnitt 34.

888 Catechismus J 2r; vgl. ders. Quaestiones 7v.

889 Catechismus (Moufang, KK 81); vgl. Soto, Compendium (Moufang KK 343).

890 Explanatio 14f.

891 Catechismus Puerorum (Reu 1,3,2,3,1407).

892 Catechismus X 3r.

893 Catechismus 24r; vgl. Witzel, Catechismus X 4v.

894 Catechismus (Moufang, KK 102). Wörtlich findet sich dieser Gedanke auch bei Fabri, Catechismus (Moufang, KK 462).

895 Enchiridion 80v.

896 Edictum 18r; vgl. Clichtoveus, Sermones 46r.

897 Brevis Institutio (Moufang, KK 396); vgl. Gropper, Institutio 599 (589).

898 Explanatio 17f.

899 Sermones 46v.

900 Catechismus Y 1v/2r.

901 Catechismus (Moufang, KK 86, vgl. 84).

902 Enchiridion 251r.

903 Edictum 7r, 8r/v.

904 Lere (Moufang, KK 174, vgl. 144); vgl. auch Lobeck 102, Mitterhöfer 54.

905 Libri tres 37v.

906 144v.

907 Erasmus, Explanatio 169; Monheim, Catechismus Puerorum (Reu 1,3,2,3,1406); ders., Explanatio N 2r.

908 Vgl. z. B. Augustinus, In Joan. Ev. tract. VI,1,7; PL 35, 1428.

909 E 4v.

910 Vgl. Padberg, Erasmus 55.

911 Catechismus Puerorum (Reu 1,3,2,3,1406f.).

912 Ebda 1406; vgl. Erasmus, Explanatio 147; Gropper, Enchiridion 83v; Liber 3v.

913 Catechismus 22v.

914 Catechismus (Moufang, KK 80).

915 Explanatio N 2r.

916 Catechismus 172r.

917 Institutio 52r; vgl. Gropper, Enchiridion 83r; Helding, Institutio 155v. Clichtoveus sagt dies ausdrücklich von der Eucharistie; vgl. Kötter 121.

918 Lorichius, Institutio 57r; vgl. Gropper, Enchiridion 83r/v, 118r, 218r; Helding, Institutio 225v.

919 22r.

920 Ebda 171r.

921 Catechismus 25r.

922 Edictum 18r.

923 Explanatio 169.

924 Institutio 155r; vgl. auch Contarini, Catechesis (Moufang, KK 548), er unterscheidet bei der Sakramentenspendung: Bei der Taufe sei der Priester "Diener", bei der Absolution aber "Richter", weil er Gewalt habe, die Sünden zu vergeben und zu behalten.

925 Sermones 45v.

926 Institutio 155.

927 Institutio 51r; vgl. Gropper, Enchiridion 83r; Liber 3v; Helding, Institutio 155v.

928 Vgl. oben S. 15 und 50 das Reformgutachten.

929 B 1r. Des weiteren zählt er an "Vorwürfen" auf: Die Leichtfertigkeit der Patenwahl und die ausgedehnten Gelage anläßlich der Taufe.

930 Enchiridion 66v.

931 Ebda 67v; vgl. Erasmus, Explanatio 169; Helding, Institutio 155v.

932 Catechismus 171r/v; vgl. ders., Institutio 155v, auch hier führt er Judas als Beispiel an und argumentiert, die Taufe durch Johannes den Täufer sei wiederholt worden, die durch Judas aber nicht.

933 Catechismus 22v.

934 Vgl. Gropper, Enchiridion 83r.

935 Catechismus B 1v; vgl. auch Helding, Catechismus 172r/v.

936 Catechismus 1r.

937 Sermones 35r.

938 Institutio 107r; vgl. ders., Brevis Institutio (Moufang, KK 387).

939 Summa 26r; vgl. Lorichius, Institutio 113r.

940 DS 1315.

941 Vgl. oben den Abschnitt 312.21.

942 Mayer, H., Geschichte der Spendung der Sakramente in der alten Kirchenprovinz Salzburg (Taufe, Firmung und Kommunion): ZKTh 37, 1913, 760-804; 38, 1914, 1-36,267-296, hier 17f.

943 Sermones 45v.

944 Ebda 53r.

945 Explanatio 169.

946 Institutio 56r, er macht darauf aufmerksam, daß Laien das Chrisma nicht gebrauchen dürfen.

947 Institutio 656 u. ö.

948 Catechismus (Moufang, KK 81).

949 Catechismus 25r.

950 Edictum 18r/v.

951 Catechismus 167.

952 156r, vgl. auch 159r.

953 Institutio 57v/58r.

954 Ebda 57v.

955 Catechismus 167r.

956 Constitutiones 5r. - Zur Ergänzung der Zeremonien vgl. Spital, Ritualien 142-150; Reifenberg, Sakramente 247-252.

957 Explanatio 147.

958 Vgl. oben den Abschnitt 313.

959 Vgl. Eph 4,5.

960 Explanatio 168; vgl. Lorichius, Institutio 51r.

961 Explanatio 169.

962 Vgl. oben den Abschnitt 325.1.

963 132,155.

964 Auch Lorichius wendet sich in einem seiner Bücher scharf gegen Bischöfe, die die Firmung entweder überhaupt nicht oder sehr leichtfertig spenden; vgl. Michel, Lorich 164.

965 Explanatio 169.

966 657/656 (II). Gropper beruft sich hier auf D 4 c 111 de cons; vgl. auch Durandus, Rationale VI, c.83,32. - Zu der etwas umständlich klingenden Formel vgl. Spital, Ritualien 178.

967 Catechismus X 2r.

968 Vgl. oben den Abschnitt 312.22.

969 83r; vgl. Braunisch, Rechtfertigung 293.

970 Explanatio 169.

971 Siehe oben den Abschnitt 312.21.

972 Sermones 45v.

973 Edictum 18r/v.

974 Institutio 156r, der Text wurde oben schon zitiert, S. 204. Vgl. auch die Consuetudines des Mainzer Provinzialkonzils von 1549, im gleichen Band 4v.

975 Vgl. den Abschnitt 313.2.

976 Moufang, KK 321. Vgl. dazu oben den Abschnitt 321.2.

977 Vgl. etwa Nausea, Catechismus 25r: "De ordine et modo caeremoniarum, in baptizando puero fieri solitarum".

978 A 2r - A 4r; vgl. oben S. 51.

979 Catechismus 1v.

980 Catechismus 1v/2r; vgl. oben S. 82.

981 Institutio 54v.

982 159-163.

983 A 4r; vgl. Schöpper, Summa 112r.

984 Catechismus (Moufang, KK 81).

985 Edictum 17v/18r.

986 Vgl. dazu oben S. 83.

987 Catechismus 172v/173r.

988 Ebda 173r.

989 52v/53r, vgl. 156r/v.

990 2v.

991 Vgl. auch Gropper, Institutio 540.

992 C 1r.

993 148, vgl. 326.

994 Ebda 538-541.

995 Ebda 540.

996 Libri tres 11r, vgl. 39r.

997 Vgl. oben S. 51.

998 646.

999 S. u. den Abschnitt 332.4.

1000 83r; vgl. Lorichius, Institutio 59r.

1001 Catechismus 173r/v; vgl. ders., Institutio 156v.

1002 Enchiridion 83r.

1003 Catechesis (Moufang, KK 541f., 543). - Zu dieser Fragestellung vgl. auch die Position Luthers, oben Abschnitt 141.14.

1004 149r.

1005 123.

1006 Catechismus 23v.

1007 Vgl. oben den Abschnitt 141.14.

1008 Vgl. oben den Abschnitt 142.

1009 Institutio 53v.

1010 152r.

1011 Vgl. oben den Abschnitt 311.46.

1012 Enchiridion 79r. Ähnlich argumentieren auch Nausea, Catechismus 26r, vgl. 21v, 24r, 26v; Soto, Libri tres 62r; Helding, Catechismus 3v; ders., Institutio 150v.

1013 Enchiridion 79r/v; vgl. Liber 3r.

1014 Institutio 151r.

1015 Ebda.

1016 Summa 112r. Fabri, Catechismus (Moufang, KK 450) erwähnt in diesem Zusammenhang ebenfalls den Durchzug durch das Rote Meer.

1017 Summa 112r.

1018 Enchiridion 79r; vgl. ders., Capita (Moufang, KK 274); ders., Institutio 115; Nausea, Catechismus 26r; Liber 2v; Helding, Institutio 151r.

1019 Vgl. Gropper, Enchiridion 80v.

1020 Catechismus 26r; vgl. Witzel, Catechismus A 4r/v. Schöpper, Summa 112v; Liber 2v.

1021 2v; Helding, Institutio 151v. An dieser Stelle wendet sich Helding ausdrücklich gegen die Wiedertäufer und sagt, Christus sei als Kind für die Kinder geboren; vgl. oben S. 153.

1022 Vgl. etwa Gropper, Capita (Moufang, KK 273); ders., Institutio 115.

1023 Institutio 152r.

1024 Catechismus Puerorum (Reu 1,3,2,3,1409).

1025 A 3v/4r.

1026 Gropper, Enchiridion 80v. - Augustinus, Ep. 98,1 und 6; CSEL 34, 2, 520 und 527. - Vgl. Nausea, Catechismus 26r; Helding, Catechismus 193v; ders., Brevis Institutio (Moufang, KK 395 f.); Schöpper, Summa 112v; Fabri, Catechismus

(Moufang, KK 451).

1027 2v.

1028 Vgl. Gropper, Capita (Moufang, KK 314).

1029 Ebda 273.

1030 Soto, Libri tres 62r.

1031 Edictum 17v/18r.

1032 Catechismus 26r.

1033 Tractatus in Ioannem 80,3; CC 36,529.

1034 Enchiridion 79v.

1035 Unterrichtung E 4v.

1036 "...involvens illis fidem in Sacramento, quo usque idonei fiant suo assensu evolutam percipere".

1037 Institutio 151v.

1038 Vgl. oben Anm. 1026

1039 Catechismus (Moufang, KK 451).

1040 Ep. 98, 10; CSEL 34,2,531f.

1041 Enchiridion 80v; vgl. ders., Institutio 543; Lorichius, Institutio 58r; Soto, Libri tres 37v; ders., Compendium (Moufang, KK 330); Schöpper, Catechismus A 3r.

1042 Vgl. unten die Abschnitte 332.4 über die Paten und 332.31.

1043 Vgl. die Abschnitte 313.2 über die Heilsnotwendigkeit, 321.13 über die allgemeine Sündenverhaftetheit und 323 über die Vergebung der Sünden.

1044 Enchiridion 79r; vgl. Helding, Institutio 151r.

1045 Catechismus (Moufang, KK 85).

1046 Summa 112v.

1047 3r.

1048 442.

1049 Institutio 150r.

1050 Siehe S. 51.

1051 A 4v.

1052 Ebda X 3r.

1053 Libri tres 5r.

1054 Catechismus A 4r.

1055 Catechismus 3v; vgl. Witzel, Catechismus B 1r.

1056 Enchiridion 81r; vgl. Nausea, Catechismus 25v; Schöpper, Summa 111r.

1057 Catechismus A 3r; vgl. Clichtoveus, Sermones 46r; Monheim, Explanatio N 2v; Gropper, Enchiridion 83v; Archinto, Edictum 18r; Helding, Institutio 151r.

1058 Catechismus A 3r. Entsprechend dieser Forderung hat Schöpper auch seinen Catechismus aufgebaut; vgl. oben S. 77.

1059 Explanatio 7; vgl. Dietenberger, Catechismus (Moufang, KK 5); Gropper, Institutio 326; Archinto, Edictum 6r.

1060 Explanatio 41.

1061 Catechismus F 2r.

1062 Ebda X 2v; vgl. ders., Quaestiones 22v.

1063 Catechismus (Moufang, KK 80).

1064 Ebda.

1065 Ebda 4.

1066 Enchiridion 49r.

1067 Ebda 78v; vgl. oben S. 133.

1068 Enchiridion 79v; vgl. oben S. 215f.

1069 Catechismus 5r.

1070 Ebda 21v.

1071 Ebda 23r; vgl. 24r; Soto, Libri tres 39v; Fabri, Catechismus (Moufang, KK 448).

1072 Catechismus 240r.

1073 Catechismus A 3r.

1074 Catechismus 23v; vgl. Contarini, Catechesis (Moufang, KK 541).

1075 Catechismus 221v/222r.

1076 Catechismus (Moufang, KK 448).

1077 Siehe oben den Abschnitt 322: Das Wirken der göttlichen Personen in der Taufe.

1078 Explanatio 41.

1079 Ebda; vgl. Gropper, Enchiridion 49v.

1080 Catechismus Puerorum (Reu 1,3,2,3,1408).

1081 Ebda 1407.

1082 Ebda 1416. Hier klingt die Anregung des Erasmus an, daß getaufte Kinder, wenn sie erwachsen sind, öffentlich die Taufversprechen erneuern sollen; vgl. oben S. 43.

1083 Catechismus 22r.

1084 Summa 111r.

1085 Catechismus 269r.

1086 S. unten den Abschnitt 332.35.

1087 Catechismus A 3r.

1088 Explanatio 173.

1089 Sermones 45v.

1090 Moufang, KK 274; vgl. ders., Enchiridion 81r; ders., Institutio 116. - Diese "Zusage an Christus" ist ein typisches Element der östlichen Taufliturgie; vgl. Stenzel, Taufe 104 - 108; Fischer, Taufjahrgedächtnis 349 f.; ders., Private Tauferinnerung 164; Martimort II, 83 f,; Danielou, Liturgie 37 - 41. Die Erwähnung durch Gropper ist ein charakteristisches Beispiel dafür, wie sich die durch den Humanismus vermittelte Kenntnis östlicher Theologie und Liturgie im Westen als "Lernprozeß" auswirkt. - Zum einmaligen Kreuzzeichen wird keine nähere Erläuterung gegeben.

1091 Summa 111r; vgl. Helding, Brevis Institutio (Moufang, KK 396 f.); Fabri, Catechismus (Moufang, KK 453).

1092 Summa 187v/188r. Wir werden auf diesen Text im Zusammenhang mit der Tauferinnerung näher eingehen; vgl. unten den Abschnitt 351.12.

1093 Catechismus (Moufang, KK 322).

1094 Ebda 342.

1095 Vgl. Groß, K., Art. Finger, in: RAC 9, 909 - 946, hier 930. Nach antiker Auffassung, die sich in diesem Sprichwort lebendig erhalten hat, kann man u. a. das Böse vertreiben, wenn man mit dem Finger darauf zeigt.

1096 Catechismus Puerorum (Reu 1,3,2,3,1396).

1097 Ebda 1407; vgl. Maltitz, Lere (Moufang, KK 185); siehe dazu Lobeck 103 f.

1098 Catechismus Puerorum (Reu 1,3,2,3,1408).

1099 N 2r; vgl. Erasmus, Explanatio 197.

1100 Institutio 56r.

1101 S. o. den Abschnitt 322.1

1102 Von Athanasius ist kein Kommentar zum Neuen Testament überliefert; vgl. Bardenhewer, O., Geschichte der altchristlichen Literatur, 3. Bd., Freiburg 1912,65.

1103 De Paenitentia 2,10,96; CSEL 73,201.

1104 Diese Geschichte findet sich auch bei Helding, Institutio 148r. Dort lautet die Antwort des Jünglings: "Ego vero amplius non sum ego". - Handschriftlich ist bei Lorichius am Rand hinzugefügt: "Vide Dialogum Erasmi".

1105 Institutio 55v/56r.

1106 Ebda 56v.

1107 59r/v, 79v/80r.

1108 78v; vgl. Helding, Institutio 149v.

1109 Enchiridion 79v.

1110 Ebda 80r, vgl. 82v/83r.

1111 Ebda 236r.

1112 Edictum 18v; vgl. Helding, Catechismus 166v.

1113 Institutio 147v, vgl. 154r; vgl. auch Gropper, Institutio 541, 594f.; Fabri, Catechismus (Moufang, KK 450).

1114 Catechismus 166v; vgl. 180v. - Was er hier unter "Töten" versteht, erläutert er wie Lorichius. - Vgl. auch den Abschnitt 326.12.

1115 Vgl. Lorichius, Institutio 56r; s. o. S. 224f.

1116 Explanatio 198; vgl. Schöpper, Catechismus B 5r

1117 N 1v.

1118 Ebda N 2r.

1119 Catechismus X 4v; vgl. oben S. 163.

1120 Catechismus Y 1v; vgl. auch ders., Quaestiones 23r.

1121 Catechismus Y 1v/2r.

1122 Ebda Cc 1v; vgl. ders., Examen 14r; ders., Belehrung 132.

1123 Catechismus (Moufang, KK 81).

1124 Ebda 84, vgl. 86.

1125 56r.

1126 Ebda 73v.

1127 Ebda 79v, vgl. 60v.

1128 Ebda 80v.

1129 Ebda.

1130 Ebda 81v, vgl. 83r.

1131 Ebda 83r.

1132 Catechismus 27r, 268v; vgl. Gropper, Enchiridion 82r; Schöpper, Summa 111r; Helding, Catechismus 178v, 182r; ders., Institutio 159v.

1133 Nausea, Catechismus 27r; vgl. Liber 4r.

1134 Institutio 155r.

1135 Ebda 156v, 159r, 167v; vgl. ders., Brevis Institutio (Moufang, KK 397).

1136 183v; vgl. 61r.

1137 Ebda 72r; vgl. Schöpper, Summa 113v.

1138 Catechismus (Moufang, KK 450).

1139 Explanatio 198; vgl. Monheim, Explanatio N 2r.

1140 Quaestiones 22v.

1141 Enchiridion 81v; vgl. Fabri, Catechismus (Moufang, KK 453).

1142 Edictum 7r.

1143 Ebda 7v; vgl. Gropper, Enchiridion 62r; Vincius, Primordia A 5r/v.

1144 Capita (Moufang, KK 300); vgl. Maltitz, Lere (Moufang, KK 179); Helding, Brevis Institutio (Moufang, KK 397); Fabri, Catechismus (Moufang, KK 417, 450).

1145 Edictum 7r.

1146 Catechismus B 4v; vgl. Nausea, Catechismus 159r; Helding, Catechismus 59v/60r.

1147 Primordia D 3r.

1148 Vgl. oben den Abschnitt 332.22

1149 5.

1150 Catechismus A 4r.

1151 Institutio 58r.

1152 Enchiridion 80v.

1153 Capita (Moufang, KK 273f.) und Institutio 114-116, vgl. 645f.

1154 Catechismus 25v/26r.

1155 Ebda 23r; vgl. Schöpper, Summa 27r; Helding, Catechismus 2r; Fabri, Catechismus (Moufang, KK 453).

1156 158r; vgl. Gropper, Institutio 651; Fabri, Catechismus (Moufang, KK 453). Vgl. Reifenberg, Sakramente 188f.

1157 Ep. 98,5; CSEL 34,2,526.

1158 Enchiridion 80v.

1159 Institutio 58r.

1160 Summa 113r.

1161 Catechismus 193r; vgl. 3v/4r.

1162 Catechismus B 1r. Vgl. Padberg, R., Zum katechetischen Anliegen Georg Witzels (1501-1573): ThGl 43,1953,194-196.

1163 Vgl. Witzel, Examen A 4r ("testis"); "fideiussor" bei Gropper, Enchiridion 80v; Nausea, Catechismus 23r; Schöpper, Summa 113r; "Bürge" bei Helding, Catechismus 116r und Fabri, Catechismus (Moufang, KK 453).

1164 Catechismus 23r.

1165 Ebda 26r.

1166 Catechismus A 4v.

1167 Catechismus A 4r und Summa 113r.

1168 Enchiridion 80v. Hier zitiert er das Decretum Gratiani: D 4c 105 de cons; vgl. Durandus, Rationale VI, c. 83,37 und 35. Der Text wird Augustinus zugeschrieben, stammt aber von Caesarius, Sermo 200,6; CC 104,811f.

1169 Catechismus (Moufang, KK 453).

1170 Summa 27r/v.

1171 Catechismus 2r.

1172 Ebda 115v-116v.

1173 Catechismus 26r.

1174 S. o. S. 209.

1175 Summa 113r/v.

1176 Vgl. oben S. 53.

1177 Explanatio 164; vgl. Soto, Libri tres 10v; ders., Compendium (Moufang, KK 329).

1178 Explanatio 225.

1179 Catechismus 115r/v.

1180 19v.

1181 Moufang, KK 317.

1182 Ebda 321.

1183 Summa 21v.

1184 Catechismus 4r.

1185 Ebda 2r; vgl. ders., Institutio 106r.

1186 Catechismus 3v.

1187 Institutio 58r. In der von Lorichius angegebenen Stelle (PL 92,203-205) findet sich der zitierte Text nicht.

1188 Bei Augustinus heißt es in Ep 98,9 (CSEL 34,2,351): "ipsa responsio ad celebrationem pertinet sacramenti...". So übernimmt es auch Gratian: D 4c 76 de cons. Durandus (VI, c. 83,34) hat dieses Zitat 'aufgefüllt': "Augustinus quoque jusserit, quod responsio ipsius patrini ad celebritatem, idest solemnitatem pertinet sacramenti, quasi dicat non ad necessitatem".

1189 Libri tres 62r.

1190 Ebda 39v; vgl. Witzel, Examen A 4r.

1191 104r.   1192 Catechismus 26v.

1193 Catechismus (Moufang, KK 82f); vgl. Helding, Catechismus

174v.

1194 Catechismus A 4v. - Zum Grund des Fernbleibens der Väter vgl. oben S. 15.

1195 Catechismus (Moufang, KK 3).

1196 Catechismus 173v.

1197 Vgl. Stickler, A. M., Art. Gratian, in: LThK 4, 1168 f.; ders., Art. Corpus Iuris Canonici, in: LThK 3, 65 - 69.

1198 Vgl. Stickler, A. M., Durandus, in: LThK 3, 611; Vismans, Th. A., Art. Durandus, in: LW 1, 638 - 640; Buijssen, G. H., Durandus' Rationale in spätmittelhochdeutscher Übersetzung. Das vierte Buch nach der Hs. CVP 2765, Assen 1966, (15) - (24).

1199 In den vorausgegangenen Kapiteln wurde immer wieder darauf verwiesen.

1200 Catechismus 178v; vgl. Dietenberger, Catechismus (Moufang, KK 81f.); Liber 3v.

1201 Enchiridion 80r; vgl. Schöpper, Summa 111r.

1202 Vgl. Dietenberger, Catechismus (Moufang, KK 81f.); Nausea, Catechismus 27v; Liber 3v.

1203 Catechismus (Moufang, KK 82).

1204 Catechismus 174v; vgl. Nausea, Catechismus 27v.

1205 Catechismus 178v.

1206 Compendium (Moufang, KK 331).

1207 Institutio 54v. Wörtlich findet sich dieser Satz bei Gropper, Enchiridion 80v.

1208 Catechismus 27v.

1209 Ebda 25r.

1210 Ebda 27r. Er könnte hier an die vielen Sonderbräuche der verschiedenen Kirchenprovinzen denken, von denen Durandus in seinem Rationale berichtet. Nausea beruft sich auch sonst, ohne es anzugeben, viel auf diesen Autor.

1211 Ebda.

1212 Catechismus (Moufang, KK 3); vgl. Helding, Catechismus 174r.

1213 Catechismus (Moufang, KK 3).

1214 Vgl. oben S. 61.

1215 Enchiridion 78r; vgl. Nausea, Catechismus 25r, 27v; Helding, Catechismus 178v; ders., Institutio 157r.

1216 Compendium (Moufang, KK 331).

1217 Das ist im letzten auch der Grundtenor der Aussage von Soto.

1218 Catechismus (Moufang, KK 82); vgl. Gropper, Enchiridion 78r.
1219 Institutio 58v.
1220 Enchiridion 80r; vgl. Schöpper, Summa 111r.
1221 Catechismus 25r; vgl. Liber 3v/A 4r.
1222 Vgl. Lorichius, Institutio 54v.
1223 Catechismus (Moufang, KK 82).
1224 Institutio157r.
1225 Catechismus 182r.
1226 Catechismus 27r.
1227 Ebda 27v.
1228 Ebda 25r; vgl. Fabri, Catechismus (Moufang, KK 451f.).
1229 Catechismus 27v.
1230 Catechismus (Moufang, KK 82f.).
1231 Catechismus 173v/174r.
1232 Ebda 174v.
1233 3v.
1234 Ebda A 4r.
1235 Vgl. oben S. 65f.
1236 Siehe den Abschnitt 13.
1237 Vgl. die näheren Angaben im Literaturverzeichnis. Es handelt sich hier näherhin um die S. 167 - 257.
1238 Catechismus 25r.
1239 Ebda.
1240 Catechismus 177v/178r, vgl. 179v.
1241 653.
1242 Vgl. oben S. 134.
1243 81r.
1244 157r.
1245 647.
1246 Ritualien 43 - 45; vgl. Reifenberg, Sakramente 170 f.
1247 Institutio 647.
1248 Ritualien 50 - 52.
1249 Ebda 52; vgl. Reifenberg, Sakramente 171 f.
1250 Catechismus 25r.
1251 Vgl. S. 160.

1252 Catechismus 176r.

1253 Ebda 177r.

1254 Institutio 648.

1255 Vgl. Sermo de symbolo ad catechumenos I, 2; CC 46, 186.

1256 Vgl. dazu auch den Abschnitt 322.43.

1257 54v.

1258 Ritualien 54 - 59; vgl. Reifenberg, Sakramente 172 f.

1259 Explanatio 14; siehe oben S. 155 f.

1260 Compendium (Moufang, KK 322).

1261 Summa 111r.

1262 S. o. S. 188 - 191.

1263 Catechismus 25v.

1264 Institutio 157r.

1265 644, 648f. Vgl. Durandus, Rationale VI, c.56,6.

1266 Institutio 157v; vgl. ders., Catechismus 179r; ders., Brevis Institutio (Moufang, KK 396). In diesen beiden zuletzt genannten Büchern wird nicht ausdrücklich bei diesen Texten auf eine mehrmalige Signierung aufmerksam gemacht.

1267 Institutio 648f.

1268 De corona 3; CSEL 70,158.

1269 Homilia 13 in Ep. ad Phil, 1; PG 62, 277.

1270 Institutio 644.

1271 176r, vgl. 176v.

1272 Ritualien 55.

1273 Vgl. ebda. 70f.

1274 Catechismus 177r.

1275 80v.

1276 Ritualien 57.

1277 Ebda 59 - 62.

1278 Catechismus 25v.   1279 Catechismus 176r.

1280 Ritualien 59; vgl. Reifenberg, Sakramente 173 f.

1281 Vgl. Spital, Ritualien 64 - 70; vgl. Reifenberg, Sakramente 174 f.

1282 D 4 c 74 f. de cons; vgl. Durandus, Rationale VI, c.83,8.

1283 Institutio 55r; vgl. Gropper, Enchiridion 80v; ders., Capita (Moufang, KK 301); Nausea, Catechismus 25v; Schöpper, Summa 111r; Helding, Institutio 157v; ders., Brevis Institutio (Moufang, KK 396); Fabri, Catechismus (Moufang, KK 452).

1284 Moufang, KK 301; vgl. Helding, Catechismus 176v, 179r,
1285 Homilia 6 in Ezechielem, 6; GCS 33, 383 f.
1287 Institutio 649f.
1288 Catechismus 25v.
1289 3v.
1290 Spital, Ritualien 65.
1291 Ebda 69.
1292 Catechismus 176v.
1293 Vgl. Botte, B., L'interprétation des textes baptismaux: LMD 32, 1952, 18 - 39, hier 34f; ders., Sacramentum catechumenorum: QLP 43, 1962, 322 - 330.
1294 Ebda 177r.
1295 Ebda.
1296 Spital, Ritualien 69. Reifenberg, Sakramente 182 beginnt hier ebenfalls einen neuen Abschnitt, den er mit "Photizomenat" überschreibt.
1297 Spital, Ritualien 69 - 86; vgl. Reifenberg 182 - 185.
1298 Spital, Ritualien 79.
1299 Enchiridion 80r; vgl. ders., Institutio 650; Schöpper, Summa 110v.
1300 Vgl. Helding, Catechismus 176v, 179r; ders., Institutio 157r/v; ders., Brevis Institutio (Moufang, KK 396).
1301 Catechismus 25r; vgl. Fabri, Catechismus (Moufang, KK 452).
1302 Siehe oben den Abschnitt 322.43.
1303 Catechismus 176r.
1304 Catechismus 25r; vgl. Durandus, Rationale II,c.6.
1305 Institutio 54r/v; vgl. Gropper, Enchiridion 80v; Helding, Catechismus 176v.
1306 Catechismus 177r.
1307 Spital, Ritualien 76.
1308 Ebda 78.
1309 Helding, Catechismus 177r/v.
1310 Catechismus 25v, vgl. dazu die Warnungen Dietenbergers, s. o. S. 243.

1311 Ritualien 86.

1312 Vgl. ebda 86 - 90; Reifenberg, Sakramente 185 spricht vom "Rudiment der Übergaben".

1313 Vgl. Spital, Ritualien 89.

1314 80v.

1315 650.

1316 Catechismus 177v.

1317 Er schreibt u. a.: "...wie er sie umbfieng...". Diese Wendung findet sich nicht bei Mattäus.

1318 Enchiridion 80v und Institutio 650f.

1319 Ebda. Interessant ist, daß Gropper im Enchiridion das Wort "referant" gebraucht. Hier hat sich im Ausdruck noch etwas von dem alten Brauch des "Zurückgebens" erhalten.

1320 Catechismus 177v.

1321 Ritualien 92 - 95.

1322 Vgl. Reifenberg, Sakramente 188. Das Mainzer Rituale von 1551 hat die Rubrik: Der Priester spricht das Herrengebet "und ermahnt die Umstehenden, sie sollen ebenfalls um das Heil der Kinder beten". Das Rituale von 1599 hat an dieser Stelle das Symbolum wiedergewonnen, läßt die Texte aber ebenfalls "für das Heil der Kinder verrichten". - Vgl. auch Jungmann, J. A., Pater noster und Credo im Breviergebet, eine altchristliche Tauferinnerung, in: ders., Gewordene Liturgie, Innsbruck/Leipzig 1941, 165 - 172.

1323 Institutio 651. Als Quelle gibt Gropper an: Augustinus, De symbolo IV; dort findet sich allerdings dieser Text nicht. Vgl. zum ganzen: Stenzel, Taufe 189 - 193.

1324 Vgl. Spital, Ritualien 91f.

1325 Institutio 651.

1326 80v; vgl. oben S. 233.

1327 Institutio 158r.

1328 Catechismus (Moufang, KK 453); vgl. oben S. 233.

1329 Ritualien 95 - 97; vgl. Reifenberg, Sakramente 181.

1330 652.

1331 Ebda.

1332 Vgl. Spital, Ritualien 97 - 103; Reifenberg, Sakramente 190 - 192.

1333 Enchiridion 81r. Der erste Teil findet sich fast wörtlich auch bei Lorichius, Institutio 54v und Helding, Institutio 157v. Beide geben als Quelle die "Glossa ordinaria" zu Joh 9 an: PL 114, 395. Die "Glossa" wird bei Migne fälsch-

lich Walafried Strabo zugeschrieben. Zu diesem Werk vgl.
Schmid, J., Art. Glossen, I. bibl. Glossare, in: LThK 4,
968 - 970. - Ein ähnlicher Text findet sich bei Durandus,
Rationale VI, c. 56, 11. - Auf das Beispiel Christi verweisen auch Gropper, Institutio 652f.; Nausea, Catechismus
25v; Liber 3v; Helding, Catechismus 177v und Fabri, Catechismus (Moufang, KK 452f.).

1334 De sacramentis 1,1,3; CSEL 73, 16.

1335 Enchiridion 81r; vgl. Lorichius, Institutio 55r; Nausea,
Catechismus 25v; Helding, Catechismus 177v, 179r; ders.,
Institutio 157v; ders., Brevis Institutio (Moufang, KK
396); Fabri, Catechismus (Moufang, KK 452).

1336 Summa 111r.

1337 De sacramentis 1,1,3; CSEL 73,16. Lorichius zitiert hier
nach dem Decretum Gratiani: D 4 c 69 de cons.

1338 Institutio 54v/55r.

1339 Vgl. Schmitz, Gottesdienst 80; Spital, Ritualien 98.

1340 Institutio 55r; vgl. Helding, Institutio 157v. Bei Helding
lautet die 2. Hälfte: "Munus est Sacramentum corporis Dominici: Opus vero annunciationis Christi, quae utraque non
nisi post Baptismum homini conceduntur"; vgl. o. S. 194.

1341 3v. - Interessant in diesem Zusammenhang ist, daß die
Trierer Agende von 1574 (Libri officialis sive Agendae...,
Trier 1574, 24) vor einer Berührung des Mundes mit Speichel warnt. Dabei beruft man sich auf das Decretum Gratiani; vgl. oben Anm. 1337.

1342 Ritualien 98 f.

1343 Catechismus 177v, 179r; vgl. dazu Spital, Ritualien 98.
Reifenberg, Sakramente 190 - 192 erwähnt für Mainz bei
diesem Rituale keine Verwendung von Staub. Wohl kannte
man diesen Brauch in Würzburg und Bamberg; ebda 195 und
197.

1344 Catechismus 177v.

1345 Vgl. S. 246 f.

1346 Catechismus 25v.

1347 Enchiridion 81r und Institutio 653f.

1348 Institutio 158r.

1349 Spital, Ritualien 103.

1350 81r; vgl. ders., Institutio 647. An dieser Stelle handelt
es sich um die erste Frage nach dem Namen; vgl. oben
S. 246. Auf S. 654 heißt es bei ihm nur: "Dant iterum
nomina sua". - Zum Begriff des "nomen dare" vgl. oben den
Abschnitt 326.12.

1351 Vgl. Gropper, Institutio 647; Fabri, Catechismus (Moufang, KK 452).

1352 A 4r. Auch Gropper erwähnt in beiden Werken diesen Gedanken; vgl. oben den Abschnitt 326.12.

1353 Rationale VI, c. 83, 13.

1354 Am Rande verweist er auf 1 Kor 4,16; 11, 1; Eph 5, 1f.; Phil 3, 17.

1355 Catechismus 26v.

1356 So etwa durch Schöpper, Summa 111r; Helding, Institutio 158r; ders., Brevis Institutio (Moufang, KK 396f.) und Fabri, Catechismus (Moufang, KK 453).

1357 Institutio 55r - 56r.

1358 Catechismus 179v - 181v.

1359 647. Diese Formulierung findet sich bei der Abschwörung, die Gropper zu Beginn erwähnt. Bei der zweiten Abschwörung direkt vor der Taufe heißt es nur: "Trinam itidem abrenunciationem repetunt"; ebda 654.

1360 81r.

1361 Vgl. Spital, Ritualien 106f.

1362 De mysteriis 1,2,5; CSEL 73,90.

1363 Institutio 55r.

1364 Abschnitt 332.34.

1365 Catechismus 180r.

1366 Ebda 180r/v. - Interessant ist hier das Wort "gebreng", das für "pompa" gebraucht wird. In ihm schimmert noch der ursprüngliche Sinn des Wortes vom "Festzug" durch. In manchen deutschsprachigen Gegenden heißt der Fronleichnamstag noch heute "Prangtag"; vgl. Jungmann, J. A., Liturgisches Erbe und pastorale Gegenwart, Studien und Vorträge, Innsbruck 1960, 113.

1367 Ebda 180v.

1368 Ebda 180v - 181v, vgl. auch 97r, 116r/v.

1369 De mysteriis 2,5; CSEL 73,90 und De sacramentis 1,2,5; CSEL 73,17.

1370 Enchiridion 81r; vgl. Lorichius, Institutio 55r; Helding, Institutio 158r.

1371 Catechismus 25v; vgl. oben S. 160.

1372 Gegen Ende des Abschnittes heißt es: "Respondet autem pro puero baptizando patrinus, inquiens: Abrenuncio, et quae sequuntur reliqua".

1373 Catechismus 25v.

1374 Catechismus (Moufang, KK 453). Ähnlich lautet die Formulierung bei Helding, Brevis Institutio (Moufang, KK 396f.); vgl. ders., Institutio 158r; Clichtoveus, Sermones 45v; Witzel, Catechismus Y 1r.

1375 S. 222f.

1376 Vgl. Enchiridion 56r, 78v, 229r; Capita (Moufang, KK 246, 249, 254, 299); Institutio 3, 25 u. ö.

1377 Enchiridion 81v; vgl. Nausea, Catechismus 26r.

1378 Explanatio 13.

1379 Rationale VI, c. 83, 4.

1380 D 4 c 73 de cons.

1381 Institutio 55r. Auch Gropper, Enchiridion 81v zitiert hier die gleichen Quellen.

1382 Institutio 55r.

1383 Enchiridion 81v.

1384 Ebda; vgl. Helding, Institutio 158r.

1385 647. Auch hier heißt es beim 2. Glaubensbekenntnis: "Profitentur rursus fidem Catholicam"; ebda 654.

1386 Catechismus 26r.

1387 S. 215.

1388 Catechismus 178r.

1389 Ebda 179v.

1390 Vgl. Spital, Ritualien 106.

1391 S. 190.

1392 Catechismus (Moufang, KK 453).

1393 In epistulam ad Colossenses homilia 6,4; PG 62, 342.

1394 Der Satz ließ sich nicht nachweisen. Die Autoren geben keine Quellenangabe an. Bei Durandus, Rationale I, c. 8,6 findet sich der Satz ebenfalls, jedoch ohne Hinweis auf Augustinus.

1395 Lorichius, Institutio 56v; Gropper, Enchiridion 91r; Helding, Institutio 158r; vgl. ders., Catechismus 178r.

1396 D 4 c 70 de cons.

1397 De clericorum institutione I, 27; **PL** 107, 312.

1398 Institutio 158r.

1399 Rationale I, c. 8, 13.

1400 Enchiridion 81r/v. Mit einigen Änderungen findet sich dieser Text auch bei Nausea, Catechismus 25v/26r.

1401 Summa 111r/v.

1402 654.

1403 De Trinitate 15,26; CC 50 A, 526 und: In Ioannis Evangelium Tractatus 33,3; CC 36,30.

1404 Enchiridion 81r.

1405 Catechismus 181v.

1406 S. 271.

1407 Catechismus 181v; vgl. Spital, Ritualien 109; Reifenberg, Sakramente 200.

1408 Capita (Moufang, KK 299) und Institutio 644f.

1409 25v.

1410 654 - 657.

1411 Spital, Ritualien 110f ; vgl. Reifenberg, Sakramente 200.

1412 Enchiridion 81v; in seiner Institutio 657 und bei Helding, Institutio 158v findet sich dieser Text ebenfalls.

1413 C 4 D 45.

1414 Institutio 158v.

1415 Vgl. dazu Spital, Ritualien 110f.

1416 179v.

1417 Spital, Ritualien 111; vgl. Reifenberg, Sakramente 206.

1418 656 (II).

1419 S. 206.

1420 Ritualien 112f.

1421 81v; vgl. Schöpper, Catechismus A 2v.

1422 Institutio 158v.

1423 Brevis Institutio (Moufang, KK 397).

1424 110v.

1425 Catechismus 26r/v.

1426 Ebda 27r.

1427 656 (II) f.

1428 Institutio 56v.

1429 Ebda 57r/v.

1430 Catechismus (Moufang, KK 82).

1431 Catechismus (Moufang, KK 454); vgl. Witzel, Examen A 4r: "...lympha conspersum...".

1432 Rationale VI, c. 83, 11f.

1433 D 4c78 - 85 de cons.

1434 Vgl. S. 156f.

1435 D 4 c 78 de cons.

1436 Enchiridion 81v; vgl. ders., Institutio 656 (II); Lorichius, Institutio 57r; Helding, Institutio 158v; ders., Brevis Institutio (Moufang, KK 397).

1437 Vgl. unten.

1438 Gal 5,24.

1439 Catechismus 26v.

1440 Vgl. ober S. 156f.

1441 Ritualien 115; vgl. Reifenberg, Sakramente 200 - 202, 205 f.

1442 Catechismus 26r/v.

1443 Institutio 644; vgl. Durandus, Rationale VI, c. 83, 12. - Siehe dazu auch Reifenberg, Sakramente 215 f.

1444 Siehe S. 128 - 131.

1445 S. 262.

1446 Ritualien 111; vgl. ebda 17f., 20,25,42f., 44 - 48; auch oben S. 15. - Zur konkreten Mainzer Situation vgl. auch Reifenberg, Sakramente 199 f., 203 f., 206.

1447 Eine ähnliche Stellung nimmt Luther in seinem Werk "Deutsche Messe und Ordnung Gottesdienst" von 1526 zur Frage der Sprache im Gottesdienst überhaupt ein; WA 19, 74.

1448 Vgl. oben S. 129. Zu der dort in Anm. 143 genannten Quelle vgl. auch D 4 c 86 de cons.

1449 Institutio 57v; vgl. dazu Michel, Lorich 168.

1450 Moufang, KK 330.

1451 Vgl. Gülden, Leisentrit 188f.

1452 Vgl. Hummel, "Deutsche Taufen" aus der Zeit des Interim: Blätter für württembergische Kirchengeschichte N. F. 14, 1910, 92.

1453 Vgl. Wedewer, Dietenberger 90f.; Lortz, Reformation I, 371.

1454 Vgl. Knöpfler, A., Die Kelchbewegung in Bayern unter Herzog Albrecht V., München 1891, 194.

1455 Vgl. etwa Götz, Religiöse Bewegung 85, 103f., 128 und 130; Erhard, O., Die Sakramentsstreitigkeiten in Kempten 1530 - 1533: Beiträge zur bayerischen Kirchengeschichte 17, 1911, 154.

1456 Vgl. Knöpfler, Kelchbewegung 114f., Werner, K., Die Kelchbewegung in Bayern unter Herzog Albrecht V.: Historisch politische Blätter 113, 1894 I, 340 - 342.

1457 Libellus agendarum, circa sacramenta, Benedictiones, et caeremonias, secundum antiquum usum Metropolitanae Ecclesiae Salisburgensis, Salzburg 1557. Vgl. Spital, Ritualien 271f.

1458 Vgl. Knöpfler, Kelchbewegung 132f., 143f.; Mayer, H., Geschichte der Spendung der Sakramente in der alten Kirchenprovinz Salzburg (Taufe, Firmung und Kommunion): ZKTh 38, 1914, 29f.

1459 Vgl. Lentner, Unterweisung 216f.

1460 Vgl. o. S. 15 und Anm. 81 (S. 93f.).

1461 Der entsprechende Text des Gutachtens findet sich abgedruckt bei Spital, Ritualien 159. Zur Haltung Witzels allgemein vgl. auch Pralle, Witzel 232.

1462 Vgl. Spital, Ritualien 159.

1463 Ebda 158 - 161.

1464 Ebda 161f.; Reifenberg, H., Volkssprachliche Verkündigung bei der Taufe in den gedruckten Mainzer Diözesanritualien: LJ 13, 1963, 222 - 237; ders., Sakramente 229 nennt zwar im Kontext der deutschen Taufansprachen G. Witzel, äußert sich aber nicht über eine Mitarbeit oder einen Einfluß auf die Agende.

1465 Vgl. Pralle, Witzel 240f.

1466 Vgl. o. S. 54f.; Spital, Ritualien 154.

1467 Leisentrit 159 - 187.

1468 Ebda 188 - 202; vgl. Spital, Ritualien 152 - 156.

1469 Vgl. Spital, Ritualien 155.

1470 Vgl. ebda 117f.; Reifenberg, Sakramente 207.

1471 Enchiridion 81v.

1472 Rationale I, c. 8, 9 und VI, c. 83, 14.

1473 Catechismus 26v; vgl. Fabri, Catechismus (Moufang, KK 454): "...an der schaitel, auff dem haupte...".

1474 Spital, Ritualien 117.

1475 De sacramentis 2, 7, 24; CSEL 73, 36; vgl. dazu auch Schmitz, Gottesdienst 163.

1476 Institutio 56v; vgl. Gropper, Enchiridion 81v; ders., Institutio 657 (II); Nausea, Catechismus 26v; Helding, Catechismus 178r; ders., Institutio 158v/159r. - Ein Teil des Zitates aus Ambrosius findet sich auch im Decretum Gratiani D 4 c 89 de cons.

1477 Vgl. oben den Abschnitt 322.44.

1478 Vgl. oben den Abschnitt 325.1.

1479 Vgl. oben den Abschnitt 326.12.

1480 Vgl. oben den Abschnitt 326.21.

1481 Helding, Catechismus 178r; vgl. oben den Abschnitt 327.

1482 S. oben den Abschnitt 311.1.

1483 181v.

1484 Vgl. Fisher, Initiation 34; vgl. Jordahn, Taufgottesdienst 358.

1485 Catechismus 181v.

1486 Vgl. Schwaiger, G., Art. Fabian, in: LThK 3, 1331f.

1487 Institutio 56r; vgl. Helding, Institutio 159r. Die entsprechende Angabe findet sich u. a. bei Duchesne, Liber Pontificalis I, 148f.; Mansi 1, 775f.; D 3 c 18 de cons. Der Brief, dem diese Stelle entnommen ist, liegt auch gedruckt vor bei Migne, PL 130, 155. Der Brief und die Dekrete Fabians gelten als unecht; vgl. Hofmeister, Ph., Die heiligen Öle in der morgen- und abendländischen Kirche. Eine kirchenrechtlich-liturgische Abhandlung, Würzburg 1948, 45.

1488 Institutio 159r/v.

1489 56r.

1490 Catechismus 181v/182r.

1491 Ritualien 119f.

1492 Reifenberg, Sakramente 207.

1493 Sermones 46r.

1494 Institutio 58r.

1495 Enchiridion 82r; Institutio 657f.

1496 3v.

1497 Catechismus 178v und 182r; Brevis Institutio (Moufang, KK 397). In seiner Institutio 159v nennt er zunächst "vestis seu vitta" und fügt später, gleichsam als geschichtliche Reminiszenz, ein "mysticum velamen" hinzu. Hier klingt das "casta velamina" an, das das Decretum Gratiani (D 4 c 92 de cons) von Ambrosius (De mysteriis 7, 34; CSEL 73, 103) übernommen hat.

1498 Schöpper, Summa 111v.

1499 Catechismus 27r.

1500 Rationale VI, c. 83, 15.

1501 Vgl. Reifenberg, Sakramente 207, Anm. 1110.

1502 Institutio 658; vgl. Lorichius, Institutio 58r.

1503 Siehe S. 145, 168 und 170.

1504 Rationale VI, c. 83, 15.

1505 Catechismus 27r; vgl. Helding, Institutio 159v.

1506 Institutio 58r.

1507 Enchiridion 82r.

1508 178v und 182r.

1509 159v.

1510 Catechismus 27r.

1511 3v/A 4r.

1512 659f.

1513 Ritualien 124.

1514 Vgl. Reifenberg, Sakramente 207f.

1515 Vgl. S. 229.

1516 3v/A 4r.

1517 Institutio 659f.

1518 Ritualien 125 - 128.

1519 Explanatio 165.

1520 Vgl. Fransen, P., Art. Firmung VI., in: LThK 4, 151.

1521 111v. Zu dem hier auffallenden "ablutio corporis sanguinisque Dominici" vgl. Spital, Ritualien 125 - 128 und Fischer, Balth., Die Kelchkommunion im Abendland. Eine historische Skizze: LJ 17, 1967, 18 - 32.

1522 Vgl. Durandus, Rationale VI, c. 85, 6.

1523 De ecclesiastica hierarchia 3,1; PG 3, 423.

1524 658f. Zur Taufkommunion vgl. auch Stenzel, Taufe 281.

1525 Vgl. Stenzel, Taufe 129f., 181; Verheul, A., Art. Melk en honing, in: LW 2, 1664 - 1696; Jordahn, Geschichte 111f.

1526 58v.

1527 De corona III, 3; CC 2, 1042f.

1528 Dialogus contra Luciferanos 8; PL 23, 164.

1529 Taufjahrgedächtnis; Gemeinschaftliche und Private Tauferinnerung.

1530 Gemeinschaftliche Tauferinnerung 88.

1531 Vgl. oben S. 271.

1532 Vgl. Durandus, Rationale VI, c. 74, 21.

1533 Vgl. ebda 2.

1534 Catechismus 239v/240r.

1535 Ebda 203r/v. Baur, Spendung 66 erwähnt eine Vorschrift der Brixener Synode von 1318, nach der das Chrisma im Tabernakel aufbewahrt werden soll.

1536 Catechismus 264r.

1537 Rationale VI, c. 78, 2. Vgl. Jungmann, J. A., Die Vorverlegung der Ostervigil seit dem christlichen Altertum: LJ 1, 1951, 48 - 54, hier 50 f. Jungmann gibt ein konkretes Beispiel einer "minus honesta actio" wieder.

1538 Catechismus 264r.

1539 Rationale VI, c. 78, 1.

1540 Nausea gebraucht hier den Ausdruck "Xenotaphium". Das Wort ließ sich in dieser Form nirgendwo nachweisen. Du Cange, Ch. D., Glossarium mediae et infimae latinitatis, Niort 1883 - 1887, 2, 255f. führt das Wort "cenotaphium" auf; ("est monumentum sine corpore ad memoriam defuncti exstructum"). - Zur Auferstehungsfeier vgl. Reifenberg, Sakramente 734 f.

1541 Catechismus 264r. - Zum Hl. Grab und der Prozession vgl. Jungmann J. A., Die Andacht der vierzig Stunden und das Heilige Grab, in: ders., Liturgisches Erbe und pastorale Gegenwart, Innsbruck 1960, 295 - 315.

1542 Catechismus 264v.

1543 Vgl. Durandus, Rationale VI, c. 80, 4.

1544 Vgl. ebda 6.

1545 Rationale VI, c. 82.

1546 Catechismus 264v.

1547 Ebda.

1548 Vgl. oben S. 117.

1549 Catechismus 265r.

1550 Vgl. zu den beiden Fahnen den in Anm. 1567 genannten Aufsatz von Lengeling, dort S. 222, Anm. 52.

1551 186v/187r.

1552 Ebda 187r.

1553 Vgl. oben S. 126f.

1554 Catechismus (Moufang, KK 452); vgl. Helding, Brevis Institutio (Moufang, KK 396).

1555 Vgl. etwa Schöpper, Summa 110v.

1556 C 5 D 11.

1557 Institutio 58r. Fast wörtlich findet sich dieser Text auch bei Gropper, Enchiridion 80r.

1558 S. 127.

1559 Ep. 70, 1; CSEL 3, 2, 767f.

1560 De sacramentis 1, 5, 15 - 18; CSEL 73, 22f.

1561 Dialogus contra Luciferanos 6; PL 23,161.

1562 De mysteriis 3, 8; CSEL 73, 91.

1563 Institutio 656.

1564 Catechismus 175r/v.

1565 Ebda 175v/176r.

1566 Catechismus 265v. - Zum gesamten Hintergrund der Taufwasserweihe vgl. Lengeling, E. J., Die Taufwasserweihe der römischen Liturgie. Vorschlag zu einer Neuformung, in: Dürig, W. (Hrsg.), Liturgie. Gestaltung und Vollzug (Festschrift Pascher), München 1963, 176 - 251.

1567 Summa 187r. - Zu den ersten fünf Zeremonien vgl. etwa Lengeling, E. J., Unbekannte oder seltene Ostergesänge aus Handschriften des Bistums Münster, in: Fischer, Balth., und Wagner, J. (Hrsg.), Paschatis Sollemnia (Festschrift Jungmann), Freiburg 1959, 213 - 238; der Autor gibt eine Fülle von Zeugnissen für die Verbreitung der einzelnen Bräuche. - Auch die Sondervesper findet sich praktisch im ganzen Abendland; vgl. etwa Kurzeja, A., Der älteste Liber Ordinarius der Trierer Domkirche. Ein Beitrag zur Liturgiegeschichte der deutschen Ortskirchen (= LQF 52) Münster 1970, 149f; Fischer, Gemeinschaftliche Tauferinnerung 86f. - Vgl. auch Anm. 1577.

1568 Summa 187v/188r.

1569 Ebda 188r; vgl. oben S. 120.

1570 Ein direkter Nachweis ließ sich nicht finden; vgl. verwandte Ausführungen bei Daniélou, Liturgie 225 - 244.

1571 Rationale VI, c. 83, 19.

1572 Catechismus 268v.

1573 S. o. S. 273.

1574 Ratioale VI, c. 89, 9 - 11.

1575 Catechismus 268v/269r.

1576 Ebda; vgl. oben S. 120.

1577 Sakramente 743 - 745; vgl. ders., Stundengebet und Breviere im Bistum Mainz seit der Romanischen Epoche (= LQF 40) Münster 1964, 102.

1578 Catechismus 275v.

1579 Summa 189r.

1580 Vgl. Fischer, Gemeinschaftliche Tauferinnerung 93f.

1581 Capita (Moufang, KK 300f.).

1582 Institutio 706.

1583 Catechismus 96v.

1584 Ebda 97r; vgl. ders., Brevis Institutio (Moufang, KK 381).

1585 Catechismus 203r.

1586 Ebda 321r.

1587 157 - 161.

1588 Hierbei handelt es sich wohl um eine Suppe, die die Wöchnerin zu sich nehmen mußte. Es dürfte die Aufgabe des Paten gewesen sein, sie zu beschaffen. Vgl. Kummer, Art. Wöchnerin, in: Bächtold-Stäubli, H., Handwörterbuch des deutschen Aberglaubens, Bd. 9, Berlin-Leipzig 1938/41, 706.

1589 3v.

1590 Vgl. neben den von Fischer genannten Zeugnissen u. a. auch Schmid, F. X., Kultus der christkatholischen Kirche, 3. Band, Passau 1842, 52f.

1591 Private Tauferinnerung 164.

1592 Cc 1v.

1593 Catechismus 203r.

1594 Summa 189v/190r.

1595 78v (I).

1596 707.

1597 S. 223.

1598 Reu 1,3,2,3, 1409.

1599 De mysteriis 2, 7; CSEL 73, 91; De sacramentis 1,2,5; CSEL 73, 17.

1600 Enchiridion 81r.

1601 Sermones 45v.

1602 S. 128.

1603 Catechismus 167r.

1604 B 1r.

4 Schluß

In diesem zusammenfassenden Rückblick sollen nicht alle Einzelheiten der Untersuchung noch einmal wiedergegeben werden. Vielmehr geht es hier darum, im Blick auf die Fragen, die in der Einleitung angeschnitten wurden, einige Schwerpunkte hervorzuheben.

Es ist anzuerkennen, daß die Reformatoren früher als die katholische Kirche die Zeichen der Zeit richtig deuteten und einen starken Akzent ihrer Tätigkeit auf die religiöse Unterweisung des Volkes legten. Sie griffen damit zurück auf schon vorhandene Ansätze, erweiterten diese aber planmäßig und systematisch. Sowohl die Katechismuspredigten wie auch der neue Buchtyp, der die christliche Lehre konzentriert bietende Katechismus, erwiesen sich als äußerst fruchtbar - und werbewirksam.[1] In den beiden Katechismen Luthers aus dem Jahre 1529 war in gewisser Weise eine gültige Form gefunden, obwohl es vorher und nachher eine große Anzahl evangelischer Handbücher zur Katechese gab.[2]

Die katholische Seite hinkt ein wenig nach, reagiert aber bald positiv auf den reformatorischen Anstoß. Nausea etwa predigt ab der Mitte der zwanziger Jahre im Mainzer Dom über Katechismusstoff.[3] 1533, also nur vier Jahre nach Luthers katechetischen Werken, veröffentlicht Erasmus seinen (zweiten) Katechismus. In schneller Folge erscheinen bis zum Jahre 1555 rund 30 katechetische Handbücher mit z. T. beachtlichen Auflagen. Unter den Autoren finden sich berühmte Theologen und einfache Geistliche. Es handelt sich um Privatarbeiten, um Predigtsammlungen und um Bücher, die im Auftrag von Provinzialkonzilien herausgegeben wurden. Die Zielgruppen sind Kinder, Erwachsene und Priester. Fast alle Werke haben eine pastorale Ausrichtung.

Luther hatte seinen Protest gegen die Veräußerlichung und Zersplitterung des religiösen Lebens bei Klerus und Volk angemeldet. Er griff zwar vielfach nur die schon bestehende Kritik auf, aber er wurde gehört und verstanden. Der Sturm, den er entfachte, ließ die Brüchigkeit mancher überkommener Form deutlich werden, stellte bisher unangetastete Ordnungen in Frage und entwurzelte viele Christen.

Das Ringen um den besten Weg aus der Krise brachte nicht eine Konzentrierung der Kräfte, sondern das Zerbrechen der kirchlichen Einheit mit sich. Luther und die anderen Reformatoren trauten der alten Kirche eine Erneuerung aus eigenen Kräften nicht zu. Dagegen suchen unsere Katechismusautoren mit vielen anderen katholischen Christen die Neubesinnung in und mit der Kirche.

Schon bald nach Ausbruch der Reformation kristallisierte sich die Frage nach der Kirche als das Kernproblem der Auseinandersetzungen heraus. Das spiegelt sich auch in unseren Katechismen wieder. Selbst bei Punkten, deren Relativität betont wird, wie etwa bei den Taufzeremonien, geht es nach Überzeugung der Autoren in letzter Konsequenz um die Kirche. Wer hier ihre Ordnungsfunktion ablehnt, so argumentiert Helding, wird schließlich zur Ablehnung aller Sakramente kommen.[4]

Wer also eine wirkliche Reform der Kirche will, der muß 'zurück zu den Quellen'. So lautet die bisweilen auch in unseren Katechismen klar formulierte Forderung. Dieses Programm ist stark vom Humanismus und hier wiederum besonders von Erasmus beeinflußt. Während die Reformatoren ausdrücklich nur eine Quelle anerkennen, in der Praxis aber gegen das Prinzip der "sola scriptura" verstoßen, etwa bei der Verteidigung der Kindertaufe, berufen sich die katholischen Autoren auf Schrift und Tradition. Die Lehre der Kirchenväter und die liturgischen Ordnungen der alten Kirche waren durch das neu erwachte historische Interesse, die Erfindung der Druckkunst und den Herausgeberfleiß der Humanisten besser und leichter zugänglich geworden. Gerade dieser Einfluß der patristischen Theologie gehört zu bemerkenswerten Vorzügen der untersuchten Werke. In diesem Punkte waren die Auswirkungen des Humanismus sicher positiv. "Gefiltert" war die Vätertheologie auch durch die "Handbücher" des Mittelalters, wie das Decretum Gratiani und das Rationale des Durandus zu unseren Autoren gekommen. Beide genannten Werke wurden ausgiebig zu Rate gezogen.

Bei seinem Versuch der Neuorientierung des religiösen Lebens setzt Luther einen Schwerpunkt bei der Taufe. Sie stellt er in Predigt und Katechese stark in den Vordergrund als d a s Grunddatum des Christseins, das nicht mehr überboten werden kann. Auf sie muß sich der Christ immer wieder besinnen, zu ihr muß er "zurückkriechen". Die Taufe ist für Luther kein statisches Element, sondern ein dynamischer Prozeß. Einmal begonnen, setzt er sich fort und findet seine Vollendung im Sterben des Menschen.

Der Reformator kommt zu dieser Wertschätzung des Sakramentes, weil er u. a. Firmung und Buße nicht als göttlich verordnete Heilszeichen anerkennt. Eine ähnliche Wertschätzung der Taufe finden wir auch in den katholischen Katechismen. Das ist nicht weiter verwunderlich, war sie als solche doch, im Gegensatz zur heutigen Situation, in der ersten Hälfte des 16. Jahrhunderts unangefochtener Besitz der Christenheit. Selbst die Wiedertäufer leugneten, wie wir sahen, grundsätzlich nicht die Heilsnotwendigkeit. Sie lehnten die Säuglingstaufe ab, weil sie in ihr eine Ursache für fast alle Mißstände in der Kirche erblickten. Mit ihrer Praxis der Erwachsenentaufe suchten sie einen Weg aus dem Gewohnheitschristentum. Die bewußte Bekehrung und der persönliche Glaube waren für sie eine Vorbedingung, daß die Kirche zu der von Gott gewollten "Gemeinde der Heiligen" werden konnte.

Neben dieser generellen Anerkennung der Taufe gab es in Einzelheiten unterschiedliche Aussagen. Die katholischen Autoren bemühen sich, dem Offenbarungswort und der Tradition gerecht zu werden, bleiben gleichzeitig aber auch offen für neue Akzente. Die alttestamentliche Typologie wie die neutestamentlichen Aussagen über die Taufe, mit besonders häufigen Verweisen auf die Paulusbriefe, nehmen innerhalb der Ausführungen einen breiten Raum ein. Erklärt und 'verstärkt' werden diese Schriftzeugnisse meist mit Zitaten aus Werken der Kirchenväter und Hinweisen auf die Liturgie. Hat man auch manchmal den Eindruck, ein Autor, etwa Lorichius, wolle mit der Fülle der Belege seine Belesenheit zur Schau stellen, so ist doch der Einfluß dieses Stranges der kirchlichen Überlieferung oft wohltuend zu spüren.[5] Daß dabei nicht die heutigen Maßstäbe einer historischen Kritik anzulegen sind, versteht sich eigentlich von selbst. Nur selten werden scholastische 'Spitzfindigkeiten' angeführt.[6]

Lehrmäßig bewegen sich die Autoren weithin auf den Linien, die von der Tradition vorgezeichnet waren. Durch Akzentsetzungen gewinnen jedoch viele Aussagen an Profil. So werden etwa die Taufgnaden viel stärker personal beschrieben,[7] als dies in der Scholastik der Fall war. Die ekklesiologische Dimension der Taufe wird von den Katechismen immer wieder hervorgehoben. Dies ist wohl eine der bemerkenswertesten Charakteristika der vortridentinischen Katechese. Im Konzil von Trient[8] und in den Katechismen des Canisius[9] wird dieses Moment der Taufe nicht besonders herausgestellt. Dies hatte Konsequenzen bis in unser Jahrhundert, die Taufe wurde weithin als individuelles Gnadenmittel gesehen.[10] Monheim etwa stellt die Taufe sehr stark unter den Aspekt der Eingliederung in die Kirche.[11] Aber auch bei einzelnen Fragen scheint der Zusammenhang mit der Kirche auf, ob es sich um die Vergebung der Sünden handelt, die nur im Verband der Kirche verwirklicht wird,[12] oder um die Neuschöpfung, die durch die Taufe geschieht.[13]

Die Bedeutung der Kirche wird vor allem deutlich bei der Kindertaufe. Darauf weisen die Autoren hin bei ihrer Argumentation gegen die Wiedertäufer. Lorichius und Helding machen aufmerksam, daß das biblische Fundament für diese Frage nicht sehr tragend ist.[14] Die Berechtigung und Sinnhaftigkeit der Taufe von Unmündigen ist nach unseren Katechismen nur mit Hilfe der Tradition nachzuweisen. Der zu jeder Taufe geforderte Glaube wird in diesem konkreten Fall von der Kirche geleistet, die in den Paten und der Taufgemeinde repräsentiert wird. Von daher sind die Klagen über die Sorglosigkeit bei der Taufspendung und die Hinweise auf die Verantwortung der zur Tauffeier Versammelten verständlich; darum die Mahnung an die Eltern, die Paten für ihre Kinder sorgfältig auszuwählen, und an die Paten, sich ihrer Verpflichtungen bei und nach der Taufe bewußt zu sein. Vor allem Helding ermuntert des öfteren, die Gläubigen sollten nicht stumme Zuschauer bei der Taufe sein, sondern mit dem Priester für das Kind beten. Für dieses Beten gibt er ganz konkrete Hilfen an.[15]

Eine besondere Rolle der Eltern bei der Taufe ihrer Kinder wird kaum gesehen. Nur Witzel weist direkt darauf hin, daß die Väter bei der Feier anwesend sein sollten.[16] Die Verpflichtung der Eltern zur religiösen Erziehung wird klar betont.

Auffallend ist, daß die Katechismen zwar nachdrücklich die Heilsnotwendigkeit der Taufe betonen, daß aber nur sehr vereinzelt die Nottaufe erwähnt wird. Ebensowenig wird die Taufformel in ihrem Wortlaut wiedergegeben. Angesichts der großen Kindersterblichkeit würde man in diesem Punkt bessere Informationen erwarten.

Insgesamt ist die Diskussion um die Kindertaufe fast ganz von dem 'negativen' Hintergrund, der Erbsünde, her bestimmt. Auch in diesem Punkt folgen die Autoren der Tradition. Jedoch werden positive Momente durchaus genannt, etwa die Hinordnung auf Christus. Im Ganzen des Tauftraktates gewinnen die Aussagen ihre Ausgewogenheit.

Sympathisch ist, daß die Schwächen und Versäumnisse der Kirche nicht verschwiegen und zugedeckt werden. Helding etwa nimmt kein Blatt vor den Mund. Von der Kanzel herab legt er für den Priesterstand ein öffentliches Schuldbekenntnis ab, das sich u. a. auf die mangelnde Taufunterweisung bezieht.[17] Aber auch bei anderen Autoren kommen Mängel direkt oder indirekt zur Sprache, sei es in der Klage über die schlechte Unterweisung und den daraus resultierenden geringen Wissensstand, oder die Pflichtvergessenheit der Eltern und der Paten.

Der Taufhandlung wird in verschiedenen Katechismen große Bedeutung zugemessen. Kann sie doch, wie Helding sich ausdrückt, den Sinn des Sakramentes tiefer zum Ausdruck bringen, als dieses mit Worten allein möglich ist. Man weiß, daß die Zeremonien in einzelnen Kirchen unterschiedlich sind und daß einige im Laufe der Zeit verändert wurden, betont aber dabei die Autorität der Kirche. Gemäß der Notwendigkeit der Stunde geht es nicht vordringlich um eine Reform, sondern vielmehr um eine gediegene Erklärung der gottesdienstlichen Zeichen. Sie müssen für die Menschen wieder verständlich werden. Aus diesem Grunde meldet Lorichius als Reformwunsch eine Ausweitung der Muttersprache bei der Sakramentenspendung an.[18]

Da von manchen Reformatoren die Zeremonien mit Hohn und Spott bedacht wurden, wäre es in einzelnen Fällen notwendig gewesen, nicht nur das Alter der Riten herauszustellen; es hätte einer weit positiveren Begründung bedurft. Man begnügte sich oft, Deutungen aus der Tradition zu übernehmen, und bemühte sich nur wenig um neue Überlegungen; dies fällt etwa bei den Taufsalbungen auf.

Das Verhältnis zu den "Gegnern" ist von Polemik geprägt. Wo es den Autoren notwendig erscheint, werden Abweichungen klar beim Namen genannt. Jedoch ist das allgemeine Klima noch nicht so vergiftet, daß man grundsätzlich ablehnt, was die andere Seite betont. Man greift u. a. Luthers Idee von der Taufe als einem lebenslänglichen Prozeß auf. Dabei wird jedoch die Taufe nicht 'überzogen' auf Kosten des Bußsakramentes.[19] Die Erörterung um das gemeinsame Priestertum aller Getauften läßt bei einzelnen Autoren allerdings die beginnende Verhärtung der Fronten erkennen.

So kommt diese Studie zu ähnlichen Ergebnissen, wie sie Franz Josef Kötter in seiner Untersuchung der Eucharistiekatechese gewonnen hat. Dabei muß man sich allerdings immer vor Augen halten, daß die Eucharistie und vor allem die Feier dieses Geheimnisses im Zentrum der Auseinandersetzung der Reformationszeit standen.[20]

Soweit sich unsere Katechismen ausführlicher mit der Taufe beschäftigen, geht es ihnen um ein vertieftes Taufbewußtsein. Hier treffen sie sich mit dem Anliegen Luthers - und mit den Bemühungen unserer heutigen Zeit. Ist der Ausgangspunkt auch verschieden, das Ziel ist das gleiche: die Erneuerung der Kirche aus der Gemeinschaft mit Christus. Er hat den Menschen in seinen Tod und in seine Auferstehung hineingenommen in der Taufe. In diesem Geschehen hat Gott sein unwiderrufliches Ja gesprochen zu jedem Einzelnen in der Vergebung der Sünde und die Vielen zu dem einen Volk gemacht, mit dem er seinen Bund geschlossen hat. Das Wissen um dieses Geschenk und die Kraft, die daraus für das ganze Leben erwachsen kann und muß, wollen die Katechismen wecken und vertiefen.

Man wird über die Tauftheologie, die uns in unseren Quellen begegnet ist, sagen müssen: Sie war durch die Reformation nicht verwirrt, sie hat sich durch sie befruchten lassen und war ihr ebenbürtig.[21]

1 Vgl. dazu etwa die oben S. 58 wiedergegebenen Äußerungen von Lorichius.

2 Vgl. Cohrs, Katechismusversuche und Reu.

3 Vgl. oben S. 70.

4 Catechismus 181v/182r; s. o. S. 272.

5 Vgl. Mitterhöfer 78 f.

6 Vgl. etwa die Erörterung der Frage, zu welchem Zeitpunkt Jesus die Taufe eingesetzt habe, bei Clichtoveus; s. o. S. 116.

7 Vgl. oben S. 177 - 180.

8 Vgl. Hofmann, L., Die Zugehörigkeit zur Kirche in den Verhandlungen und Entscheidungen des Konzils von Trient: TThZ 60, 1951, 218 - 231, besonders 221 und 231.

9 Im mittleren und kleinen Katechismus wird innerhalb der Taufaussagen die Kirche nicht erwähnt; vgl. Moufang, KK 582 und 618. Vgl. dazu auch Hofinger, Geschichte 175 f. und Kötter 307.

10 Vgl. etwa: Erweiterter katholischer Katechismus. 14., dem Einheitskatechismus angepaßte Auflage, München 1926. Die Fragen 267 - 272 handeln über die Taufe, dabei spricht Frage 269 vom Christ-Werden, die Eingliederung in die Kirche wird bei der Taufe nicht erwähnt. Der Abschnitt über die Taufe findet sich wörtlich noch in: Katholischer Katechismus für die Erzdiözese Paderborn 1948.

11 Vgl. oben S. 180 - 187.

12 S. o. S. 170 - 172.

13 Vgl. oben S. 146.

14 S. o. S. 212.

15 Vgl. etwa oben S. 248.

16 Vgl. oben S. 237.

17 S. o. S. 243 f.

18 Vgl. oben S. 268.

19 Vgl. oben S. 175.

20 Vgl. die Zusammenfassung bei Kötter 303 - 312.

21 Vgl. die Feststellung Stupperichs, die in der Einleitung zitiert wurde; oben S. 2.

5 Anhang: Bibliographie der Katechismen des 16. Jahrhunderts

Ergänzung der Katechismen, die zeitlich von Kötter nicht erfaßt wurden. Das Werk von Gennep war Kötter nicht bekannt.

Betulanus, Wolfgang, Rudimenta doctrinae Christianae Catholicae. Partim elegiaco, partim hexametro Carmine, puerilis memoriae iuvandae gratia conscriptus: per M. Wolfgangum Betulanum Lambacensem, Parochum Scherae ad Danubium, Konstanz 1592. (SB München). 1595. (SB München).

-, Der Catholische Catechismus oder Kinderlehr Reimweiß gestellet, Konstanz 1595. (UB Freiburg).

Brillmacher, Peter Michael, Catechismus. Das ist Christlicher Bericht von wahrer Religion und Gottes dienst; sampt einem andechtigen Bettbuch; In welchen kürtzlich alle Lehrartickel der alleinseligmachenden Catholischen Religion mit gründtlicher Widerlegung dargegen eingebrachter Irrthumben außgefüret und vil andechtige Gebett und Betrachtung begriffen. Nit allein den rechtglaubigen, sonder auch den irrigen in statt viler falscher Bericht, und zu bewegung Gott-gefelliger andacht guthertziger meinung gestellt und in Drey Theil verfasset Durch Petrum Michaelem Soc. Iesu Theologum, Köln 1587. (StB. Trier. UB Marburg). 1589 (SB München).

Busaeus, Gerhard, Catholischer Catechismus, Das ist Ein schlecht bericht von der Catholischer unnd Christlicher lehr in Frag und Antwort gestalt zu nutz der einfeltigen Leyen durch M. Gerhardum Busaeum, der H. Schrifft Licentiat. Unnd auß bevelch des hochwirdigen Herren, Herren Wilhelmi Damasi Lindani, Bischoffs zu Ruremund, in Truck außgangen, Köln 1572. (Herzog August Bibliothek Wolfenbüttel, Staatliche Bibliothek Bamberg).

Catechismus Romanus. Catechismus ex decreto Concilii Tridentini ad Parochos Pii V. Pont. Max. iussu editus, Romae 1566.

Catechismus Ex Decreto Concilii Tridentini, Ad Parochos, Ante Quidem Pii V. Pont. Max. iussu conscriptus, nunc autem in

IIII. libros, certaque capita distributus, et summariis
Capitum, pluribusque ad marginem Scripturarum ac Patrum
testimoniis illustratus, nihil interim prorsus in textu
addito, imminuto aut mutato: mandato et authoritate Reverendiss. in CHRISTO Patris, S. R. I. Principis et Domini,
Dn. I o a n n n i s e x C o m i t i b u s d e H o y a ,
Episcopi Monasteriensis, necnon Osnaburgensis et Paderbor-
nensis Ecclesiarum Administratoris perpetui etc. editus,
Köln 1572. (Bibliothek des Priesterseminars Köln).

Catechismus [Straßburg] Der kleine Catechismus, in: Agenda
Ecclesiae Argentinensis. Per...D. Joannem, Episcopum Argen-
tinensem...in gratia Pastorum suae Diocesis auctior ac emen-
datior typis evulgata, Köln 1590, 339 - 342. (Stiftung Preus-
sicher Kulturbesitz).

Catechismus und Praxis, Das ist die Notwendigste Stück Catholischer Lehr, sampt einer Underweisung, wie der Lehrer sie
einfeltig fürhalten, die Anhörer aber nicht allein glauben,
sondern auch in täglicher Ubung brauchen sollen. Auß Ertz-
bischofflichem, Churfürstlichem Trierischem befelch außgangen, Trier 1589. (StB Trier).

Cattaneus, Sebastianus O.P., Explicatio in Catechismum Romanum,
ex decreto concilii Tridentini, et Pii V., iussu editum;
Authore S. Cattaneo, O.P., episcopo Chiemensi., Ingolstadt
1590. (Bibliothek des Dominikanerklosters Walberberg).

Cratepolius, Petrus, Catholici Catechismi Compendium: Precationes ad salvatorem, ad deiparam, ac ad sanctos generaliter
ac specialiter, per religiosum P. Petrum M. Cratepolium
Minoritam sacrae Theol. Bac., Köln 1592. (UB Tübingen).

Detten, Johann von, Kleine Catechismus. Dat is Ein Kort slecht
Bericht Catholischer Christliker Lehr. So einem yderen tho
gelöven und tho wetten, tho doen und tho laten, tho syner
Seelen ewigen heyl nüttlick und nodtwendig is. Dorch Johannem à Detten des olden Dohms tho Münster Canonich, Pader-

born 1597. (UB Münster).

Eder, Georg, Partitiones Catechismi Catholici, eius nimirum, qui ex decreto Concilii Tridentini, Pii V. Pont. Max. iussu ad parochos primum editus: Nunc vero facilioris cognitionis gratia in luculentam hanc Epitomen et commodas aliquot tabulas, sic digestus atque distributus est, ut omni hominum et aetati et conditioni magnopere usui esse poßit: per D. G. Eder..., Köln 1568. (StB Trier).

-, Catechismus Catholicus, Qui Antea Quidem Ex Decreto Concilii Tridentini, Pii V. Pontificis Maximi iussu, ad Parochos praecipue scriptus: nunc vero pio Ecclesiae iuvendae studio, in compendium redactus ad captum iuventutis Christianae sic partitus est et accommodatus, ut in scholis etiam pueri utiliter proponi queat...Per D. Georg Eder Frisingensem, S. Caesar. Majestat. Consularium, Köln 1569. (StB Trier).

-, Compendium Catechismi Catholici, quo ut antea semper, ita etiamnum ex Decreto Concilii Tridentini pie recteque S. Romana et Apostolica utitur Ecclesia, Cui nunc primum accessit Confessio Catholica universi Conc. Trid., de praecipuis Doctrinae Christianae Articulis, hoc potißimum seculo controversis. Per D. Georg. Eder..., Köln 1570. (Xanten, Stiftsbibliothek Klosterneuburg).

-, Kurtzer Catholischer Catechismus. Wie sich desselben die Heilig Ro. und Apostolisch Kyrch von anfang biß dahero jeder Zeit recht gebraucht. Auß dem grossen Catechismo so hie bevor vermug des Algemeynen Tridentinischen Concilii Beschluß außgangen Der Catholischen Jugend zu guten newlich mit fleiß gezogen und jetzo in hochteutsch ubergesetzt. Durch den W. H. Henricum Fabricium Pfarhern im Dhomstifft Speir, Köln 1570. (UB Köln).

-, Methodus Catechismi Catholici, Antea docte ex Decreto S. Concilii Tridentini S. D. N. Pii V. Pont. Max. iussu scripti, ad Parochos. Nunc vero pio Ecclesiae iuvandae studio hoc ordine ita accommodati, ut nedum Parochis utilis: at publice etiam pueris in scolis proponi queat. D. Geor. Ederi S. C. M. Consiliarii cura ac labore, Lyon 1579. (UB Freiburg).

Erhard, Christoph, Newer Evangelischer Catechismus. Das ist: Ein sehr nützliches, lustigs und kurtzweiliges Religionsgespräch eines Catholischen Christen und Evangelischen Lutheraners, in Form und Weise eines Catechismi. Sampt angehengtem Lutherischen Irrgarten: Entgegen gesetzt der eytlen und vermeinten Widerlegung deß kleinen Jesuitischen Catechismi Herrn D. Petri Canisii etc.: Durch M. Paulum Scheidlichium Predigcanten zu Nider Manßfeldt im 88. Jar in Truck außgangen. Gestellt Durch den Ehrwürdigen und Hochgelehrten Herrn M. Christophorum Erhardum, der heiligen Schrifft Licentiatum etc., München 1589. (Landesbibliothek Fulda).

Fabricius, Andreas Leodius, Catechismus Romanus, ex decreto Concilii Tridentini...editus: Nunc vero luculentius quaestionibus, quae mox rei propositae materiam occulis subjiciant, distinctionibus, brevibusque annotatiunculis elucidatus Antwerpen 1572. (Bibliothek des Priesterseminars Trier).

Ferentillus, Augustinus, Compendium Catechismi Concilii Tridentini. Auctore Augustino Ferentillo I. U. D., Venedig 1570. (UB Freiburg).

Fragstuckh, Catholische, uber den Catechismus, dz ist Kurtze außlegung der zwelf Articul des Catholischen glaubens, und wz wir bey iedem lernen sollen, mit viel andern nutzlichen fragen..., Thierhaupten 1592. (SB München). 1594. (UB Freiburg).

Gennep, Caspar von, Catholischer Spangenbergischer Catechismus Für die jungen Christen. Auß der Heiliger Schrifft, und altesten Kirchen Lehrern, so vor Tausent Jaren gelebt, in Fragestuck verfasset, Köln 1561. (SB Augsburg).

Hessels, Johannes, Catechismus Solidam Et Orthodoxam Explicationem continens: Symboli Apostolici, Orationis Dominicae et salutationis angelicae, decalogi, sacramentorum baptismi, confirmationis, eucharistiae, Löwen 1567. (Xanten). 1571. (Xanten).

Hoffaeus, Paulus, Römischer Catechismus, welcher auß Bevelch Bäbstlicher Hayligkeit, Pii des fünfften, nach hievor gegebner Ordnung des hailigen jungst zu Triendt gehaltnen Concilii, an ein gantze Christliche Gemain, und sonderlich an die Pfarrer und Seelsorger gefertiget worden. Und an jetzo in Hochteutsche Sprach gebracht, und zum erstenmal im Truck außgangen ist. Alles dem einfeltigen Leser zu gut, von newen ordenlich und underschiedlich in vier thail, und derselben sonderbare Capitel, mit Kurtzen lautern vorgehenden Summarien außgethailet und verfasset, Dillingen 1568. (Bibliothek des Priesterseminars Trier).

Hunnaeus, Aug., Brevissimus Catechismus Catholicus: Omnia quae Christianum ad aeternam animi salutem consequendam credere et facere oportet, complectens: D. Aug. Hunnaeo Authore. Nuper unico schemate comprehensus, atque ita in lucem editus: nunc autem secundo diligenter recognitus, et in libelli formam ad commodiorem iuventutis usum authore eodem redactus; Cui in hac secunda editione recens accessit, eorum Summae Theologicae B. Thomae Aquin. locorum, in quibus praecipuae istius Catechismi materiae permultis iisque dilucidis ac firmis argumentis tractantur, notatio, Antwerpen 1575. (Bibliothek des Priesterseminars Trier).

-, Catechismus Catholicus, Nuper Unico Schemate Comprehensus, atque ita in lucem editus: Nunc autem diligenter recognitus, et in libelli formam ad commodiorem iuventutis usum Auctore eodem redactus, Antwerpen 1570. (UB Köln).

Kispenning, Heinrich, Catechesis sive Ratio instituendi populum in Religione Christiana ex Sacra praecipue Scriptura et Sanctorum Patrum monumentis, jussu Illustriss. Principis Guilhelmi Juliae, Cliviae, Montis Ducis etc., gregi dominico praefecti sunt, diligenter collecta et adornata. Opus utilissimum ab omni haeretica pravitate et superstitione perniciosa maxime alienum: atque ad veteris puriorisque Ecclesiae formam, quoad fieri potuit studiose ac fideliter instructum, ab Henrico Kiespenningh Venlonense, pastore et Canonico Xantense. Anno 1566. (Handschrift im Kirchenarchiv Wesel).

Lindanus, Wilhelm, Catechismus Scholasticus sive Catechismi Tridentini Institutiones Scholasticae: qui perspicue complectitur primam Christianismi doctrinam, puerorum ingeniis accomodatum, ut et in Scholis doceri, et memoriae mandari facile queat. Ex Catechismo Pastoribus a. SS. Concilii Tridentini confecto per Rev. D. W. Lindanum episcopum Ruremundum. Auctarii loco adiecta est ratio quotidiani sacrificii Christiani religiose meditandi, qua pueri discant sua bona per Chr. a Deo patre donata grati agnoscere, ac de iis quotidianas gratias reddere..., Köln 1571. (Xanten, Stiftsbibliothek Klosterneuburg).

Lorichius, Jodocus, Christliche Kinderlehre. Nach Allgemeinem Brauch und Ordnung der katholischen Kirchen Gottes. Auß dem Latein verteutscht. Durch Jodocum Lorichium Doct. etc., Köln 1582. (Moufang, KK 595 - 598).

Macherentinus, Johannes, Piae ac solidae ex Francisco Costero, Petro de Soto et auctore Methodi Confessionis Catecheses, rudiorum informationi accomodatae, una cum Trevirorum succincta ac facili praxi Catechistica, auctoritate et jussu...Domini Joan. Archiepiscopi Trevirensis, Trier 1590. (StB Trier).

Matthaei, Georg, Catholischer Catechismus, das ist: Ein kurtz Bericht von der Catholischen und Christlichen Lehr, in Frag und Antwort gestellt: Was zu gläuben, zu thun, zu lassen, zu hoffen und zu fürchten sey. Zu Nutz den einfältigen Kindern, Auß den alten und newen Lehrern der Kirchen zusammen gezogen durch Herrn Georgium Matthaei, Pfarrherrn in S. Peters stifft zu Frideßlar, Mainz 1597. (Moufang, KK 599 -

612).

Nas, J., Catechismus In Usum Piae iuventutis fide Catholica imbuendae facili et ordinata brevitate conscriptus, Ingolstadt 1567. (SB München).

-, Handbüchlein Des klein Christianismi, vom rechten Glauben, thun und lassen, hoffen und förchtens, kurtz und gut, leicht und nutzlich, Ingolstadt 1570. (SB München, Stiftsbibliothek Klosterneuburg).

Romanus, J. B., Doctrina Christiana; Ein Christlicher Bericht unnd Lehr, in welcher die fürnembsten geheimnuß unnd Hauptstuck unsers heiligen Christlichen Glaubens begriffen unnd dem gemainen einfältigen Volck, so nicht lesen kan, zu nutz mit schönen newen Figuren für Augen gestelt und eingebildet werden. Durch...Herrn Joannem Bapt. Romanum, Grätz 1589. (SB München).

Rupertus, Michael, Catechismus und Betböklin, mit heylsamen Betrachtungen und Gebetlin vermehret und gebettert. Mit bygefögtem korten Inhalde der gantzen Biblien, ader Passionalböklin, nemlich: wie dat gantze Menschlige Geschlecht dorch Adams fall verloren und dorch Jesum Christum wederum verlöst ist. Mit schönen Figuren und Spröcken Aldes und Nyggen Testaments verzyret. Dorch Michaelem Rupertum Verlensem, Decken unser leiven Frauwen Kercken tho Oeverwater binnen Münster, Münster 1569. (UB Münster).

Ulenberg, Kaspar, Kurtzer bericht der gantzen Christlichen Catholischen Religion, samt Warnung wider allerlei unser zeit Irthum, beid den Catholischen und fremder lehr anhengigen nützlich weiterer erklerung nachzufragen zu beförderung ihrer seligkeit, in: Die Psalmen Davids in allerlei Teutsche gesangreimen gebracht: Durch Casparum Ulenbergium..., Köln 1582, S. 699-745. (StB Trier).

REGISTER
(Namen und geographische Bezeichnungen)

Abraham 123, 212, 249, 258.
Adam 10, 25, 117, 120, 138, 140-145, 150, 156, 159. 167, 170, 195, 299 f., 314.
Agricola, St. 103.
Agypten 120, 248, 280.
Albrecht, O. 33-36, 39, 100.
Albrecht V. von Bayern 343.
Albrecht von Brandenburg 80 f., 109 f.
Altaner, B. 103.
Althaus, P. 38.
Alting von Geussau, L.G.M. 41.
Amann 294.
Ambrosius 119, 157, 190, 225 f., 255 f., 258, 263 f., 270, 280, 287, 344 f.
Antiochus 292.
Antitrinitarier 41.
Antonin (Erzb. von Florenz) 16.
Antwerpen 72, 77, 105 f., 108, 214.
Archinto, Ph. 8, 72 f., 103, 106, 138, 141, 149, 153, 157, 161, 163, 166, 168, 174, 178, 180 f., 191, 197 f., 200, 204, 207 f., 215, 226, 230, 301 f., 306, 308, 312, 315, 317, 329.
Armenier 201.
Arnold, Fr.X. 7, 33, 100, 113.
Arnold von Wesel 47, 92.
Athanasius 122, 225, 292, 330.
Athesinus, Petrus Tritonius 44.
Audet, Th.A. 32.
Auer, A. 89.
Auer, J. 289.
Augsburg 2, 60, 62, 73, 79, 86, 106, 108, 112, 268.
Augustinus 9, 21, 32 f., 123, 132, 160, 192, 215 f., 231, 236, 248, 262 f., 266, 271, 296, 316, 323, 327, 333, 338, 341.

Bach, A. 96.
Bächtold-Stäubli, H. 349.
Bader, K.F. 302.
Bahlmann, P. 35, 51, 91, 34, 99.
Balven, L. von 51, 94.
Bamberg 35, 99, 339.
Bantle, Fr.X. 96.
Baptisten 30.
Bardenhewer, O. 330.
Barth, K. 1, 6, 38.
Basel 35, 41.
Bauer, K. 89.
Bäumer, R. - 89, 103 f., 113.
Baur, J. - 34 f., 346.
Bautzen 55, 268, 270.
Bayer, O. 38.

Bayern 269, 342.
Beda 236.
Belial 181, 260.
Bellinger, G. 105.
Benzing, J. 98.
Berg 59.
Bergsma, J.H. 35.
Berlin 53.
Bern 86.
Berthold von Regensburg 34.
Berz, A. 35.
Betulanus, W. 359.
Beumer, J. 32, 93, 109.
Beuron 103.
Biel, G. 12, 32.
Billick, E. 87 f., 113.
Billick, P. 87 f., 113.
Blattau, J. 109.
Bockmühl, P. 91.
Bologna 67 f., 79.
Bonifatius (Briefpartner Augustins) 215.
Bonifatius 15.
Bönig, H. 102.
Bonn 65, 101, 105.
Börsting, H. 41.
Botte, B. 337.
Braumann, G. 32.
Braunisch, R. 7, 100 - 102, 166, 293, 296 f., 299, 315, 317, 321, 326.
Bredenbach, T. 111.
Breslau 27.
Breuning, W. 31, 41.
Brillmacher, P. 33, 359.
Brinkel, K. 38.
Brixen 34 f., 346.
Browe, P. 33.
Brück (Domprediger) 35, 104 f.
Bugenhagen, J. 16, 35.
Buijssen, G.H. 334.
Busaeus, G. 359.
Butzer, M. 91, 148, 271, 303.
Buxbaum, E.M. 112.

Caesarius 333.
Calvin, J. 4, 41, 49, 203.
Cambridge 89.
Canisius, P. 2, 7, 36, 54, 65, 75, 84, 108, 354, 362.
Caraffa, G. 67.
Cardauns, L. 109, 322.
Caspar, B. 109.
Catechismus Romanus 2, 359 f., 362 f.
Cattanaeus, S. 360.
Chartres 55.

Cholinus, M. 78.
Chrisostomus, J. 112.
Christian von Honnef 59 f., 117, 121 f., 144, 165, 216, 291 -
   293, 301, 312 f.
Chrysostomus 249, 262 f.
Clemens (Papst) 163, 271.
Clemens von Alexandrien 320.
Clichtoveus, J. 55 f., 96 f., 116, 119 f., '22 f., 125, 128, 133
   - 138, 146, 152, 154, 158, 161 f., 164 - 166, 168, 173,
   178 f., 184 - 186, 188, 194, 196 f., 200, 203 f., 206, 222,
   272, 288 - 291, 293 f., 296 - 298, 300 - 306, 308 - 310, 315
   - 317, 321, 323 f., 329, 341, 358.
Cochläus, J. 68, 72.
Cohrs, F. 32 f., 35 f., 89 f., 92, 358.
Colet, J. 43, 89.
Contarini, G. 66 f., 103, 124, 135, 156, 163, 178, 180 f., 193,
   210, 293, 295, 297, 304, 307, 311, 316 f., 320, 324, 329.
Coster, Fr. 364.
Crailsheim 268.
Cratepolius, P. 76, 360.
Cyprian 66, 120, 134, 280, 291, 320.
Cyrill von Jerusalem 13, 32, 291.

Dagens, J. 96.
Dalberg, W. von 110.
Daniélou, J. 291, 330, 348.
David 107, 365.
Decretum Gratiani siehe Gratian.
Derville, A. 110.
Detmold 96.
Detten, J. von 360.
Deutschland 2, 4, 55, 61 f., 66 f., 70, 72, 74, 77,
Dietenberger, J. 60 f., 80, 87, 99 f., 130, 133, 136, 138, 141,
   143, 148, 156 f., 159, 161, 166 - 168, 173 - 175, 178 - 180,
   184, 186, 188, 196 f., 200, 204, 208, 217, 220, 228, 237 -
   242, 244, 265, 289, 291, 296, 298 - 302, 304, 308, 313, 315 -
   321, 329, 334, 337.
Dillingen 74.
Dinkelsbühl 268.
Dionysius (Pseudo) 271, 275.
Dolan, J.P. 93.
Dolch, H. 89.
Dominikaner 70, 85, 98, 117.
Donatisten 205.
Donatus 66, 103.
Donaueschingen 98.
Dortmund 75 f., 107 f.
Drees, L. 89.
Dreher, B. 32 f.
Droege, G. 109.
Du Cange, Ch.D. 347.
Duchesne, L. 294, 345.
Duhr, B. 93.

Duns Scotus, J. 11.
Durandus, W. 236, 238, 257, 261 f., 265, 270, 273, 277 f., 282 -
    284, 289 - 291, 294 f., 308 f., 322, 325, 333 f., 336 f., 339,
    341, 343, 346 f., 352.
Dürig, W. 27, 39, 348.
Düsseldorf 46 f., 49, 91-93.

Eck, J. 270.
Eckert, W.P. 90
Eder, G. 361 f.
Egenolff, Chr. 98.
Eisenblätter, W. 41.
Elberfeld 46.
Elsener, F. 302.
England 44, 74.
Enßlin 294.
Erasmus von Rotterdam 34 f., 40, 43 - 50, 55, 57 f., 62, 69 - 72,
    75, 89 - 93, 105, 115, 122, 125 f., 128, 137 f., 140, 142,
    144, 150, 152, 155, 158, 160 - 162, 164 f., 167, 170, 178,
    180 f., 184, 189, 191, 196 f., 199 f., 204 - 206, 219 - 222,
    227, 230 f., 235, 248, 261, 274, 296 f., 299 - 301, 305, 307,
    310 f., 314, 317 f., 320 f., 323 f., 329 f., 351 f.
Erfurt 32, 50.
Erhard, Chr. 362.
Erhard, O. 343.
Ermland 72.
Essen 46.
Eunuch 12.
Eva 138, 299.
Evelt 106 f.
Ezechiel 121, 251, 265, 337.

Faber Stapulensis 55, 96.
Fabian 163, 271, 276, 345.
Fabri, J. 85 - 87, 108, 112 f., 120, 138, 161, 175, 179, 193,
    216, 221, 229, 233, 245, 250, 255, 257, 260, 262 f., 265,
    280, 289, 292, 298 f., 302, 304 f., 308 - 310, 314 - 323,
    327, 329 - 332, 335, 337, 339 f., 344.
Fabricius, A.L. 361 f.
Falk, F. 35.
Fast, H. 40 f.
Faustus 293.
Feifel, E. 81, 110, 296, 307, 322.
Ferdinand (König) 70, 104.
Ferel, M. 27, 32, 34 - 41, 290.
Ferentillus, A. 362.
Ferus siehe Wild.
Feucht, J. 99.
Finkenzeller, F. 297.
Fischer, Balth. 6 f., 33, 40, 89, 276, 286, 330, 346, 348 f.,
Fisher, J.D.C. 39 - 41, 101 f., 345.
Flandern 55.

Foerster, H. 92
Fortunatus 297.
Fraas, H.-J. 33 f., 36 f.
Franken 70.
Frankfurt 60, 70, 98 f., 268.
Frankreich 55, 89.
Fransen, P. 346.
Franzen, A. 91, 93.
Freiburg 85, 108, 113.
Freisen, J. 34.
Fricke, F. 90, 93 f., 100, 104.
Fritzlar 364.
Frühwald, W. 107.
Fuchs, W.P. 41
Fulda 34, 50, 93, 269.
Fussenegger, G. 106.

Gail, A. 90 - 93.
Gassmann, B. 40.
Gebhardt, G. 41, 304.
Geffcken, J. 34.
Gelasianum 247.
Gennep, C. von 59, 64, 88, 98, 102, 359, 362.
Georg, Herzog von Sachsen 68.
Germanen 14, 54.
Gerson, J. 56.
Gießen 35.
Glade, W. 109, 298.
Göbl, P. 33 - 36.
Godfrey, R.W. 89.
Goertz, H.J. 41.
Goliath 107.
Gollob, H. 105 f.
Gottschick, J. 40.
Götz, J.B. 33.
Gratian (= Decretum Gratiani) 238, 250, 261 f., 264 - 266, 280, 294, 321, 333 f., 339, 344 f., 352.
Groeteken, A. 89.
Gropper, J. 7, 33, 61 - 66, 76, 84, 100 - 102, 108, 118 - 120, 122 f., 126, 128, 130 - 133, 135 f., 140 - 142, 144 - 146, 148 - 151, 153 f., 156 - 158, 160 - 164, 166, 168 - 176, 178, 180 - 182, 184 - 187, 189, 191 - 193, 195 - 198, 201, 204 - 206, 208 - 213, 215 - 217, 219 f., 222, 226, 228 - 231, 233 f., 239, 241, 245 - 250, 252, 254 f., 257 f., 260 - 262, 263 - 265, 270, 272 - 275, 280, 284, 287, 291 - 312, 314 - 317, 319, 321, 323 - 326, 328 - 332, 334 - 341, 344, 347.
Groß, K. 330.
Guido de monte Rocherii 36.
Gülden, J. 96, 98, 270, 343.
Gymnasium Tricoronatum siehe Tricoronatum.

Hadamar 57, 98.
Hahn, G.L. 31.
Hansen, J. 93.
Hareide, B. 33 f., 89 f.
Harnoncourt, Ph. 90.
Hartzheim, J. 99.
Heer, J.M. 33.
Hegendorf, Chr. 47, 92, 287.
Heidelberg 55.
Heidelberger Katechismus 4.
Heilbronn 85, 113.
Heinrich, Herzog von Sachsen 68.
Helding, M. 36, 80 - 85, 109 - 112, 116, 118 f., 121 f., 125 - 137, 140 f., 144 - 149, 151 - 154, 156, 158 - 166, 168, 170 - 173, 175 f., 179 - 182, 186, 190, 192 - 195, 197, 199 - 204, 207 - 210, 212 - 214, 216, 218, 220 f., 226 f., 229, 231 - 234, 236 - 239, 241, 242 - 259, 261 - 264, 267, 271 - 273, 280 f., 285 - 294, 296 - 299, 301 - 321, 323 f., 327 - 334, 336 - 347, 351, 354 f.
Hentze, W. 89 - 91.
Herbert, J. 7.
Hermann von Wied 62, 100.
Herrmann, F. 104, 109 f.
Hessels, J. 362.
Hieronymus 192, 271, 275, 280.
Hildesheim 81.
Hilpisch, St. 96.
Hippolyt 13.
Höchst 269.
Höfer, J. 89.
Hoffäus, P. 363.
Hofinger, J. 91, 100, 108, 358.
Hofmann, L. 89, 358.
Hofmeister, Ph. 345.
Hollerweger, H. 34.
Horst, U. 100.
Hosius, St. 33, 72.
Hoya, J. von 360.
Hrabanus Maurus 192, 262.
Hubert, H. 6, 39 - 41.
Hummel 343.
Hünermann, F. 103.
Hunnaeus, A. 363.

Ingolstadt 72, 86, 106, 269.
Irenäus 129.
Isaak 212.
Iserloh, E. 7, 40 f., 91, 99 f., 108.
Israel(-iten) 121, 123, 157, 248, 278, 280, 282.
Italien 66, 70, 100.

Jacob, P. 303.
Jedin, H. 39, 103, 106.
Jerusalem 251.
Jesuiten 47, 49, 93.
Johannes (Apostel) 37, 201 f., 328, 342.
Johannes der Täufer 28, 59, 115 - 118, 126, 148, 155, 196, 200, 290, 324.
Johann von Isenburg 79.
Johann von Metzenhausen 57.
Jordahn, B. 39, 41, 345 f.
Jorde, F. 99.
Jud, L. 29.
Judäa 116.
Judas 201, 324.
Juden 122 f., 148, 204, 209 f., 253, 258, 304, 319.
Jülich 59.
Jungmann, J.A. 7, 31 - 35, 97, 338, 340, 347.

Kaliner, W. 103 f.
Karl der Große 14.
Karl V. 74, 79.
Karlstadt, A. 27.
Karthago 238.
Kasper, W. 6.
Katharer 135.
Kawerau, G. 93, 96, 104, 110 f.
Keil, A. 109.
Kempten 343.
Kilger, L. 33.
Kispenning, H., 110, 363 f.
Kleineidam, E. 32.
Kleve 44, 101.
Knöpfler, A. 343 f.
Koblenz 79.
Koep, L. 313, 320.
Kohls, E.W. 89 - 91.
Kölde, D. 44, 89.
Koldewey, F.E. 91, 93.
Kolmar 86.
Köln 46 f., 49, 55, 57, 59, 62, 64, 76, 78, 80, 84, 86, 88 f., 92 f., 95 f., 97 - 102, 108, 113.
Kolosser 341.
Konstanz 36, 41.
Kornelius 213.
Kötter, F.J. 3, 6 f., 35, 45 f., 89 - 91, 94 - 97, 99 - 113, 306, 322, 324, 356, 358 f.
Krakau 103.
Kretschmar, G. 31 - 33, 289, 303 - 305.
Kuchenmeister, A. 72, 105.
Kummer 349.
Kunz, X. 34.
Kurpfalz 34.

Kurzeja, A. 348.
Kuß, O. 32.

Lambach, J. 75, 107.
Lang, A. 303.
Lange 113.
Langenenslingen 81.
Lauchert, F. 103, 105 f.
Lausitz 268.
Leipzig 68.
Leisentrit, J. 55, 59, 268, 270, 344.
Lengeling, E.J. 347 f.
Lenhart, L. 109 - 111.
Lentner, L. 36, 103, 105, 113, 344.
Limburg 57.
Limburg, H. 101 f.
Lindanus, W.J. 359, 364.
Lipgens, W. 101 - 103, 315.
Lobeck, A. 103 f., 291, 309, 313, 315, 323, 330.
Locher, G.W. 40.
Lohrmann, W. 36 - 39.
Lohse, E. 32.
Lorichius, G. 7, 57 - 59, 98, 115, 117 - 119, 126, 128 - 132, 137 f., 141 - 143, 145, 147 - 150, 156 f., 159, 161 f., 165 f., 168 f., 171, 173, 176, 186 f., 190, 193, 200 f., 204 f., 208, 212, 214, 217, 224 - 226, 231 f., 236 f., 239, 241, 245, 248, 250, 253, 256, 258, 261 f., 265, 267, 269 - 273, 275, 280, 289 - 297, 299 - 302, 304, 308, 310, 315 f., 318, 320, 322 - 326, 328, 330 f., 333, 335, 338 - 341, 343, 345, 353 f., 356, 358.
Lorichius J. 364.
Lortz, J. 105, 108, 113, 343.
Löwenberg, B. 32.
Luciferani 321, 346, 348.
Luther, M. (Lutheraner, lutherisch) 2, 4, 12, 16, 18, 19 - 27, 29, 32, 34 - 39, 41, 43 f., 49 - 52, 57, 61, 63, 66 f., 69, 78, 82 f., 87, 89, 92, 96, 108, 117, 127, 144, 146, 148, 163, 167, 170, 172 f., 175 f., 191, 211, 268, 296, 300 f., 313, 327, 343, 351 - 353, 356, 362.
Lutz, H. 101.

Machatschek, E. 103.
Macherentinus, J. 109, 364.
Mailand 72.
Mainz 34, 36, 50, 55, 60, 70, 72, 79 - 82, 84 f., 94 - 96, 105, 108 - 112, 203 f., 245, 269, 272 f., 284, 297, 326, 338 f., 343 f., 348, 351.
Maltitz, J. von 68 f., 103, 150, 156, 169, 174 f., 181, 198, 291 f., 299 f., 302, 309 f., 315, 318, 330, 332.
Mansi, J. 294, 345.
Marburg 95, 110.
Maria 140, 299 f.

Martimort, A.-G. 330.
Massaut, J.-P. 55 f., 96 f.
Maßmann, H.F. 34.
Mathesius, J. 32.
Mattäus 43, 338.
Matthaei, G. 364.
Mäußlin, W. 86.
Maxentius von Aquileja 33.
Mayer, H. 203, 325, 343.
Meier, J. 100 - 102.
Meißer 68 f., 103.
Melanchthon, Ph. 62 f., 101.
Mennoniten 30.
Merk, E. 3, 36, 100, 104, 112, 320.
Merseburg 68, 81, 110 - 112.
Metz 79.
Metzner, J. 104 f.
Michel, W. 97 f., 325, 343.
Migne, J.P. 338, 345.
Minden 18.
Mitterhöfer, J. 100, 106, 307, 323, 358.
Modena 67.
Molitor, H. 109.
Monheim, J. 7, 46 - 50, 91 - 93, 143 - 145, 150, 153 - 156, 158, 162, 165, 167, 171 f., 184, 189 - 191, 195 f., 199 f., 214, 221, 224, 227, 287, 295, 297 f., 300 f., 303 f., 306, 308, 310, 314, 318 - 321, 323, 329, 332, 354.
Morone, G. 67, 103.
Mose 123, 157, 239, 246, 278, 282, 293.
Moufang, Chr. 33, 89, 94 - 96, 99 f., 102 - 107, 109 f., 112 f., 289 - 345, 347, 349, 358, 364.
Mülhaupt, E. 91.
München 106, 113.
Münster 30, 46, 75, 89, 92, 94, 107, 348.
Müntzer, Th. 27, 40.
Musculus siehe Mäußlin.

Naaman 121, 126, 302.
Nas, J. 365.
Naumburg 68.
Nausea, Fr. 68, 69 f., 80, 82, 104 f., 116 - 120, 122, 124 - 127, 129, 131, 135, 142, 144, 151 f., 155, 158 - 160, 162, 164 f., 168 f., 171, 178, 182, 185, 193 f., 197, 200, 202 - 204, 207, 211, 214 f., 220 f., 229, 231 f., 234 f., 242, 245 - 248, 250- 253, 257, 260 - 262, 264, 266, 270 - 273, 276 - 286, 289 - 294, 296 - 298, 300, 303 - 305, 307 - 314, 317 f., 320, 323, 326 - 328, 330 f., 334, 336, 339, 344, 347, 351.
Neunheuser, B. 2, 6 f., 31 f., 37, 297.
Neuss 87 f., 113.
Niebergall, A. 97.
Nied, E. 96.
Nieuport 55, 97.
Noach 119, 148, 186, 277.

Novatianer 176.

Oberpfalz 33.
Ockham, W. von 11 f.
Offele, W. 104.
Origenes 250.
Otto von Bamberg 34.
Otto von Waldburg 73, 106.

Padberg, R. 34 f., 45 f , 89 - 91, 94 - 96, 105, 304, 320, 323, 332.
Paderborn 100, 358.
Padua 66, 70.
Panzer, G.W. 89.
Paris 55, 75, 92, 97, 108.
Paris, P. 32.
Passau 35.
Paul III. 67, 70.
Paul IV. 44.
Paulus (Apostel) 32, 125, 131, 136, 143 f., 155, 181, 188, 202, 205, 220, 225 - 228, 258, 284, 305, 353.
Paulus, N. 35, 87, 97 f., 100, 111 - 114.
Pauly, F. 109.
Pauly/Wissowa 294.
Pax, E. 105.
Payne, J. B. 90 f., 289, 292.
Pelargus, A. 80, 109.
Perler, O. 32.
Pesch, O.H. 38.
Petrus (Apostel) 131, 193, 201 f., 224, 228, 230.
Pfeilschifter, G. 109.
Pflug, J. von 69, 104.
Pharao 120, 154, 282.
Philipp von Hessen 57.
Philippus (Apostel) 12.
Pius V. 359 - 361, 363.
Portmann, A. 34.
Portugal 274.
Postina, A. 113.
Pozo, C. 106.
Pralle, L. 94, 98, 344.
Prédagnel, A. 32.
Probst, F. 100.

Quetif, E. 106.

Raab, H. 110.
Raas, B, 6.
Rahner, H. 39, 305.
Rahner, K. 31.
Ranke, L. von 6.
Rast, Th. 34.
Ratschow, C.H. 6, 31, 36 - 40.

Regensburg 67, 79.
Reifenberg, H. 96, 245, 272, 284, 325, 332, 335 - 339, 342 - 347.
Reu, M. 91 - 93, 99, 107 f., 113, 295, 300 - 303, 305 - 308, 310 - 312, 314, 320 f., 322, 327, 329 f., 349, 358.
Reuß, P.A. 109.
Rheinland 62.
Richter, G. 34, 92 - 94.
Richter, J. 89 f., 92, 97, 105, 112.
Rogge, J. 40.
Rom 62, 68, 72, 106 f., 270.
Romanus J.B. 365.
Roo, G. van 316.
Rotes Meer 154, 170, 278, 282, 284, 327.
Roth, E. 37 f.
Rotscheid, W. 110.
Ruoff, W.H. 302.
Rupertus, M. 365.

Sacharja 121.
Sachsen 53, 68.
Sack, C.H. 91, 93.
Saft, P. F. 103.
Salomon 121, 147.
Salzburg 203 f., 269, 325, 344.
Sanctorius 32.
St. Gereon (Köln) 64 f., 100, 102.
St. Johannes (Marburg) 110.
St. Quirinus (Neuss) 87.
Sauer, P.L. 90, 95 f.
Scheidlichius, P. 362.
Schenk zu Schweinsberg, Philipp 93, 269.
Schlettstadt 86.
Schlink, E. 6, 40 f.
Schmalkalden 37, 79, 86.
Schmaus, M. 39.
Schmid, F.X. 349.
Schmid, J. 339.
Schmidt, E. 99.
Schmidt-Clausing, F. 39 - 41.
Schmitz, J. 339, 344.
Schöberl, F.X. 33 f.
Schöpper, J. 75 - 78, 106 - 108, 120, 130 f., 137 f., 149 - 154, 158 f., 161 - 165, 169 - 171, 180, 192, 194 f., 203, 213 f., 217 - 223, 230, 232 f., 235 f., 245, 248, 255, 262, 264, 272, 274, 279, 281, 283 f., 286, 289, 291 - 293, 295 f., 299 - 303, 305 - 310, 312, 314 - 321, 326 - 329, 331 f., 334 - 337, 340, 342, 345, 347.
Schott, E. 320.
Schreiber, G. 41.
Schrems, K. 33 f.
Schröder, E. 107.
Schrott, A. 110.

Schulz, F. 34.
Schürmann, H. 32.
Schwaben 81.
Schwaiger, G. 345.
Schwärmer 20, 22, 25, 41.
Schweller, H. 97.
Sebastian von Heusenstamm 81, 111.
Seidl, W. 113.
Seligenthal 59.
Sidon 81, 111 f.
Sidonius siehe Helding.
Siegburg 59.
Siemer, P.M. 112.
Siloe 255.
Simons, E. 93.
Soest 62.
Soto, P. de 73 - 75, 105, 108 f., 115, 128, 135, 138, 142, 150 - 153, 156 f., 168, 172, 178 - 180, 182, 184 - 186, 188 f., 198, 207, 209, 218, 223, 236 f., 239, 241, 248, 268, 289, 292, 295, 297 f., 302 f., 306 f., 312, 314, 316 f., 319 - 321, 323, 327 - 329, 333 f., 364.
Spanien 67, 74, 274.
Spehr 94.
Spiritualisten 41.
Spital, H.J. 17 f., 33 f., 36, 39, 41, 93, 96, 245 - 256, 264, 266 f., 269, 272 - 274, 325, 336 - 342, 344, 346.
Stadler-Labhart, V. 302.
Stenzel, A. 31 - 34, 320, 330, 338, 346.
Stickler, A.M. 334.
Storck, H. 37.
Straßburg 360.
Straßer, O.E. 91.
Struck, W.H. 97 f.
Stuiber, B. 103.
Stupperich, R. 7, 101, 104, 358.
Surgant, J.U. 35, 41.

Tertullian 145, 188, 190, 249, 275.
Thalhofer, Fr.X. 6, 34, 91, 100.
Thomas von Aquin 9 - 11, 31, 36, 44, 90, 177, 187, 363.
Toul 79.
Tricoronatum (Gymnasium in Köln) 47.
Trient (Tridentinum) 2, 7, 39, 41, 61 f., 70, 72 - 74, 79, 81, 105, 167, 354, 358 - 364.
Trier 6, 34, 57, 79 f., 89 f., 92 f., 97, 99 - 101, 104 - 106, 108 - 112, 249, 339, 348.
Trierer Liber 79 f., 120, 137, 140, 143, 174, 188, 190, 193, 209, 214 f., 217, 235, 244 f., 251, 256 f., 262, 272 f., 291, 295, 297 f., 304, 315, 317, 319, 324, 327, 331, 334 f., 339.
Trusen, W. 93, 95 f.
Tübingen 81.
Tüchle, H. 41.